穿越

文壇行走三十年

張石山・著

自序

你將如何走過「歷史」

幾年前，在一個文學講座上，我首次公開發佈了自己的一點生命體認。事後，有一位青年聽眾告訴我，我的講座從頭到尾極其精彩，而最為震撼人心的，正是我的那點體認。我說：「從事文學，至少能夠讓我們兩世為人。」任何人的生命只有一次，這是最普通的常識。「兩世為人」，可能嗎？

一般人，所謂芸芸眾生，對一次性的人生缺乏自覺。來到過、生活過，最後走掉，如此而已。但文學猶如美學、哲學以及佛學，能夠開啟心智、覺悟性命。文學家來到過、生活過，最後也要走掉，卻並不僅止如此而已。因著從事文學，文學家始而可能有所反思、有所反省；繼而有所覺悟、有所昇華。距離造成審美；審美達到超越。苦惱庸碌夾雜了快樂激揚的人生，於是不再僅僅是一次性的人生。

文學家有別於常人者，正在自覺。自覺，因而可能反思一次性的人生；經由自覺的反思，一次性的人生因而可能在審美的層面上達到昇華。實證菩提，九轉丹成。

我在三十歲走進文壇，三十而立。今年，我五十有九，虛稱六十。六十耳順，一個甲子。從文恰好整整三十年。毫無疑問，我行將步入或者說已經步入老年。眾多往事皆成回憶，而回憶是老年人的專利。我的人生，已經基本被界定屬於文學；我相信，不得不相信，我與文學有緣。進入文壇，從文三十年，構成了我的人生主體。

文壇錘鍛了我的同時，我穿越了文壇。

穿越文壇，在文壇行走三十年，親見的人物不少、親歷的事件也頗豐繁。早些年，我就產生過這樣的念頭：我要把行走文壇三十年的見聞書寫出來。我們山西文壇的耆宿元老，我們的老師西戎和馬烽，身處文壇半個世紀乃至六十春秋，他們的經歷該是多麼豐富、多麼寶貴！然而，西老最後突然中風失語；馬老像平素一樣去住院、卻再也沒有像往日一樣痊癒歸來。發生在眼前的這樣活生生的例子，簡直驚心動魄！也許，老師們並不願意將他們的回憶形諸文字；但是，假如他們曾經有過那樣的念頭呢？天不假年，死神施出了霹靂手段。

所以，我那時斷時續的念頭，終於變成了今日之行動。

我將依據回憶，直面歷史，寫出這部名為《穿越——文壇行走三十年》的長篇文字。

既已醞釀有年，作為一名成熟的作家寫手，動筆之前，我大致給自己定下了幾條原則。簡單說來，沒有脫出「為什麼寫」、「寫什麼」和「怎麼寫」幾個方面。或曰，幾條原則關乎幾個「W」。

1.為什麼？

一開始，有點寫作的衝動；衝動漸漸變成某種理智的思考。行走文壇三十年，經過若干事，見過不少人，體驗過許多喜怒哀樂，聽說過許多趣事軼聞。文壇儘管不再景氣，但在我的價值天平上，文壇名流絕不亞於歌壇明星，文人雅事絕不次於藝人花邊。對於關注文壇的讀者，文壇事件和文人趣聞，會有看點。

當然，看點還在其次。更主要的、最關鍵的，是我想追述歷史。反顧來時路徑，撿拾途中珍奇。而正視歷史，或能啟迪來者。我應該寫點什麼，莫如說我不應該放棄職責。歷史不是任人打扮的小姑娘，更不是吞噬真實的黑洞。

當仁不讓，捨我其誰。

2.寫什麼？

當然是寫我的見聞。見聞駁雜，難以通統入文。換個角度說話，「寫什麼」如果不易界定，那麼至少我可以明確告訴讀者，我「不寫什麼」。我不會涉及他人的隱私，也不會敘述我認為無聊的瑣事。

若干事件，包括趣聞軼事，我當然不會時至今日才想到去做調查；我將主要依賴自己的記憶來寫作。個人記憶，能夠保證絕對真實嗎？況且真實與否，好比善惡美醜的判斷，又常常可能見仁見智。

我只能保證：凡我所寫，將無一字無出處。非我親見，必是親耳聽到某人轉述。這兒說的「某人」，也並非虛指，而是實有其人。

3.怎麼寫？

我將秉筆直書。我絕不會「因人廢文」。不會因著關係友好而刻意粉飾，也不會因著交往冷淡而橫加刀斧。

這樣的文章，可一而不可再，我將如履薄冰、格外在意。

追述歷史，筆者的文學生命曾經參與了那特定歷史的編織，而歷史不容戲弄。

粉飾回護，曲意偏解，不是我的初衷。與其那樣，寧可不寫。

此刻，不禁想起春秋時代的那則著名的史官故事。因為秉筆直書，父親被殺，兄長被殺；弟弟手捧刀筆、竹簡上朝，要冒死繼續直書真實的歷史。前仆後繼，寧死不屈。

血腥不容掩蓋，不義難逃審判。

孔子著春秋，亂臣賊子懼。

三十年之回憶，事件繁複、人物眾多，百密難免一疏，千慮或有一失。如有舛錯，文責自負。讀者如有不同看法，也歡迎爭論。

寫出真實，或對某些人物有所開罪，無法可想。寫出什麼，文責尚且自負；做過什麼，難辭其咎。做什麼尚且做得，難道還寫不得嗎？

這是文學的職責，這是我的使命。

是為序。

西元2006年1月

夏曆丙戌年春節

目次

開篇

所謂文壇，這個概念到底應該如何界定？莫說是局外人，即便是一輩子身在文壇者，恐怕也是知其然不知其所以然。比方咱們山西文壇，它到底是指什麼而言呢？是文人聚會的那麼一個場所？還是大家舞文弄墨的地界？很有只可意會不可言傳的味道。

我們只知道，山西省有個在黨領導之下的群團組織省作家協會。山西省作家協會機關辦公的地方，在著名的太原市南華門東四條。我們當然不能斷然指認這兒就是山西文壇；但我們確實也難以否認這兒就是山西文壇。

為了敘述的方便，而不必在名詞概念上糾纏，在我的這部著述中，但凡說到「山西文壇」，往往會用「山西省作家協會」來做指代。

我從1977年進入山西作協工作，至今已經三十多年。從三十歲到六十歲，我始而「走近」、繼而「走進」了山西文壇；不久我將退休，最終「走過」山西文壇。形象一點來描摹，對於山西文壇，我不過是一名過客；這名過客走過文壇，彷彿一顆流星劃過天穹、穿越夜空。所以，我使用了「穿越」這個字眼，來做本書的標題。

三十年來，我最先是作家協會機關刊物《山西文學》的一名編輯，後來擔任過一任主編；然後被聘為作協下屬山西文學院的專業作家，直到如今。三十年來，我始終在山西作協工作，佔著這裏的一個編制，在這兒領取屬於我的一份工資。我的主要文學活動，基本是在山西文壇。不過，因為我是一名作家，曾經獲取全國小說獎而到北京領獎，曾經參加過若干次中國作協舉辦的全國性會議，還曾經就讀於中央文講所和北大作家班，所以，我也曾某種程度地在某種意義上走近過整個中國文壇。也因此，我的這部著作《穿越——行走文壇三十年》，在主要敘述描摹山西文壇人物掌故的同時，亦將不失時機地涉獵若干有關中國文壇的見聞。

前者為主幹，後者為枝葉。

山西作協，大致與建國同步，成立已有五十餘年。從趙樹理、馬烽、孫謙、西戎、胡正等前輩作家由外地紛紛回到山西，於1956年召開首屆文代會、確定了山西文壇早期的基本格局算起，則整整五十年。

1956年到1966年文革開始，正好十年。以趙樹理為首的所謂「山藥蛋派」形成，兀立於中國文壇。前輩作家聲名卓著、名聞遐邇。1966年到1976年，十年動亂。老作家們被批鬥下放，山西文壇被徹底摧毀，不復存在。1977年到1988年，大致也是十年。這十年裏，西戎一直是作家協會主席。前半截，馬烽擔任文聯黨組書記，是一把手；西戎擔任文聯副主席兼作協主席，具體主持工作。後半截，亦即1984年底文聯作協分家後，胡正擔任作協黨組書記主持工作，作協主席西戎是黨組成員，但基本退居二線。這十年裏，山西文壇有晉軍崛起。我們這一代青年作家成為支撐山西文壇的主力。

1989年到2000年，又是大致十年。作家協會換屆，焦祖堯被選為新的作協主席，同時擔任黨組書記。書記、主席一肩挑，大權獨攬。這十年，就我的真實感覺，是感到壓抑的十年，是呼吸困難的十年；這十年，也是山西文壇創作低迷的十年，是兩個機關刊物《黄河》與《山西文學》發行份數屢降，最後瀕臨死亡的十年；這十年，更為顯見的是山西作家在全國各項評獎活動中消失蒸發，沒有任何人拿回任何一個全國獎的十年。

——我省文學院作家成一，曾經給這十年、給焦祖堯的工作做過一個總結，是為「一二三四」：

一、全國評獎得了「一個」光頭；二、死了《黄河》、《山西文學》「兩個」刊物；三、前後攪散了「三屆」黨組；四、破壞了「四代」作家的團結。

2000年換屆前後，上級部門派人前來省作協擔任黨組書記，同時主持換屆。焦祖堯依然擔任作協主席，但已不再掌權主持工作。然而，原先馬烽、西戎的時代，由作家中的黨員成立黨組、以對上級黨組織負責的格局，從此不再。2003年年底，作協再次換屆。晉軍後起之秀張平被選舉為新一任作協主席，焦祖堯時代徹底結束。山西文壇在新的格局之下，步入了一個新的發展時期。

我的這部著述《穿越》，不承擔全面總結山西文壇歷史的責任，自量也不具備那樣的條件和能力。它只是我一己角度的若干見聞記錄。

在文壇行走三十年，經歷不少，見聞也頗駁雜。本書如何成立結構、將以何種風格的筆調來敘述，筆者大費躊躇。確實，書寫這樣一本著作，不僅需要某種勇氣，更需要某種能力。

眼下，我大致有著這樣一些寫作預期：《穿越》將基本依照時間順序展開，將基本以筆者的經歷見聞作為敘述的主線。在這條主線周圍內，或者將臨時穿插若干平行的副線，以顯豐富；也許將漫漶開去，有如江河氾濫、到下游再復歸河道，力爭追求「行於所當行、止於所不可不止」那樣一種古人推崇的散文境界。

下面，書歸正傳。

第一章　文壇五老

西元1977年初，山西省作家協會的機關刊物復刊。刊物不再沿用原先大有影響的《火花》刊名，而改叫《汾水》。其時，我被借調到這個刊物來做編輯。1978年6月，辦理了正式調動手續，我從此成為省作協的一名在冊幹部，當時的具體職業是小說編輯。

調到作協編輯部來工作，除很快就熟悉了同事同仁，對院裏歷史、傳聞掌故漸漸有所知曉，對幾位著名的作家老師也有了一些了解。

文壇的神秘感漸漸消退，而親切感與日俱增。

那時，整個機關和編輯部風氣很正。大家上下一心，協力辦刊；每個作家都潛心創作。當然，後勤工作人員和年輕編輯對幾位老作家十分尊重。這種尊重，多是對人格文品的敬仰，而不是對權力的膜拜。那是我們南華門值得回憶的一個黃金時代。

幾位老作家，成就巨大、名聲顯赫，況且從年齡資歷上講，與青年作家至少已經隔了一代，對年輕人絕不心存嫉妒，而是真誠喜歡大家進步，衷心希望晚生後輩能夠取得更大的成就。

文革前，在山西文壇有「文聯五戰友西李馬胡孫」的口碑流傳。這五位前輩作家——西戎、李束為、馬烽、胡正以及孫謙，建國前都是晉綏邊區的文化幹部。其中，以李束為最為年長，一直是馬烽他們的直接領導。新時期以來，李束為雖暫時不曾調回文聯工作，南華門巷子裏卻依然有「文壇五老」的說法。

南華門巷子裏年齡最長的老前輩——詩人岡夫，取代了李束為空缺出來的位置。

一、詩人岡夫

岡夫，本名王玉堂。三十年代就開始投身文學，發表詩作。由於思想進步、鼓吹革命，於抗戰爆發前夕被北京執政府當局逮捕，關押在著名的草嵐子監獄裏。獄中入黨，介紹人是薄一波。日寇佔領東北之後，對我華北虎視眈眈，隨時可能大舉侵略中國。為了保護幹部，並應對日益嚴峻的形勢，組織決定我被捕同志一律填寫所謂的「自首書」，以便出獄投身抗戰。這本來是一種機智權變，後來在文革中被說成是集體叛變，搞出「六十一個叛徒集團」的驚天大案。

據說，文革初起，造反派搞打砸搶，王老曾經拿出憲法與打家劫舍的暴徒理論。人們當笑話來說。我想，王老久經運動，竟然沒有看透運動，足見其天真詩人氣質。

我們進入南華門，王老年屆七旬，已經退休。老人家漸漸成了巷子裏年齡最大、最和善的老人。但王老記憶力相當好，每有集會之類，往往要提前做詩一首；詩是現代詩，長短句，幾十句詩歌，王老能夠當場靠默記背誦出來。

對於機關工作，僅就我的記憶，王老至少立下兩大功勞。

一件，是幫助解決年輕人的調資問題。我們調入機關之後，迎來了一次全國性的調資。但調資面兒只有百分之四十。狼多肉少，即便馬烽帶頭，老作家們都表態不要這一級工資，年輕人們依然普遍調資困難。領導上便推舉王老出面，上省裏去爭取指標。當時，王謙負責這方面的工作，見了王老，好生客氣。聽說作協名額不夠，需要多少呢？王老說：「也就差那麼五、七、六個的。」王謙大給面子，痛快答應道：「給你十個！」

張石山、李銳等二級工，這才人人得以提升一級工資，每月賺到了四十五元人民幣。

再一件，更了不得。作協現今不是有一個文學院嗎？專業作家編制十來個，曾經薈萃並將繼續薈萃我省優秀作家；凡專業作家，享受全額工資、定期體檢等等優厚待遇。這個幾乎是「世襲」一般的名額編制，也由王老爭取而來。據稱，是王老到北京找到薄一波老領導特批下來的。其時，還在霍士廉主政的山西時代。

全國第四屆作代會，王老作為特邀代表與會。會上，他曾經專程去拜訪過薄一波。回到賓館後，李國濤老師問：「王老，薄老給你說了點什麼呢？」

王老笑呵呵地回答：「呵呵，是說了點子什麼來！」

李國濤回過臉，對我們講：「王老呀，已經有些糊塗了呀！」

當時，我心想：王老哪裏糊塗！他的記憶力驚人，他的眼神是那樣清澈睿智。他只不過是不便說，或者不宜說罷了。此刻，恐怕糊塗的不是王老，而是包括李國濤在內的年輕人呢！

王老九十華誕，上級部門為老人家過壽。老人家不太樂意，他伸出一根手指，說道：「這個時候再過吧！」

王老的目標是起碼活到一百歲。我們期望也都相信，王老能夠活到百歲。他是我們南華門的人瑞啊！

王老卻突然辭世了。聽家人說，老人家笑呵呵的，坐在沙發上，突然不再言語。那真正是無疾而終。

王老創作七十周年，紀念祝賀的大會在他的家鄉武鄉舉辦。我們一干年輕後輩都沒有出席，引起了省委宣傳部的不滿，曾經有副部長級大員下來聲色俱厲地質問：「你們對焦祖堯有意見，也不能這樣狂傲，不給王老面子呀！」

我們卻是壓根就不知道這碼事，作協當政者焦祖堯根本就不通知大家。

作家協會在盂縣召開「藏山筆會」，作為盂縣籍的作家、《山西文學》前任主編，我不知道有這樣一個筆會。他們能把事情做得那樣決絕，斷然不肯給我出席的機會，然後聽任盂縣文化界、文學界大罵張石山「數典忘祖、忘恩負義、小人得志、不念鄉情」等等。

當時，那人手握重權一手遮天，其既定政策是要把我們全都晾在乾岸上，乾死為止。

我們當然不會乾死。倒是更加歡蹦亂跳。但有些傢伙好比褲襠裏的跳蚤，要不了人的性命，卻搞得你討厭萬端。

沒能出席藏山筆會，遭人唾罵，我當然不會愉快；沒能出席王老的盛大祝賀會議，我們大家都有些遺憾。

機關最早搞基建，孫謙老師參加勞動時，隨口開玩笑說：「你們看那老王，年輕時候也有過風流韻事哩！」

可惜，我那時年輕，沒好意思深追究竟。

王老是詩人，年輕時代理當有一點脫出常規的軼事、雅事。對這樣的名人軼事不得而知，又是一樁遺憾。

王老對我的創作也很關注，曾經和我當面講過兩次，說我的《血淚草臺班》寫得精彩，完全可以拍成老百姓喜聞樂見的電視連續劇。

王老故去後，他的孩子還給過我一件王老的手跡。王老在一張便條上書寫下了關於《血淚草臺班》的評價，他認為：這部作品，即便列入中國極富傳統的「說部」文學中，毫不遜色。

這樣的評價，對我而言，無疑是夠高的了；而評價的準確、到位，包括使用「說部」一詞，顯示了王老深厚的學養。

二、凡人孫謙

山藥蛋派祖師爺趙樹理，不僅開解放區通俗文學之先河，行為舉動、待人接物也最具平民化色彩。可惜我無緣認識這位前輩大師。我調入作協前，大師已經被殘酷批鬥致死。正如他在文革深入進行中，看透了運動的本質、曾經有過的無奈希望那樣：「歷次運動，總要損失一些人；如果一定要損失，那就損失我吧！馬烽、西戎他們還年輕，還能寫點東西！」

得慶生還的幾位老作家裏，依照我的眼光看來，孫謙老師最具平民化色彩。當然，比起幾位戰友，他的文化底子更深厚一點，作品的文筆雅致優美，甚至帶幾分洋氣；把他歸入山藥蛋派，實在有點勉強。

在院子裏，人們說起孫謙，多半在前邊冠之一個「老」字，叫他「老孫謙」。孫謙面相偏老。參加抗日的時候，不過二十來歲，下鄉的時候，老鄉們會說：「這個老同志總有四十幾了吧？和年輕人一樣跑跳，精神頭兒不錯哩！」真到了四十多，下鄉的時候，老鄉們偏又這樣說：「聽說是個老作家，看去也不過五十多！」總而言之，老孫就幾乎從來沒有年輕過。

但老孫的夫人王子荷，比起老孫來，始終稱得起年輕貌美。韓石山和我私下談論過：作家身份，老婆應該叫做「夫人」；前輩作家們的老婆，那才真正稱得上是夫人！言外之意就是，我們這些作家的老婆簡直就不上檔次。然而這也是沒辦法的事。老作家們參加革命隊伍之初，還遠遠沒有資格找老婆；到建國前後，這才成家。而這時他們已然功成名就，工資級別夠高、社會地位尊榮，找的老婆自然容易達到「夫人」檔次吧。

老孫膽子小。首先，這怨不得老孫，歷屆運動總是挨整，再大的膽子也被整小了。文革中，紅衛兵、造反派半夜敲門搞得地動山搖，老西被驚得心臟病發作；夫人李英乃女中豪傑，能殺能斬，敢和造反派叫板，給老西壯膽助氣。老孫也害怕，也想發作心臟病，然而不能，因為老伴王子荷更害怕，一受驚動，就得跑茅房。所以，老孫還得乍起膽子來，保護老伴。

粉碎四人幫之後，記得孫謙、胡正兩位老師曾經在《山西日報》發表文章，傾訴多年受到政治干預、創作不得自由的苦惱，呼籲真正自由創作時代的到來。老孫肯定又是乍著膽子講了兩句心裏話。然而不久，老孫便三緘其口，再也不曾傾訴、呼籲什麼。即便在新時期，文藝界的倒春寒年年不斷，過來人記憶猶新。我們能要求一位革命老作家是別的樣子嗎？

老孫除了小說寫得好，電影也寫得多。建國初期，他先到東北電影製片廠擔任編劇。那時電影界的人物，多數從舊社會過來，都是見過世面的把式。十里洋場，燈紅酒綠；拍電影、玩藝術，包括搞體育的，多數是大家子弟。一個老面的土包子相的老孫謙，並沒有將其放在眼裏。老孫卻是極其聰明，看過幾部電影，即刻找到其中關竅。寫出劇本，豈止有模有樣，簡直就是精品般的地道貨色。政治干預、運動不斷，文革前，老孫竟然完成電影作品達十五部之多。

老孫寫的電影多，所以稿費多。但老孫生活極其節儉，在南華門巷子裏相當出名。

老孫好吸煙。聽說趙樹理以中華煙待客，自個抽一毛五一包的綠葉煙；老孫待客也是好煙，自個抽那種「黑棒煙」。說是這煙勁大。黑棒煙果然勁大，也果然便宜。

老孫愛喝酒。平常家裏吃飯，也鬧兩盅燒酒喝喝。老孫不喝汾酒，只喝高粱白。甚至不喝瓶裝酒，要打更便宜的散裝白酒。

老孫喜歡吃麵。山西佬兒嘛，一天不吃麵，等於沒吃飯。但老孫吃麵，也是高粱麵。白麵供應定量，況且紅麵掛調和。澆上醋，拌些辣子，紅麵剔尖一碗，甚是可口。來一盤餃子，不換。

白麵細糧短缺的時代，郊區農民尋常來市里出沒，在街巷間吼叫「換大米」。二斤三兩玉米麵換一斤大米，這樣一個行情。聽成一兄給我們說過，老孫家換大米，一袋玉米麵裏藏著幾百塊錢，結果連錢換了出去。爾後捶胸頓足，悔之不迭。老孫在麵袋裏藏錢幹什麼？或者夫人管得嚴，自己想要支持鄉下幾個親戚？不得而知。這事是否可信？我轉述了成一的說法，而成一也是轉述。況且，老孫的軼事我尚且不確定，成一如何能確定？此事未可全信。但又不能不信——因為這有些接近藝術的真實。

老孫日子過得節儉，對自個的藏書也十分珍視。書櫃上三、四寸見方的大字寫得明白：「非親非故，書不出戶；知交好友，免開尊口。」——我去過老孫家，掃視過那字跡一眼。記憶或有不確，大致不錯就是。

老孫自個過日子節儉，對學生作者卻向來慷慨大度。

有一次，老孫出國訪問歸來，特別把我叫到家裏，很隆重地贈予我一盒「三五」牌的香煙。一盒煙，值什麼呢？那是一份珍貴情誼。

更有一次，在一個特別的場合，我陷入極大的尷尬。老孫為了幫我擺脫尷尬、打開僵局，拿出他為愛犬麥克預備的乾糧，一個勁地往我懷裏塞，一邊說：「石山，你把它吃了吧！」

關於這次尷尬事件，我會在後面的講述裏專章介紹。我永遠不會忘記老孫對我的那份關注與幫助。

關於我的創作，語言風格，李國濤老師曾經評價是「具有兩套筆法」。但在此之前，孫謙老師早就在許多公開場合誇讚過我。他說：「張石山這傢伙不簡單！有點像馬克.吐溫，生活面寬闊，好像什麼都能寫！」獎掖後輩，無以復加。

孫謙老師文筆優雅細膩，寫過許多美文，他的做派卻從來像個鄉下人；他名聲顯赫，文壇地位尊崇，卻向來平易近人。

我說過，不論從事文學、哲學、美學、佛學，最終都應該透過求索大道而打造自身，使我們更加復歸於人，而不是異化為非人。孫謙老師現身說法，在這方面為我們後來者做出了一個高貴的榜樣。

三、能人胡正

文壇五老中，胡正老師最年輕。在抗戰烽煙初起的1938年參加革命，年僅十四歲，比馬烽和西戎兩位同齡人小兩歲。

南華門巷子裏，成一擔任《黃河》主編，而我擔任《山西文學》主編，都是胡正老師當政之初提拔起來的。胡老師說：「我擔任山西文聯秘書長的時候，不過三十二歲；你們早就該提拔起來、壓上擔子幹啦！」

所以，我公開寫文章講過，在作協機關裏，我感激所有前輩作家的信任與關愛，但最為感激者是西戎老師、胡正老師和李國濤老師三位。

1984年底，文聯作協分家，胡正擔任了作協黨組書記。文壇五老裏最年輕的胡正，當了第一把手。現在回想，那是胡正老師代表老輩作家最後一屆實際掌權，那是他們掌控山西文壇局面、經營山西文學事業最後的輝煌。

從那以後，一個時代結束，一頁大書翻了過去。

胡正在老輩作家裏最年輕。在他身上最為可貴的是：思想最活躍、性格最活潑、工作方法最活套。

胡正能滑冰、會游泳，檯球乒乓玩得好，尤其擅長跳舞。我在敘述自個業餘生活的文章中曾經講過：老輩作家裏胡正老師跳舞跳得最好，晚輩作家裏則只有我可以稱此一「最」。

據南華門的老人閒談故事，說有一次胡正打乒乓球，瀟灑利索間，旁邊觀眾連聲喝彩，李束為路過，冷冷說了一句：「吃喝嫖賭，他什麼不會？」胡正不敢言聲，放下拍子，跳起來就跑。

雖是據說，但三分可信。李束為不僅年長，而且始終是胡正他們幾個的老領導；他可能那麼講話，而胡正也可能就是那樣表現。

西戎主持作協工作的時代，在編輯部總免不了講古，有時會話及當年。於是，在我的記憶裏就留存了許多寶貴的歷史片斷。

其中關於胡正的，有這麼幾段。

一次，他們到魯藝學習，短期培訓。吃飯呢，當然是大鍋飯，就在操場集體開飯。根據地的伙食，小米、山藥蛋罷了，但因為是中央一級會議，竟然有白麵可吃。當然也不是撈麵管飽，而是湯麵；而且湯裏煮些蘿蔔菜根，不過幾個麵片。即便如此，大家也像是過年似的，爭著想多喝幾碗、多吃幾個麵片。西戎說：「急三火四喝那片兒湯，嘴裏都要燒起燎泡啦，頂多吃第二碗；還想吃，大鍋裏沒啦！」但身邊的胡正，不知有什麼特異功能，竟然能連吃六、七碗！

問胡正，他一本正經地說：「我吃得快嘛！」

他怎麼能吃那麼快？百思不得其解。

直到散會了，胡正才暴露了其中的秘密。原來，他在碗底錐了一個窟窿！端碗舀飯時，用中指堵了窟窿；在操場上蹲了用飯，放開指頭，將湯水放掉一股又一股。胡正老先生天天幾乎吃的都是乾麵！

大家忿忿的，詛咒胡正有這種好辦法卻不傳授老朋友、好伙計？胡正笑笑地說道：「法術巧妙，會玩的人多了，就不靈啦！」

會議間隙，大家偶爾也有時間散步什麼的。路過蘿蔔地，鄉下出來的小後生嘛，會生出一種饞相，實在想拔一根來嚐嚐。然而部隊有紀律，不遠處還有崗哨，大家壓下饞焰，空嚥幾口唾液罷了。但胡正有辦法！他也假裝散步，指手畫腳的觀看山坡風景，腳底使出功夫，將蘿蔔從半截踢斷，踢出地邊來；爾後再假裝繫鞋帶，將蘿蔔頭子收入囊中。

——少年革命者，活潑好動，嚴格的革命紀律並沒有完全磨滅人的天性，也沒有剝奪人的所有樂趣。

當時，部隊發放一點微薄的津貼，折合成小米計算。有一度，曾經發放過大煙土來抵作津貼。轉移、反掃蕩，帶著也比小米方便。我們的根據地當然要戒毒禁煙，但根據地種曾經種植大煙，販賣到敵佔區以換取武器、藥品之類，這已經不是什麼秘密。且說胡正分得了小小一塊煙土，縫製了一只小口袋，常年繫在褲帶上；反掃蕩、大轉移，絕不丟棄，視如珍寶。有人早已用完，有人則覺得煙土是毒品，扔掉完事。大家也勸過胡正，何必一直留著那玩意兒呢？胡正不肯。他說，家中母親有疾病，鄉下偏方，吸點煙土，能止痛治病。他一定要給母親留著這點東西。不料，當抗戰勝利，胡正能夠回鄉探親了，老母親卻已經不幸去世了。

胡老師的這段故事感動了我，刻印在我的腦海，不能忘卻。

胡老師擔任文聯秘書長時，為文聯謀福利，找上級領導批撥款項，辦法多多。辦法之一，是組織舞會。召集歌舞團的漂亮姑娘來陪首長跳舞，這是延安時代就有的老傳統。當省長、部長們跳得高興，胡正會適時地遞上報告，請領導過目批閱。首長興致正高，又當著漂亮姑娘的面兒，大筆一揮，批准！甚至說數額太小，再加幾萬！

胡正老師無論正式當政還是輔助工作，無論正規場合還是一般聚會，都是言語幽默、風格活潑。作報告中可以大開玩笑而活躍氣氛；開玩笑中可以做了工作而不著痕跡。

胡正主政期間，趙樹理二公子二湖曾經辦過公司，二十來萬很快就賠得精光。這事要如何處理？胡正在一次正式會議上，這樣說：「二湖嘛，二二糊糊的，哪裏會做生意？事情是我們定板的，領導上承擔責任！」

話傳到二湖的耳朵裏，二湖相當不滿意。什麼叫「二二糊糊」？胡正他能這麼損人嗎？一旁的明白人給二湖解釋一回，二湖到底也明白過來了。

在作協，我們這一些後輩作家裏，在公開場合玩世不恭地談說正事、哈哈大笑地指點江山者，唯有韓石山頗具胡正風範。可惜如此人物終老於一個小小主編的位置上，沒有機會大展雄才。

「孫謙的哭，胡正的笑。」是我總結前輩作家趣聞軼事隨口來的兩句詞兒。

至於「韓石山的笑，XX的哭呢？」大家就自己填空吧！

四、好人馬烽

我剛進作協那幾年，總覺得與馬烽老師有較大的距離，不像和其他幾位老師接觸、相處，那麼易於親近。

馬老師那時不僅是省文聯黨組書記，還兼任省委宣傳部副部長，身份有些與眾不同；一般不苟言笑，講話也特別注意政策性。在各種場合出面，行止端正、面容嚴肅；喜怒不形於色，一張臉子總是黑虎了。尋常不到編輯部來，來的時候呢，編輯部的氣氛就提前有些緊張；至少大家在心理上都格外隆重起來。

老顧平日散淡逍遙，這時表現相當中規中矩，幽默也只是拿自己來開涮；王中幹儘管能說，這樣的場合且不會多嘴多舌，只在老馬講出一點可笑的話語時，很誇張地做出反應，拍手跺腳，笑彎了腰。

所以，我對馬烽最早的印象也只是一種遠遠觀望。儘管只是遠遠觀望，我在內心對馬老師卻漸漸產生了幾分佩服。

前邊說過，但凡分房調資，關乎什麼個人利益和榮譽之類的事情，馬烽總是帶頭出讓；這樣的領導，後來就幾乎再也看不到了。

張承信和老西吵架之後，馬烽曾經在全機關大會做過嚴肅批評。「老西不僅主持刊物，還主持全機關的工作，他心臟不好，你把他給氣病了怎麼辦？」不久，就有分房調資這些工作的開始。人們私下揣測，張承信恐怕要受影響。不能忍得一時之氣，惹翻了西爺、馬爺，有你的好果子！但大家擔心的事情沒有發生。眾說紛紜，七嘴八舌，馬烽耳邊肯定也不乏對張承信不利的種種談論進言，馬烽一錘定音道：「有缺點，該批評就批評；房子和工資，關係到一個人的生計、飯碗子，不能拿這個整人！」

後來，鄭義因為動亂問題遠走美國，當政的焦祖堯很快就將鄭義剛剛分配到手、精心裝修過的新房分配給他人，聽說馬烽對此是有看法的。他說：「57年打右派，我們也沒有掃地出門嘛！」

早在反右鬥爭之前，各種運動不斷，上面已經揪出所謂的「丁陳反黨集團」。馬烽作為中央文講所工作時代，所長丁玲的秘書助手，當然也受到了牽連。聽說青年馬烽堅持原則，絕對不肯落井下石。於是，他在最火、最紅的時候，開罪了周揚等運動老手，選擇深入生活，回到山西，離開了北京，離開了中國文壇權力中心的是非之地。那樣的年代、那樣的形勢之下，馬烽寧可自己受損害，絕不違背良心良知，容易嗎？

被打成右派、發配來山西地面的文人作家不少，比較著名的有丁玲、唐達成、叢維熙和公劉等人。馬烽一直是我黨的當紅作家，按說對右派絕對不會有什麼同情；但馬烽作為他自己，卻不乏善良人的同情心。所以馬烽在文革前後，對幾名落難文人都做了盡可能的安排調動。所作所為，不必旁人評價，幾位右派名流應該都有切身體會。

1989年動亂之後，馬烽榮調中國作協，出任黨組書記。在他調任之前，中國作協不免人心惶惶，許多人都在談論：馬烽對人還是不錯的！彷彿是一種希望，是用希望來給自己壯膽。而事實最終證明，馬烽堅決執行黨的方針政策，但他絕不整人。

馬老的政治觀點和文藝觀點可能老派一些，但他作為個人，卻贏得了一個彌足珍貴的稱號、口碑和評價：老馬，那是一個好人。

最早，在我調入刊物後不久，我和馬老師有過一點個人接觸。那是在春節期間，初五之後，他那兒客人不多了，我去進行禮節性的拜訪。馬老這樣勸過我：「寫東西，不錯；但不能多寫。一年，寫那麼一篇、兩篇，可以啦！我這一輩子，一年也不過平均一、兩個短篇。再說，寫東西，肯定影響編輯工作嘛。你說業餘時間寫，工作時會不會構思小說？那肯定要影響本職工作！」

當時，我心裏相當抵觸。你老人家三十來歲就掙上三百多塊工資，我四十歲才掙三十多塊工資，我少寫小說行嗎？

後來事實證明，老馬說得沒錯。我幾十年寫作過來，一年平均確實不過一、兩篇小說。但我自己做得也不錯。在創作最旺盛的時候，不曾壓抑自己的創造力。

老馬懷疑我們寫小說會影響工作，構思作品會影響看稿，還親自出馬，對我們的工作進行過突然襲擊式的抽查。當時，編輯部來稿特別多，大家平均每周得看一百多、二百件稿子。我們會漏掉好稿嗎？對有基礎的稿件會提出修改意見嗎？對經常寫稿的作者能夠有所指導嗎？編輯部印有退稿便簽，是不是都胡亂塞上一張退稿單就了事大吉？

有一天，老馬還有老西、老孫，突然來編輯部，從通聯幹事那兒一舉將我們處理過、準備退還作者的稿件抱走，拿回辦公室細細檢查。

結果如何？結果，恰恰是我和李銳，最能寫東西的兩位，稿件處理最負責。一百件稿子，好稿可用者，推薦到組長那裏；其餘退稿，有三分之一寫了退稿信，有詳細的修改意見、有鼓勵努力的方向；三分之一在列印稿簽上、填注了簡單的意見、扼要的話語；只有三分之一的最差來稿是使用現成的退稿簽。

好傢伙，幹什麼都是好傢伙。寫東西寫得好，看稿照樣看得好。在西戎、李國濤的領導、培育之下，我們是最好的編輯，我們有良好的職業素養和職業道德。

後來，馬烽在公開場合表揚了我們幾個，肯定我們本職工作的成績與工作態度。

儘管如此，至少在我，始終覺得和老馬有距離。他並不高高在上，我也絕不輕狂自滿；但總是缺少親近感。

時間真是一個萬應靈藥，能夠彌補許多東西，能夠驗證許多東西。到馬老晚年，我們有了就《呂梁英雄傳》改編電視劇的合作。直到這時，我和馬老的距離才真正拉近；我才真正對馬老有了相對深入的了解。

他不僅是一位好作家、好領導，而且是一個好老頭、一個好人。

一個學生對尊師的了解也許晚了一點，但這點了解是那樣珍貴。

五、長人西戎

對待幾位老作家，要從我的內心感受來說，覺得最為親切、最要感恩的是西戎老師。他是一個具有大善之人，是一個長人。

所謂長人的「長」字，是長短之長。但這兒的「長人」，並不是如南方人所講的「長子」（大個子），而是咱們山西家所指的待人忠厚、與人為善、處事寬忍、胸懷高遠那樣意義上的長人。山西老鄉愛說：「人長天也長。」

我相信，懷有同樣心情、對西老作如此評價的，絕對不止我一人。

我們最早借調編輯部的時代，老西同樣看重、準備調來予以培養的還有其他幾位。至少我能舉出王西蘭、王紅羅，還有陳為人等。

陳為人，上海人氏，原是太鋼工人。受到落難山西、在太鋼改造的右派唐達成的影響，很早就熱愛文學。與我前後借調到南華門，曾經在辦公院東樓三層一塊住過，加夜班修改作品。陳為人精瘦，而我壯胖，晚間脫衣休息時，就現出兩個幾乎專門挑選來作對比的人體標本。那時，老西的小兒子小五還讀小學，尋常來編輯部玩兒，看見我倆赤裸的樣子，忍不住笑。

老西不僅喜歡壯實的張石山，也喜歡聰明過人的陳為人。調動事宜已經基本講妥，不巧陳為人的老婆臨盆生孩子，他得回家伺候坐月子。他曾經和我說，自己生活儲備不夠，要爭取先調到文化宮工作，以積累生活，然後寫出更好的作品。

十年之後，陳為人作為焦祖堯當政時代的第一任秘書長，調入作協。而此時作協已經不是老西時代了。

王紅羅，東陽筆會老作者。弟弟名叫王紅秤，他這隻籮，原是籮面籮。王紅羅不僅善講笑話，小說語言也大有地方特色。調動事宜也已基本講妥，這位老兄自己打了退堂鼓。他給我交心道：「在編輯部當一名編輯，能有多大發展？在縣裏文化局什麼的部門好歹混一個職務，下面來人誰好意思空手？至少不是半麻袋花生？」

人各有志，不好勉強。

我想說的是，老西曾經是那樣愛才，那樣提攜晚生後輩。為山西文壇雄踞全國處心積慮，功勳卓著；為山西文學事業興旺發達嘔心瀝血，之死靡它。

或者說，在其位謀其政，老西做了他應該做的。他不曾尸位素餐，更不曾以權謀私。他對得起山西文壇。

令人痛心的是，恰恰是山西文壇對不起它的創建人之一的西戎老師。

先是文革動亂，群小起而造反。打人鬥人者，有紅衛兵，有工宣隊，更有老作家們培養過、關愛過的學生們。

文革經過十年，動亂結束，開始了所謂的新時代。老西出任山西作協主席，也恰是經過十年，作協換屆。後邊我會專章敘述換屆事宜。在這兒，我要強調的是：換屆固然有上頭的權謀策劃，但在形式上至少還是一種全體與會代表海選的辦法；作協會員、作協理事們，有百分之五十以上沒有投老西的票。老西培養的學生和後輩們、編輯和作者們，背棄了他們的先生和恩師。

老西落選，因素多多，一言難盡。有時，世事非人力可左右。

我想說的是，文革有人批鬥老西，老西並不記仇，更未報復；而是理解他人的處境，替他人找客觀原因，說一切皆是時代造成云云。

我親歷親見的是，當老西在1988年換屆落選之後，很快醫好了創傷、調整好了心態，照常關心我們作協的工作，照樣提攜扶助文學青年和晚生後輩。

包括對待我這樣一個他最喜歡的學生之一，卻在換屆時殘忍地背棄了他的傢伙，竟然不計前嫌、一如既往地給予關愛。老人家晚年風範，尤其是古稀之年遭受那樣沉痛的打擊而從容應變、淵停嶽峙的風度，最終構成了他那輝煌的人格。

這是他給學生上的最後的、也是最好的人生一課。

是啊，人長天也長。

人類代代繁衍而獲得永生；文明代代傳承而贏得更新。

老西參加張平的慶功會，突然中風。我們的老師，倒在他一輩子獻身的文學事業崗位上。

當時代變遷，當傳統淩夷，當人無好壞、事無是非、權力至上、唯權是大，民族傳統沉著迎戰著。

前輩作家留給我們的財富正多，我們並不孤單。希望我們也能留給文壇、留給後人一點值得傳承的精神。

第二章　借調生涯

西元1977年的年初，經由周宗奇和李銳合力推薦，西戎老師點頭，我得以在剛復刊並公開發行的《汾水》編輯部當了一名借調編輯，借調期為時半年。

借調，是編輯部在特定時期實行的一種特定考察員工的辦法。《汾水》復刊，急需編輯人才。但經過了文革動亂，作協主席兼任刊物主編的西戎老師，對於調入人員有了全新的通盤考慮。第一，不拘一格，敢於調進文學青年的新鮮血液，哪怕其人身份是年輕工人，比如王子碩，哪怕其人身份是農民，比如胡帆。第二，重視人的整體素質更勝於其編輯水平。編輯水平一時偏低，可以逐步提高；人品如有缺陷或者不易和大家搞好團結，將對整體工作帶來消極影響。

所以，但凡準備調入人員，一律先行借調。為期半年，以便全面考察。先期調入的王子碩、李銳，隨後調入的張石山、燕治國，莫不如此。

在半年借調期間，我得到了鍛鍊，也經受了考察。與之同時，我也「考察」了編輯部，認識、熟悉了各位編輯。

一、編輯部格局

在上個世紀八十年代，《山西文學》成為編輯力量空前強大雄厚、編輯素質空前過硬整齊的，雄踞特立於全國文壇的省級刊物。

我在《山西文學》的前身《汾水》借調的時期，正在作協決策者組建編輯隊伍的過程中，但編輯部的格局或曰骨架已經初步成型。

西戎擔任主編，鄭篤擔任副主編，刊物領導級別足夠高級。馬烽、孫謙還有胡正，則始終是刊物的編委，編委陣容也足夠強大。編委們當然不來上班編刊，即便是主編西戎也不常來編輯部。

據說，老西在文革前擔任《火花》主編的十年間，基本不在編輯部坐班。因為他還是文聯副主席和作協主席，而我省文聯由於作家名頭響亮，始終都是文聯作為外殼、作協充任實體。老西還要主持整個作協，亦即整個文聯的日常工作。編輯部那時主要由編輯部主任陳志銘負責日常工作，每月編好文稿，交由老西進行終審把關。所以，老西當年能夠不斷創作發表作品，尚有機會下鄉深入生活。要是在發稿日回不了機關，編輯部主任會奔赴鄉下，將稿子送達老西手上。

幾位老作家擔任機關領導，人人級別夠高，工資不低，都把什麼「省文聯相當於廳局級別」的職務看得很淡。個個都希望騰出手來多寫東西，最好有人來主持日常事務。文聯工作，馬烽多半委託給西戎全面管理；西戎呢，則又推舉鄭篤來主持工作。

我在《汾水》借調期間，剛剛粉碎四人幫，山西文壇百廢待興。即便是辦公場所和職工宿舍，都成了極大的問題。文革期間，軍代表曾經進駐文聯，後來軍代表雖然撤離，家屬們卻依然佔住著不少宿舍，沒有房產證、也沒有暫住證，儘管是歷史原因所造成，但確實屬於非法強行佔住。軍人的家屬，自命是最高級的人類，霸氣十足，飛揚跋扈。要清理這部分人員搬遷，任務由胡正老師來負責完成。

這可真是秀才遇見兵，有理說不清。說不清道理，那就不必說理。軍人，當兵的，氣粗什麼？幾位作家當兵的時候，軍代表們還穿著開襠褲呢！何況作家們挨過批鬥、下過鄉，經受了性命交關的種種考驗。於是，胡正率領機關後勤人員，司機和鍋爐工們，演出了一回全武行。結果，演出以文人們的大獲全勝而告圓滿成功。

清房工作進行期間，南華門巷子裏一時烏煙瘴氣，但編輯部照常緊鑼密鼓地審稿辦刊。

此時的《汾水》編輯部，領導們已經先行調入不少得力人才。其中，應該稱作山西文壇極大幸運的是：老作家們慧眼識珠，調入了原來在社科院工作的李國濤。

那時，好像還沒有明確職務，但李國濤所負責的，實際就是編輯部主任的工作，一如當年的陳志銘。

馬烽夫人杏綿、胡正夫人郁波，都在編輯部小說組看稿，當普通編輯。

孫謙老師有名言曰：「世界上只要有兩個人，我也是那個被領導者。」除了出席黨組會，有時請到編輯部來談談創作之外，這位老先生大多蹲在家裏不出門門。——他們家當然有椅子，到訪的客人卻都會注意到：老孫有椅子不坐，偏偏要蹲在上頭，像是老農習慣蹲在牆根似的。孫謙夫人王之荷，則在機關辦公室上班，負責人事工作。為了我後來的正式調動，王子荷老師還曾經幾度跑過我們工廠。

除去李束為，文聯五老其餘四位當中，只有西戎老師的夫人李英不在本機關任職。所以後來西戎執政，定下一條規矩：盡量不許兩口子一塊來東四條裏工作，以免裙帶關係，以免種種人情糾葛。

編輯部裏，由李國濤總負責。大同調來的馮池負責小說組；陽泉調來的蔡潤田當時負責詩歌與散文類；與李國濤從社科院一起調入的顧全芳負責評論。美編中有個趙國荃，後來右派解放、恢復工作後還添加了一個王瑩。技術編排，則是始終跑印刷廠的何家驊。協助老蔡看詩歌的，還有從鐵路上調來的列車乘務員張承信。整體負責編輯部後勤的，是文聯老人陳仁友。這位也是右派，笑咪咪的，從來不多言語，工作極其認真負責。

小說組，李銳和大同來的王子碩已經辦理完正式的調動手續，屬於那時特有的「以工代幹」。有個胡帆，身份是農民。他有一則短篇小說〈搖耬記〉在《汾水》復刊號發表了頭條，領導上決定調來。但農民要直接變成國家機關的工作人員，沒有這方面的政策，困難重重，老馬、老西正全力設法解決。

麻雀雖小，五臟俱全，何況《汾水》編輯部並不是一隻普通麻雀。

那時，好像只有周宗奇沒在編輯部具體工作。

大家都記得，馬烽老師曾經當眾講過：「周宗奇不僅小說寫得好，人品也很好。我們是要讓他擔負一點領導工作的！」

二、大孝周宗奇

文革大破四舊，中華傳統美德無不遭到嚴重踐踏。

「百善孝為先」從口頭禪變成人們陌生的話語。

但中華傳統極其豐厚，豈是能輕易、徹底破除掉的。孝敬父母長輩，幾乎屬於人的天性本能。只忠於一個組織、一個領袖，不要孝敬自己的爹媽，恐怕只是個別人的狂妄幻想。所以，我在最近給文學青年講課中大聲疾呼道：「一個人如果不孝敬爹媽，奢談叫嚷什麼『為人民服務』，完全等於放屁！」

周宗奇自幼喪父，對老母親極盡孝道。而一個人孝敬自己的父母，還會向人誇耀嗎？他多年如一日的孝行，是被周遭人們一致認可的。

我到編輯部之初，發現周宗奇辦公桌的玻璃板下，壓著老母親的照片。照片一側，是他工整抄錄的唐人詩句：「誰言寸草心，報得三春暉。」我當時心中便頗多感慨。

多年之後，他還有一句話，使我獲益匪淺。六、七年前，有一天我母親毫無來由地破口大罵了我一頓。後來分析，那是對我父親的火氣不得發洩，拿我來出氣。可在當時，我真有點受不了。在文學院的例會上，還當作一回事講給大伙兒聽。周宗奇脫口言道：「啊，母親罵你，你還計較啊？」父母已經不在世的老蔡則說：「這把年紀還有老媽責罵，是你的福氣呀！」

兩位仁兄的話語，真好比醍醐灌頂，給了我極大的教益。

周宗奇的玻璃板下，還有一段自勉的話語，也讓我印象深刻。

東陽筆會後，周宗奇苦盡甘來。

先是家庭成分得以澄清，原來不是破落地主，而是城市平民。接著就發展入黨，隨後就調來省文藝工作室。喜訊連著捷報，好事成雙。

但一個礦工，就算發表了幾篇東西，就足以擔任南華門的一點領導職務嗎？那麼，關於馬老所說，要周宗奇擔任領導工作，有什麼深層原因呢？

據說，有這樣的一點背景。

只是「據說」，所以我在這兒僅止說說而已，不足為憑。

文革進行中，鄧小平出來主持工作的時候，中國出現了有限的轉機，解放了不少幹部，所謂革命之外的許多事業有所恢復。幾位老作家回到省城來成立文藝工作室，就是那時的事情。

但緊接著開始了反擊右傾的翻案風潮，復出的鄧小平竟被再次打倒。各省解放出來重新任職的老幹部也紛紛被打倒，遊街批鬥。比如山西省副省長王謙就是這樣。

形勢急轉直下！剛準備恢復工作的省文藝工作室，尚未開展工作，已經再度面臨危機。據說——主要是這一點據說——馬烽等老同志分析了當下的形勢，決定採取一個緊急應對措施。造反派不是要打倒老幹部、鼓吹所謂新生事物，一概提拔、使用青年幹部嗎？那麼，文藝工作室本來就有現成的青年幹部，這青年幹部不是別人，正是周宗奇。老馬他們決定將周宗奇推到領導崗位上，說是和周宗奇已經進行過談話交流。

殊不知「四人幫」一夜之間倒臺，形勢發生了天翻地覆的大變化。

要把周宗奇安插到領導崗位的動議，結果不曾變為現實。

或者是作為某種補償的辦法，在我們借調期間，老作家們曾經委派孫謙老師，帶著周宗奇到各地煤礦場去體驗生活。說是要以老帶新，盡快搞出一部電影來。如此看來，老馬所講要提拔周宗奇的話，倒也不是空穴來風。

而就在這個時候，周宗奇的玻璃板下壓著的另一段話這樣寫道：「你有什麼權利享受安逸的生活？」

這是他的自勉。

其實，這也正是我們一代奮鬥者的共同心聲。

三、農民胡帆

當年借調到編輯部的幾個年輕人，李銳和我，還有王子碩和稍後調來的燕治國，都是工人，只有胡帆一人是農民。

幾個工人，那時都抽煙。

李銳先頭抽煙，調來不久後戒了煙。戒煙後，他告訴我說，曾經好幾次夢到過抽煙，抽的是芒果牌香煙，夢中抽得怪香的！李銳反省道，說明自己戒煙還遠遠不徹底。

王子碩也抽煙，香煙的檔次始終在中等偏下，而且一直保持著良好的節儉傳統。直到現在，他擔任《笑話大王》主編有年，裝修新居時一舉安裝了五個空調，抽煙的牌子檔次依然不高。普通的「紅河煙」，一盒五元左右，煙包拆封時從來不會大拆口，只是撕去半面封紙。抽煙時，或者從兜裏拈弄半日，抽出一支香煙來；或者掏出整盒煙，左手護著珠寶匣子似的籠蓋了煙盒，右手小心翼翼地撚出一支煙草來。他也給人遞煙，遞出的手勢彷彿是遞上一根金條。在當年，吃飯、會餐好像過節，王子碩是一定會把空酒瓶都搜羅起來賣錢的。

而農民胡帆壓根就不抽煙。極個別的時候，別人遞煙，胡帆也會接了，燻那麼兩口。他並不是反對吸煙的健康主義者，他是捨不得抽煙。或者說，生活困難，沒有餘錢來點火冒煙。

胡帆家在晉南農村。晉南，自古以來就是國家的河東糧倉，是盛產麥子的富庶地面。合作化以來直到農業學大寨的極左政策，將農村搞得極度窮苦，富庶的晉南，守著糧倉的農民卻吃不飽肚皮。胡帆偏又是生孩子的好把式，搞出三、四個孩子來。年紀輕輕，脊背卻早早顯了駝峰；枯瘦的臉子上皺紋橫斜；臉色焦乾中泛著黑黃。表情呢，總是一副苦相。即便是笑，也彷彿在哭。在機關上灶，營養不良，胡帆還鬧出了一個毛病：上廁所小便時會突然昏倒。聽說，那種毛病的醫學名堂叫做「排尿性暈厥」。有一次，老先生晚間入睡前去小便，竟活生生昏倒在廁所便池旁，糊裏糊塗地守著尿池子睡了一夜。生活把人扭曲、壓迫成什麼樣子，而我們的胡帆不甘沉淪，還要寫小說！

後來，在馬烽、西戎老師的努力下，農民胡帆終於正式調來，而且身份變成了國家幹部。我們都為自己的這位農民弟兄感到由衷高興。

胡帆當時當眾說：「馬烽、西戎，就是我的重生父母！」

我們都覺得胡帆說的是心裏話，他是真誠的。

胡帆跳出農門，當了編輯，家中依然相當困難。寫小說，農民窮苦饑餓，及農村新生的權貴與農民的矛盾幾乎不可調和，成為他的永恆主題。他後來創作發表的短篇代表作〈福壽老漢〉和〈太平村裏〉，莫不如此。

胡帆出差到過北京。北京歸來，多少天鬱鬱不歡，嘟嘟囔囔，低聲自言自語地詛咒；臉子僵板，陰得快要滴水。像是誰欠他二百錢，而不像是去了一趟北京。李銳和他處的鄰居，小心地前來詢問：「胡帆你怎麼了？」

胡帆咬牙切齒地說：「北京人天天吃油條！天天吃油條！」

1984年底，文聯和作協分家。作協依然留在南華門，文聯在迎澤大街蓋了大樓，胡帆自願去到文聯那邊。依然當編輯，家庭依然困難。我們見面不多了，少數的幾次見面，他還是一臉苦相，堅持不改。

後來，聽說享受到政策的恩惠，胡帆的老婆、孩子也都變成了城市戶口。農民們多數早已吃飽，胡帆全家當然也不再挨餓，老兄卻偏偏又得了病。聽說是胃口方面的毛病，不能吃東西。

四、趣人何家驊

俗話說：人之不同、各如其面。又說是人上一百，形形色色。

《汾水》編輯部成員無疑也是各具情態、各有千秋。或者說，在一個小說家的眼裏，人人都是典型形象。

比如技術編輯何家驊，就算一位趣人。

據他自我介紹，建國初期他是飛行員。看上去也像。個頭不高，短小精幹；濃眉大眼，鼻樑端挺。早在文革前到刊物恢復，從我借調編輯部開始到我接任主編、再到辭職，何家驊一直在編輯部做技術編輯。跑印刷廠看版樣、跑郵局聯繫發行，從三十歲跑到六十歲，堪稱辛苦。沒有功勞，絕對也有苦勞。但從領導到一般行政人員，對老何讚譽的少。原因呢，又多半在老何自身。這位技術編輯，愛搞口頭創作，笑眉笑眼的，牙齒白厲厲的，隨口就是虛構。

郵局代發刊物，日期要求很嚴，過期就要罰款。郵局來電話催問，老何拍著胸脯向老西彙報：「刊物已經拉去郵局了，整整四輛卡車！哈哈，四輛！」第二天，印刷廠卻來了電話，質問編輯部為什麼還不來拉走刊物？結果，只好被郵局罰款。再問老何，老何只是嘿嘿笑著，面不改色。

借調期間，何家驊創作了一個奇妙段子，堪稱為藝術之傑作。那時，還在物資短缺的年代，人們聽說什麼東西不要票證、出口轉內銷之類，一定會趨之若鶩。一天，老何從外面回來，煞有介事地宣傳說：「哈！五一大樓旁邊，路西小鋪，賣減價毛線啦！那毛線，好，真好！可惜我沒帶錢。」大家都在埋頭看稿，沒人接他的話。

但將近下班時分，馬烽夫人和胡正夫人起身出去了。編輯部嘛，作息時間向來不那麼嚴格，誰也沒在意。二位夫人原來聽說了毛線減價，相繼去採買便宜貨。結果怎麼樣？莫說毛線，連那個店鋪都不存在。

機關後勤的工人、師傅們聽說了，這些人口不擇言，都說：「好狗日的，有這號騙子！」

老何最大的一回玩笑，開成了真正的國際玩笑。

當年，有位日本翻譯家小林榮，喜歡山西文化，專門翻譯山西作家的作品，其譯作總題命名為《中國農村百景》。他曾經來過山西，由我們作協負責接待。何家驊於是受命到北京迎接這位日本翻譯家，老何令行禁止、聞風而動，絕對不講價錢。一把年紀，也算難能。當然老何出差，也懂得享受。比方到上海，那是要入住錦江飯店的。

且說何家驊在北京接到了小林榮，並做了一番自我介紹。他問對方：「你知道《汾水長流》嗎？」日本翻譯家點點頭。我們的老何，竟然大言不慚地聲稱：「哈哈，我就是作家胡正！」

這樣的玩笑，難道不是國際玩笑嗎？

後來，何家驊在本職工作上也出過較大的紕漏，刊物的版權頁上，將老主編西戎印成了「西戒」。他還竟然聲稱，說是早就看出來了。好像是要和老作家老領導專門作對似的。

所謂用人用其長處，領導者應該懂得因材施教。我當主編的幾年，老何工作相當積極，而且認真負責。這是後話。

五、奇人顧全芳

如果我硬是要把老何稱作一位趣人，老顧則絕對稱得上是一位奇人。

老顧，全名顧全芳。原本在社科院歷史所工作，調來南華門機關刊物，分管評論稿件。據說老顧原先的專業是研究宋史，發表過有關楊家將的學術論文若干。與李國濤老師原來隸屬同一個單位，如今在同一個部門內，在老李的領導之下，評論組不能出大成果，諒也不會出大紕漏。

說顧全芳是奇人，不是奇在工作，主要是奇在生活；生活，也不是奇在什麼婚姻、愛情等大的方面，主要是奇在生活小節。什麼小節？只有兩點，那就是髒和懶。髒得出奇、懶得離奇。

我本來就夠髒的了，自幼生在缺水的鄉村裏，沒有養成良好的衛生習慣。當了編輯，也沒有餘錢換一番行頭。一年四季都扛著一身鐵路上的帆布工作服，冒充牛仔裝。努力工作外帶加班寫稿，家務繁忙，還特別喜歡遊戲玩耍；既要摔跤、還要游泳，學會交誼舞、又跳迪斯可；根本沒有功夫洗衣服。襯衣、背心，一個月換洗一回算是勤的。李銳與我對面辦公，編輯部生活會上曾經提出寶貴意見，說我不洗腳，球鞋奇臭，從辦公桌底下的筒形空檔，就直槓槓地拔抽到他的鼻子那兒。

但我的髒亂，比起老顧來，那可真是小巫見大巫。文無第一、武無第二嘛，有老顧奪得第一名，吸引了所有的目光和注意力，我才能夠樂得在旁邊繼續髒亂，而不被議論。

在我借調期間，老顧有將近四十了吧，還打著單身。顧全芳頭禿，戴一副眼鏡，眼鏡後邊，眼仁小、眼白大，屬於「眼露四白」那樣的面相。按說也是文質彬彬，可惜臉色夠黑，偏偏很少洗臉。他自己尋常還要聲明：「反正我臉黑，乾脆不洗它！」

臉都懶得洗，何況是襯衫。老顧有辦法，乾脆買黑襯衣。對此，他也振振有詞：「反正我不洗，反正你們也看不出來！」

老顧髒而懶，要看幹什麼。說起殺象棋、打羽毛球，老顧投入得很，歡勢得緊。成家後，老婆安排中午吃餃子，派他上街去割肉。老顧看見馬路牙子上有人下棋，始而觀戰、繼而入局，不歇氣就幹到晚上十二點。

機關院至今有個簡易的羽毛球場，打球運動開展得遠不如當初那麼熱鬧。當初，老顧四十以來，老蔡三十好幾，都是球場上的積極份子。兩人都是禿子，十來根頭髮盡量籠蓋了赤紅的頭顱，一位是左分頭，一位則是右分頭。不打球還好，遮蓋、掩護蠻像那麼回事。打球動作激烈，十來根頭髮便披散下來，吊在胸前有尺把長。赤紅的頭頂呢，則統統敞亮了，不止一百多瓦。真像是笑話裏說的「某某燈泡廠電鍍車間銅瓢小組的季根發同志」。

顧全芳同志在四十不惑之年，終於結婚成家。老婆是北京知青，原在晉南大寧縣插隊。成家後，老婆先調回榆次，還屬兩地分居。好在榆次不遠，可以在星期天時聚會。女人考慮老顧一個人吃不應時，總要想法改善伙食。周日包餃子，派他割肉，他往往失蹤在任何可能的棋攤兒上。又顧惜他單獨懶怠做飯，做現成的一鍋米飯、一鍋菜，能頂幾天伙食。老顧胡亂吃兩頓，隨後便懶得加熱、防腐，任那飯菜黴壞、生了白毛。飯鍋器皿生毛，也不洗刷，就那樣堆著。老婆隔周回家，揭開鍋子一看，裏面都是白毛，幾乎快要頂起鍋蓋來了。

後來兩夫妻有了兩個孩子，都是兒子。老顧總得幫女人看看孩子吧，這懶人有懶辦法、髒人有髒主意。自己在那兒仰天看書，伸出一隻腳，任那孩子啃他的腳指頭！污黑的腳趾啃白一隻，不怕，老顧還有另一隻總也不洗的臭腳。

老顧日子就那麼過。夫妻小有吵鬧，反正理論家是不生氣的。孩子啃腳趾長大，極其健康。

老顧散淡隨和，大咧咧的，有時還會來兩句粗口。其實，他出身不好，膽子很小。他對老馬、老西等領導，從來極為尊敬。尊敬值得尊敬的領導，不好嗎？我能夠感覺到，那是一種帶有恐懼的敬畏。作為知識份子，當過所謂「臭老九」多年，顧全芳早已學得了「適者生存」的法則。老顧粗拉、散漫，不過是壓抑後的宣洩。旁觀多時，令人不免悲從中來。

大約1982年，全國有一次全面性調資。政策也怪哉，只有百分之四十的機會。這不是分明要人們打架嗎？老顧，老牌的大學畢業生，競爭失敗，沒能獲得調資。

奇人顧全芳因此憤而調走，回到了社科院。並且幾乎再也不曾回過南華門。

老顧還是有些脾氣的。

他畢竟是一名知識份子。

第三章　編輯群像

粉碎四人幫，開創新時代，文學熱曾經盛極一時。

不僅有些人想透過文學尋找出路，或有許多人想透過文學呼喊、抒發，當時更有無數人想透過文學來共鳴情思、宣洩壓抑、寄託希望，乃至尋求理想。

山西作協的機關刊物《汾水》，後來改名《山西文學》，發行份數一路飆升。從幾千升到數萬，最多時曾經達到十七萬份。

一份刊物辦得好，除了主編西戎老師掌控方向、知人善任，除了編輯部主任鄭篤老師和編輯部兩位副主任——李國濤和周宗奇領導有方、協力辦刊，全體編輯也都功不可沒。

一塊合作過的許多編輯同仁，都在我的記憶裏留下了深刻印象，成為一個小說家的人物形象庫存。

一、忻州四俊傑

刊物份數上漲，在文壇和讀者群中間影響越來越大。編輯人手緊張，編輯人才短缺。西戎主編依然用借調的辦法來發現人才，以充實編輯隊伍。

在我正式調入作協不久，刊物從我省忻州地區一下子借調來了四位編輯。他們是曾忠齡、劉琦、王中幹和燕治國。

四位中，年齡最大的是曾忠齡。我們稱之為老曾。

老曾，曾經入朝當過志願軍。沒有打過仗，在軍樂隊吹什麼「貝咕嚕」。可能是神經方面的原因，老曾平常不打瞌睡，滿有精神的，一站到隊伍裏、軍樂一響，他就打起瞌睡來。後來轉業忻州地區定襄縣，一直在文化部門工作，通訊組、文化局，後來縣裏成立文聯後，擔任了文聯主席，是定襄文壇元老階級的人物。一個南方人，為地處北方的忻州定襄的文學事業做出了巨大貢獻。

老曾個頭不高，乾瘦。冬日愛穿一件大氅，大氅幾乎快要拖地，個頭就更顯得低。一隻眼大、一隻眼小，開口講話，非笑不言；笑的時候，那隻小眼就幾乎全然閉住；他的眼睛看不見對方，對方也看不見他的眼睛。

老曾脾氣太好，一說話總笑。談論正經話題，即便作嚴肅狀，也帶幾分不像。老派人物，對領導的尊重就更為不同尋常。

孫謙家裏那時養著一條狗，取名「麥克」。孫謙在巷子裏地位高，狗也就相當兇。人們上機關澡堂時路過門口，狂吠撲咬。有一次，我去洗澡，麥克不看對象，照例撲咬上來。老孫又不在跟前，我就狠狠地踢出一腳。正踢在狗的下巴那兒，將壯碩的麥克踢了一個倒毛筋斗。狺狺哀鳴不絕。從此見了我，彷彿一隻避貓鼠。

老曾上門拜訪孫謙，對麥克的態度則全然與我們不同。在老孫的院子外頭，遠遠就先對狗兒賠了笑臉。到了狗兒的跟前，還要逗孩子似的和狗兒玩。自己將雙手豎在腦袋兩側，扮演成另一條狗兒，和麥克嬉鬧。如此半餉，然後才去拜訪老孫。

主人不在跟前，尚且這樣；主人要在跟前呢？對狗兒尚且這樣，對主人本身呢？相比而言，我敢說自己對老孫特別尊重嗎？

後來，老曾沒有調來省作協。他年歲不小，在定襄拖累大，也捨不得經營了一輩子的事業。

和老曾同樣待過軍樂隊的，有個河南人劉琦。

劉琦十六歲當兵，轉業後一直在山西忻州文化部門工作。年齡沒有老曾大，個頭魁偉，足足超過老曾一個頭，而且顯得比老曾成熟老練許多。他對編輯部上下都很尊重，講話也是滿面堆笑。以我一個年輕人的眼光看來，劉琦的笑容包括眼神，有些深度，或者屬於極富滄桑。劉琦早年就發表過有些影響的《黃連歌》，寫過二人臺劇目，對民俗、民間文化有所了解。《山西文學》有不少民間文學方面的稿件，當時主持刊物工作的鄭篤老師就安排劉琦負責看稿、聯繫作者。領導上這一安排，最終成就了劉琦。

不久，山西新時期以來的首屆文代會召開。會上成立了民間文學研究會，並決定成立《民間文學》編輯部。具體負責這方面工作的劉琦，順理成章地擔任了刊物的執行主編。刊物發行極好，一度上升到幾十萬份。劉琦的編刊能力得到印證，劉琦從此成為著名的劉琦。

聽說劉琦對培植有功的鄭篤先生禮敬有加，這當然應該是在情理之中。但後來據說師生關係弄得不太好。鄭篤在後來的文聯作協換屆會上，曾經說過「中山狼」的典故。據說話有所指。沒有本人說明，我在這裏不做猜測。

有個從忻州地區神池縣借調來的王中幹，年齡與劉琦相彷。據稱是由當將軍的伯父撫養長大，離開了湖南的農村老家，於1960年大學畢業。老牌大學生，卻分配到忻州西八縣裏幾乎最為窮苦的神池。老婆在教書，雖是雙薪家庭，兩夫妻生有三位公子，生活卻也拮据節儉。但他秉性樂觀，性格相當陽光開朗。

因為年齡的關係，我們儘管不稱王老師，但從一開始就尊稱王中幹為老王。老王梳理一隻大背頭，鼻子帶些酒糟紅；從個頭到長相，有幾分像劉少奇。極善言談，東扯葫蘆西扯瓢的；有時不乏幽默有趣，但更多時候著三不著二。笑話麼，大家未曾發笑，老王會自己笑彎了腰，鼻子在面部中央聳起，愈加顯得大而紅。大家聽得有些疲勞，想離席告辭，不成。老王說到有了興致，會站起身，眼神鉤子似的抓牢你，繼續演講。那情形，簡直是面對碌碡，也能講得那石頭疙瘩長出耳朵來。

老王的文字底子不錯，看稿當然也在行。後來，他擔任過我們小說組的副組長，文聯作協分家時到了文聯那邊，與董耀章一同擔任刊物《火花》的主編。前五、六年，在一個飯局中與老王見過一面，其時他已經退休。問他日子過得怎麼樣，他說孩子們已經長大，生活不再拮据。但老王說，早上散步時會捎帶到集貿市場，買那兒的便宜蔬菜。不過，精神頭兒不壞，還是樂呵呵的。我想，一個人樂觀與否，實在是幸福與否的重要因素，乃至是決定因素。正是佛家所言：「心安樂處，即身安樂處。」

當初忻州借調來的四位俊傑裏，數燕治國最年輕。比我年長一歲，同是老三屆的高三畢業生。畢業後，先是回鄉務農，隨後才招工到縣辦煤礦下井挖煤。燕治國年齡輕，個頭卻最高，淨高一米八六，是為南華門裏第一高的。所以，有時被我簡稱「么八六」，不過是順口說說。韓石山認為其中有貶義，怪怪地、壞壞地笑著。

老燕與我們同是以工代幹調來的，和我一塊讀北大作家班，後來合作編刊物，當我的副手。對於他，偶爾開開玩笑是有的，但不至於有意貶損。

燕治國同屬忻州四傑，也是好脾氣。遠遠地見到人就打招呼，誇張地表示驚喜，然後滿臉笑容，熱情地和對方握手，稱得上禮貌周全，謙虛謹慎。寫得一手散文，文筆細膩；小說也走婉約的路數，彷彿出生在南國水鄉。而燕治國其實生在晉西北的河曲，是地道的邊地漢子。人高馬大，外帶一頭捲曲毛髮，自稱是半個蒙古人，以五胡亂華的混雜血統而自豪。豪情何所見？當在酒席之間。幾杯老酒落喉，面色轉紅；言語開始粗豪，情緒不受控制。豪氣沖天，氣吞萬里如虎；起而高歌，直欲響遏行雲。

老燕喝醉酒，言語或有出格，難免粗口；情緒一時失控，竟而落淚，也算得是性情中人。老燕罵娘，罵些什麼？老燕落淚，哭些什麼？比如分房子樓層太高、評職稱一時還低，牽扯到個人利益，或有關飯碗和面子，要哭要鬧，也在情理之中。

但有時，我覺得這位大個子是刻意地在玩幽默，藉著幾分酒意，正色質問周宗奇、厲聲責怪張石山，聲色俱厲、氣急敗壞。嫌大家不管事，不關心機關的問題、不關注人的死活。那麼，到底有些什麼事件或何種問題？原來機關水費收得有些高了，而老燕又懷疑比張石山家的水費還高，而且更懷疑是收費者故意欺負咱們老燕，所以借酒撒瘋、煊拳捋臂、嗚呼吶喊、地動山搖。你說，這不是在玩幽默嗎？酒後醒轉，為自己失態而懊惱，為或許傷害他人而自責；鬱鬱寡歡者數日。免不了連連道歉，意在彌補錯失；或賭咒發誓，誠心知過必改。爾後，巷子裏高挑挑地漫步行走者，又是禮貌謹慎的一位謙謙君子。

眼下，老燕也快退休了。戒了煙，體重有所增加；酒偶爾還喝，酒徒情狀往往依然故我。這是「江山易改、稟性難移」呢，還是「童心不老、青春永駐」？

二、大同兩老小

在我和李銳借調之前，編輯部從大同處已經調來兩位編輯。一老一小，或曰一長一幼。長者馮池，幼者王子碩。

王子碩是我們幾個以工代幹的編輯裏最年輕的，老三屆裏的初一學生；也是最早調來南華門的，二十剛出頭就成了正式編輯。共事多年，我覺得王子碩完全承當得起「少年老成」這個評價。如果說燕治國的主要優點是謙虛，王子碩的主要優點則是謹慎。好像從小就已經學到並且能夠堅持做到「逢人只說三分話，不可全拋一片心」的古訓。不搬弄是非、不議論他人；風險話題，絕不隨便插言表態，話到嘴邊，三緘其口。也許是家教遺傳吧？而我更懷疑他童年時受過坎坷的磨練，性格因之內向、早熟。

就說我們編輯的日常工作——看稿吧，王子碩當然也是積極認真，毫不遜色於我等。發現作者、推出精品，多年裏卓有功勳。但他簽署稿簽很講究，至少比我顯得成熟圓通。好稿，絕不會像我一樣寫上「此稿可發頭條」一類的斷然話語；次稿、差稿，往往也會不直楨楨地退還作者，而會寫上一些似是而非的意見，推薦到小說組長那裏。稿子好壞，讓上一級的領導來決斷。不能因此就認為王子碩是害怕得罪作者或推卸責任，反倒應該認為他處理事情極為謹慎。不越權、不張揚。稿件是否可以頭條發表，是自己一個小編輯能夠決定的嗎？

於是，說好並不明確、說差也不顯然的稿件，就推薦到組長馮池的案頭。

再說馮池。馮池也是當兵出身，南方貴州人氏，轉業到北地邊城的大同工作，辦報紙多年。看稿仔細、校對嚴謹，劃版編排也不在話下。幾個編輯小子，始終尊稱他為「老馮」。

且說老馮看稿既然仔細謹慎，看到王子碩推薦上來的稿件就往往有些發愁。稿子到底是好是壞呢？若退稿，退掉好稿怎麼辦？繼續向上推薦，偏偏並非好稿，那又怎麼辦？面壁九年似的，呆看半天，不得要領。那時，我、李銳與老馮在一個辦公室，老馮便常常給我倆講述稿件的內容。「有這樣一個故事啦，它是說這樣一件事情啦」，老馮的表達能力又不是那麼強，語言節奏也相當緩慢，聽得我和李銳難免急屙急尿。結果，不是李銳便是我，會主動將稿件搶過來，火速瀏覽、飛速看稿。整天幹這個營生，這不是小菜一碟嗎？我們即刻將意見直率地講給老馮聽。老馮這才如釋重負，印證了自己本來的看法：「我也是這樣的意見啦！」

李國濤主持刊物之後，《汾水》改名為《山西文學》。其時在編輯工作方面添加了一個小小的改革專案：每期來幾篇編稿手記。幾百字，畫龍點睛、直擊要害，深受讀者及作者們的歡迎。老李和周宗奇分頭負責書寫編稿手記，堪稱一個利索，說是手到擒來、探囊取物，也不為過。老李細心，編稿手記不是也要拿一點稿費嗎？一則手記，約三、五元。這份稿酬，不宜落一個「獨霸、獨享」的名譽，分給老馮同志一些機會，比較妥當。老馮呢，工作本來就認真細緻，撰寫編稿手記更是隆重萬分。要回家靜靜撰寫、要參考資料，上升到理論高度，以期寫到最理想的狀態。但老馮講話節奏慢，寫字速度也不快。兩、三則編稿手記，半個鐘頭、最多半天的營生，老馮卻需要十天甚至半個月。老李急著發稿簽字，編稿手記且是難產。老李於是也不免急屙急尿了。

後來，在我1988年底辭任主編之後，黨組決定由老馮回來主政編刊。王子碩與燕治國二位出任副手，是這樣一輛「三套車」。三套車的合作如何？工作效果怎樣？作為前任主編，我向來不做評價。功勞、苦勞，同是編刊者，我且不會以打擊同類來高抬自己。我沒有那麼短見愚蠢。刊物究竟編得怎樣，機關裏的人們有目共睹，有事實說話。況且白紙黑字厚墩墩的合訂本俱在，我不必磨牙費嘴地饒舌。

再後來，焦祖堯當政，撤換了《山西文學》的班子。老焦的秘書長陳為人對此有公開說法：「電池沒有了電，要換電池，不能只換一節好的，那樣壞電池會影響到好電池，結果影響效率。要換，乾脆都換成好電池！」

後來又後來，「好電池」們辦刊的情況如何？我就更不便言說。我四十出頭方才學得了王子碩先生處世哲學的若干皮毛，對若干事情三緘其口。

不過對當政者，我有權講話。這是任誰都不能剝奪的權利。說老馮等三位是「壞電池」或者「廢電池」，至少不夠寬厚。你們換的好電池又如何？事實總是勝於雄辯。

當然，大形勢變化，文學整體不景氣，辦刊不易，大家都有不可人力扭轉的客觀因素。但韓石山接任主編，結果又怎樣？這節電池如何？

還是讓事實說話吧！

因為在他主編的刊物上發表東西，我何必一再吹捧老韓。

三、詩壇三巨頭

行走文壇多年，就小說界與詩歌界相比，我覺得相對而言，小說界更加大氣。詩人、散文家，有人改行寫小說，但小說界卻很平靜，視而不見一般。至少小說界不會發出驚呼，不會認為有人奪取了我們的地盤飯碗。事情反過來，情形便也反過來。小說家寫詩，詩歌界往往驚呼，好像受到了什麼威脅似的。做一個不一定恰當的比喻：小說界從容、老練，更像大漢民族；而詩歌界敏感、防衛心理強，更像某些少數民族。

身處山西文壇多年，我覺得山西文壇的詩歌界與小說界相比，另有特色。相對來說，小說界更加團結一些，或者說是非不多，無原則，糾紛也少見。也許是山西晉軍的實力派小說家，都不曾進入山西文壇的真正領導階層，大家沒有掌權，因而沒有受到權力這個怪物的左右。比如河南，比如山東，還有陝西，換屆早，我們的同時代作家早早掌權，結果出現派別鬥爭，鬧不團結，到了你死我活、不亦樂乎的地步。不管原因如何，山西小說家相對團結，成為一種可貴的真實。

詩歌界則不然。歷來矛盾多、是非多，應該是人所共知的事實。

早在三十年前，我剛剛調入省作協時，就在一旁強烈感覺到了詩歌界那種有點你死我活的火藥味兒。

先是張承信率先調入作協的機關刊物，負責編輯詩歌。老張原先和我一樣，在鐵路上工作，跑車、當列車員。他發表了若干有影響的詩歌，被老西看中，在我們之前調來。老張孩子多，兩口子老早就鬧矛盾。西戎老師無論考慮為張承信安排住房還是調解其夫妻矛盾，真正做到了不厭其煩、關愛有加。於是，張承信和老西的關係也相當不同一般，尋常出沒老西家裏如行平地。包括我借調之初，周宗奇都說：「張承信和老西關係不錯，你也請張承信從旁多多幫忙美言幾句。」老張對我的事，確實也頗上心。在此按下不表。

但後來，也就是我調入南華門不久，張承信在編輯部一次全體會議上，當眾和老西大大地吵了起來。這成為當時一個不小的事件，乃至引起老馬的注意，出面公開批評了張承信。

西戎老師是我們的恩師，當然也是張承信的恩師。學生和恩師為什麼會鬧將起來？所謂「皮褲套棉褲，必定有緣故」。當時許多人都在場，都應該記得：師生兩人爭吵的由頭，是因為董耀章。

董耀章與張承信、文武斌，當時號稱山西詩界三巨頭。董耀章，我們不熟悉，應該說當時根本就不認識，但聽到不少關於他的說法。一度聽說要調來作協、進入刊物，人們都有點談虎色變的樣子。從李國濤到周宗奇，態度也都相當明確，不怎麼歡迎其人調來。

一開始，在老西口中，也是直呼「董耀章」其名，口吻不那麼客氣。據說，董耀章本來在群眾文化館有點待不下去了，準備調走。調走之前，和某領導大鬧一場；某領導呢，據說正是西戎夫人李英的對立面。結果，董耀章歪打正著，便獲得了李英的好感。又據說，過節的時候，董耀章還給老西家送了幾條鯉魚什麼的。

李英老師是否因為上述不確切的傳聞就欣賞了董耀章？老西又是否受到其夫人的影響？是否幾條鯉魚就能打動堂堂西戎？學生不該做任何猜測。只是，在老西的口吻裏，客觀、中性的稱謂「董耀章」一度變成了親暱、可愛的「小董」。

老西口吻中出現「小董」之後不久，就發生了師生吵鬧的事件。編輯部的某次例會，研討工作中偶然就扯到了董耀章的調動問題。張承信率先發言表達意見，一開始講話倒也還心平氣和。不怎麼贊成董耀章、不同意其人調來，這本身也是大伙兒的意見。但說著說著，和老西意見相左，逐漸升級成對抗。最後吵得有些不可開交。末了地動山搖。

記得老西臉色發白，嘴唇和手指都哆嗦起來，幾乎當場心臟病發。

張承信和老西吵鬧一事，在不久的全機關大會上受到馬烽的當眾嚴厲批評。

董耀章要調來的說法，隨後就不再提起。

後來調入編輯部詩歌組的，是詩人文武斌。

文武斌是北大畢業生，本名文步彪。寫過歌頌大寨的《虎頭山放歌》，一舉成名。山西詩歌界基本公認是大有才華的山西新詩群的領軍人物。

文武斌調來之後，擔任刊物的詩歌組長。詩歌組小房一間，有張承信和劉琦對面辦公；結果詩歌組長就在我們小說組容身。於是我們共事有年，在同一個辦公室裏工作言談甚歡。老文果然有詩才，也頗具詩人氣質。情緒易激動，城府並不深。說話走極端，疾惡真如仇。

我當時正學習看相，講話口不擇言，抓住老文的手掌粗粗一看，就說：「你父親年齡不到五十！母親最多五十五！」好傢伙，這是能隨便說的話嗎？但隨便說說的話，不幸被我言中。老文的父母都因食道方面的疾病去世，壽數都不高。而更不幸的事卻發生在老文身上！老文到臨汾幫姐姐剛做完賁門癌手術，回來就發現自己患了食道癌。調來省作協不過兩年天氣，英年早逝，令人惋惜。

且說文武斌調來作協，擔任刊物詩歌組的組長。領導誰呢？領導兩位組員，一位張承信，一位劉琦。這二位都是河南人，都比老文年長，城府比老文要深，處世經驗比老文要多。老文有詩人氣質，卻不具備領導才能；彷彿李白詩才蓋世，一心「致君堯舜上」，其實哪裏屬於從政的人物。文武斌誇誇其談，說話就像普希金在皇村中學朗誦詩歌似的，哪裏能夠領導這二位？

山西詩歌界是否團結？暫且存而不論。山西作協的機關刊物裏，詩歌組三位大牌編輯、組長和組員首先就不團結。不團結的局面愈演愈烈，並且幾乎不存在調和的餘地。

文武斌癌症確診後，決定到北京動手術。同齡詩人豐昌隆、年輕新秀潞潞等人，全程陪侍，極盡友朋之道。——詩人不團結，但某些詩人的圈子卻又相當團結，彷彿少數民族裏的派系、派別。

老文即將赴京手術，最後來過一次編輯部。那時，我們機關僅有一輛上海牌轎車，外加一臺北京吉普。為文武斌看病治療，領導特別派出小轎車供他隨時使用。當時，開轎車的是陰志和陰師傅。轎車任務多，並不是完全交由文武斌使用；在他使用轎車的過程中難免有些服務不盡周到。老文來到編輯部，進了我們一塊辦公的房間，扯住我氣急敗壞地喊叫：「陰志和，那是一個小人！小人！」

用車當中有點小摩擦之類，值得和司機師傅過不去嗎？身患絕症，你還有功夫在這些事情上大動肝火嗎？其時，我也只能是連聲相勸：「老文呀！不敢動氣啦！趕緊集中精力去看病吧！」

北京手術歸來，我和李銳一塊到老文在大眾機械廠的住所看過他一回。文武斌，高大壯實的文步彪，體重只剩下六十多斤。他讓人扶著坐了起來，勉為其難地向我們表示感謝。聲細如蚊，氣若游絲。我的心中慘惻頓生。

老文的身後有一兒一女。兒子當年五、六歲，還不懂事，嬉笑叫跳，連聲吼喊：「文武斌，有人看你來啦！」

那是我們最後一次見面。他沒有說什麼，也沒有力氣說什麼了。

我要披露的是：在文武斌最後的時光，按理說應該集中全力看病，他卻依然關注山西詩壇的現狀以致往後的格局。人之將死，其言也善，文武斌有一條遺言，卻是強烈要求領導答應，無論如何，都不能讓張承信擔任詩歌組的組長！

張承信編輯詩歌多年，最終都不曾擔任過哪怕是詩歌組長這樣低微的正科級職務。其中當然客觀因素多多，我不認為就是文武斌的遺言發揮了作用。我想說的是，文武斌至死都不諒解張承信；兩人都是成名詩人，他們之間的怨毒怎麼就那麼深呢？

寫詩、寫小說，從事文學，在這特定的求道途程中，我們到底會更加復歸人性，還是相反？魯迅式的「一個都不寬恕」，到底是一種人性的光輝，還是人性的陰暗？

子非魚，安知魚之樂。

第四章　閻氏故居

前兩年，山西省作協的辦公院大門外，懸掛著一塊標有「閻氏故居」字樣的大理石標牌，與山西省作家協會的標牌遙遙相望，赫然對峙。

這兒原來是閻氏故居。山西文壇就在這裏兀立。過往行人，包括常年居住在這兒的作家和辦公人員們，見慣不驚。或者視而不見，或者不明所以。

對此，我多有留意。張石山踏入山西文壇三十年，即將步出這個圈子，我不能那樣「稀裏馬虎」。

改朝換代，常常在文字記錄的層面割劃著歷史。但歷史的江河奔騰不息，從來不曾斷流。

山西文壇兀立於南華門東四條、山西省作家協會駐紮於閻氏故居，事實證明全出於偶然；但在偶然之中完全可能蘊含了某種必然，或者說，偶然能夠生長出必然。

只關注文壇掌故、趣聞軼事的讀者，完全可以不讀本章文字。

一、山西文壇與閻老西

扯到山西文壇，不能不先扯出閻錫山來。

因為堂堂山西文壇，名頭響亮的山西省作家協會，機關大院、辦公地點，多年來就佔駐在閻錫山的一處宅院。佔駐有多少年呢？算來時日不短，已經整整半個世紀。

閻錫山，人稱閻老西。在中國，至少在咱們山西，那簡直就是一個傳奇。辛亥革命，西元1911年西曆「雙十」，武昌起義打響推翻滿清的第一槍；山西新軍率先回應，閻錫山在因緣際會下登上山西政壇。直至西元1949年改朝換代，閻錫山逃到臺灣為止，此人統治山西將近四十年之久。帶有貶義的稱謂，便又說他是山西的「土皇帝」。

閻錫山，山西五臺人。有一句地方民諺說：「們五臺，俺定襄，日煞榆次㕭壽陽。」山西地形複雜、山川阻隔，而有方言之多樣駁雜。「們五臺」那個「們」字，不過是「我們」的急讀，重音在後。好比我們盂縣，說我們是「嗯」，同樣是「我們」的急讀，卻將重音放在了前面。

地方話，或稱方言，獨特、多樣，不僅方便著本地人的交流，而且往往成為語言的活化石，豐富著整個人類語言的寶庫。誰敢斷然評定哪種方言好聽、什麼地方話難聽呢？然而在咱們山西，五臺話卻幾乎被說成是最難聽、最土氣的一種方言。閻錫山的老婆隨丈夫到南京參加所謂的「偽國大」，她說「我不餓」，口音當然是「們不饑」，當地的招待人員以為她要吃這種食物，到處去找「們不饑」，鬧出天大笑話。當然，這則笑話本身就是我們的曲藝工作者編造的，用來貶損閻錫山。正如我們歷來的宣傳說，宋美齡天天用牛奶洗澡，是用來貶損蔣介石、用來激發階級仇恨的。

還有一則笑話說：閻錫山喜歡提拔五臺人，當時流傳著一首民謠：「會說五臺話，就把洋刀挎」。一位五臺老鄉也想夤緣當路，混一個差事。到閻錫山的督軍府大門上要往裏闖，大咧咧地衝著門衛說道：「督軍姓甚們姓甚，們和督軍打對門！」督軍府的門衛何等精明，目光如炬，早就識破這位老鄉的花招，照臉就是一巴掌。老鄉挨了耳光，只好老實地交代道：「督軍姓閻們姓李，們離督軍四十里！」那笑話最後總結說：好嘛，一巴掌打出去就是四十里！

類似的笑話至少說明這樣的真實：閻錫山提拔五臺老鄉的情況一定比較嚴重，而這樣的情況引發了眾多百姓，特別是官僚階層的不滿。那麼，反過來說，六親不認、大義滅親，是否就一定好？不僅不認老鄉，好像要專門將老鄉劉少奇、彭德懷迫害致死，是否值得誇讚？這樣說話，其實就是抬槓了。

閻錫山曾經怎樣建設山西，使山西延續了海內最富的神話，事實俱在。聽我父親講過，閻錫山當年治理下的太原，曾經達到「夜不閉戶」的良好狀況。戶家市民不關大門，半夜會有警官進院用警棍敲擊窗戶：「天要下雨嘍，誰家院裏晾的衣服，趕緊收回去啊！」閻錫山還曾經提出建設山西的許多遠景規劃口號，叫做：「無山不種樹，無田不水稻；無人不當兵，無人不如校。」

一方行政長官，不肯建設發展本地，成心要將一方搞得民不聊生、哀鴻遍野、落後愚昧、貧窮黑暗，這樣的說法不可理解。說到底，宣傳不過只是宣傳；歷史到底就是歷史。當然，人們喜歡回顧過去如何好、樂意吹呼先前怎樣闊，實在也是一種積習和通病。閻錫山哪裏有那麼好。我們應該做的、能夠做的，不過是尊重史實，給歷史人物客觀公正的評價罷了。

隨著我們耳熟能詳的「萬惡的舊社會」終於遠離大家而去，歷史漸漸顯現、回歸其本來面目。若干在我們歷來的宣傳口徑中罪大惡極、惡貫滿盈的歷史人物，比如蔣介石、比如閻錫山，漸漸不再那麼符號化、平面化，而是顯現出更為接近真實的本形、本相。

正如劉少奇曾經說過的：好在歷史總是公正的。蔣介石、閻錫山到底是否曾經抗日？到底是否曾經努力建設當時理解意義上的現代化？回答應該是基本肯定的。臺灣國民黨主席連戰親訪大陸，與中國共產黨主席握手言歡，昭示、證明著歷史的公正。

在我寫作編撰《呂梁英雄傳》劇本的過程中，曾經和馬烽老師有過累日長談，說及當年種種。在談到關於維持會，談到當年的維持會長是否應該一律打成漢奸的時候，馬老這樣介紹說：「閻錫山，當時有些非常有趣的說法。如果形勢逼迫，有人不得不維持日本人，不得不充任漢奸，閻錫山這樣講：『與其壞人當漢奸，不如好人當漢奸；與其別人當漢奸，不如我的人當漢奸。』」

馬老帶著幾分贊許地介紹了閻錫山的多面與複雜。是啊，上面的說法，體現了這位政壇老手對時局的客觀分析和判斷，對敵佔區老百姓生存狀況的無奈理解，對人心、人性的帶有人情味的體察。幾分調侃、幾分幽默。

卻說這樣的一個閻錫山，山西土皇帝，能沒有所謂的官僚資本嗎？比如房產之類？而官僚資本，新政權的政策是一概要予以剝奪的。

於是，在著名的太原市南華門東四條，果然有與閻錫山多所瓜葛的一處房產，並且被我們佔領、剝奪。結果此處院落半個世紀以來，就成了我們省作家協會的所在地。

閻氏故居的標牌上不說「閻錫山故居」，那麼可見閻錫山當年並不住在這兒。那麼這閻氏，到底是實指何人呢？傳聞種種，竟是撲朔迷離。

二、卻說南華門

閻氏故居，坐落在太原市南華門東四條。

南華門，位於本市杏花嶺區。

這南華門，聽來也許很普通的一個街區名字，卻是大有歷史來頭。

現今的太原，早已不是春秋時代晉國家臣趙氏所建的晉陽，也不是後來的唐城、宋城，而是明朝初年改建、加固過後的明城。明修長城清修廟，太原作為北方重鎮，當然要好生重修。不過，城池規模以及城中丁字型街道的格局，依循了宋城遺範。

卻說在南華門的周邊，街道名稱有東華門和西華門。原來，明太祖於南京登極之後，三皇子朱棡分封山西、坐鎮太原。晉王府在如今的精營街一帶，幾座華門正是當初王府的府門所在。

若留心一點，還會發現，南華門附近有南蕭牆、北蕭牆這樣的街道名稱。同樣反映著當年王府建築的宏偉格局。至於杏花嶺，原本是王府的花園。老太原們都知道，那座花園直到日本鬼子侵華才被那些強盜燒毀。

在南華門和南蕭牆周邊內外，則又有精營街、緝虎營、校尉營這類街道名堂。這當然也反映出太原不僅屬於地方首府，而且屬於國家的北方軍事重鎮。

近年，我們太原如同全國其他各大城市一樣，大興土木、大搞城建。許多頗有歷史年代、頗具文化意蘊的街巷古建紛紛被拆毀，代之以所謂現代化的奇形怪狀的高樓大廈或者千篇一律的住宅樓房。以北京為代表，從上世紀五十年代的拆毀古城牆到現今的市區民居改建，引發了有關專家、學者們痛心疾首的呼籲和反對，有如杜鵑啼血。但現代化好比魔法瓶中釋放出的魔怪，一旦出籠，再也難以收復。中國到處都在拆毀、改建，完全變成了一處巨大的工地。

垃圾包圍著城市；城市則猶如大地上的癌細胞瘋狂擴散著。

換一個角度說，市民的安居權利不該考慮嗎？三代蝸居一室、居室內搭三層床、牆上掛鍋的蹩促情況不該改善嗎？

要所謂的文化、歷史，還是要安居權利，成為一個兩難的命題。

現實的狀況是，著名的、歷史的南華門早已只剩下一個符號。欲尋當年風貌，已不復存在。

問題在於：專家學者連連驚呼的時候，大家是否想過——歷史，是那樣容易被割斷的嗎？文化，是那樣容易消亡的嗎？

南華門難免拆毀、改建，經歷了歷史的若許風風雨雨；作家協會兀立於此半個世紀，作家們見證了若許文化的承繼嬗變。這些，會是沒有意義的嗎？

作家協會佔駐在南華門，如果是偶然的，那麼，在這偶然中難道不會生長出一些必然來嗎？

三、破解閻氏故居

閻氏故居，依照其建築格局應該分為兩部分。

一部分，是原先的前院。在文革以前，這裏曾經是省文聯辦公室和編輯部所在地，後來成了機關的職工宿舍。韓石山、張石山、王中幹、燕治國、陳玉川、楊潞生、趙瑜、禹效元，還有張銳鋒、陰志和、閻姍姍等人都在這裏居住過。再後來，頗具特色的民居古建被徹底拆除，蓋了宿舍樓。

前院原本是一個兩進的院落。外院是磚砌拱垹大門，外院和內院之間所謂的二門，則是中國古典式的門樓。飛簷門柱，筒瓦花脊。二門以內，卻又分做東、西兩個院落。東邊是主院，西邊是偏院。

主院以及偏院，雕樑畫棟，高大宏敞。偏院後部，特別聳起一棟二層的小樓，有如山西一些著名大院的衛樓。

從建築外觀來看，分明中西結合，土洋並舉，卻又顯得錯落有致、過度自然，彷彿天衣無縫。

房間裏面，實木地板，木質護壁。玻璃窗格，洋式形制。窗臺下面，掩藏了暖氣設備。據說，這兒原先燒的是壁爐，屬於德國工藝。直到日本鬼子佔領太原後，方才改為暖氣。

這整個前院，是閻錫山為其大老婆專門建造的，也就是那個「門不饑」的住所。

那麼，所謂的「閻氏故居」所來有自，並非空穴來風。

不過，閻氏故居還有第二部分。

從南華門東四條巷口開始，先是上面所說的前院，平房大院。緊挨大院，往裏又是一處大院。這所大院，則一東一西地矗立了兩棟洋樓。

兩棟洋樓一般高矮，幾近對稱。文革前是前輩老作家們的寫作間和休息室，每人兩間的格局。文革後，東樓基本上做了編輯部，西樓則當成了辦公室。

東、西兩棟樓，原來分屬兩家。

東邊，是三層的洋樓。是閻錫山部下一名高級職員的住所。房間宏敞，當年就配備有吊燈、電扇，堪稱豪華。但與西邊的洋樓相比，則又有不如。

西邊，連同地下室亦是三層。地下室由巨型條石建造，外牆石塊對縫砌接，顯得堅實美觀。庭院裏，不僅有花壇、魚池，還有兩株梧桐護衛了門廳。門廳係整塊石料雕刻精美的廊柱結構，掩映在梧桐樹蔭裏，帶著幾分異國情調。室內，橡木板壁，進口拼花地板。處處透著典雅的豪華和富貴的莊嚴。

西邊主樓的後面，還有一個後院。建了兩層臨街的樓房，每層都分作四個房間，室內的板壁和地板，一樣豪華。據說這後樓的房間，是供貼身丫頭們居住的。主樓的戶主身份可想而知。

原來，這兒是閻錫山的一個侄兒的公館。這位侄兒，當年擔任山西五金公司的老闆。財源可謂豐厚，地位應稱顯赫。

這裏居住的戶主與閻錫山屬於至親關係，那麼，這兒也可與前邊原先的平房大院一併連同稱作「閻氏故居」。

然而在民間的傳說中，在大家未究根柢、人云亦云的說法裏，閻氏故居卻另有版本。

幾乎所有人都說，或者幾乎所有人都樂於相信：當年住在平房院包括樓房院的，是閻錫山的五妹子。所謂閻氏故居的主人，不是別人，應該就是這個神秘的女人。包括我省女作家的領軍人物、女作家聯誼會的新任主席蔣韻，在作品中也曾經這樣介紹過她的有些微妙的心情。她更樂意相信關於五妹子的傳說，樂意保有那麼一點傳說的神秘和想像的朦朧。

五妹子實有其人。當年市井流傳，閻錫山與這個五妹子的關係好生曖昧。在那些無稽之談裏，甚至還包括閻錫山和五妹子的做愛細節，說閻老西喜歡吻接五妹子的下身云云。這就有些黃段子手抄本的味道了，不足為訓，不能登臨大雅之堂。但如此不堪的說法，在引車賣漿者流當中口耳相傳，衛道人士們無計可施。所謂防民之口甚於防川，霸道如土皇帝閻錫山，照樣無可如何。

刻寫了「閻氏故居」四個字跡的大理石標牌，貼掛在如今作家協會辦公院的外牆上，一任人們漠視、無視或者猜測臆想，冰冷堅硬，默默無言。

四、從文聯到作協

1949年太原解放，閻錫山對山西的統治宣告結束。

土皇帝閻老西的督軍府，此後多年一直作為新政權的省委和省政府所在地。到了上個世紀末，省委在建了新的辦公大樓後搬走，省政府則繼續待在督軍府。

至於我們上面介紹的閻氏故居，一開始是太原市委佔駐；到西元1956年之後，讓給了省文聯；1984年底，文聯、作協分家，文聯搬遷新居，這兒成了省作協單獨一家的辦公處所。

共產黨打下江山，改朝換代，百廢待興。

各級政府機構在哪兒辦公？除了利用舊政權的辦公場所，就是佔用若干私家大院。我所說的私家大院，戶主或戰死或逃亡，或做了俘虜，大院房產作為官僚資本，我們理所當然地予以剝奪。

新政權還要辦教育，搞全民教育，「無人不入校」，許多校舍哪裏來？從上世紀五十年代開始讀書認字的我們這些同時代的人，當是記憶猶新。不僅鄉下，包括城裏，不僅小學，包括中學、大學，多數都佔據了大大小小的寺觀廟宇。

——我在老家紅崖底讀初小，校舍在藥王廟；後來出村跑高小，那高級小學是在神泉村的閻王殿裏。之後考取了本鄉萇池中學，那中學設在關帝廟中。1960年餓死人，轉學到太原三中來念書，著名的三中佔駐的則是火神廟。

共產黨破除迷信，誅神拆廟；有意無意間，恰恰是各路神仙的官邸住所，極大支持了我們的教育事業。

卻說太原市委佔駐閻氏故居，從49年到56年。在此之前，山西省已經組建了文聯作協之類的群團機構，而省文聯則設在南華門附近的精營東邊街，佔駐的也是一位閻錫山部下高官的私宅房產，只是沒有閻氏故居如此寬敞。

到了1956年，馬烽、西戎、孫謙、胡正等著名作家紛紛回到山西。本來，他們就是山西地面成長起來的作家，只是解放前夕，隨著部隊和所屬單位離開了家鄉。馬烽進了北京，孫謙到了東北，西戎與胡正則奔赴大西南，所謂文聯五戰友——「西李馬胡孫」，只有李束為留在山西，並且著手組建文聯。

幾位大牌作家回到山西，成為後來名震遐邇的「山藥蛋派」的創始中堅。而在當時，首先面臨的問題之一是辦公地界蹩促。聽說市委在新建路已經建成新的辦公大樓，文聯中有幾位便有心佔用市委舊地。市委要搬遷，空出的地界會有多少下屬單位希望進入啊！哪裏就能隨便給了省裏的文化部門呢？好在我們的幾位老師當年名氣已經相當響亮，好在市委書記喜好文學，又恰好在市裏還有一件事情希望得到省文聯的支持，事情於是出現轉機。

什麼事情呢？原來，當時還沒有市文聯。市委書記希望幾位作家能夠幫忙組建並且代管市文聯，如此他也好名正言順地考慮、協調省文聯的要求。

負責前往協商的李束為、胡正等人一聽，這還不容易嗎？

結果，李東為兼任了最早的市文聯主席，三十剛剛出頭的省文聯秘書長胡正則兼任了副主席。

於是，關於地界的談判協商一切順利，如願以償。

從此，省文聯和省作協一舉進駐閻氏故居。

所謂的山西文壇，至少可以說山西文壇的核心機構，從此坐鎮南華門東四條。省作協在此駐紮半個世紀，山西文壇輝煌了半個世紀。

半個世紀的時光眨眼而過。

閻氏故居同樣經歷了拆遷、改建等等諸多變故，唯有兩棟洋樓依然挺立，底層的巨型條石依然堅固非常。據過來人敘述，院裏兩株梧桐好像長大了那麼一輪，又彷彿沒有什麼變化。

岩石與樹木，和我們一道，見證了這兒曾經發生和正在進行的許多人物和事件。有文壇掌故，也有名人軼事。

文壇掌故和名人軼事，不乏史料價值；至少非常好玩、有趣。

有筆者張石山其人，不甘聽任許多趣聞軼事隨時光湮滅，願意依照耳聞目見、憑據記憶書寫下來。說是心血來潮，也像；說是久蓄於心，也對。

好在現任《山西文學》主編的韓石山先生有所預聞，表示樂於闢出珍貴版面給以支持。

在此，首先讓我對韓兄的大力支持表示感謝。

其次，我更願意聲名：張石山不會因此而對韓石山筆下留情。

第五章　從文苦旅

本章文字，我準備介紹一下筆者自己。

「我是誰？」這是一句簡單的發問，也是一個哲學命題。

美國人有這樣一句名言：一個四十歲的人，要對自己的長相負責。在不到四十歲的時候，我看到了這句話，並且立即有所領悟。每個人，是他自己將自己最終塑造成為自己的。

前面我說過，從事文學，能夠讓我們兩世為人。之所以能夠如此，在於文學可以開啟心智，能夠讓我們走向自覺。

我是如何走上文學道路的？我又如何透過文學這條途徑而得以走向自覺？反顧這個過程，不唯對我個人有意義；我認為，這將對每個有心人都有意義。

我佛證得菩提，不僅使得那個淨飯王的太子自身立地成佛，而且從此使得芸芸眾生有了抵達彼岸的可能。

一、被逼從文

說話人張石山如今算是中國文壇知名作家之一，自認係書寫農村題材小說的當代名家之一。而著名評論家、編輯家李國濤先生曾有評價曰：「在山西文壇、在中國文壇，得趙樹理真傳者，張石山一人而已。」

我以為，這幾乎就是一種至高無上的評價了。

但說來怪哉，我之所以秉筆從文，而不是投筆從戎或者從工、從農、從政、從商，並不是出於自幼的愛好，不是因為什麼文學夢，也不是受過什麼作家或作品的影響。我之所以學習寫文章，後來忝列作家行當，最初完全是出於被逼無奈。

中國的應試教育由來已久，這種教育的弊病或曰侷限無須細說。以我為例，堂堂高中生、高材生，對於何謂作家、何謂文壇，當初我斷然沒有這樣的概念。山西竟然有文聯、作協這樣的機構，對此我一無所知。當時，資訊的封閉缺失，包括我的家庭文化背景的靠攏鄉村化，當然也是原因。

我是1966年應屆高中畢業生。在著名的太原三中，即建校已達百年的成成中學，當年我是成績最好的學生。全市、全省統考，絕不曾落到三甲之外。所以在我看來，考取中國任何一所大學，都不過是探囊取物。那年夏天，大家已經填寫好了報考志願書。我的第一志願是北大天體物理系。

文革動亂，粉碎了我的大學夢。受害者當然不止我一個。當下的心情，倒也平和。彷彿好多人一塊挨打，自個兒的屁股便不那麼疼似的。因而，我的真正學歷，也就是高中畢業。

當然，我屬於那種全面發展的學生。學習不曾偏科，文理並重。比方，直到現在，我可以背誦許多篇中學課本裏的古文，也能夠背誦化學元素周期表。無庸置疑，中學的語文課程為我打下一定的文學書寫基礎；不過，那絕對是一種無形的吸收，而非有意為之。好比我自幼被送回老家農村交由祖母看護，無形中深入了生活、無意間積累了寫作的無窮素材。

我還讀過若干課外書。在課堂上被老師當場抓獲、沒收書籍的事件屢屢發生。但我讀書，全然是因為樂趣，而不曾有絲毫從中學習寫作技巧的動機。比如，《呂梁英雄傳》在小學時代曾經看過殘缺的「少半本」，覺得不如什麼《三俠五義》之類的好看。記得看到長工康有富和康家兒媳「灌了一口甜蜜的米湯」，當即意會到了什麼，自家小肚子那兒發緊。而本書作者是馬烽、西戎，沒有留下過任何記憶。

大學夢破滅，文革武鬥愈演愈烈。當時我參加的是一派組織「紅聯站」，在著名的武鬥「九五事件」中，曾經負責守衛太原十中大樓的二樓。對立面調動了省體委射擊隊的特等射手，當場打死我方兩人、射傷五人。

與其武鬥無謂死亡，還不如參軍，在戰場上犧牲。家父於是同意我去當兵。那時大興鬥私批修，提倡「狠鬥私心一閃念」，我的心裏卻偷偷盤算如何入黨提幹，從士兵一直當到將軍去。在陸軍偵察連摸爬滾打兩年，積極表現自己，使勁掏茅房、努力起豬圈。野營拉練除「是兵不是兵，身背六十斤」之外，那時一個班配備一箱手榴彈、一箱子彈。手榴彈箱子五十斤、子彈箱子六十九斤，六十九斤的子彈箱從來都是我扛，一夜急行軍一百多里。至於背誦語錄，掃廁所時「耳邊響起偉大領袖毛主席的教導」之類的把戲，我更玩得純熟。

表現進步，正要被發展入黨時，家父不巧或曰正巧被打成了大叛徒。於是將軍夢接著破滅，捲舖蓋滾蛋，復員回家。

從軍二年而不是「從軍十二載」，自然也沒有「歸來見天子，天子坐明堂」。分配到太原機車車輛廠當司爐，在火車頭上燒火、耍鐵鍬。鐵鍬耍得好，可以耍出花兒來。

如是八年。

「八年啦，別提它啦！」樣板戲裏如此說。

我在這兒之所以舊事重提，絕對沒有展覽苦難、賣弄閱歷的意思。我想強調的是：我們這一些作家，人人都有自己的血淚篇章，個個都是從生活壓迫的最底層掙扎上來的。比如韓石山，比如李銳，比如周宗奇，比如鄭義，莫不如是。

八年燒火期間，國家新開了推薦上大學的幽默花招。這樣的好事，當然也不會有我的份兒。燒火當司爐，副司機、司機、司機長一路升上去不好嗎？我覺得不好。不合心思，也不夠理想；不值得追求，也不樂意接受。

要改變命運的編排、要實現自我的本來價值、要個人奮鬥、要出人頭地。歧路紛繁，鐵壁合圍。必欲尋找出路的旺盛生命力，必欲掙脫枷鎖的急迫願望，左衝右突。我陷入了所謂的巨大「焦慮」之中。

終於，文學拯救了我。我終於找到了當時最好的一條情緒宣洩之路、人格飛升之途。

但是，我還要強調，走上文學途程，絕不是我的預謀，而確實是一種迫於無奈的選擇。

二、巧遇鄧撇子

我在這裏所說的鄧撇子，是我的戰友鄧建中。外號嘛，當然是我取的。撇子，按照普通話，或者應該寫作「拍子」，押吹吹拍拍的本意。而山西方言的口音讀「拍」如「撇」。

文革當中，林彪突然垮臺，鼓吹繼續革命的文革受挫。在報紙上，當時除了社論和毛主席的語錄，終於也有了文學作品可憐的一席之地。

當時我所在的工廠車間，訂有一份《太原報》。晚報大小，一日四版。1973年的初春，偶然在報上看到鄧建中的名字。那名字下方，有豆腐乾大小的一篇散文。當時腦海裏就閃過如下的念頭：這個鄧建中，莫不就是戰友鄧建中？照這樣的文字，我寫來也沒什麼問題，或者還會更好些。

鄧建中，和我一開始都是著名的萬歲軍38軍戰士。他在警衛連，我在偵察連，68年一起從太原入伍。我是三中高三，他是七中初三，同屬老三屆。第二年，中蘇邊境的東北黑龍江上爆發珍寶島事件，緊接著又有新疆邊境的鐵列克提事件。我軍從各部隊抽調骨幹，組建陸軍獨立三師，克日誓師開赴新疆邊境。說是骨幹支邊，我們心底的真實感覺，是有點被「發配」的味道。一個連隊發配出去者，不過一、二人。如此，幾個太原兵就同病相憐，感情一時密切。鄧建中本來身體單薄，更加顯得又病又乏的樣子。

我比鄧建中早一年復員。離開部隊前夕，見了一面。我即將回到萬里之遙的故鄉，從此相隔萬里，大家難免有些傷感。鄧建中特別關照我，要去看看他的對象。對象何許人也？是一位畫家的女兒。那畫家好生了得，畫過農業學大寨的圖畫。畫家和畫家的女兒家住何處？

「在省文聯嘛！」鄧建中不無自豪地說。

文聯是什麼東西？

我的無知，令戰友鄧建中愈加自豪起來。而畫家姓甚名誰，畫家的女兒是何芳名，戰友竟沒再告我。

1973年夏天的某個傍晚，我到工廠上夜班。騎車從柳巷北口拐出府東街的路上，身邊竟然就出現了那個鄧建中！

鄧建中復員後，分配的單位是省計量局。具體工作是什麼？坐辦公室！現在也是去上夜班嗎？不是，不是。是去單位加班寫小說！

巧遇加上驚奇，我眼中的鄧建中不再又病又乏，分明是春風得意，外加躊躇滿志。於是，冒著遲到挨批評的風險，隨戰友去參觀他的辦公室，同時計畫詢問一番他的寫作情形。

辦公室果然寬敞高級。而準備寫長篇的鄧建中，正是報紙上發表散文的鄧建中。至於因何要開始寫小說，鄧建中主動告我：「對象提出了要求，如不能盡早成為一名作家，戀愛關係就要終止！」

原來如此。好比當年人們奔赴延安，並不都是為了抗日和革命。有的富家兒女，不過是為著逃婚；有的窮人子弟，只是為了吃飯。

我呢，巧遇了戰友，榜樣就在身邊，當下也表示要學習寫作並發表文章。寫稿有何格式？寫好稿件後要如何投稿？都一一詢問。戰友知無不言，言無不盡。甚至大咧咧地表態：「寫了稿子就拿來！我給你去找劉大頭！」

三、欣逢劉大頭

看來，凡是寫小說的傢伙都有為人取綽號的嗜好。我私下將戰友稱作「鄧撇子」，是在與他巧遇數年之後。在那之後，戰友變臉似的，頻頻改換筆名。一會兒蕭沉，一會兒蕭揚，你就不知道他到底是誰，是已經沉沒，還是準備飛揚。

而早在西元1973年，我的撇子戰友就將劉金笙先生稱作「劉大頭」。

劉金笙，文革前是省文聯機關刊物著名的《火花》雜誌的編輯。73年，在《太原報》負責編輯副刊。我最早開始學習寫東西，有點時來運轉，好比自幼缺柴禾的河北家陳玉川脫口而出的話：「好傢伙，出門就是柴禾！」我剛剛學步習作，竟然就有幸認識了這位資深編輯。

與鄧建中巧遇過後，我當即開始構思寫作我平生的第一篇小說。當時已是6月下旬，七一將至。我的小說就取了個題目叫〈七一前夕〉。大約三千字上下，故事比較簡單，人物算是稍有特色；而所謂的主題，積極向上，但也脫不了當時的極左味道。

——這真是值得我認真回顧反思的一段創作經歷，那種微妙的心態值得認真剖析，以永遠汲取教訓。文革已經進行了七年，林彪已經垮臺，老三屆已經開始最初的痛苦反思；包括筆者本人，絕不隨意誇耀覺悟，如實說話：我當時也早已有了自己的寶貴反思與覺醒。但是，希望改變命運、必欲出人頭地的渴望又是那樣強烈，我們痛恨極左，卻又依從著極左思潮去從文寫作！

我們那時還年輕，但年輕不能成為我們的藉口和託辭。

——屈從強權的壓力，我們有時不得不進行偽裝或曰自我閹割；但身為作家，肩負人文精神接火傳燈的神聖歷史使命，我們難道應該提前繳械、應該心理投誠嗎？

事實卻是，我當初挖空心思寫出了屬於我的處女作，抄錄工整，然後迫不及待地投稿，隨後盼望獲得審稿通過、得以發表的心情，不亞於大旱之望雲霓。

〈七一前夕〉在6月27日交給鄧建中。戰友果然按照他的承諾，及時將稿件交付到計量局附近的太原報社，交付到他說的那個劉大頭手裏。因為到29日晚上，鄧建中告訴我說，報社的劉大頭本名劉金笙，約我抽空到報社一趟。

我的稿件會被選用嗎？報社是讓人隨便進去的嗎？那位編輯劉金笙是個什麼樣的人物？如同許多初學者，我有些膽怯地、幾乎是戰戰兢兢地、心跳咚咚地來到了太原報社的副刊部。

大編輯劉金笙，個頭高高大大，長相端端正正，頭果然有些大，但也不過份顯眼。那是我平生第一次面見文學編輯，印象深刻，記憶中的場面歷歷在目。

劉金笙和顏悅色地說，我的小說不錯，幾乎不用改動，已經發排，決定7月1日在報紙上正式發表。我心裏的高興是不言而喻的，但我的表情卻做到了寵辱不驚。是否面不改色？不得而知。劉金笙接著笑笑地說，以後投稿不必經由別人，直接投寄或者送達都可。他又特別囑咐一句：「往後寫這類關乎特定日子的稿件，要提前一些。報紙本來已經安排了別的稿件，〈七一前夕〉寫得不錯，我們撤掉別人的作品，臨時才把你的擺了上去。」

劉金笙話不多，或者因為不熟，基本不苟言笑。但我由衷感到、或者願意如此認為：他的工作應該說是繼承了老《火花》時代的編輯風格和敬業態度。

〈七一前夕〉之後，到了1974年的七一，我又在《太原報》副刊發表了一篇〈爐火正紅〉。

那時發表作品，沒有稿費。只是在年底，我收到過報社寄來的一本筆記本。

說真的，稿酬事小，寫的文章能夠發表，驗證了自己的寫作能力，也堅定了自己奔赴文學途程的信心和決心。

曾經同病相憐的戰友鄧建中，此後一度成為我志同道合的親密文友。文友接著部署了我們的下一個奮鬥目標。他說，他的舅父在山西人民出版社工作，而出版社呢，就不是像報紙似的發表一些短小作品了。那裏負責出書！我們要寫大部頭！具體計畫呢，要寫出長篇小說一時不那麼容易，我們幾個何不分頭創作若干短篇小說，編輯成一本小說集，而後集體出書？

計畫果然好，符合我們的實際，切實可行。

於是，在1973年的夏季，趁著工廠停工的大好機會，我在一個月內寫出了四則短篇小說。其中有部隊題材的〈魯大海〉和農村題材的〈長工屋〉。

這兩則小說，特別是後者，竟而起了改變我後半生命運的關鍵作用。

——是金子都會發光，是種子都要發芽，這當然不錯。

老百姓愛講：「土底埋不住夜明珠」，也是同樣的意思。

但我永遠不會忘記戰友鄧撇子鄧建中。彷彿是命運的安排，安排他和我巧遇。他已經敲開了那道門，他慷慨地告訴了我那條咒語：芝麻開門！

我也永遠不會忘記編輯劉大頭（劉金笙）。這位曾經在西戎老師手下擔任過編輯的先生，繼承了名刊名編的傳統，扶植新秀、獎掖後進，彷彿一切是那樣的自然而然。當好編輯，是他的天職；後來，那也成為我的天職。

第六章　東陽筆會

追溯歷史，文革結束後的山西文壇之所以能夠兀立於中國文學之林、晉軍挺然崛起，文革期間的東陽筆會實在是一個里程碑式的文壇盛會。

當時，文聯、作協這些文壇機構被摧毀，馬烽、西戎等著名作家還在下放農村接受監督改造之中，所謂「山西文藝黑線祖師爺」趙樹理則已經被殘酷批鬥致死。結果，是山西人民出版社的文藝組沒有辜負歷史的託付，肩負起聚集作家、推出作品的使命。

出版社文藝組的負責人，一個林有光、一個關守耀，堪稱功莫大焉。應該在山西文學史上佔有一席之地。

文學是那樣一種生命力極其頑強的東西，遭到百般摧毀、迫害破壞而九死無悔。文學愛好者，特別是文學青年的熱血，澆灌著一株株纖弱的小草、幼苗。這些小草、這些幼苗，終將蔚然成林，蓊郁覆蓋文壇。

出版社文藝組的具體做法是：審閱作家、作者們的來稿，爭取輯集成冊，予以出版。如此發現了新作者呢，則努力促成筆會的召開，以加強文學的交流、建造文壇的後備隊。

東陽筆會，即是出版社文藝組衝破層層阻礙、艱難竭蹶召集的首屆筆會。在山西文壇已然不存在的情況下，這一筆會的意義，怎樣定位都不會過份。

一、扒車赴會

所謂東陽，是南同蒲鐵路線上的東陽車站。當時，鐵三局二處駐紮東陽，不知經過怎樣的交涉、協商，該單位樂意提供給筆會無償的食宿條件。

非常幸運的是，筆者張石山接到了筆會的通知。會期一周，帶糧票、伙食費若干，按時前往報到。

筆會又是一個什麼樣的東西呢？對此我當然一無所知，而我的戰友鄧建中則是無所不知。他說，筆會嘛，就是許多作者聚會，大家住賓館、吃大餐，會上有著名的作家前輩來講課，會後有紀念品發放。筆會原來是這麼一個好東西。天底下有如此好事，我又何樂而不為。

時值73年底，工廠恢復生產，排班相當緊張。鐵路大三班，準軍事化管理，交接班制度嚴格。班上，一個蘿蔔一個坑。我去參加筆會，一只蘿蔔去享受賓館大餐，誰來頂替這只蘿蔔、佔領這個空下的坑呢？

那時，還是所謂「三支兩軍」的特殊年代，市委書記是軍人。我的前妻利用父輩關係去找了市委書記，市委書記批示到機車車輛廠，車輛廠從別的車間調動一名工人到我們車間班組來幹活，我才好不容易實現了參加筆會的意願。

跟著戰友鄧建中，興沖沖地前往東陽參加筆會。太原到榆次，沒有找座位，在火車車廂介面處愉快地聊天。海闊天空，心事拿雲，目空一切，心雄萬夫。文壇之未來，捨我其誰；今日之域中，乃我等之天下。

到了榆次，已是傍晚。開往南同蒲的車次，後半夜才開。今晚且沒有賓館的席夢思躺臥，誇誇其談的戰友一時喑啞。

在站臺的遠端，我看見了一臺正在添煤、加水的火車頭。這時，我的職業優勢派上了用場。帶著戰友跑到火車頭跟前，我用行話與車上的師傅進行了簡短的交涉。開車的嘛，你得稱呼「大車」。想要乘坐一段路程嘛，那叫「便乘」。原來他們是單車折返，立刻就要發車南去。司機也還好說話，竟然笑容可掬地容許我等二人登上了火車頭。儘管是輕車熟路，不需要大力燒火，我還是奪過家什，耍了一回鐵鍬。

冬天日落早。我們「便乘」抵達東陽，已是夜幕降臨。黑燈瞎火裏，終於找到了三局二處招待所。兩個幾乎是離筆會地點最近的與會者，竟至最後才報到。掏出與會通知書，填寫了表格之類。

戰友所說的賓館呢？就是這處招待所。招待所是平房，大通鋪。到會儀結束前夕，人人惹了滿身的蝨子。

那麼大餐呢？晚飯時間已過，逾時不候。忍著饑餓，熬到第二天早餐時分，在二處食堂開飯。食堂裏沒有暖氣，也不生火爐，而且只有桌子，沒有板凳，與會者和會議組織者，大家一律站著開飯。

戰友也不給我作任何解釋，早大咧咧地吹呼開了別的話題。

其實，他哪裏又參加過什麼筆會。但他至少聽說過，所以贏得了給我賣弄的權利。子入太廟，尚且每事問。三人行，必有我師。知之為知之，不知為不知，是知也。戰友知之甚多，對我而言，朝聞道夕死可也。

二、群英聚會

想不到東陽筆會，聚集了那麼多的文學愛好者。他們中的大多數人，後來成為支撐山西文壇的骨幹力量。

單憑記憶，我可以數出如下若干人的名字來。

年齡二、三十歲的，計有周宗奇、李銳、張石山、周山湖、崔巍、賀小虎、鄭惠泉、王紅羅、鄧建中、馬立忠、王巨臺等人，皆是年輕新銳，後來多數活躍於文壇。其中大同來的王巨臺最為年輕，不過十六。

稍微年長一些的，則有大同一位李老師和張景星，運城地區的杜曙波等人。據說文革前都發表過作品，令人刮目相看。

印象相對深刻的人和事，也不少。

周宗奇，當時名頭最為響亮。當年，謝俊傑、叢維熙一併參與創作署名，周宗奇打頭陣，在《山西日報》副刊版連續發表了好幾篇七、八千字的小說，可謂轟動一時。關於東陽會議上的周宗奇，至少有兩件事情給大家深刻的印象。

一件是，周宗奇能吃。會議伙食，尋常不夠吃。另一件則是，周宗奇資助了別人三十塊錢。會上有個白蔚，據說身體不好，家庭負擔較重，病懨懨的，好像總是那麼躺著。周宗奇慷慨解囊的義舉，即刻傳遍整個筆會。

這位仁兄，比我年長幾歲。自幼喪父，母親撫孤成立，山大政治系亦即黨校畢業。但他的家庭成分，定為破落地主，能夠上大學，是作為「可教育好的子女」，用來裝點政策門面的。畢業後，分配到晉南辛置煤礦工作，下井當煤黑子。筆會期間的行為作派，顯得幾分成熟老到。

相比而言，在《山西日報》最早發表作品的李進才就顯得不那麼老成。火燒屁股的猴子似的，腳底沒根，飄飄忽忽的。

據說，李進才的作品曾得到馬烽老師的指點修改。不知確否？我奇怪人們是怎麼知道這樣的資訊的。李進才戴一頂火車頭栽絨帽，帽子扣在後腦勺上，露出一個大鋅兒頭；鋅兒頭下面，面頰頗瘦，褶子圍了嘴。老兄好脾氣，逢人便笑，臉上的褶子就愈發明顯。

會上，好像專門與李進才作對的，還有一個忻州來的王新民。據說這位是縣領導的秘書，嘴頭子夠損。李進才的小說與馬烽有關，這也不足為怪吧，王新民卻怕大家不知道，四處宣揚，當眾說些「女兒愁，繡房裏鑽出個大馬猴」之類的話。大家遠未成名，而文人相輕的毛病早已習染滿身。

我覺得有點過份了，李進才卻依然只是滿臉褶子地笑。

李進才是某工廠工人，文化底子薄弱。後來就不見有文章發表。至於那位王新民，從政有路，從文差不多是玩票，後來便也失蹤。

筆會上，還安排了幾位老作家和編輯家、評論家來講課。馬烽、西戎等更著名的作家還不曾解放，講課的先生記得有劉江和高魯等人，受到熱烈歡迎。

劉江說到過語言問題，還說到過中外小說的敘述之區別。中國小說嘛，講究從頭說起，「山東有個曹家莊，曹家莊有個曹太公。他所生一女，年方二八」云云。

至於高魯講過什麼，印象不很深了。只記得他個頭頗低，而頭顱夠大夠長的。坐著板凳講話時，與常人不相上下；待說得高興，站將起來，結果比坐著還低許多。我的那位戰友，自然是竊笑連連。

至於筆會的組織者，林有光和關守耀，都不善言辭，舉動毫不張揚。林有光是歸國華僑，一副南洋身材、馬來人種臉型，文質彬彬。關守耀則是一位面容和善的忠厚長者，對每位與會者都顯得好生親切。

時隔多年，當初東陽筆會的與會者們還都記得上述二位的人品和功績。

東陽筆會，在山西文壇醞釀復甦的寒冷季節，對於組織建造隊伍、為大家提供練筆機會和交流的方便，有其不可替代的殊勳。

當然，東陽筆會的功績我們也不必過度評價。因為，除了有幸與會的作者之外，還有更多的文學愛好者們在暗夜裏摸索，在野天野地裏奮力追求，以等待機會，一飛沖天。他們是韓石山、柯雲路和鍾道新等，是成一、鄭義和蔣韻等。

筆會內外的未來作家們蓄勢以待，終將有在山西文壇會師的一天。

三、蝨子大會

東陽筆會，在我的記憶裏，除了扒車赴會、群英聚會，最難忘、最有趣的應該是蝨子大會吧。

短暫的筆會，大家好像剛剛熟悉，相互記住了對方的名字，會議就要結束了。然而，大家一塊睡大通鋪，幾乎人人都染上了蝨子。散會前最後一個夜晚，大家個個脫成光膀子來抓蝨子的集體活動，我相信給所有人都留下了有趣的回憶。

會上，有幾個活躍份子。我當然也算其中之一。肚裏民間故事、笑話不少，又有喜好賣弄雜學的毛病，晚間入睡前，在寢室裏便是講故事的主角之一。

講笑話，來葷段子，足以和張某抗衡的，有一個王紅羅。你來我往，各不相讓，竟然未分高下。他所吃虧者，是一口晉東南陽城話，難免聽著詰屈聱牙。

其次，晉東南武鄉家崔巍，亦是頭角崢嶸、爪牙鋒利之輩，嗓音尖銳高亢，情緒激越昂揚。講述《水滸》中武松在獅子樓大戰西門慶的一段武打，繪聲繪色，不僅引人入勝，且大有理論色彩。

當然活躍份子，還有我的戰友鄧建中。對了，鄧建中此時寫文章已經用上了筆名，很新潮、很時髦。筆名呢，叫做蘇銘。至於「蘇銘」，有其來由。戰友最早的對象已經吹臺，現時新處的女朋友名叫楊小蘇。蘇銘嘛，就是要銘記這個叫小蘇的女子啦！而蘇銘這個筆名沒有使用多久，因為小蘇女士很快也和戰友拜拜了。

一塊與會的李銳，那時顯得比較拘謹，或者還多少有些壓抑。後來我才知道，他那時正處在失戀的痛苦和喪父的悲傷之中。投身文學必欲成功的願望，與當初的稚嫩無助，扭曲、壓迫著一位未來的文壇大家。

相比起來，同樣是北京插隊生、叫做韓旺辰的，則要世故得多。那人能夠讓你真實地感受到大家印象中的「京油子」的特定風格。

而在筆會的最後一個夜晚，總是笑語喧嘩的筆會寢室突然變得鴉雀無聲。不知是誰突然發現生了蝨子。於是，幾乎所有人都覺得渾身發癢起來。接著，大家不約而同都脫成了光膀子，爭先恐後地、專心致志地開始抓蝨子。

蝨子的繁殖、傳染真夠厲害！每個人無一例外，全都染上了。衣服縫隙，密密匝匝，而且個個滾圓飽綻！大通鋪上人人埋頭苦幹，認真抓拿，耳邊劈劈啪啪之聲不絕。你根本分不清誰是阿Q、誰是王胡，阿Q與王胡又是誰勝誰負。

——後來與李銳同事，我知道他特別乾淨，說是有些潔癖也不為過。即便是準備扔掉的手絹，他也要洗乾淨、晾乾、疊放整齊，才會拋棄的啊！當初一塊抓蝨子的情形，我卻也沒有與他進行過回憶交流。

筆會結束當天，會上還勉為其難搞了一個相對豐盛的午宴。有菜有肉，竟然還有酒。年底，食堂裏那天格外冷；大家照例站著用餐，氣氛卻相當熱烈。觥籌交錯，而後杯盤狼藉。

末了，大家集體乘坐一輛破舊的大轎車回太原。記得一路上，戰友鄧建中不再誇誇其談；車到榆次，他臉色青白，滿面痛苦，突然叫喊停車，說是要在榆次下車，去看望他的舅爺。也許，只有我知道他在撒謊。冷天喝了冷酒，鬧開胃口，加上車輛顛簸，他實在是忍不住要嘔吐了。

車子停下，戰友盡量微笑著與眾人告別；當車子重新起動，開出沒有多遠，他就在路邊哇哇大嘔起來。——事隔多年，我還常常和戰友拿「看舅爺」開玩笑。

東陽筆會最後的具體成果，是出版了一本小說集。那集子的名字彷彿叫做《紅光熱浪》一類。集子中，我是唯一被選中兩篇作品的。一篇是〈魯大海〉，一篇是〈長工屋〉。儘管那時的作品，今天看來實屬幼稚可笑，但也基本能夠見出我後來的寫作能力和語言風格。正如李國濤老師所評論的，我有不止兩套筆墨。

僅僅依靠著其中的一套筆墨，即〈長工屋〉那篇東西顯出的書寫農村題材的本領，我得到西戎老師的賞識首肯，最終得以借調到《火花》的後繼、《山西文學》的前身——《汾水》編輯部。

當時是西元1977年，我正是三十而立的年歲。

說來是三十年前的事了。

第七章　走近文壇

所謂的文壇，我的理解是，它必得有一批作家支撐著。正如一個刊物的風格，它可能是主編的風格，更可能是刊物所團結、聚攏的一批作家的風格。

山西文壇，文革前支撐它的，主要是以趙樹理為首、以文聯五戰友為骨幹的山藥蛋派。新時期以來，支撐這個文壇、使得山西能夠號稱「文學大省」的，則是所謂的晉軍。

晉軍，軍容整齊，實力雄厚，傲視域中，巍然巋然。但晉軍不是從天上掉下來的，也不是「插起招軍旗，就有吃糧人」，簡單地招兵買馬就能夠組建起來的。文學創作極具個性化色彩；文學家是永遠的個體戶、自由職業者。晉軍，是若干有志文學青年，奮勇衝殺、百折不撓、激烈比拼、優勝劣汰，最終有數的一些幸運兒脫穎而出，方才形成。

構成晉軍的每一位作家，當年都曾有過艱難摸索，方才走近文壇的經歷。

一、邂逅李銳

東陽筆會之後，本來可能繼續學習寫作，以更多發表文章，然而我卻基本停筆了。林彪事件後，上面先是傳達林彪要當皇帝、林彪兒子林立果選妃之類，分明要把寫入黨章的「毛主席的接班人」盡快搞臭，已經有些不擇手段。然後，「批林批陳」引出「批林批孔」，格外提出「批周公」，矛頭直指周恩來。國家命運堪憂，實在沒了寫文章的情緒。

其間，與周宗奇通過一封信。74年的4月，我得了第一個孩子張沛，周宗奇得了第二個孩子周薇。他在信上講，女兒取名「周奇薇」；用字犯了忌諱，但就是成心要藐視傳統。獨特個性，躍然紙上。

然後，周恩來抱病主持全國人大會議，奮起最後餘力，冒死提出「四個現代化」的口號。

接著，鄧小平表示「永不翻案」，得以復出工作。工廠重新冒煙，我們的機車廠格外忙碌起來。

我始終掙著三十八元二級工的工資，作為「工人階級」的一員，光榮地充任領導階級的國家主人。日子如牛負重，壓根也顧不上寫什麼小說之類的東西。

然後，鄧小平又被打倒，上面開始發動「反擊右傾翻案風」，喇叭裏瘋狗似的吼叫：「文化大革命就是好來就是好」。

東北的天上掉星星，唐山突然大地震。

國將不國；國已非國。

這關節上，冥冥之中如有天意，我邂逅了李銳。

東陽筆會上，有位山西群眾文化館的女編輯曾常青，曾經在會上驚鴻一瞥。曾常青頗有風度，看上去相當年輕，據說也是《火花》的老編輯。她身上保有良好的編輯傳統，看稿極其認真，對作者非常熱心。後來李銳與這位女編輯建立了聯繫，有一篇稿件經過十餘次的修改，終得在當年的《群眾文藝》發表。

這位女編輯的丈夫，身任省軍區文藝處長，我的前妻自幼生活在軍區大院，於是我們就和曾常青一家有了若干往來。

大約是在1966年的9月下旬，在曾常青家裏突然碰上了李銳！

李銳怎麼出現在太原了？前來省文藝工作室改稿！就住在那個機關！

文藝工作室是幹什麼的？就是原來的省文聯、省作協呀！

原來，馬烽、西戎、孫謙、胡正幾位老作家已經獲得解放，回到省城組建了省文藝工作室。工作室已經著手恢復機關刊物，刊物定名《汾水》。

那麼，這個文藝工作室在哪兒辦公呢？就在南華門東四條。

南華門東四條在什麼地方？這時曾常青叫道：「就在你們住的精營東二道一條街上呀！」

說來真夠好笑，我成家後定居在精營東二道，已經好幾年，我竟然不知道一條街上、幾十米開外就是著名的南華門東四條！不知道著名的幾位老作家，著名的省文聯、省作協就在附近！

與李銳的偶然邂逅，使我在一個歷史的重要關頭、在四人幫即將被一舉粉碎的前夕，在文壇迎來它的春天，即將全面復甦的時候，走近了文壇。

如果說，劉金笙是我命運中遇到的一位貴人，那麼，曾常青應該是李銳遇到的貴人。而在1966年的某月某日，我能夠與李銳邂逅，實在是命運的再一次照拂。

李銳，成為我走近文壇的一顆啟明星。

二、邸家河的插隊生

東陽初次認識，太原得以重逢，不止我高興，李銳也高興。

他到省裏來改稿，正是人生地不熟，沒個說話聊天的對象。他的住處離我家很近，不免經常過來，一時無所不談。我們的年齡，都有了若干人生經歷；而各人秉性雖然不同，卻也都不喜歡訴苦叫屈、博人同情。苦難，和著血淚吞咽了，漸漸化作文學的底蘊、人格的養分。

不過，隨著交往漸深，相互了解與日俱增。

1969年，李銳插隊到山西晉南蒲縣大山裏的邸家河安家落戶。一說是知識青年到廣闊天地大有作為，又說是要接受貧下中農的再教育。知識青年們是怎麼了？犯了什麼天條，為什麼要教育他們？「嚴重的問題是教育農民」，也是毛澤東講的，此刻貧下中農又怎麼能夠負擔起教育知青的職責，不僅要教育而且是再教育？分明是要緩解大量城市青年的就業壓力，要將已然沒有利用價值的紅衛兵們發配出去，卻要冠冕堂皇地說許多誘人的話語。知青們無可奈何，開始信以為真能夠改天換地，後來發現純屬被拋棄、算計。不幸的一代人，於是幸運地開始了獨立反思。反思的一代或曰覺醒的一代，在底層、在邊緣、在遠天遠地、在深山老林，開始了另外意義上的脫胎換骨。

我們的李銳，家庭出身本來是革命幹部。父親當年做地下工作，曾經擔任我黨西康地下省委書記的要職。建國後，出任我國第一個國營農場、北京雙橋農場的場長。文革伊始，便被打成叛徒，迫害致死。母親多病，隨後也不幸辭世。革幹出身，一夜之間卻變作所謂的「狗崽子」，政治地位一落千丈；嚴父慈母雙雙棄世，卵翼下的幸福少年乍然成了孤兒。

順理成章地，李銳自然也會將種種心思乃至全部生命寄託於愛情。一塊插隊的同學裏，有了他最早的初戀對象。相依為命的少年男女，或許山盟海誓；相濡以沫，猶如涸澤之魚。接著，果然就發生了許多小說裏都會出現的悲劇結局。女同學率先回到北京，偉大的愛情抵不上一紙戶口遷移證。

偏僻的邸家河知青點，最後只剩下孤獨的李銳。正是煢煢孑立，形影相弔。情緒惡劣，前途渺茫，焦慮加上無助，心神恍惚的李銳在上山砍柴的時候，開山利斧又陰錯陽差地砍上了腳面！

東陽筆會之前，正是李銳最低潮的年代。

他和我一樣，和許多在暗夜裏求索的文學愛好者一樣，找到了文學。文學，成為我們自救的最後一根稻草。

多年之後，我總結出自己悟出的一個真諦：文學，可以讓我們至少能夠兩世為人。我們的肉身經歷的所有苦難，因著文學而能夠反芻回味，得以昇華成為藝術的結晶。

關於知青的悲慘命運，曾經有一位福建的教師向毛澤東上書言事。偉大領袖這時又適時地變成了救助知青於苦海的活菩薩、救世主。大部份的知青終得回城，有些戀戀不捨、更多的是迫不及待地離開了他們曾經熱切奔赴的農村。

反映知青苦難，後來成為新時期文學的一大熱門題材。對此，後來的酷評家韓石山，在當年名聲很小的時代，就曾經發出過異樣的聲音。他說：「知青不過暫時在農村待了那麼幾年，就叫苦連天；一輩子乃至幾輩子待在農村的農民，他們的苦難有誰給以反映言說、描述吶喊呢？」

這一話題，我們暫且存而不論。

韓石山要稍晚一點，才會和我在南華門神奇地相遇。

我們還說李銳。李銳開始學習寫小說，叫做轉移也罷、昇華也罷。

大山裏的邸家河，冬天時冷到什麼程度呢？寫字的鋼筆墨水經常凍結。已是單獨開灶的插隊生伙食如何？竟然是接著冰碴的窩頭就了鹹鹽顆粒充饑。

自己思謀一個小說，構思出來，落筆到紙上，總得叫誰閱讀、提出寶貴意見，李銳怎麼辦呢？他要步行六十里山路，穿老林子、過黑龍關，到縣文化館去找人求教。到縣城已是中午，自己啃幾口冷窩窩當午餐，等待文化館上班。程門立雪一般，虛心求教過後，還有六十里山路等他趕奔。

艱難困苦、玉汝於成，說起來是太方便、太輕鬆了，設身處地稍稍想想，李銳曾經容易嗎？

插隊六年之後，他到底分配到了臨汾鋼廠。學徒轉正，掙上了二級工的工資。生活處境得以改善事小，進入一個地區小城，使得他有了與當地文聯接觸的機會。他不唯認識了謝俊傑，還幸會了叢維熙。不久，便炮製出了一篇新作，名叫〈新隊長〉。

「新隊長」以及「老支書」，是當年農村題材小說裏常見的一類字眼。老支書立場堅定，新隊長勇於反擊，要看當時的宣傳風頭，需要什麼，大家就創作塑造什麼。歷史尚且任人編造，毛主席和朱德在井岡山會師，都可以變成和林彪會師，更何況是小說。

當然，這樣的小說也就不成其小說了。但李銳的〈新隊長〉，給李銳帶來了一生最大的轉機。胡正老師到臨汾的山西師院看望在那兒讀工農兵大學的孩子，順便到地區文聯看望部屬、捎帶組稿。結果他就看到了〈新隊長〉，於是就有了李銳到太原來改稿的事。

不僅如此，當時《汾水》編輯部初創期間，編輯人才缺乏，李銳擔任改稿作者後不久，就變成了這兒的借調編輯。視其編輯能力和人品，將有成為正式編輯的可能！

更不僅如此者，東陽的熟人還有周宗奇，已經調入南華門，在編輯部任職。李銳和周宗奇二位知道編輯部需要人才，還內舉不避親地向主持編輯部工作的西戎老師大力推薦了我！

於是，一個辛置煤礦的礦工、一個臨汾鋼廠的煉鋼工，還有一個機車廠的火車司爐，最終走進了同一個編輯部。

三、恩師西戎

從一些古今中外的傳記作品上可以注意到：某些天才是不會感恩的。我自量絕非天才，所以從俗，不羞於感恩。

換一個角度，後來作為編輯，我也曾發現和幫助過不少作者，但我從來不敢居功。編輯部外戰戰兢兢的小作者，最終能夠成為器宇軒昂的大作家，那是他們的天賦和努力的結果。所謂編輯發現云云，不過是在職業崗位上不曾尸位素餐，沒有埋沒後進，對得起這一職業罷了。因而，我也一直不贊成什麼「蠟燭點亮別人焚毀自己」的貌似豪邁悲涼的說法。編輯行當是一個值得驕傲的職業、工錢足以養家糊口的差事、乃至受人尊敬的白領，沒有那麼神聖，當然也沒有那麼可悲可憫。

然而，我作為一個曾經的業餘作者，對於大力扶持、栽培過自己的老師，還是從心底感恩。

在我心目中可以稱作恩師者，並非一人。而首屈一指的，是西戎老師。

經由李銳和周宗奇的無私推薦，西老師看到了我在東陽筆會之後出版的《長工屋》，評價竟是不惡。說作者有才氣，作品語言有特色。用人之際，同意借調。當然，他提出要見見我，估計有相相面、看看人品成色的意思。

求職心切，但我也卻是不善裝扮的把式，裝扮一時還能裝扮一輩子嗎？一條莽後生，一身工作服，就進了西老師原先平房院的西屋客廳。

西老師身材敦實，個頭不高，但能感覺到他的氣魄非凡；語音裏有一種祥和的磁性，臉上是我們永遠不會忘卻的孩子似的笑容。他高興地誇讚了我的小說，明確地告訴了編輯部同意借調我的意願。

關於借調，西老師還有一點特別說明。一來，是要驗證一下能力；二來，更主要的是要考察人品，看看能否和大家搞好團結。

後來多年，乃至我接任主編的時代，也盡量堅持了這一有關人事調動的做法。

當時借調時間定為半年，從1977年1月開始。好在我們機車廠尚未全面恢復生產，關於借調的手續竟然意外順利地辦理妥當。

那時的《汾水》，正在籌備出刊期間。暫定為雙月刊，編輯部不是太忙，使我能夠從容適應編輯工作，而且能夠抽出相當多的業餘時間來學習創作。

在半年的時間裏，我先是寫了反映鐵路工廠職工生活的小說〈大車王忠〉，接著和李銳合作完成了姊妹篇〈兩闖蒼鷹峰〉。兩篇東西都在《汾水》發表了頭條。特別是前者，率先出刊的《汾水》寄到上海等地，我的那篇作品得到茹志娟等前輩作家的大力讚揚。

親自擔任刊物主編的西戎老師大為高興，多次在編輯部會議上給予肯定和表揚。我的借調將近期滿時分，西老師找我談話，關於我的前途，給我吃了一顆定心丸。在西戎老師的力主之下，機關黨組已經同意，要正式調動我來省文藝工作室《汾水》編輯部擔任正式編輯。

西戎老師擔任省作協主席和刊物主編多年，他曾經培養出多少優秀編輯和作者啊！能夠充任刊物編輯的人才，一定大有人在。我和李銳，還有王子碩和胡帆等人，除了工人便是農民，論編輯能力，根本談不上，多少有點寫作能力，但能有多麼高呢？是以西戎老師為首的老作家們，不拘一格、任人唯賢，改變了我們的命運。

他們曾經是農村的孩子，因為抗戰的歷史機遇，走上了革命的道路；他們不過是小學或初中的文化水平，後來卻擔任了報社編輯、成為了作家。自身這樣的經歷，使他們具備了打破常規、不拘一格的選賢任能的非凡眼光。而他們已經具有的崇高地位，使他們樂於提攜後進而非扼殺人才。文革被打倒的受難經歷，被下放勞動、回到生活底層的寶貴經歷，使他們有了更多的平民思維，也強化了他們本來就有的民間立場。他們真正能夠出以公心，要恢復遭到極大破壞的文壇舊制；他們也具備那種能力，能夠在一片廢墟之上重建未來的輝煌。

粉碎四人幫之後復出、為中國帶來極大改變的鄧小平是這樣；大批解放幹部、協助鄧小平催生出中國改革開放春天的胡耀邦也是這樣。

可以毫不誇張地說，能夠在省級刊物擔任編輯的經歷，極大、極快地提高了我們的寫作能力。否則，至少我不會有那樣快速的進步。

當然，放膽調入在生活中多有磨練的文學青年，也為我們的刊物注入了新鮮血液。一批既能編輯又能創作的青年作家，充實了刊物，多少決定了作協的機關刊物在全國文壇的領先地位，影響了山西文壇在新時期文學興起時的走向。

無怪乎西戎老師去世後，他的親密戰友馬烽老師由衷地評價道：「西戎，是我們省文學事業的第一功臣！」

四、初識韓石山

但凡具備一點文學素質、有些寫作能力的文學青年，調來機關刊物擔任編輯，身兼作家和編輯家的西戎老師，能夠就近給予幫助和指導。在培養一批優秀編輯的同時，也培植出了好些作家苗子。現在想起來，那真是重建山西文壇的大手筆！

而編輯部錄用編輯畢竟有限，並不是每個顯露出文學才華的作者都有調入省作協擔任編輯的機會。當然，也有的是本來職業不錯，不一定願意來做編輯，比如曾經最早借調過的李再新。他在部隊是連級幹部，後來一直做到團級。自我權衡利弊，有人當下並不樂意調來。有的則是職業性質決定，難以調出本行，比如韓石山。

韓石山，山西文壇兩座山之一的韓石山，在中國文壇贏得「第一酷評家」之稱的韓石山，人們戲說他是「小說不如散文，散文不如評論，評論不如胡說八道」的韓石山，胡說八道之餘，寫出《徐志摩傳》和《李建吾傳》等等傳記作品、在社科研究領域往來馳騁的韓石山，知天命之年奔赴耳順之年、餘勇可賈地接任《山西文學》主編、將接近死亡近乎一具屍首的刊物不唯救活而且辦得有聲有色、歡蹦亂跳的韓石山，我得說一說。不能不說，不得不說。

韓石山，山西大學歷史系畢業。文革前1965年入學，沒讀多少書，這也罷了。屬於所謂「老五屆」，停課鬧革命，然後下放農場勞動之類，也罷了。終於捱到分配工作，卻分配到偏遠的汾西縣，在偏遠縣份的偏遠山區一所小學教書。

老韓並不自我鄙視這一經歷，認為是真正為民族教育事業做過幾年工作。其評價等同於如今擔任主編，為文學事業做出了人所共見的業績。

但要說老韓那時就有獻身國家山區小學教育事業、甘於犧牲更為美好前程的覺悟，那是小說，而不是報告文學；那甚至是報告文學中的文學加工，而不是真實報告。

在這兒，我們還可以反問慣於詰問他人、無理攪三分的韓石山一句：「插隊幾年的知青喊叫苦難，他們怎麼不想想一輩子待在農村的農民？老韓你好歹拿到大學文憑，分配了工作、掙得了五十多塊相當四級工的工資，你怎麼不想想始而失學、繼而插隊，前途渺茫、全無著落的知青們呢？」

人們都是到哪山唱哪歌罷了。此一生命個體的經驗，並不能替代別一生命個體的經驗。

卻說韓石山是堂堂的山大畢業生，緣何就發配到邊遠山區的小學校？他的經歷，絕不是當年孤例，但畢竟屬於大材小用。

原來其中另有隱情。

韓石山，父親早早參加革命，乃是在國家要害部門的公安機關工作。但國家的關於出身成分的政策要上溯三代，比如周恩來在家庭出身一欄，是必定要填寫「官僚地主」的。老韓的父親卻沒有做到總理那樣的高官。好比舊軍官，在我們設定的歷史反革命裏屬於「軍政警憲特」，你是師長、軍長、少將、中將也罷，不免戰犯黃維似的擔任個全國政協委員不在話下；僅僅是一個小小連長，那就活該倒楣，永遠戴了重如泰山的反革命帽子，被嚴酷專政。只許規規矩矩，不許亂說亂動。運動來了，還要被屢屢打翻在地、再踏上一隻腳，永世不得翻身！

韓石山的祖父，成分是地主。他兄弟六人就註定背負了「地主出身」的家庭成分，沐浴著政策的種種恩典。分配到邊遠山區，你得表示感激不盡；本職工作，你要做得盡善盡美，還不敢居功；稍有風吹草動，你應該夾緊尾巴做人，不積極，說「你在對抗、腹誹」，太積極，又說「你算什麼東西？」，那簡直不是人能夠忍耐的日子，度日如年，卻只能過了一年又一年。

祖父為了自身解脫，更為了不再禍殃兒孫後輩，毅然自盡。死者長已矣，存者還得忍恥偷生。

正值婚娶年齡的韓石山，此時還遇到了找對象的問題。儘管是堂堂的大學生，因為出身受歧視，因為工作地點偏遠，最基本的人生需求難得圓滿解決。大家知道，後來韓石山和溫柔漂亮的表妹小魏喜結為連理，婚姻堪稱幸福美滿。但近親結婚，表妹當初還是農村戶口，我們能夠多少猜測得出：這或許是一種無奈的選擇。縱然齊眉舉案，到底意難平。

要改變處境，要證明自己，要脫離苦海，要尋求出路。不止一個失意者要到文學領域來討取生活、淘金盜寶，這動機，距離文學的本意何其遙遠。但這就是我們的文學曾經的遭遇。文學愛好者們的遭遇，決定了文學必得面對這樣的遭遇。

在絕對不止千百名淘金者當中，於是有了一個韓石山。

在我借調《汾水》編輯部期間，於是有了張石山和韓石山的最初相識。

在南華門東四條的巷子裏端，鍋爐房的旁邊，有一列平房。曾經改造成為職工洗澡的澡堂，後來又改回普通平房。早先，幾間普通平房當做機關接待客人的臨時招待所。借調人員，比如李銳，曾經安排在此居住安身；比如我，曾經在此加班，開夜車寫東西。

韓石山當初，已經在外面刊物發表文章。新時期文學復甦期間，老韓大概是最先在娘子關外發表作品的文學新秀。我們暗暗羨慕老韓的創作捷足先登，又或者老韓也在暗暗羨慕我們的工作捷足先登。

是我年初剛剛借調到機關來的時分，韓石山應該是在寒假期間，不知他是到省外參加筆會？抑或是從外邊改稿歸來？他準是到南華門來拜望老西的，臨時在簡易招待所落腳。結果，我們就不期而遇了。

大家初初見面相識，拘謹的禮貌和客套的周旋佔了較大部分。但在張石山之外，竟然有人也叫什麼石山，我不免要對其人刮目相看。

韓石山高高大大，個頭比我還富餘些兒。臉色黃裏帶黑，牙齒氟化，比我的吃醋而發黑的牙口潔白不到那兒。老韓很自信的樣子，不亞於我的沉著；誇誇其談，好比我的喜好自我標榜。

我大約要急著寫東西，沒有與老韓多寒暄；老韓待了幾天？怎樣離開南華門的？也沒有印象。最初的相識，就是那樣。簡單、普通，甚至有點兒草率。如果不是後來我們一道成名，一道支撐了山西文壇，那次相識、會面，完全可能被歷史忽略不計。

後來，在李國濤老師震動文壇的評論文章〈且說山藥蛋派〉裏，韓石山被率先提及，列入了本派作家的後備新銳中。彷彿不甘示弱似的，我的〈钁柄韓寶山〉則在不久摘得了全國優秀短篇小說獎。我們再次見面的時候，老韓才說明了他名字的由來。

韓石山，本名韓安遠，石山是其筆名。之所以叫做石山，取「他山之石，可以攻玉」的寓意。當時我倆遠未成名，都在野地裏自生自滅，誰曾想到日後可能撞車呢？

已然撞了車，老韓還曾經將韓石山改作過韓「實山」。但也僅僅有那麼一次。韓石山最終就一直這麼著韓石山下來。

於是，山西文壇乃至中國文壇便有了「山西兩座山」的口碑。兩座山，還都是石山，兀然崛立。

兩座山的崛起，無疑給後學者帶來了相當的壓力。一度曾經有人戲言：「不推翻『兩座大山』，我們就別想出頭！」文壇的空間，絕不是無窮盡、無邊際的。大樹佔據了生存空間，其他幼苗欲要爭奪空氣和養分，難度可想而知。這是實情，也是無可奈何之事。

而我和韓石山相識之初，我們正是任何意義上的文壇幼苗。我們都知道，或者直感告訴我們，文壇迎來了寶貴的春天，機不可失、時不再來。稍有鬆懈，猶如雨後春筍般冒出的文學新苗可能佔據的有利地位，我們可能永無出頭之日。

我們都希望能夠得到文壇耆宿老馬、老西的呵護扶助。我得以幸運地借調進來，韓石山則一直得到西戎老師的具體指點和種種關愛。

我們都以自己當時可能選擇的途徑，抱有幾分神秘、懷著幾分虔敬地走近了我們心目中的文壇。

第八章　噩夢醒來

文革，對於中華民族是一場噩夢。

具體到一個群體，插隊，對城市知青是一個噩夢。

趙瑜拍攝他的紀實片《內陸九三》時，鍾道新曾經撰寫過其中兩集，是專門敘述插隊生故事的。由於審查的緣故，兩集被封殺。但我們都看到了樣片。按照整個拍攝體例，每位撰稿人都在片末有一段言論。向來氣度雍容的鍾道新，此刻幾乎是痛心疾首地說道：「知青，老三屆裏，出現了若干英模，也出現了一批作家。插隊的經歷造就了他們。但這只是特例。個別人的幸運，不能掩蓋數百萬知青曾經遭受苦難的歷史。我保證、我發誓：插隊再好，我也絕不會讓我的兒子插隊！」

有見識的評論家也曾經嚴厲指出過張賢亮小說的致命立意：但凡他小說中的右派，無一例外地都能遇到漂亮並且善良的鄉下婦女的愛慕和救助；彷彿婦聯早就在和極左政策作對。但凡他小說裏的主人翁，最後都不僅逃出劫難，而且走上了成功的紅地毯；這樣的情節設置、立意編排，掩蓋了數十萬右派被勞改、被迫害、被肉體消滅的血淋淋的真實。

而噩夢終於過去了。

但願，我們不是像魯迅說過的那樣：從「做奴隸而不可得」進入到「做穩了奴隸」的時代。

一、調動噩夢

1977年7月，我的借調期滿，回到機車車輛廠上班。粉碎四人幫，國家開始搞建設；而鐵路運輸是先行，鐵路工廠的生產格外繁忙。一個班次，我這個司爐，少說也得往爐膛裏扔進十五、六噸煤。工資呢，幹了八年司爐，二級工三十八元；伙食當然很爛，尋常的高粱米包圓。高粱米是所謂的優種高粱，餵牲口驢子都不愛吃。

我的體格夠好，出生苦寒山區，自幼有著體力勞動的鍛鍊，能吃豬狗食、能受牛馬苦，工廠那點苦力還是拿得下來。再說，國家不再繼續革命，要搞建設，從理智上也不存在抵觸情緒。

只是，借調期滿，西老師已經明言，決定正式調動我去當編輯，我就不可克制地心神不寧起來。領導會不會變卦？調動會不會有阻力？

其次，國家恢復高考。原先三中的同學、工廠的同事，多有努力復習功課、準備參加高考者，對我也形成了巨大的誘惑。以我學習紮實的程度，不用復習，考取任何大學依然有著十足的把握。但我經過鬥爭，斷然放棄了這一機會。我是這樣考慮的：考取理工科？假如十年前考入大學，恐怕已經該出成果了。考取文科嗎？文科畢業，最好的分配去處也不過是省級刊物而已。好吧，我今生就認了這個高中學歷啦！放棄高考，一心等候調動的好消息。

調動，要從一家工廠一步登天，調到省級刊物、著名的作家協會去，要從工人一步登天，變成國家幹部，是這樣的好事。而但凡好事，總是多磨。打成右派，去農村改造什麼的，會相當方便。癩蛤蟆想吃天鵝肉，天鵝肉卻不是那麼容易吃到的。

果然，我的調動遭遇了極大阻力。負責人事工作的王之荷老師與曹平安先生，去機車廠協商調動事宜，不唯沒有受到禮遇，幾乎受到圍攻。關於要調動的張石山其人，在我們車間領導的言語描述中，簡直是罪惡滔天、十惡不赦。

消息反饋到我的耳朵裏，一名沒有任何背景的小工人唯有徒喚奈何。我預感到調動會有阻力，人們不會讓我那麼順利、那麼快意，但我想不到他們會那樣無中生有、那樣不善、那樣歹毒。

我已經做了最壞的打算。因為我知道還有一顆極其可怕的定時炸彈，隨時可能起爆。

文革之初，我就陷入了一件令人恐懼的「反標事件」中。運動初起，學生們響應號召「橫掃一切牛鬼蛇神」。我給一名教師寫過一張大字報，題目叫做〈砸爛這條大瘋狗〉。草擬題目時，是在一張報紙上用鋼筆塗寫的。那時的報紙，幾乎滿篇都是毛主席的相片御影。我的那鋼筆字跡恰恰就寫在主席像的背面。大字報掉在地上，有同學不讓主席像任人踐踏，端端正正地剪了下來。說多巧就有多巧，「砸爛這條大瘋狗」幾個字，就整齊地排列在主席像背面。這還不是惡毒攻擊偉大領袖的反標嗎？

當時，我向學校黨支部寫了情況說明。不久，學校領導被打倒，反標事件不了了之。但事情一直沒有正式結論。

紅衛兵大串聯，我受到了影響。

應徵入伍，只是因為我們這一派在學校掌權，我又動了心計，擔任了徵兵辦公室的負責人。對立派的同學也要當兵，反標事件便沒人提及，雙方達成某種默契。

到我從部隊復員，開始了所謂「一打三反」的運動。太原三中原黨支部的幹事，竟然還保存著那張「反標」！好在學校的領導與人為善，壓下了這件事，沒有將材料遞交到機車廠。

在我面臨調動的人生最關鍵的時刻，誰能保證「反標事件」一定不會舊事重提？煎熬、焦慮，我天天如坐針氈，簡直有些度日如年了。某些事情之可怕，恰恰就在於其可能發生、而你又不知道它會在何時發生。

自我安慰說，我不過是杞人憂天，不過是自己揣了一隻鬼胎來嚇唬自己。但這樣的自我安慰，無濟於事。

——調動中遇到極大障礙的，還有後來的詩人文武斌。最終，是愛才、惜才的西戎老師拍板定案，一語定乾坤。西老師久經運動，見慣了種種極左的把戲，他將事情推到極端，力重千鈞、擲地有聲地斷然說到：「這個人有人命沒有？沒有人命，給我調來！」

歷時一年，經過整整一年的煎熬，到1978年的6月，我終於離開燒火八年的司爐行當，調入了省作協《汾水》編輯部。

當時心情，枯木逢春、旱苗得雨，不過如斯。我真正體會到了「解放」這個辭彙的真切含義。

硬要與其他事情比較，那麼「當兵容易復員難」，我從新疆部隊復員時，有過這樣的解放感；「結婚容易離婚難」，後來我終於贏得離婚自由時，也有過這樣的解放感。

若是進一步來形容，當下心情好比噩夢醒來。種種可怕的遭遇、真切的恐懼，竟然統統成為過去；而噩夢醒來是早晨，窗外陽光燦爛，有鳥語花香，正是春色滿園。

——並非虛構，在我調入省作協之後多年裏，我還會經常做一個總是反覆出現的夢。我又回到繁忙的機車廠，滿身油污、汗流浹背。甚至在夢中，我都會悚然大驚，發出不解的疑問：我不是調走了嗎？怎麼又回來了呢？

二、仰天大笑

我的所謂噩夢，儘管不能說成是矯情做作，但也多少有些小題大做。比起同時代人所經歷的苦難，那簡直就應該不算什麼。

我相信，曾經有人不是一時而是永遠地生活在可怕的噩夢之中。比如那些專政對象，那些所謂的階級敵人，以及株連政策之下的階級敵人的親屬後人。毛澤東一再強調「千萬不要忘記階級鬥爭」，要讓階級敵人「永世不得翻身」，對於被專政對象來說，那曾經是怎樣的噩夢？

過來人當是記憶猶新。

吃人的歷史通紅嶄新！

而那樣的噩夢竟有醒來的一刻，不盡的暗夜迎來日出、風雨如磐中現出一抹曙光，倖存者該是怎樣地欣然、弈然、歡然、忭然？

——前一段，當我和韓石山先生談起，李國濤老師曾經在編輯部大發雷霆、特別是曾經仰天大笑的事情，老韓且是不信。他懷疑我在虛構，懷疑這不過是我慣常的誇張。他不能相信在李老師身上，竟然有過那樣的超常舉止。

李國濤老師，解放前的老牌高中生。由於身體的關係，沒有讀大學。但對於一位家學淵源的有心人、好學者來說，學歷並不是學養的尺規。李國濤稱得上是半個紅學家，稱得上是多半個魯迅研究專家，而他還是著名的大牌評論家，事實證明、成績顯著的編輯家。後來，老李退休之後，潛心文學創作，以筆名「高岸」發表了一系列包括長篇小說在內的好多作品。文筆優雅，題材獨特。他又是一名當之無愧的作家。

李國濤老師應該稱得上是一位編輯、創作和評論都玩得轉的全才。在南華門東四條，在山藥蛋派老作家和晉軍新銳當間，是能夠稱得上學者二字的第一人。與具有革命背景的幾位老作家不同，也與我們這一些野路子的青年作家不同，老李顯得有幾分儒雅、幾分學者化，行止端方，進退有度。

但有一次，李國濤就在編輯部當眾大發雷霆了。

那是機關蓋了最早一棟三層宿舍樓的時候。機關各部門都派員參加，編輯部則有周宗奇和李國濤兩位出席，組成了分房小組。與調資等一切與個人利益有關的事情一樣，馬烽向來是帶頭表態，先考慮別人、考慮機關的大多數同志，自己堅絕不要新房。老馬帶頭之下，幾位老作家也總是先人後己，堪稱表率。

但雖有分房小組，房子具體怎麼分配，決定權又向來是在黨組身上。黨組，則是書記馬烽權威最大，他說了算。李國濤曾經這樣講過：「老西主持工作，但老馬事無巨細都要干涉過問。老馬至少主事百分之七十，其他才是老西說了算。老西儘管主事不過百分之三十，但他不同意的事情，最終也辦不成。」

我當時還住在外面，沒有分房的問題。而且不是自我誇耀，對於分房、調資、安裝電話這些有關個人利益的事情，張石山敢說從來都不靠前。當時分房小組遇到什麼難題，我概不關心。從旁猜測，人們要分房，大概免不了去馬烽那兒走動，反映個人困難吧；而馬烽既然關心群眾，事無巨細都要過問，那麼，馬老發表意見、而且是起決定作用的意見，也在情理之中。

且說，就在房子分配最緊張的關頭，曹平安來編輯部通知老李去參加分房會議。不知有著怎樣的鋪墊發展、有過什麼前言後語，李國濤突然起了高聲。他幾乎是氣急敗壞地吼叫道：「我不去！不去！全體分房小組的成員，開半個月的會，加起來不如馬烽的一個屁臭！」

據說，周宗奇也在會議上發了火，摔了門，拂袖而去。鬧得鄭篤和段杏綿等老同志下不了臺。

周宗奇發脾氣也罷了，李國濤竟然也會發脾氣，編輯部全體都覺得有些驚駭。

而見識過李老師大發雷霆不久以後，我們聽到了這位先生的仰天大笑，那才更叫驚心動魄。

在編輯部，在我們編稿的間隙，一派寂靜之中，李國濤老師曾不止一次突然發出爽朗的大笑。我們都驚異地抬頭去看，李老師仰面朝天，笑聲灌滿房間。不必等候大家詢問，老李便朗朗自陳：「哈哈，我李國濤出身不好，好歹還是個知識份子臭老九，歷屆運動竟然沒有挨鬥！哈哈，簡直是奇妙啊！」

老李出身徐州世家。他後來在文章中講過，直到建國後，家道敗落，堂弟、堂妹們依然用許多古硯來支床。想當年，祖上該是怎樣的殷實之家？達不到鐘鳴鼎食的程度，至少也是「談笑有鴻儒、往來無白丁」吧。

出身於這樣的人家，在新政權的政策之下，那簡直就是一種原罪。能不挨整、能不挨鬥嗎？老李能夠躲過歷屆運動，堪稱巨大的幸運，值得竊喜，乃至仰天大笑。而在那近於狂喜的笑聲背後，我們可以設想：李國濤老師曾經怎樣如履薄冰地生活？曾經怎樣屏聲息氣地呼吸？曾經怎樣關心時局、揣測形勢、察言觀色、委曲求全？

終得解放，可以自由呼吸，無怪乎他會突然爆發大笑，也無怪乎我們會覺得，那大笑是那樣驚心動魄。

三、工作狂熱

當初，各類媒體上愛講一句套話：要奪回被耽誤的時間。女作家諶容乃至寫過有關主題的短篇小說〈減去十年〉。文革動亂終於結束，幾乎每個人都有爭分奪秒改變處境命運的主動性。所有人的積極性彙聚起來，推動了中華騰飛、重新崛起的態勢形成。

改革開放，大順民意。我們整個國家、整個民族也彷彿從噩夢中醒轉，解除了「不斷革命」的魔魘。

在南華門東四條、在省作協、在編輯部，人們的工作熱情空前高漲，說是近乎狂熱，亦不為過。

當時電視尚未普及，文學極度熱門。編輯部來稿極其踴躍，業餘作者如過江之鯽。我們小說組幾個編輯，平均每月的看稿量接近一千份。大家實際上是在看稿的過程中，學會了當編輯，鍛鍊了編輯眼光，也提高了編輯水平。審美眼光的具備，又極大開闊了文學視野、提高了寫作水平。

有個何力力，最早發表過處女作〈父與兄〉。他的這篇來稿，扔在通聯幹事辦公室的地上，準備處理。因為是鉛筆寫在白紙本子上，字跡混亂、幾乎不加標點，是那種「一逗到底」的。被我偶然揀起，隨便讀了幾行，竟是好稿！白紙本兒的末尾，草草寫有地址，是什麼小紅坡。小紅坡，即便是老太原，也幾乎都不知道。

班後，我帶著稿紙，騎車找到小紅坡，找到了這位「一逗到底」的作者。簡陋窄憋的住處，二層床上有兄弟三人。深夜陌生人造訪，三人警惕審視。我像是進了貧民窟，又彷彿來到黑社會一般。

〈父與兄〉最終發表，編輯與作者成了好朋友。何力力的兩位兄長都不結婚，他自己的對象，還是我從中大力周旋，玉成其事。老婆在北京某家進出口公司工作，後來成為常駐美國代辦。何力力給帶到美國去了。常有消息回來，殷殷關切山西文壇的情況。

有個毛守仁，後來大家戲稱為「毛委員」的，在介休礦務局高陽煤礦場工作。65年初中畢業，考取了技校，但在畢業前夕，中學裏號召大家報名上山下鄉；說是考上高中或者技校，照樣上學。但實際上卻是一個騙局：一旦報名，就被強行下了戶口，發配農村去也。老毛接到的技校錄取通知，成了一張廢紙。後來招工去了煤礦場，想掙稿費、特別是想改變處境，到文學上來討生活。

我當時分管臨汾和呂梁的稿件，介休礦務局所在地屬晉中，但下屬高陽礦場在孝義，屬呂梁。這個毛委員來稿甚多，似乎總是差那麼一點。去信指點，不得要領。80年國慶假期，上面沒有安排，我也不曾彙報領導，自費直奔孝義。帶著兒子，算是順便「旅遊」。在陽泉曲下了火車，離高陽還有二十來里。一路步行，有時還要背兒子一段。柿子青紅，霜葉染醉，正用上《老道遊山》裏的道白：「果然好景致也！」

拜訪了毛委員，和礦工們喝了幾頓酒，最顯見的成果是老毛有處女作〈第十二夜〉得以發表。

還有張發和秦溱。兩位是地處臨汾的山西師大學生，當年寫了一篇處女作〈有福老漢〉。投稿南華門，被退還。二位不歇心，將稿子又轉到我的手裏。我粗粗一看，覺得相當不錯。不管什麼越權與否，也不顧措辭得當與否，寫了推薦稿簽，斷然寫道：「此稿可發頭條！」

後來，〈有福老漢〉果然以頭條發表，並獲取了刊物當時設立的優秀作品獎，且張發、秦溱因之留校，在著名的《語文報》當了編輯，兩位更在省作協創辦大型刊物《黃河》時分被調入南華門。

上述幾件例子，當然也難免是我在表功擺好。但我的本意是想說明：當年在老西統領、老李具體主持之下的刊物，曾經有著巨大的凝聚力，團結了我省的幾代作家，特別是為青年作者的學步騰飛提供了最好的平臺；編輯部的所有編輯，工作認真負責，真是任勞任怨、盡職盡責。

當然，我和李銳等編輯同仁一樣，個人創作絕對不敢放鬆。業餘寫作可謂日以繼夜；學習創作應是嘔心瀝血。文學創作的新軍正在崛起之時、隊伍正在組建整合之中。正如周宗奇所言：「我們有什麼資格享受安逸的生活、飽食終日無所用心？」

79年底，父親肺部積液，懷疑有了腫瘤，因而住院。母親負責白天關照，我一個人夜間陪侍。連續二十天之久，我每個夜裏只是坐在馬紮上、伏在床頭迷糊一刻。我沒有請過一天假，沒有耽誤一刻工作。就在那個月，我還寫出了四則短篇小說，包括在《上海文學》發表、《小說月報》轉載的〈最後的衝刺〉。

當年的精力，特別是創業的精神，回想起來，不由感奮！

四、鄭義與蔣韻

說起新時期的山西文學，不能不談到鄭義和蔣韻。

大約1979年初，所謂的「傷痕文學」正值大行其道。呼喊問題、控訴聲討的喧囂，壓過了文學本身應有的任何特質訴求。《河北文學》突然冒出一篇〈歌德與缺德〉的議論文章，與文壇新潮流大唱反調。如今說來，發表一點不同的意見，算得了什麼呢？當時，卻幾乎是引起了文壇的公憤，全國多家刊物著文聲討。唯有山西的《汾水》、陝西的《延河》等幾家刊物保持沉默。《汾水》便被說成是什麼幾大保守刊物之一。

與之同時，我省青年作者鄭義在《文匯報》發表了著名的小說〈楓〉，蔣韻則在《安徽文學》發表了同樣著名的〈我的兩個女兒〉。

這一事件，不敢說山西文壇，至少在文學青年中引發了不小的轟動。或者可以說，那是多少有著另類意義的作品，為山西的文學創作吹來一股新風，掀開了山西文學多樣化的一頁。

而所謂保守的山西作協聞風而動，愛才如命的西戎老師，即刻指令編輯部注意這兩名作者。西戎老師曾經約見鄭義，《汾水》編輯部則請來蔣韻與全體編輯見面座談。

鄭義當時在晉中師專讀書；蔣韻在太原師專讀書。恢復高考以來，曾經有著相對獨特生活的青年上了大學，開始投身文學。他們構成了文學新軍的重要組成部分。鄭義、蔣韻之外，還有山西師大的高芸香和張平等人，紛紛橫空出世。

南開大學畢業生成一，在《汾水》發表了他的〈頂凌下種〉，為山西文壇摘得了首屆全國短篇小說獎。

山西大學畢業生韓石山，去讀文革後的首屆文講所。與河北賈大山同住一室，不僅創作過五期文講所許多流傳極廣的段子，還寫出了〈刁富貴草案〉，並且構思了〈三白瓜〉，準備創作出籠。

張石山發表過幾篇城市題材的作品，突然就寫出地道山藥蛋風格的〈鐝柄韓寶山〉；柯雲路出手不凡，一下子就在《人民文學》發表了後來的獲獎小說〈三千萬〉。

老作家奮起餘威，馬烽和孫謙合作的電影《淚痕》全國得獎。馬老還有短篇小說〈結婚現場會〉在《北京文學》發表，準備和張石山、柯雲路一併去摘取全國小說獎。

噩夢醒來，山西文壇一派生機勃發。

晉軍軍容整齊，即將崛起。

第九章　巷內人物

作家協會，顧名思義，是作家們的協會。但作為一個機關、作為一個工作機構，離不開辦公室和後勤工作人員。

從作家們最愛叨念的字眼之一「平等」來衡量，作家與詩人、門房和廚子，大家只是分工不同罷了。

分管煤氣水暖的賈愛平和負責收繳水費的李旺東兩個年輕人，喝多了酒時都要吹呼：「作家協會？全憑咱們兩個哩！」

想想也是。停水、停電，停止供暖，哪個人受得了啊！

巷內人物，我老早就想說說廚師老范。曾經動過寫成小說、塑造一個獨特人物的念頭。

從參加工作的年頭來判斷，老范，廚師范升元，是依然在世的最早進入我們省作協的人物。他是我們機關元老級的老職工。

老范從建國初期省文聯成立起，就來這兒當了廚師。應該說，他是我們南華門東四條的活見證。然而，從敘述歷史的能力判斷，老范是一個失語者。他屬於沉默的大多數。

結果，還只能由作家張石山來敘述他。這當然也是作家協會畢竟是作家協會的優勢之一。

一、兩個廚師

一開始的省文聯、後來的省作協，其實一直主要使用一個廚師老范。只是在老范生病或者休假的時候，臨時使用過農民工張書良來頂替做飯。

我之所以要介紹「兩個廚師」，是因為張書良身上有一件事相當奇特，值得一說。

南華門機關的院子裏雇傭民工，頗有歷史。現在，咱們的單位沒有實行集中供熱，本機關自個兒燒鍋爐，還不是年年雇傭民工。我們幾個剛剛借調來的時候，機關搞基建，蓋那座二層辦公樓和三層宿舍樓，用的就是五臺包工隊。再往早說，文革前的文聯時代，機關有花圃，養花的是臨時工；單位還有木工房，木匠也是民工。

前輩作家當年創作，不得不緊跟政策，因而經常下鄉，這叫「深入生活」。馬烽老師介紹創作經驗，其中一條叫「吃透文件」。寫出緊跟政策的小說，等而下之的作家、作者好生佩服。看看人家馬烽、西戎！人家怎麼就寫得那麼切合政策？老馬直言不諱、實話實說：「哈哈，他們不知道，我們的級別放在那兒，早就看到上級文件了嘛！」

其實，到處都有生活。南華門裏生活豐厚著哩！城鄉之間，從來都不是天塹。農民、農民工，一直在巷子裏出沒。或曰，我們缺少的不是生活，而是發現。

聽老司機周玉講過關於那位木匠的一件事，應該算是奇聞。著名的西元1960年，所謂三年的困難時期，農村餓死人，城裏供應極度短缺。過什麼節，文聯機關設法搞來一批帶魚，按人頭發放；給那木匠也分了兩條，周玉親自送到木工房。那木匠餓到什麼程度？兩條帶魚，不蒸不煮，當場拿斧頭剁開幾截，並在一塊墩地上，那人就那麼連魚鱗帶骨頭「骨嗒骨嗒」地飛速吞食完畢。

且說機關搞基建，五臺包工隊使用的廚師就是張書良。咱們的廚師老范休假，便請張書良過來臨時頂替。張書良做飯的手藝比起老范，也高明不到那兒去，拿手的飯食也不過是刀削麵而已；但大家相對歡迎這個民工廚師，因為他的伙食儘管質量一般，至少數量差不多。六兩麵，你能吃到半斤左右；不像老范過於摳門，半斤麵你最多吃到三兩。

張書良臨時來幫忙做飯，不惹是、不生非，笑嘻嘻的好脾氣，按說沒有什麼故事。然而，他仍是有故事的。張書良是農民工，在城裏沒戶口；但他卻是正式黨員，月月要繳納黨費，參加機關黨員學習，要過組織生活。他是黨員，我們已然驚奇；而他年齡不大，黨齡卻非常長，則更加令人驚奇。張書良才三十歲，黨齡竟有二十一年！

原來，他的父親在村裏是黨支部書記，有一年實在無法完成上級佈置的發展黨員任務。窮苦農村，老百姓不願意入黨，狗屁好處沒有，每月還得繳納黨費。書記沒有辦法，只好自家吃虧，給九歲的兒子張書良填寫了一份表格，讓兒子入了黨。

月月繳黨費，張書良也很發愁。笑咪咪卻很無奈地說：「想退，但你就是退不了嘛！」

老范休假完畢，疾病好妥，回來做飯，張書良便倏然消失。單身漢以及其他上灶一族，大家只好吃老范的伙食，接受老范的盤剝。

人稱老范，老范果然稱得上是「老范」：最早成立文聯，馬烽、西戎還沒有回到山西那會兒，老范就已經是機關的廚師了。所以，老范應該算是南華門裏的元老，工齡要從1949年建國算起。而且，這樣計算工齡，老范已經很吃虧；老范從小十來歲就當童工，建國前實際的工作時間已有十幾年。

老范原先在哪兒工作？說來值得自豪，老范從小就在喬家大院當僕人。哪個喬家？就是張藝謀拍攝《大紅燈籠高高掛》的喬家，就是曾經參與創造近代晉商輝煌的喬家。

當然，老范到喬家的時候，喬家已經敗落。不過，瘦死的駱駝比馬大，喬家畢竟是大戶人家，派頭大、規矩多。老范十來歲左右，先是在喬家當粗使僕役，掃院、幫廚什麼的。因為老實、勤快，轉而改做內務，給家眷們洗衣服、倒馬桶。伺候女眷，不比粗使僕役，工錢高，賞錢也不少。但一個小後生，出沒後院、內庭，不怕出事嗎？據說，老范被人家下了藥，喪失了男性功能。

——這一條，說來殘忍、恐怖，不知是否真確。但老范果然一輩子打單身，建國後曾經成過家，討過不止一個女人，但都沒有過成人家。三五天、一個禮拜，女方就提出離婚，且態度堅決。究竟什麼緣故？老范不講，大家也不便逼問。

喬家大小姐原是太原女子師範的教員，抗戰勝利後太原光復，回到女師來教書。老范勤快、老實，被喬家派出，作為大小姐的貼身隨從來到太原。太原解放前夕，大小姐乘飛機去了臺灣，老范留在女師，成了我們政府的留用人員。留下老范幹什麼呢？老范在喬家曾經幫過廚，好歹能做個家常飯食，結果便當了廚師。這位廚師呢，於是成了省文聯唯一的首席廚師。

好比現今人們羨慕高官大款，當年老百姓羨慕的則是財東闊少。老范在喬家當過多年僕役，因而見過真正的財東闊少。所以直到建國後若干年，老范的穿著打扮，仍然會刻意模仿當初自個兒伺候過的東家。

老范平日十分節儉，給人們打飯盡量克扣，實在是一種習慣而不是心術。因為，他對自己也很克扣。他有棉衣、毛衣，一般日子都捨不得穿；整整齊齊地疊放在箱子裏，自己穿一身單衣糗，在伙房鍋臺旁悉悉索索。但他捨得花大錢置買上等服裝，以便在適當的時候穿戴起來，招搖過市，裝扮財東富翁、紈袴闊少。

解放之後好多年，老范都是按照闊少的裝扮來武裝自個兒的。頭上是禮帽，腳底是禮服泥面子皮底鞋。夏天，上身穿府綢褂子，下身著縐紗褲子，還要備一副墨鏡、一柄芭蕉扇；冬天呢，則備有緞被皺坎肩和團花緞面的棉袍。晚餐過後，老范工作完畢，會按照當年東家闊少的樣子打扮起來，趁巷子裏沒有人瞧見，溜著牆根，避貓鼠似的逃出巷子外，然後大搖大擺地在街市上徜徉。

建國之初倒也無所謂，解放都七、八年了，總路線、大躍進、人民公社、三面紅旗都迎風招展了，他還是這樣裝扮，在大馬路上就十分惹眼。我們公安局的便衣就懷疑他是臺灣派來的特務，百倍警惕、嚴密跟蹤，末了通知文聯保衛幹事，說有「臺灣特務潛入你們機關」。

漸漸地，老范也終於發現自己格外隆重展示的禮服已然不合時宜。那麼，應該改穿什麼樣的服飾，才能滿足他那僕役、下人的一點虛榮心呢？

老范瘟頭瘟腦許多天之後，到底有了新的效法榜樣。馬烽不是文聯主席、最著名的作家嗎？老范從此就開始無條件地學習老馬。老馬戴鴨舌帽，老范也戴鴨舌帽；老馬平常穿西裝，老范就趕緊買西裝；老馬冬天有一件泥子大氅，老范便也照樣購置了一件泥子大氅。弄得老馬後來都有點不敢置辦新衣服了——老馬知道，范升元收入有限，不斷購置高檔服裝，怎麼得了？

儘管購置了不少老馬式的服裝，老范畢竟是單身光棍，省吃儉用的，到底還是存攢了不少銀錢。單人獨馬的，人們都說老范：「那樣克苦自個兒，攢下錢有什麼用？」

但確實有用。老范在鄉下有不少窮親戚，他們早就謀算上了老范的存款。經常會到文聯來，給老范哭哭窮，給老范戴幾頂高帽子：「叔叔呀，你可是在太原府做大事業的人物呀！舅舅啊，你是咱們老家上十里下八里最出名的有錢人啊！你老拔一根汗毛，都比我們這些窮小子的腰粗啊！」

老范聽著很受用，也很得意，飄飄然地，果然大人物似的當起叔叔、舅舅來：「你們？不是我說你們，一個個那倒楣鬼樣兒！哪，給你五百塊！」

結果，老范竟日節儉、死命存錢，錢都跑到窮親戚們的口袋裏去了。

老范廚藝一般，吃食堂的人們也多有意見，但文革結束、恢復文聯之初，老馬他們很快就調回了這個范升元。一者，應該給老范落實政策；二者，老馬他們幾位都念舊。再說，還有幾條更重要的原因：

一條，文革動亂中，造反派批鬥幾位作家，生活上也百般虐待，不許他們吃白麵細糧，只許吃窩頭、喝糊糊。老范不懂政治，但他懂人情。老范覺得幾位領導這是落了難了，貴人招磨難，我一個做飯的下人終不能跟上瘋子揚土土，欺負好人。即便是窩窩，老范也在火爐上烤得熱騰騰的；即便是玉米麵糊糊，也熬得滾燙。

一條，老范一個做飯的，只因為在文聯工作，後來竟然也給集中到所謂的中辦學習班，接受審查。一輩子伺候財東首長的范升元可就嚇壞了。老先生竟然切腹自殺過，用刮鬍子的刀片將自己肚皮劃拉了個亂七八糟……

老范自殺等等的故事，都是作協老司機周玉給我講的。

周玉，1950年代，十六、七歲就來文聯開車，對文聯各種人物故事掌握得格外多。後來分管後勤，擔任了行政處長，對後勤部門更加熟悉。周玉當然也關心老范，老范呢，有什麼心思難處也總是向周玉反映。

1978年，我正式調來南華門工作的時候，和王子碩、李銳這些單身漢一塊上灶。老范廚藝儘管一般，饅頭份量也不夠，但其他幾位單身漢是沒有法子，我呢，則是為了節約時間，省出功夫來好寫小說。同時上灶的，還有一個借調編輯——高平家宋貴生。

宋貴生比我們年長，據說文革前就曾經在《火花》發表過作品，與老馬、老西早就認識。其人有這樣的背景，就顯得有些張狂，覺得正式調來已是手拿把攥。劉琦、王中幹吃老范的伙食，六兩麵只能吃到四兩，也不過苦笑一面而已；宋貴生不然。要公開嚷叫，並且直接批評老范。講的又是一口高平話，屬於省內人民都聽得刺耳的那種方言。老范是個廚師，但他是機關的元老，所佩服者、效仿者，不過是馬烽等幾位老作家而已。哪裏肯受你宋貴生的磕打？於是將許多委屈、不滿說與周玉。當下神不知鬼不覺，宋貴生依然主子似的數落老范。

這一天，馬烽、西戎上省委宣傳部開會，開車的當然是周玉，車輛是當初唯一的那輛上海牌轎車。車子發動了，周玉也不看誰，在駕駛座兒上開口大罵：「咱們機關，誰要是把宋貴生那個王八蛋調來，那算是他媽的瞎了眼！」

老西主持日常工作，耳朵裏大概已經聽說了什麼，捂了嘴笑；老馬聽見周玉這樣講話，很突然，本來臉子就黑，這時更成了一塊油氈。

老范何許人？差不多等於榮國府的賴大！周玉什麼角色，那簡直就是寧國府的焦大！宋貴生你太不把窩窩頭當乾糧啦！

最終，最以為調動有把握的宋貴生，最終沒有調來南華門。此人不曾調來，是否就全然因為周玉一句罵娘？或許不盡然。但一個人準備調來，和後勤方面關係緊張，領導至少要慎重考慮團結方面的因素。

——事隔多年，我和周玉就這件事做過交談。周玉首先承認當年有過那樣的事實，然後客觀評價說：宋貴生那人其實不是賴人。

周玉退休好幾年了；宋貴生在高平縣文聯的位置上工作多年，也早該退休了吧。

二、四個右派

57年打右派，全國一盤棋。毛澤東曾經豪邁自詡：「秦始皇焚書坑儒，不過活埋了四百六十名儒生；我們打了多少右派？五、六十萬！」

省文聯這樣的文化部門又哪裏能夠例外。當年按職工人數比例，如數確定右派名額，選擇對象定為右派，完成任務。說法當然是取得了又一偉大勝利云云。

偉大勝利過後二十年，鄧小平復出，解放幹部、地富摘帽、右派平反，積大功德。省文聯落實政策，於是有四位右派回到南華門巷子裏來工作。於是，我的記憶寶庫裏便有了四個獨特形象。

四個右派，兩個在編輯部，一個在資料室，一個在後勤辦公室。

編輯部的兩位，一位是王瑩，一位是陳仁友。

陳仁友，建國之前便在閻錫山時代的某劇社工作，是個老派文化人。打成右派的主要罪行，是參加了什麼同仁刊物之類。憲法上說是有言論、出版、集會、結社自由，哪裏能夠當真？平反後在編輯部主管通聯這一塊，具體負責文字校對。老陳戴一副深度近視眼鏡，校對極其認真；文化有功底，常能發現稿件上的錯別字。發現錯別字時，也只是微笑著輕聲細語地講出來。他待人向來和氣，老成持重，極少是非。

聽說打成右派的時候，漢老婆離婚；那也是形勢所迫，不得不然。平反後和前妻重婚，老婆唱歌、老陳彈琴，倒也鸞鳳和鳴、其樂融融。

據說老婆是個十足的醋罈子，老陳六十好幾了，在街上看了哪個女子一眼之類，也要鬧事。老陳無可奈何。當過右派的人物，什麼人間冷暖不曾見過、什麼屈辱沒有吞過呢？

相處日久，老陳見我少年老成的樣子，樂意和我談話交心。他曾說過他當年自殺的情形，也夠驚心動魄。

老陳被發配到古交山區改造，妻離子散、家破人亡之外，強迫勞動、不斷挨批，度日如年。被判了徒刑，還有刑滿的一天；被打成右派，那可是永無出頭之日的、不曾判決的無期徒刑。於是決定自殺，一死了之，告別苦惱人生。寫了幾句遺言，仰面朝天，哭告一番天地；在房樑上栓好了上吊的繩索，踩上板凳；只消蹬倒板凳，即刻便要化作一個冤魂怨鬼。

但老陳最終沒死。當他死志已決，即將投繯懸樑的當兒，聽見了隔壁農民夫婦的竊竊私語。殊死之人尚且能夠聽到隔壁的私語，說明隔壁的農民其實早已聽見了老陳的動靜。兩口子聽見有人要上吊，竟然沒有絲毫的同情心，或前來勸阻之類；而是私相議論，謀劃等老陳上吊之後，如何過來這廂，趕緊盜竊老陳那並不很多的家當和財物！

人心、人性如此冷漠而險惡。老陳悚然大驚，乃至從死亡的思維黑洞、漩渦中掙扎了出來。你們盼我死，我偏偏不死！善念可以救人，想不到有時惡念竟然也能救人。

編輯部裏另一位右派，是畫家王瑩。

編輯部那時有兩名美編，一名趙國荃，筆名谷渠；一名就是平反右派王瑩。實際負責美術編輯的工作，封面插圖等等還要到外面找人，我看連一名美編都富餘。所以，兩名美編主要是畫畫，自己搞創作。

谷渠主攻漫畫，是位性格天真的標致男兒，鼻樑端挺、牙齒整潔。而他老婆更為標致，是最早省城為女英雄劉胡蘭塑像時從汾陽縣選來的模特兒。汾陽縣女人水色好，粉白透紅，在省裏出名，更何況是金錢萬選挑出來的人尖子。

——作家協會幾乎人人都聽說過，說是另一位畫家看上了老趙的老婆，矢志不移，非這個女人不娶，並且果然終身未婚，說來也是一段淒美的佳話。人們還談論說，那位畫家絕不破壞他人的家庭，聲言除非谷渠先生早逝，他才會向老趙遺孀提出婚配的問題。而老趙除了畫漫畫，整日鍛鍊身體，看著一種什麼鍛鍊功法按圖索驥，一招一式好生認真。所以人們又談論道：「看老趙的樣子，且要長壽哩！」

畫家谷渠的老婆漂亮，可惜一直沒有生養。抱了一個男孩，聰明端正，學習也特別強。但讀高中的時候，那孩子突然患了腦瘤，說來也是讓人替老趙痛惜。

前兩年，谷渠先生出版畫冊，電話上要我給他寫一個紹介的序言，足見信任和厚愛。我不敢怠慢，當即趕緊寫好奉上。老趙回話，好生滿意。

另一位畫家王瑩，專攻國畫。建國初期，中央美院畢業，功力深厚。他畫的一幅葡萄，曾經作為我們刊物的封底，那是真的漂亮。

老王面色棕黑，一粒蒜頭鼻子赤紅，打成右派後回山東老家務農，更其飽經風霜，皮膚粗糙。我和李銳借調的年月裏，正是老王回來辦理復職奔波的時候，故和老王交往比較早。

王瑩國畫有功底，篆刻也相當不錯。若干中國字原初造字的來由，比如「秉」字，是手裏拿著一根禾苗，「兼」字則是手裏拿了兩根禾苗等等知識，都是王瑩講給我聽的。

老王平反之後，終於將山東老家農村的老婆、孩子也辦成了太原城市的戶口，算是對家人的一點補償吧。然而，老王不久後就得了癌症，正是功底深厚、技法老練的年齡，不幸故世了。

關於他如何被打成右派，王瑩不曾透露，我也沒有詢問過。那是一塊已經結痂的瘡疤。

第三位右派是范彪。最早曾經是《火花》的文學編輯，平反後沒有回編輯部，在後勤上負責基建工作。

范彪當編輯的時候，焦祖堯作為習作者，在《火花》初發表作品，所以在范彪的眼裏，不把焦祖堯當作什麼領導。有一次，剛剛調來作協工作的焦祖堯吩咐范彪什麼事，就在機關的院子裏，范彪斜擰了脖頸，火悻悻地衝著老焦說：「焦祖堯，告訴你，我只伺候一代人，不伺候你！」

當時，我心想：這個范彪，一輩子脾性不改啊！陳仁友被打成右派，至少是因為參加什麼同仁刊物，多少被抓住點把柄；范彪，純粹就是因為桀驁不馴、目無領導、口無遮攔、怪話連篇。

在我調到南華門之前，喜歡摔跤、打拳，和社會上的一幫混混相識。正如李國濤老師評論的：「張石山結識三教九流，生活豐富而複雜」。那時，便認識了范彪的兒子范大鵬；隨之與范彪也就認識了。從認識到相熟，漸漸無話不談。

范彪是老文聯，人又健談，給我講過南華門裏許多掌故趣事。

當年，文聯機關的辦公室，包括編輯部都在前院，也就是閻氏故居閻錫山大老婆的住宅那邊。現在機關辦公院的兩座樓房，則是幾位著名作家的寫作間和休息室。趙樹理、馬烽等人，每位兩間大屋子，一間寫作、一間佈置成臥房。房間裏鋪著地毯、擺放著繡花拖鞋，有專門的公務員負責打掃。東樓的三樓上，則是檯球廳；檯球是什麼質料？據說是象牙的珠子。

所以，我和陳為人在三樓住著寫稿的時候，老西的小兒子小五告訴我們：「這裏，文革當中被稱作是『裴多菲俱樂部』呢！」

作家們的寫作條件如此好，據范彪講，大家還有說法。當中國作協派人到下面來徵求意見，馬烽說：「我到過蘇聯，人家那兒的作家都有『別野』，我們怎麼就沒有啊？」

來人走後，孫謙才婉轉提醒道：「馬烽，那個『別野』，好像是別墅吧？」

馬烽鬧了笑話，一下子拿被子蒙了頭臉……

范彪的文化底子、識字程度比解放區的作家多少高些，反右運動之前在《人民文學》連連發表中短篇小說，一下子傲慢起來。拿著馬烽等人的手稿，到寫作樓指著稿件上的錯別字，陰陽怪氣地說：「就這，錯別字連篇，地上還要鋪地毯？還要穿繡花拖鞋？」

范彪這麼說著的時候，我心想：這樣講話，也太刺激人了吧？

我這麼想著時，范彪自個兒已經反省道：「我這麼說話，這不是找著吃頭子嗎？57年打右派，不打我還等什麼？」

范彪被打成右派，老婆不曾離婚背棄他，共同相濡以沫、含辛茹苦，培育一男三女四個孩子。兒子范大鵬學習寫小說；大女兒學習繪畫。學繪畫的女兒早早有了工作，在小學當美術教員。底下兩個女兒，一個學外語，一個學泥塑。有個右派老子，孩子們早早懂事。我認識范彪之初，見過他的幾個女兒。都是不苟言笑、埋頭看書，那樣子令人感慨。

粉碎四人幫，恢復高考，范彪的兩個小女兒雙雙考上了南開大學。范彪在南華門的巷子裏且是昂起頭走了幾天。孩子成才長俊，范彪高興，旁人也為他高興。

前幾年，兩個女兒又雙雙遠走美國，還專程接了范彪上美國去玩。只是老伴去世，范彪上美國，帶的是後續的女人。那女人也好生有趣，在美國就甩開范彪，自己去套別的更有錢的老頭子。故事不錯，但與本書無關，恕不細述了。

第四個右派，最為富有特點，更值得介紹一番。

右派張效宇，山西原平人氏，出生在大戶人家，據稱有不少族人早年居留美國。這樣背景，原先叫做有「海外關係」，當初政策格外歧視警惕，要受到內部監控。按常理，他應該謹慎做人，為人學得烏龜法、得縮頭時且縮頭，也好韜光養晦，保全自己。但據說，張效宇卻是嘴尖毛長，鋒芒畢現，最是講話不分場合、不顧輕重。生活在現今時代還好，頂多有點惹人厭煩，說他不夠成熟；或者才華過人，性格缺點反而成了優點，大家評價為赤子本色、性情中人。在建國初期，在運動不斷、強調階級鬥爭的年月裏，哪裏有他的好果子？

57年，反右運動開始。聽老同志講，作協主持工作的有一位姓郝的領導，比較左派，運動來了，那可是情緒高漲。先揪出了陳仁友、范彪之輩，暫時沒有張效宇什麼事。張效宇卻不甘寂寞，大喊大叫的，說什麼「整個文聯系統，范彪骨頭最硬，最值得佩服」云云。文聯正無法完成法定指標、湊不夠右派的數額，結果，順手將不長眼色的張效宇打成右派。機關運動這才取得了完滿成功、巨大勝利。

好端端的，竟被打成右派，教訓何等慘烈？應該悔斷腸子，自認倒楣，敢怒不敢言，甚至怒都不敢怒，偽裝也得偽裝成虛心接受改造的樣子。好多右派、幾乎每一個右派，不就是這樣忍辱負重、苟且偷生的嗎？不然，雞蛋碰石頭，認死理、耍好漢，寧折不彎，你怕國家監獄擁擠，放不下一個你嗎？張效宇偏偏不肯偽裝老實，反而怨天怨地、埋怨詛咒，甚至沒來由地胡說、叫囂，說是再這麼欺負人，就要跑到美國去！

你跑到美國，中國害怕缺少了什麼偉大人物嗎？你是馬思聰、美國那麼稀罕你嗎？況且，鐵桶一般的統治嚴管，你如何能夠跑到美國？張效宇不知高低，胡說一通，自然是被認為「圖謀叛國，反動氣焰極為囂張」。結果，普通右派變成了現行反革命，判處徒刑、關進監獄。所謂罪行呢，就是並未成為事實的「叛國罪」。

十一屆三中全會召開後，解放思想，大批解放幹部，平反冤假錯案。張效宇的案子，荒誕無稽，當然也在平反之列。

張效宇當年還沒有結婚成家，他所自詡的大家族，也只是近乎虛構的一個存在；其人被監獄釋放，恢復公職，直接到南華門來報到。

說來也是令人惻隱：張效宇從監獄出來，帶著什麼行李、家當呢？只是暖瓶粗細的那麼一卷破舊棉花套子，寶貝似的夾在腋下，須臾不捨，生怕丟失。夾著棉花套子，無論是南華門裏的什麼人，他見人就鞠躬；無論進那個門，乃至進廁所，都要喊「報告」。二十年的監獄生活，把人扭曲成什麼樣子！

張效宇恢復公職，先安排在資料室工作。居住呢，機關房子短缺，暫時與胡帆住在一個單間。足足有半年的時間，他始終保持在監獄裏的習慣：上廁所要向胡帆請假；從廁所回來，在門外要喊「報告」，胡帆應聲後才敢推門進屋。喊報告哪，不敢大聲喊叫，要很謙虛、很溫順的口氣，要保持低頭鞠躬的服從姿勢；胡帆偏偏又是半個聾子，壓根聽不見，張效宇就那麼規規矩矩地在門口點頭哈腰，往往會達到半個鐘頭以上。胡帆猛地想起，那人該從廁所回來了吧？這才開門來看。把張效宇放在門口半個小時，胡帆很是過意不去；張效宇的監獄生涯訓練有素，連連鞠躬、謙虛微笑，絕無任何怨言。

張效宇是單身，那麼吃飯也是上灶，於是我們大家就有了和他一塊用餐，進一步接觸的機會。老張高挑個子，長臉，皮膚也還白淨；已經購置了一身滌卡藍制服，上下整潔；頭髮墨黑，朝後梳理得光鴨鴨的；牙齒略有外齙，白厲厲的。見人微笑點頭，按說是個禮貌君子的模樣。但他的笑容已經不是正常人的笑容，是那種強作出來的犯人笑容；所以看了很不舒服。

一個人，講話不很注意，就被打成右派，乃至判了徒刑，住了二十年監獄，說來讓人同情。一塊上灶的多是作家，真正能夠算得上是「惻隱之心，人皆有之」。但過了不久，大家便漸漸收起了惻隱，對這個可憐的人物生出別樣心情來。

還是由於監獄生活的薰染、經過了所謂的改造，張效宇從思想反動的右派、圖謀叛國的反革命，改造成了靠攏組織、要求進步的積極份子。好在往後不曾再打右派、再搞文革，否則，張效宇一定會成為運動的急先鋒、成為組織信賴的依靠對象。除了正常工作，他額外幹什麼呢？他私下準備了一個小本子，專門秘密記錄同事們的各種言行。他暗中監視周圍的同事，哪位遲到或早退了，誰上班織毛活了，都一一記錄在案。特別是言論之類，更要記錄：誰人說胡耀邦個子小啦，老馬作報告的時候，某某撇嘴、皺眉頭啦，張效宇好比一臺現代的高科技設備，錄音機、電子眼似的，監控是風雨不透。

一個禮拜，會密密麻麻地記錄整整一本；然後找組織上去彙報。那時，文聯秘書長是陳曼；陳曼是老文聯，負責機關的日常事務。張效宇來搞彙報，靠攏組織、敬獻忠心，陳曼當然要嚴肅起來，認真聽取；不嚴肅、不認真，莫非你也想成為張效宇的下一位監控對象嗎？陳曼聽取彙報過後，再如實彙報給老西、老馬。一個張效宇，他從監獄裏學成的彙報行動，可以說能夠將整個文聯組織機器要的害部件完全調動起來。

好在時代畢竟不同了。老馬、老西這兩位小說大師，還看不透這點東西嗎？自然不曾當什麼事兒。對其彙報內容，一笑了之；對其彙報行為，未置可否。張效宇沒有受到組織表揚，以為自己表現還不夠，更加努力監控，一周一次彙報變成了兩次彙報。雞毛蒜皮、扁穀爛芝麻的，陳曼都有些不耐煩了。

但不知經過怎樣的傳播渠道，張效宇「告密」的事兒搞得盡人皆知。這也不足為奇：政治局開會，消息都能走漏。且說張效宇不在編輯部工作，他所彙報的內容多數涉及辦公室後勤方面的人等。這些人深受其害，且不會作家似的那麼隱忍不發。更何況張效宇上灶，對廚師老范也不那麼尊重，老范早就對周玉訴苦不止一回。一般對手，張效宇這樣級別的人物，周玉且不屑親自出馬。周玉那時有了徒弟小李，就在食堂午餐的時間，小李大罵了張效宇一回。

張效宇彙報的內容，也涉及小李。小李是一個開車的年輕人，講究什麼場合話語？直槓槓地就罵娘：「張效宇，你他媽的搞彙報！你是一個他媽的特務、密探！」

那時，大家正在吃老范的刀削麵，聽見這話，都是一怔。這不是直接戳穿、當場將軍，不就是朝臉上唾嗎？張效宇如何應答、怎麼下臺呢？

不料，張效宇竟然即刻應戰，而且理直氣壯：「關係到黨和國家的利益安全，就是告密、就是當密探，也是天經地義的！」

張效宇外齙牙白厲厲的，唾沫飛濺；右手一根手指朝向天花板，點點戳戳，手之舞之；那模樣活脫脫地注釋了一句成語——張牙舞爪。

在南華門，我和幾位右派的老兄關係都不壞。大家沒有利害衝突，他們吃了那麼多非人可以吞嚥的苦頭，受過那麼多非人能夠忍受的屈辱，一把年紀，我實在不僅同情、而且尊重他們。幾位老兄，包括張效宇，對我也不錯。客客氣氣的，從來也不曾小瞧低看過張某。

說起張效宇，我們同姓，五百年前是一家。後來老張分到文聯去，偶爾回到這邊，巷子裏見了，遠遠打招呼，相當客套。聽說老張後來成了家，女方是未婚大齡的女青年，夫妻也還和美。

苦難並非總能變成寶貴的精神財富；苦盡甘來只是一個成語，界定著極少部分人的命運軌跡。不管怎樣說，張效宇和其他幾位右派曾經有過不幸；能夠堅持到平反，復出工作，有一個相對幸福的晚年，這畢竟又是幸運的。

當然，幸運也有大小之分。比如王蒙，平反右派最終擔任了國家文化部長，誰能有那樣的巨大本領和巨大幸運呢？

王蒙曾經來過山西，不止一次。其中一次，是在上面號召批判所謂的資產階級自由化的當口。王蒙何許人也？在這樣的當口，走陝西、到山西，要幹什麼？在山西、在太原、在我們文聯，於是有一個會議發言。批評賈平凹，接著批評王安憶；文壇知名的青年作家，幾乎人人都是自由化且資產階級化，唯有王蒙是黨的知心人兒、是革命的依靠人兒、是先進文化的代表人兒、是文化部長的唯一合適候選人兒。

這樣講話，他講他的，大家聽過就算，只當西北風吹夜壺罷了。人人善於表演，更何況王蒙那樣智商等級的人物。你不樂意撈稻草，看不起那二兩牲口飼草，何必眼紅地憤激他人撈稻草？

不料，我們的張效宇此時正在負責編輯機關的內部刊物《文藝通訊》，這個右派人物就將那個右派人物的講話錄音整理出來，全文登載，以示隆重。登載出來也罷了，張效宇又給王蒙寄去；不說是請功擺好，最低也是履行工作職責、對講話人表示尊重。

又不料，宣傳形勢多雲轉晴，上頭那幾年好像服了搖頭丸，一會兒搖向左，一會兒搖向右。形勢已然變化，王蒙當然要趕緊跟風。講話全部錄音，還印出來全文登載，這不是「立此存照」、白紙黑字鐵證如山嗎？

王蒙大發雷霆，大失風度。電話中大罵張效宇：「愚蠢！多餘！熊的服務！立即給我銷毀印刷品，全部銷毀！」

所以，比起王蒙之類的右派，張效宇你等幾人簡直就不算右派。人家那右派，也不枉當了一回右派。

第十章　當年軼事

進入南華門工作，開會逗樂、飯桌閒聊，漸漸聽說不少軼聞趣事。文壇軼事多少有些不同於市井趣聞，一般都有些文化含量。

莫說在農村，便是在工廠，軼聞趣事往往難脫鄙俚。比如，某甲開玩笑，摳了某乙的腚溝，不料認錯了人；某甲很抱歉，只好噘起屁股，說道：「伙計，對不起！你也來摳一下！」

文壇軼事，之所以成為軼事，而能口口相傳、歷久不衰，往往還比較典型。比如趙樹理和造反派「拼刺刀」，幾乎成為一個「經典」。那是大師留給後人的一個行為藝術的典範作品。

一、趙樹理「拼刺刀」

趙樹理先生1970年辭世，享年六十四歲。算來今年該是先生的誕辰百年。

我正式調進南華門工作，已是1978年，沒有機會認識那位我們尊敬的前輩作家。但在機關的院子裏，經常有人說起趙樹理。包括西戎老師，在編輯部的例會上多次提及趙樹理。在西老師的敘述中，我們能感受到他對趙樹理的那份懷念和尊敬；當然，我們也就有機會聽說了趙樹理的若干軼事。

關於趙樹理的研究，早已有許多著作出版。關於趙樹理文革當中被迫害致死，每一本著作都會籠統地歸罪於四人幫和造反派。其實，事情哪裏會那樣簡單？

過來人應該記憶猶新。毛澤東發動文革，無論在理論上有怎樣的雲山霧罩的說辭，其直接目的是打倒劉少奇。我父親熟讀《三國》，知道「何進無謀招董卓」的故事。要處理朝中「十常侍」的問題，「一獄吏足矣」。所以我父親很不理解：打倒劉少奇，一個警衛班就夠了，何必這麼興師動眾？

我爹是個一般老百姓，當然不理解；即便是劉少奇自己也說：「文化大革命幹什麼？你們不知道，我也不知道。」連國家主席也不理解。

且說上面「炮打司令部」，目標直指劉少奇；下面同時要打倒各級領導幹部所謂的走資派，山西造反派的鬥爭矛頭首先指向「衛、王、王」，即省委書記省長衛恒、王謙、王大任。衛、王、王會束手就擒，不做任何抵抗嗎？絕對不會。他們也會響應上面的號召，做出緊跟的樣子，以轉移方向、保全自己。我們都記得：當文革初起，《山西日報》率先點了趙樹理的名，將其打成「山西文藝黑線的祖師爺」。從此，趙樹理被不斷批鬥，打斷肋條，直至迫害致死。

文革結束，已經三十年。關於文革初期，趙樹理被當時的省委「拋出來」，樹起了一面靶子供人射殺，到底是什麼背景？即便不再追究責任，反省歷史也有著寶貴的啟迪作用。然而三十年來，我們看不到任何一點真實的說明。歷史，將被塵封到何年何月？真相，莫非將永遠被埋葬？每思及此，不禁讓人悲從中來……

且說聰明絕頂的趙樹理、久經考驗的趙樹理、看穿看透的趙樹理，會不明白自個處境嗎？不會。所以，才有趙樹理與造反派「拼刺刀」的軼事，才有保護馬烽、西戎而「我入地獄」的從容。

紅衛兵造反派，不諳世事的小毛孩子們，被煽動蠱惑利用，到處打人、鬥人。前來批鬥趙樹理，當時名堂叫做「拼刺刀」。趙樹理說：「你們這不是『拼刺刀』，不許還手、不讓講理分辯，你們這是『捅刺刀』！」紅衛兵讓他背誦毛選〈愚公移山〉，他說：「我會背誦古文《列子》上的愚公移山。」造反派讓他自己評價屬於幾類幹部，趙樹理說：「一、二類，好的和比較好的幹部，我自認達不到；說我是四類，壞人、反動，我不承認；說是三類呢，有嚴重錯誤的幹部，你們不答應；我就算個三類半吧！」

諸如此類，趙樹理在極其險惡的情勢之下，依然不乏趙氏幽默。但，那絕對是含淚的幽默。

他曾經在最後的日子總結自己的創作生涯，說是「生於《萬象樓》，死於《十里店》」。那是兩部劇作，一部早年寫出，一部最後完成。趙樹理一生都認為自己首先是一個劇作家，其次才是小說家。這樣認為，是否合乎客觀姑且不論，這起碼說明老先生對中國戲劇的喜愛和情有獨鍾。同時，僅從字面來看，也能看出他的古典文學功底。

文革舊事據說不得隨便言說，有好多限制。

一代宗師，含冤慘死。此刻，不禁想起魯迅先生〈為了忘卻的紀念〉那篇文章中的詩句來。

前幾年，省政府也即是當年閻錫山督軍府的門口，闢出了一個街心公園。公園裏塑了幾尊歷代山西文人的塑像。列子、荀子、白居易、傅山這些古人之後，還有現代作家趙樹理。能夠與歷史上的文化名人比肩，這是趙公的尊榮。

歷史終有定評，社會自有公論。

只是塑像很一般，沒有什麼神韻。便是趙樹理的二公子二湖都寫了文章調侃，文章題目曰〈人家說他是我爹〉。正是祖傳的、十足的趙氏幽默。

二、馬烽摽羅鍋

文聯五戰友西、李、馬、胡、孫，都是晉綏邊區的文化幹部，其中四位哥兒們和李束為一直有些隔閡。有時鬧得烏眼雞似的。趙樹理來自太嶽邊區，倒是沒聽說和其他作家有什麼矛盾之類。

當然，關於幾位前輩早期的故事，也就晉綏方面的老作家相對豐富一些。西老師在編輯部講古，主要說的也是他們幾位戰友之間的趣聞軼事。

西戎和胡正，原先在一個劇社；馬烽、孫謙呢，則在另一個劇社。後來劇社合併，大家到了一搭。劇社的領導，就是後來的長影廠長林杉；其人有文化，對劇社小學員們的成長起過很大作用。排練演出之餘，教大家學文化，幾位老師的學業才沒有荒廢。

——林杉的夫人郭某，當年是劇社小演員。反掃蕩的時候，老孫謙曾經背著可愛的小郭穿越封鎖線。前輩作家對這個小妹妹都印象極深、感覺極好。不覺過了四十年，林杉和小郭離異。希望山西作協能夠容納小郭，同意其從長春調回山西。幾位老先生沒有二話，一致通過。誰料當年小郭，早已是一個老太婆，而且是更年期不曾過盡的老太婆。老太婆一時將一個省作協搞得沸反盈天。這件事，便也成為南華門裏的軼事之一。

當年，馬烽喜歡繪畫，負責在劇團畫佈景。漸漸出演個把龍套，最終走上編劇、寫小說的路子。聽西戎老師講笑話，說馬烽演過一個什麼小角色，不僅駝背、八字腳的毛病改不過來，臺步還總是踩不在點兒上。

關於馬老的駝背問題，還曾經真的成了一個問題。

抗戰年代，是特殊時期。雖然有嚮往革命的女青年奔赴延安等抗日根據地，畢竟數量有限，參加革命的男士們的婚姻問題成為一個現實問題。解放戰爭的時候，情況略有好轉，但依然嚴格地按照「二七八團」的標準來執行。即年滿二十七歲、八年黨齡、團級幹部，才能被准許找對象。

解放前夕，馬烽滿了二十七，據說組織上指定了一個異性讓他接觸。但是，畢竟快要解放了，在我們解放區也已經進行過民主改革，實行婚姻自由。女方不同意，到底不能像最開始那樣搞強迫命令。所以，馬烽需要和對方接觸，要有點談戀愛的樣子。然而才剛剛接觸，簡單那麼一談，女方不同意。側面反饋回來的說法，是嫌馬烽八字腳外帶駝背。

八字腳還好辦些，走路留心，腳尖盡量朝前就是；駝背難辦。平時未加注意，脊柱已是彎曲變形，一時哪裏能糾正過來？即便難以糾正，馬烽也是有則改之、無則加勉，知過必改、有錯必糾，黑間朝天躺在鋪板上，請西戎壓膝蓋、孫謙壓肩膀，希望能盡快將駝背摽過來。

忍疼受罪，馬烽摽了那麼一段駝背，或許多少有點效果？而那位女士終究還是沒有繼續和馬烽接觸，談戀愛也就談崩了，馬烽白白忍疼受罪一回。而戀愛既已談崩，摽駝背變得毫無意義，馬烽也就任其駝背下去。

所以，我們學生晚輩認識的尊師馬老，一直就是一位八字腳外加駝背的馬老。

三、跟蹤女間諜

革命年代，老前輩們的趣聞軼事多，建國之後，南華門裏的荒誕故事也不少。

大躍進時，文壇曾經怎樣躍進？聽老司機周玉在飯桌上偶爾說起過。除了下鄉去參加大煉鋼鐵，作家協會的本職工作方面也曾經大躍進。

大躍進，本來就荒誕。周揚鼓吹的革命現實主義和革命浪漫主義相結合的大躍進詩歌，比荒誕詩歌還荒誕。

「一個芝麻光溜溜，榨出油來發了愁；六億人民吃不完，流遍四海五大洲」之類，小農狂想，甚囂塵上。

為了押韻，「乘上火箭跑得快，心中升起紅陽太」之外，還有「馬如龍、牛如虎，大象好似大白豬；要問成績哪裏來？全靠領袖毛席主！」

「紅陽太」、「毛席主」，成一副絕對。

種地的，要敢想、敢說、敢幹，「人有多大膽，地有多大產」。作家協會搞寫作，也要人人表決心、個個報計畫。廚師老范，連名字都不會寫，報了計畫說是要躍進識字，一百天達到高中水平，屆時完成詩歌一百首。總務晉官民，認識一百多個字，不是文盲，則要躍進到大學水平，半年之內寫出十部長篇！

——晉官民，文聯、作協分家前分管總務。他講過一件事，說有個人特別愛吃花椒。愛吃到什麼程度？稱一斤花椒，油炸出來，當做餃子餡兒，包成餃子，獨自全部吃掉。

這當然算不得軼事，屬於奇聞。立此存照，聊備奇聞一例。

文革前，除了廚師老范打扮怪異，曾經被公安局便衣當作特務之外，還有一位女士則被當成間諜盯梢跟蹤。

那位女士，姑隱其名。作家夫人，當年那是何等高貴的身份？女作家、女編輯，當年又是何等受人仰慕的職業？在一個落後貧窮的年代，她們的服飾打扮往往就引領了潮流。且說這位女士，年輕貌美，穿一身西裝套裙，裙子是那種一步裙：裙裾收緊了，開口直徑不過七、八寸，步子必然輕盈妙曼。腳蹬真皮涼鞋，鞋跟足足三寸以上，腳兒被收束得玲瓏小巧。一隻拇指翹在前端，指甲蓋上塗了紅色，格外醒目撩人。手裏撐著洋傘，胳膊上懸掛了手袋。手腕處金錶晃眼，手指間有鑽戒閃耀。人們見了身姿步態，不禁想要欣賞容顏。側目瞟視，或者乾脆直勾勾地盯瞧。只見梳理別致的燙髮，烏雲翻捲；臉子白淨，恰似大理石一般；嘴唇塗了口紅，鼻樑上架了墨鏡；分明畫中形象，儼然銀幕上的人物。

這樣的人物形象，若出現在北京、上海那樣的都會，或許不至於遭到公安跟蹤。即便在文革前的禁錮年代，電影院裏尋常張掛一些影星劇照和肖像照片。秦怡、白楊之輩，於藍、謝芳者流，便是那樣的裝束打扮。電影紀錄片，劉少奇和陳毅分別攜同夫人王光美和張茜出訪印尼，國家主席夫人和外長夫人，也是那樣的裝束打扮。《人民日報》照片中，我們最早看到毛澤東夫人江青，是在文革前出席會見西哈努克親王夫婦的宴會上，同樣是那種影星級的裝扮。

然而，如此美豔的形象出現在我們山西太原的街頭，可就成了大事件。我們警惕性極高的公安幹警，認為這樣形象的女人，絕對是臺灣派來的間諜。我們的電影，總是編造這樣的天方夜譚：我們的科技極其發達，國外、海外的間諜總是要來盜竊我們的絕密圖紙和尖端科技；而我們的公安幹警極其聰明智慧，最終都能識破間諜、一舉抓獲，取得偉大勝利。

所以，當我們的這位女士上街徜徉的時候，引起市民圍觀爭睹，聰明的公安幹警認定她是一名間諜。百倍警惕地、如臨大敵地、無比負責地、不辭辛勞地跟蹤回我們南華門來。據說，跟蹤女間諜的便衣還是一名副處級探員。副處級探員原擬一舉抓獲女間諜，立功受獎，或者就提拔為正處級；不料卻鬧了個大笑話。

南華門巷子裏傳說這一笑話多年，直到今天被張石山寫入文章為止。

笑話歸笑話，而傳說可能只是傳說。因為這兒是作家協會，後勤工作人員儘管不會半年寫出十部長篇，虛構故事的能力卻是有的。

除了虛構，人們嘴也損。調侃挖苦，極盡誇張之能事。

一位老領導的夫人，是一雙解放腳。所謂解放腳，是曾經裹過，後來放開，結果不是三寸金蓮，也不是天足，成了那種玉米棒子蘿蔔腳。司機門房就形容道：「那腳？能在鞋殼兒裏游泳！」

一位年輕女士，普通工作人員，模特兒身材，極愛穿著打扮，可惜臉兒長得稍差，至少是與身材不配。勤雜人等便又總結出一個名堂，叫做「兩條命」：後邊看，喜人得要命；前頭看，卻失望得要命。

四、四大「壞人」

剛剛調來作協時，我不過三十來歲。本來就愛給人取外號，念書時代，學生操行評語中歷來都有缺點一條：「有時給人取外號」。學習寫小說，小說當中也有趙樹理式的習慣，喜愛給作品中的人物取外號。外號如果取得準確，抓住人物的特點，好比漫畫突出了人的形象特徵，往往格外傳神。三十來歲，年輕氣盛，說話往往不留餘地，做事免不了莽撞冒失。當年曾經隨口給人取過幾個外號，叫做「四大壞人」。更準確地說，那些外號有的已經存在，我並沒有最初的命名權；但將幾個人的外號歸納起來、排比下來，我是始作俑者。

要是在今天，我絕不會那麼口無遮攔。外號取得準確，再加上排列、排比的力度，極其可能具有強烈的宣傳效應，而對幾位上榜人物造成某種傷害。

作為當年的軼事，既已存在，也就迴避不得；我的態度呢，應該說有著反省的意思。所以，四位人物都隱去了姓名。

四大「壞人」，是為D壞人，A惡棍，L政客，Z特務。

這四位，都不在南華門巷子裏，但都和文壇有著各種關聯。不然，也不會上了文壇口碑。

第一位，當年據說有些行為舉動不夠高尚磊落。有人叫苦說詩句被其抄襲，有人公開指責其某項獲獎不算光彩；有人議論其考場作弊，有人挖苦其逢迎上司等等行狀。有人便說過「壞人」這樣的評語。

在別種場合，我倒是說過：「這樣的人物，有精力、善活動，我們可以換個角度來評價。假如我是領導，說不定願意用他。寧用壞人，不用庸才。無非鞭子厲害些罷了。」

第二位，曾以評論家面孔活躍於文壇。評論風格，霸道外帶胡說。吹捧山藥蛋派，能夠把蔣韻、柯雲路也歸入此一派別；批判現代派，則又將成一韓石山等晉軍主力一網打盡。最愛使用評論家戰無不勝的「難道不是這樣的嗎」的權威句式，不容他人置辯。

人緣極其惡劣，據稱有人在其屋門上塗抹大便。其人後來果然臭不可聞，竟然私改年齡，將40年出生改為48年出生，欺世盜名，竊取某顯赫崗位有年。眾口一詞，都說那是一根「惡棍」。

第三位，開始也寫詩，也發表評論之類，後來轉入政壇。將文學作為敲門磚者，比比皆是，何足為奇。但其人文壇、政壇倏忽往來，神行百變，令人咋舌。人們說，從文不紮實，從政恐怕也難稱政治家，充其量是個「政客」罷了。

據知情者講，其人作研究生時，便有貪愛他人財物、「順手牽羊」的毛病；後來在政界失手，或與此類習慣不無關聯。

第四位，主要因為一件事而得「特務」之稱謂。《山西文學》當年辦得火爆，年年評獎；出版社也配合默契，年年出版獲獎作品集。當初，華國鋒主政的時代，報章雜誌上多見「以華國鋒為首的黨中央」字樣。且說這年《山西文學》獲獎作品集的某篇小說中也出現了上述字樣，但華國鋒已經下臺，按照我們的一貫做法，那就要抹去一切痕跡，彷彿歷史不曾存在。發現如此疏漏，也無妨；塗改、黏貼，或者毀版重印就是。但其人一看見上述字樣，絲毫沒有與人為善的念頭，提醒作協和出版社方面採取補救措施；而是急於邀功賣好，於發獎會現場，一通電話直接打給了省委書記。

其人如此行徑，平常見人竟是笑容可掬。幸虧時代不同了，不然那是要打出一批反革命，甚至有人會人頭落地呀！可不懼哉！稱為「特務」，不算冤枉。

文壇，以及文壇周邊，哪裏有多麼純潔、乾淨。文壇本是名利場，其中照樣有芸芸眾生、各色人等。而我們的文壇有時簡直就是戰場！陷阱密佈，明槍暗箭。於此存身，終極目標想要打造金剛不壞之軀，談何容易！

五、侯招筆會

我平生參加的第一個筆會，是前面介紹過的東陽筆會。筆會究竟是什麼樣子？戰友鄧建中曾經吹得天華亂墜。東陽筆會儘管意義非凡，會議條件卻奇差無比。

調入省作協，以編輯部名義召開的第一個筆會，則是侯招筆會。

侯招，是侯家巷招待所的簡稱，當時係市級招待所，食宿條件已非東陽筆會可比。會議伙食當年分作三個檔次，每人每日伙食費八角、一元、一元二角三等。

一天吃一塊錢，那是什麼概念？尋常市民，平均生活費每人每月十元左右；中學生在校上灶，伙食費每月九元，一天平均三角錢。一天一塊錢的伙食，那簡直就是天天過年。在此之前，除了參加婚禮，我不記得吃過什麼席面。一個筆會，好像天天參加婚禮似的，頓頓都是大魚大肉。那種幸福感，是只有物資短缺的年代才可能有的。

編輯部那時處理廢紙，賣破爛，一個季度至半年時間，能積攢幾十元錢；大家自做自吃，搞過兩次聚餐。編輯部的兩位女士，一個李瑞鳳，負責通聯；一個呂文幸，在評論組當編輯，這時充任廚師。聚餐地點，就在編輯部後邊的茶爐房，拼兩張辦公桌。老西和鄭篤也出席，與大家同樂。大家喝一點瓶裝高粱白，情緒高漲。燕治國已是帶了酒意，不時在女士圍裙上擦手；王中幹鼻頭愈加發紅，顧全芳四白眼接近發直；末了，王子碩準備收拾空酒瓶……那種人人性情外露、上下團級和諧的情景，彷彿就發生在昨天。

且說侯招筆會，會上的亮點，或者說我認為最值得言說者，是李銳和蔣韻這一對文壇伉儷的最初結識。

1978年，三中全會召開，隨之就有了改變中國人的精神和靈魂或曰思維方式的思想解放運動。文壇作家當仁不讓，成為思想解放的先行者；詩歌、小說大聲疾呼，承載著文學不堪承載的重任。在我們山西文壇，當時是從「野外」突然冒出的兩位作者——蔣韻和鄭義，各自以他們的開山之作震動了山西文壇。

蔣韻，太原師專在校生，在《安徽文學》發表了短篇小說〈我的兩個女兒〉；鄭義，晉中師專在校生，在《文匯月刊》發表了短篇小說〈楓〉。這兩篇作品，放在當時全國「傷痕文學」或者「反思文學」的優秀作品行列裏，毫不遜色。

兩位作者，何以在外面發表作品而不曾投稿我省作協的機關刊物？這當然反映了一般作者對《山西文學》的看法。大家都覺得這家刊物有些保守。

刊物是否保守？思想解放，是否小說就應該直接呼喊問題，而不是將種種思想思考熔鑄在人物形象和故事情節中？這是一直困惑著作家的問題。直到後來，朦朧詩取代了號角詩歌，報告文學異軍突起，取代了問題小說，小說才開始更像小說。而不論我們現在如何評價，當時，蔣韻和鄭義的小說正符合了中國文學的整個情勢。客觀地回憶，他們的作品、他們的思維方式和藝術取向，確實給相對四平八穩的山西文壇一個刺激，對不止一個作家產生了某種啟動思考的功用。

而老西擔任主編、李國濤主持刊物，這二位卻絕非等閒之輩。老西是山藥蛋派當年的主力，但他主編的刊物能夠兼收並蓄；李國濤學養豐厚，選稿從不定於一尊。愛才的老西，即刻注意到兩位年輕的新作者；關照編輯部建立聯繫、多加培養。大度的李國濤，立即先行就近邀請蔣韻前來編輯部座談。

我記得，那是一個下午。四點鐘左右，蔣韻和她的一位同學出現在編輯部裏。文弱的樣子，謙虛的態度，得體的穿著，立即獲得大家的一致好感。

當時，我們幾個年輕編輯只有李銳尚未結婚。大家彷彿不約而同都想到了同一個問題：李銳和這位女作者之間，應該「有戲」。

談論間，王中幹鼻子聳動，意味深長地微笑著；劉琦甚至做過了具體衡量：李銳找到一個有才華的女大學生，蔣韻則找到一位省級刊物編輯，雙方應該都滿意。

所以，侯招筆會上，我本來是負責看太原市稿件的，應該在太原組參加活動，審時度勢、與人方便，主動讓出這個位子，使李銳和蔣韻能有更加方便的接觸機會。

會上，我們認識了許多新作者、結識了許多新朋友。有個孟釗，曾經遭遇車禍；火車出軌，車窗玻璃插入大腦，死裏逃生。他說，自從腦袋開花之後，靈感源源不斷。有個李海清，太原南郊區的農民作者，當過生產隊長。飯量可觀，超過我們的大肚漢周宗奇。周宗奇一頓得四個蒸饃，李海清得六個。到別的飯桌去搜羅蒸饃，供這位農民弟兄吃飽，成了我的一項常規任務。

會議收穫很大。但最大的收穫是，李銳與蔣韻從此確立了戀愛關係。那是他們的收穫，也是山西文壇的收穫，乃至是屬於中國文壇的收穫。

許多事情，我們只能「事後方知」。南溪漲水，蕭何得以追上韓信，歷史因此而改變了走向。侯招筆會，成全了李銳和蔣韻，山西文壇得以出現一對重量級的作家伉儷。

後來，他們兩位結婚成家之後，他們在作家協會院子裏的住所，成為當時著名的也是名副其實的一座文學沙龍。

那時，在成一、韓石山諸位調入省作協之前，院裏的青年作家、從下面來投稿或者公幹的青年習作者們，經常在李銳家裏聚會。先前的崔巍、後來的呂新，當初相好，人所共知是情人關係的鄭義和郝東黎，包括蔣韻的同學王瑞慶、鄭義的同學陳茹，都是這兒的常客。大家議論時事、講談文學，無形中相互影響，不僅加深了友誼，而且共同提高了文學境界、開闊了藝術視野。

李銳成家前，經常上我那兒；他們結婚後，則是我不斷來他這兒。由衷地講，我們兩個包括蔣韻，在經常性的隨便談論或者認真研討中，都得益匪淺。

說他倆的住處是一說文學沙龍，毫不為過。

大家有時會在他們家開飯，即便是清茶一杯，他們兩位從來都是熱情待客、不厭其煩。對於那份真摯純樸的友情，不知別個，我是至今追念，不會忘卻。

第十一章　北京領獎

儘管中國有四大古典名著，但在古代中國，小說卻只不過就是小說。小說的地位提高，成為西方化的、現代意義上的小說，是近代以來的事。

在西方，諾貝爾獎項中有文學獎一項，令中國不少作家心理上趨之若鶩，希冀獲獎有如大旱之望雲霓。固然，吃不到葡萄，有時也說那葡萄是酸的云云。

在中國，新時期以來，全國小說評獎一度成為慣例。小說家全國獲獎，好比金榜題名。

是否獲獎，其實並不能說明什麼，尤其不能說明作品的好壞、作家的優劣。比如，韓石山和我，山西的兩座山，始終不曾被評為政府特設的優秀專家，每月領取不到那令人眼饞的一百元特殊津貼；誰能說，我二人不是優秀的作家呢？

但獲獎又畢竟是一個存在，成為那麼一個無法迴避的話題，成為某種意義上的尺度。

在我省，新時期以來的前十年，成一拿回了第一個全國獎。隔了一屆，老作家馬烽以及青年作家柯雲路和筆者張石山一舉拿回三個全國獎。後來，又有鄭義、張平中的短篇小說分頭獲獎；接著，李銳與張石山雙雙獲取86-87年度的全國短篇小說獎。

在西戎、胡正主政山西文壇的時代，山西作家連連獲獎，可謂捷報頻傳。所以全國文壇驚呼「晉軍崛起」，山西由之號稱「文學大省」。

距離筆者第一次獲取全國獎，已經過了二十五年。今天回顧領獎的過程，一切歷歷如在目前。

那是筆者初次有限步入了中國文壇，親歷親見的許多人和事值得言說一回。

一、南華門裏的「石獅子」

南華門裏的「石獅子」，我在這兒首先指的是作家成一。至於這位老兄怎麼能得著這樣一個辭彙修飾，容我稍後解釋。

成一，原名王承業。成一，是他的筆名。之所以取這樣一個筆名，他說那是最初投身寫作時給自己定下的志向——能夠寫出一部好書、能夠完成一本滿意的作品。

有一年，作家協會的新年聯歡，我幫聯歡會組織者隨便擬了一批謎語。謎底射的主要是作協人物，結果大受歡迎。比方，謎面華容道，射創聯部的曹平安；謎面巴拿馬運河，射資料室的周季水。老生捋髯，捲簾格猜胡正；拉爺爺過馬路，猜孫謙。多瑙河猜陳玉川，潭中島猜周山湖。諸如此類。關於成一，我的謎面用了一個圍棋術語「七死八活」。

老兄靦腆地笑，訥訥地表示不滿：「我的處境也太不好了吧？」

我說：「成了一個，就是老兄你呀！」

後來，成一果然就變成了成一。他自己總結說：「我為山西文壇做了點什麼呢？」一個，拿回了第一個全國獎；再一個，辦起了我省第一個大型文學刊物《黃河》。

成一，原籍河南。少年時代隨父母在山西晉中的太谷縣生活讀書，文革前的1963年，考入南開大學中文系。當然，他也就屬於文革期間依然在校的大學生，叫做「老五屆」。70年左右，分配回山西原平。先在水庫工地上勞動，後來到縣委辦公室工作，當秘書、寫材料什麼的。

寫材料之餘，這個王承業署名成一，就給當年的《汾水》寫來了他的短篇小說作品〈頂凌下種〉。

〈頂凌下種〉當然不是成一最好的小說。「頂凌」云云，借了播種的術語來蘊含一點反抗極左的意義之類，也未見高妙。不過，那篇小說已經顯出了成一的文學功底。特別是語言，雅致、優美，富於文學化、帶點學者氣。

李國濤老師見到之後特別高興！在山藥蛋派的根據地山西，成一的小說語言，不那麼土氣，多少有些另類的味道。而李國濤辦刊，眼界開闊、兼收並蓄。包括後來的鍾道新，不僅語言風格另類，作品的題材內容也別具一格。老李照樣予以大力扶持。當初，刊物在每年十月都會組織一期小說專號，以集中發排若干重頭作品，以利於來年的刊物徵訂。〈頂凌下種〉一舉發表了小說專號的頭條。

不久，老李約見成一。我們大家也就第一次認識了這位老兄。

在編輯部小說組，辦公院東樓二層的那個大房間，一進門擺了一張二人沙發，是為客座。成一進來，很拘謹地坐了，有幾分尷尬。禮貌地微笑，不怎麼說話。和大家告辭呢，也訥訥地，帶幾分羞澀。

這位作者，不張揚，鋒芒內斂。在他離去後，大家隨便評說了幾句。關於頭條小說，當初編輯部也有人不以為然。比如借調來工作過一段的晉中文、聯散文家溫述光，直言不諱地評價這篇作品不怎麼樣，至少不該是頭條。但〈頂凌下種〉豈止是在《汾水》發表了頭條，竟然是一舉在全國首屆短篇小說評獎活動中摘取了一個全國獎！

成一到北京領獎，有何見聞？不曾記得他說過。為山西文壇拿回全國獎來，山西方面又有何動作？也不曾記得有過。

文學大省啊！山藥蛋派名頭響亮的地界啊！拿個全國獎，彷彿就像上菜市場拎了一隻土豆歸來。和我同年獲獎的貴州何士光，回到那邊遠省份，省委書記親自接見！披紅掛彩之外，工資連升三級！

同時代的作者，有人摘取了全國獎，我是什麼心情？如實回憶、誠懇交代，當時心情相當微妙。有幾分羨慕，羨慕中還夾雜若干嫉妒。和成一見面不多，見了面，他不怎麼講話，訥訥地笑；比先前更加謙虛、更加內斂。我又不善客套，不知該真真假假地表示祝賀、還是說點「今天天氣哈哈哈」之類，一時無話。

直到我也拿回全國獎，我和他一塊出席各種會議的機會多了，我們見面之際才自然起來。他依然內斂，並非因為冷淡；我本來豪爽，不必故作拘泥，相處竟是甚好。

直到這時，老兄才多少透露了一點他的「秘密」給我。

成一家庭穩定，夫妻關係和美，兩個兒子成才長俊。但在早先，老兄也有過他的初戀。全國獲獎歸來，省作協都不知其乘火車還是坐飛機的情況下，初戀情人到機場歡迎，而且有鮮花獻上！上個世紀七十年代末，想想，那該是怎樣的浪漫？

結果，成一在山大二院工作的姐姐，和這個早已成年、如今成名的弟弟有過一次嚴肅的談話。成一最終收煞心性，即便僅僅在精神上也絕對沒有越過雷池半步。浪漫的鮮花驟然開放，如禮花在夜空爆裂，光彩奪目；倏爾凋零，天鵝的翅羽緩緩收攏，幕布閉合。

關於「石獅子」的評價，就是這個時候開始出籠的。版權所有者是晉東南崔巍。那位仁兄，齒牙鋒銳、唇槍舌劍，遠觀南華門裏的情形，套用《紅樓夢》裏賈寶玉對柳湘蓮的話語，慨然太息曰：「南華門東四條，不過成一、李銳兩個石獅子乾淨罷了！」

二、被刺激起來的幸運兒

1980年，我的短篇小說〈钁柄韓寶山〉全國獲獎。

在此之前，我已經發表了十數篇作品。包括在《上海文學》頭條發表、《小說月報》予以轉載的〈最後的衝刺〉，多是城市題材。我的童年在鄉間度過，農村生活積累異常豐厚；但一個作家經常會被某種慣性所左右、會被思維定勢所遮蔽。從77年到79年，整整三年裏，我沒有寫作任何一篇農村題材的作品，彷彿我要偽裝自己：我從來不是一個鄉下的孩子。

〈钁柄韓寶山〉的創作動因，說來有趣。當時，編輯部小說組做了責編看稿地區調整。我開始分管臨汾和呂梁兩個地區的稿件。這兩個地區，特別是臨汾，不僅擅長農村題材的作者相對集中，已經成名的作家也相當多。我的看稿風格呢，依然故我：推薦好稿，稿簽上會填注「此稿可發頭條」之類；認為不擬刊用之稿件，則直接退稿，不做進一步推薦。於是，漸漸有些說法反應上來：「張石山是寫過幾篇東西，但他熟悉農村嗎？知道農村題材的小說怎麼寫嗎？他怎麼敢於那樣處理稿件？」

這些說法傳入了我的耳朵，刺激了我，或者說點醒了我，啟發了我。我為什麼不敢那樣處理稿件？我何嘗不熟悉農村？我怎麼就不會寫農村題材的小說？我立刻就寫一個來給你們看！立刻、馬上，就是現在！

這是在粉碎四人幫之後，全省文藝界的一次大會期間。一個星期天的上午，我獨自到編輯部加班，為自己加班。利用這個寶貴的機會、這點寶貴的時間來寫小說。〈钁柄韓寶山〉落墨稿紙。

當時，我寫小說早已不再打草稿；因為我發現，我的草稿和抄錄稿根本就沒有什麼區別。

〈钁柄韓寶山〉一氣呵成。

從1960年我十二歲離開農村，已經過去整整二十年。自1964年祖母去世，我也不怎麼回鄉。農村的責任制究竟是怎麼回事，其實並不清楚。

本來不大知道責任制的推行情況，個人朦朧的藝術追求也不大喜歡直接歌贊政策或者呼喊問題，〈钁柄韓寶山〉主要刻畫了一個人物、寫了一個愛情故事。責任制只是那篇小說的背景。是童年時代的生活記憶幫助了我，腦海中無數熟悉的、性格鮮明的人物奔湧而來；是閱讀趙樹理等老一輩作家早年作品的積累幫助了我，嘗試運用山藥蛋派的筆調手法，照貓畫虎一回，竟然像模像樣。

比起積年在農村生活或者經常下鄉深入的作者，我是一個時來運轉的幸運兒。誤打誤撞，揀到了一塊「常林鑽石」。從此，我打開了童年記憶的寶庫，書寫農村生活一發而不可收。

〈钁柄韓寶山〉刊載於1980年《汾水》月刊第八期，《小說月報》同年第十期轉載。《小說月報》編輯部在兩個月前剛剛轉載了我的〈最後的衝刺〉，看到農村題材的、另外筆調的、十足山藥蛋派的小說〈钁柄韓寶山〉，大為吃驚，以為這簡直不可能是同一位作者。

後來，李國濤老師在評論文章上就肯定地介紹說：「張石山生活經歷豐富，慣於結交三教九流，寫小說有兩套筆墨。」

旅居內蒙的山西籍作家馮苓植則評價道：「儘管可以說山藥蛋派後繼有人，但後起作家已經紛紛有所突破。嚴格意義上的山藥蛋派已經完成其歷史使命。這一派別的作品，開山之作是趙樹理的《小二黑結婚》，收山之作應該是〈钁柄韓寶山〉。」是否這樣？一家之言。

新時期以來，我所寫的第一個農村題材的小說〈钁柄韓寶山〉，獲取了當年的全國優秀短篇小說獎。我省共有三人獲獎。除了我之外，還有馬烽老師的〈結婚現場會〉和柯雲路的〈三千萬〉。

當時，獲獎作品中有五篇列為一等獎，獎金三百元；其餘皆是二等獎，獎金二百元。獲取一等獎的，頭條是〈鄉場上〉；其次有〈陳奐生上城〉、〈月食〉、〈三千萬〉和〈笨人王老大〉等。

1980年小說獲獎，到北京領獎則在1981年的3月初。

好像不記得馬老親自到北京領獎。如果要去，當然是坐軟臥，中國作協派轎車接站。我呢，平生第一次享受到了火車硬臥的體驗，已是非常滿意。清晨出站，按照與會通知書上的說明，倒了兩次公共汽車，到《人民文學》編輯部附近的東四旅館報到。

到達東四旅館，在那兒負責接待的人員告訴說：「會址改為京西賓館。」

京西賓館，好傢伙！如雷貫耳呀！

三、京西賓館的「上等華人」

歷年，中國作協都委託《人民文學》編輯部負責整個評獎活動。為了節約資金，編輯部原先決定發獎會在東四旅館召開。但由於一點特殊的原因，編輯部臨時改變計畫，特別將發獎會移到規格極高的京西賓館來舉行。

當年，文學極熱。不僅作家因為一部作品可以一夜成名，編輯家也因為富有膽識而聲名鵲起。當時，在文壇流傳「南有顧爾鐔，北有李清泉」的說法。顧爾鐔時任江蘇作協《雨花》主編，李清泉時任《北京文學》主編。1980年，李清泉已經因為編輯業績而調任《人民文學》執行副主編。

到81年的年初，發獎會舉行前夕，文壇面臨一場「倒春寒」。文藝界的思想解放勢頭，受到了保守勢力的殊死抵抗。有詩歌《將軍，你不能這樣做》、小說《飛天》、話劇《假如我是真的》等幾部極有思想鋒芒的作品，遭到有組織的批判。

其中，《飛天》的作者劉克是軍隊作家，文革前曾經寫過《央金》、《古堡上的烽煙》等作品。曾被打成右派。我記得，當時的

《文藝報》不是報紙樣式、還是刊物的時候，有王蒙、叢維熙、劉紹棠、鄧友梅等幾個也曾經是右派的作家，在這家刊物上對劉克大張撻伐、群起而攻之。煮豆燃豆箕，相煎何太急！

幾個右派作家裏，尤以劉紹棠表現特出、表演醜惡。過來人應該記得所謂的「西單民主牆」，在解放思想運動中曾經非常著名。胡耀邦甚至驕傲地對西方記者說道：「海德爾廣場算什麼？我們有西單民主牆！」西單民主牆不久後被取締。大家也就接受了現實。多數人表示沉默。唯有作家劉紹棠跳出來發言，說什麼「我被打成右派，是我們黨解放了我。難道是西單民主牆解放了我嗎？」再到後來，這個混跡於作家隊伍的人物，更有奇談怪論污染空氣。他竟然說，黨打右派是「娘打兒子」！無恥之尤，一至於斯。

且說「倒春寒」來勢兇猛，中國作協領導中的改革派以及《人民文學》編輯部的領導，不願意顯得那麼低調、那麼好像挨打受氣灰溜溜地，所以臨機變化、應對局勢，特別要將發獎會的規格提高一步。透過關係，疏通活動，最終把會議地址選在著名的歸屬軍隊管轄的京西賓館。

京西賓館果然豪華。此前，我僅僅入住過我們太原的侯家巷招待所。參加會議時進入過並州飯店，普通編輯，家住太原，還沒有資格居住，僅僅吃過幾餐會議飯。到了首都北京，竟然一舉入住京西賓館，簡直就是演繹了一回「陳奐生上城」、「劉姥姥進了大觀園」！

先說住處。我和陝西的京夫、北京的陳建功同一個房間。沙發軟和，屁股舒適；席夢思高級，讓你幾乎就不會睡。隨便扔在床上的背心、褲衩之類，不知什麼時候被服務員拿走，洗得白白淨淨、熨得平平展展、疊得整整齊齊，放在床頭。讓你以為自己是董永、而董永遇上了七仙女。

再說會議室。每個與會者，人人有沙發坐；沙發邊的小桌上有茶水和水果。茶杯淺了，服務員腳步無聲地上前斟水；暖氣太熱，服務員又及時遞上灑了香水的濕毛巾。即便是上廁所，也讓人消受不起那份服務：有侍應生笑容可掬地站在廁所門口，進去前有香水毛巾伺候；出來後另有香水毛巾遞上。

會議伙食如何？頭一天午餐，我平生第一次吃到了天下第一菜——海鮮鍋巴「平地一聲雷」。《人民文學》的資深編輯崔道怡和王扶他們為我講解：「這道菜，色香味俱佳，最是還有聲響一絕，所以號稱天下第一菜。」

晚間，編輯部女編輯們喜歡跳舞，可惜會跳舞的男士短缺。想不到山西家張石山交誼舞跳得出眾，於是我不得不扮演王子，女編輯們個個都是穿上水晶鞋的灰姑娘。跳舞跳累了，還有夜宵！食堂通宵服務！來酸奶一份，是小磁壇冰鎮酸奶；要黃酒一碗，原來就是醪糟。

《笨人王老大》的作者有兩位，錦雲和王毅。錦雲在北京人藝，王毅在黑龍江京劇團。但兩人是北大中文系老同學，合作一把，就鬧了一個全國一等獎。我戲稱王毅是「王老大」，王毅回敬一把，叫我是「韓钁柄」。

「王老大」問我：「韓钁柄，感覺怎麼樣？」

我回答：「王老大呀！過上了上等華人的日子啦！」

是《人民文學》的臨時動議，使我們有機會入住京西賓館，使我們窺看到「上等華人」生活狀況的一角。在物資短缺的年代，在幾乎全體中國老百姓「艱苦奮鬥學雷鋒」的狀況下，豪華的京西賓館裏是那麼一個樣子。令人感慨，令人心情一時複雜。

開會期間，還組織大家一塊參觀故宮、遊覽香山什麼的。在碧雲寺五百羅漢堂，據說按照你的年齡可以找到那尊屬於你的羅漢。依法尋找一回。陝西京夫的羅漢是「淨解脫尊者」，而我的羅漢是「性海通尊者」。

京夫老家在陝南商洛山中，他是一個教員，農村老家離縣城一百三十里；一百三十里的老家，他老婆給他生了五個孩子。他比我大不過三、四歲，頭髮已經花白，一副不堪勞作的面相，不亞於我們的胡帆。所以他說：「石山老弟，你整天樂呵呵的，就是『性海通』。可我什麼時候才能『淨解脫』啊！」

關於京西賓館，老兄則一直念叨：「上等華人，天天是這樣的日子呀！」

——會後，我給京夫兄寄去了一百斤全國糧票。多少年，京夫念念不忘，記得張石山這點好處，「到處逢人說項斯」。

四、大會眾生相

全國領獎，會程一周左右。起居用餐、外出遊覽、會議討論，與會者們漸漸相互熟悉。至少，記住了名字。

年輕一點的，多數屬於老三屆，計有黑龍江張抗抗、北京陳建功、湖南韓少功、廣東呂雷、山東王潤滋、山西張石山和柯雲路等。年齡稍大一點的，有錦雲和王毅、天津蔣子龍、河南葉文玲、貴州何士光、陝西京夫、黑龍江張林等幾位。年齡更大一些、數量最多的則是右派作家、後來被稱作「五七戰士」的，計有江蘇的高曉聲和陸文夫、安徽的張弦、寧夏的張賢亮、鐵路的李國文、軍隊的徐懷中、北京的王蒙等。

同時代的青年作家，我和陳建功住在同一個房間。他家在北京，基本不住會上，交流不多。只知道老兄在京西門頭溝煤礦下井，腰脊曾經受傷。獲獎時分，正讀北大。剛剛寫出了京味小說〈京西有個騷韃子〉，引發爭論；所以獲獎作品選了他的另一個短篇〈丹鳳眼〉。

柯雲路，同是老三屆，又同是山西作者，接觸卻不多。這位仁兄是一等獎，並且一直有那麼一股勁：狂傲自信，目空一切的樣子。他在會上，好像只和蔣子龍搭過話。說是「咱們可以談談藝術」。蔣子龍更不是謙虛角色，鼻子裏噴著氣，和我說道：「柯雲路？和我談藝術？哼！學我還沒學像呢！」

天津蔣子龍，曾經就讀新時期以來的第一屆文講所，號稱文壇的「黃埔五期」。繼首屆評獎劉心武的〈班主任〉轟動文壇、摘取頭獎之後，他的〈喬廠長上任記〉在第二屆評獎榮登榜首。蔣子龍讀文講所，擔任班長，領導過我們山西的男士韓石山以及河南的女士葉文玲。

據說，讀書期間與葉文玲關係相對親密，人們風言風語。又據說，葉文玲崇拜、關心蔣子龍，到了無以復加的地步。大家乘坐公共汽車出門，哪個同學大聲呼叫蔣子龍，葉文玲會嚴正警告：「要保護子龍！他是名人，在公眾場合，能隨便呼叫他的名字嗎？」好個蔣子龍，出沒京西賓館，無論就餐、開會，絕不避嫌，反倒是挑戰似的嚷著：「文玲，來！坐我旁邊來！」

我心中對這位仁兄便生出幾分敬重。敢做敢為，像條漢子。仁兄本是工人出身，和我有一點天然的親近感。在會上，他曾經語重心長地、毫無保留地向我傳授過寫作心得：「石山老弟，你在鐵路上待過，要多寫這方面的作品，讓自己在中國文壇佔領那麼一塊屬於自己的領地！千萬不可東一榔頭、西一棒子，自己和自己抗膀子。」

他的說法是否有幾分道理？暫且不論。我又哪裏會那樣幼稚淺薄、人云亦云。但是，我始終記得他的率直和無私。——多年之後，蔣子龍擔任天津作協主席，而我們「黃埔八期」畢業，伊蕾小姐回到天津工作沒有著落；我給蔣子龍寫了一封信求助，希望能夠出面關照、予以安排。他即刻回信，爽快地答應幫忙；並且在隨後立即安排伊蕾到《天津文學》詩歌組工作上班。後話按下不表。

獲獎作者，同屬鐵路系統的，有個張林，還有個李國文。我呢，原先也在鐵路上工作。我們三個，便又在這個意義上生出了某種親近感。李國文老師右派平反，這時在鐵道部文聯工作。他興奮地告訴我說，鐵道部長已經知道了我的情況，樂意接見我、希望和我認識。老李樂意領我上部裏去和部長見見面，幾次表示這一良好的願望。我的真實心情是，自己已經離開鐵路部；儘管在鐵路部工作八年，除了交往著幾位最基層的工人師傅，我對鐵路部不存在什麼好印象。於是，婉言謝絕了老李的好意。

往後，李國文調任《小說選刊》主編，對這家刊物從來不曾轉載我的作品感到怪異。結果，我的「仇猶遺風錄」系列中的短篇小說〈甜苣兒〉，首次得以在《小說選刊》轉載。由之，我也才能夠第二次獲取全國獎。這也是後話。

會上，幾位右派作家，留下的印象都比較深。高曉聲滿口江蘇方言，正好可以少講話；陸文夫謙虛微笑，典型的江浙男人風格；兩位於是一起韜晦起來，大隱隱於市的樣子。張賢亮一口渾厚的男中音，但講話注意分寸，分明對打成右派心有餘悸。張弦則相對開朗，言語不那麼支吾晦澀，和我竟是一拍即合，成了一對忘年之交。

整個會上，右派作家裏，唯有著名的王蒙表現最為特出，給我留下的印象也最深。

五、王蒙，「大寫的人」

發獎會開始的第一天，會議召集人不發言，要大家上午自由討論。會議的議程安排令人奇怪。

原來，中央書記處正在開會。據說會上鬥爭激烈。是改革派繼續得勢、還是保守派反撲得手？整個文藝界都在關注、都在觀望。

既然大勢未定，會議主持者不說話，叫大家討論什麼？宏敞豪華的小會議室一時冷場。

張抗抗、韓少功等青年作家溜回住所。張抗抗正給某家報紙炮製獲獎感言，韓少功則正在抓緊一切時間翻譯一部英語小說。

右派作家考慮更多。剛剛改革開放幾天，中國莫非就要倒退回潮？幾位都心事重重，三緘其口。

冷場半晌，香水毛巾換了幾塊。我有些昏昏欲睡，但也睡不著；底下急屙急尿，簡直快要悶出鳥來！突然，會場一陣騷動。王蒙突然出現。據說遠赴美國應邀參加什麼活動，剛剛下了飛機。《人民文學》的編輯、會議主持人，都希望王蒙發言。「王蒙是連續三屆獲獎的作家啦！無論怎麼著，也該先說幾句啦！」

王蒙當仁不讓。聲音洪亮、還帶點指手劃腳的樣子，率先發言。

他伸出右手的食指，朝上指著天花板，說道：「發獎會選在這樣一個賓館，會議選在這樣一個高大的會議室，讓人感到一種壓抑。一種對人的壓抑、對大寫的人的壓抑！」

出語不凡，簡直有些振聾發聵的意思。《人民文學》編輯部為了佔用這家著名的豪華賓館，大費周章；結果是壓抑了人，還是大寫的人。我也就不再瞌睡，睜眼來觀瞧。看看這位王蒙其人是如何「大寫」。

王蒙，長臉，冬瓜型的「南北頭」，腦容量夠大。目光睿智，透著過份的聰明。大寫了自己之後，接著發言道：「我到美國，有人問：『在你們中國，那樣不自由，還能夠寫作嗎？』我告訴他們，我沒有感到什麼不自由！我們的寫作非常自由！」

王蒙發言，沒有超過一刻鐘。然後匆匆離去。他有更重要的事情要辦。

他的發言，或許並不是說給我們聽的。但他的率先發言，給討論會定下了這樣一個基調。會議繼續冷場，自由地冷場。

這時，我實在有點忍不住，跳了出來。固然是有些少年氣盛，更主要的是王蒙的論調和我的真實感受相去太遠，幾乎屬於背道而馳。

於是，我第二個發言。

我首先說，自己從山西小地方來，好比山漢進城，處處新鮮。這樣豪華的賓館，實在沒有感到什麼壓抑。感到實在是好極了！

接著，我也講到了創作自由的話題。儘管我的創作風格並不是直接呼喊問題的路數，但我也能感到那種壓迫和束縛。或許「十里之外，鄉俗不同」，颱風的風眼裏沒有風暴，北京的創作空氣果然自由。但在我們山西，封閉保守的地界，情況截然相反。但凡改革開放，會遇到防風林帶，層層減弱，乃至消失於無；而但凡回潮倒退，則彷彿沿途有加壓站，一級微風到我們那兒會變成八級颶風。

當然，我還舉出了若干實例來說明。我的發言，好像和王蒙處處頂牛，但我講的是一己的真實感受。

會場氣氛立時大變。討論會的調子得以轉捩。回到寢室的張抗抗等人紛紛轉來，在場的葉文玲、張弦隨後發言，大力支持了我的觀點。

在會議室，張弦和我熱烈握手。

回到房間，京夫笑咪咪地評價：「張石山，你可真敢說話呀！」

走廊上，王毅但凡碰到我，遠遠就伸出大姆哥：「哈哈，你這個『韓钁柄』，火氣兒夠壯的啊！」

六、為難周揚

會議進行了幾天，一開始那種壓抑、拘謹的氣氛漸漸掃除。

主席臺上的領導，面色霽和。從人們的竊竊私語中，大概知道，形勢有所嚴峻、但並非惡化到不能承受的地步。與人家隱隱擔心的最壞結果相比，情況還有幾分樂觀的味道。

其時，1981年初春，貪污腐敗還沒有成風。老百姓所不滿的、文人學者所抨擊的，主要的目標是特權。媒體公開披露了某國家高級幹部的家屬，乘坐公車逛王府井的問題。某高級幹部生氣了，公然派出三、四輛豪華轎車，讓家屬繼續上王府井。彷彿是在示威叫板似的。

中央的會議宣告閉幕之後，大家殷切等候的周揚終於來到了發獎會上。

周揚，身穿一件銀灰色毛料大衣，極有風度，儼然領袖的氣派。他和顏悅色地出現在會上，但也沒有做什麼具體指示，說是主要來聽聽作家、藝術家們的意見。

我在京西賓館的形象，已經被塑造成一個勇士或曰炮筒。有人指點我率先發言，於是我更不推諉，起身發言。

我說：「老百姓不滿特權，作家們都反對特權；但所謂的特權，就是特權，你要寫文章批評、批判，特權者就要壓制。眼見的例子，許多有鋒芒的作品受到批判。作家們到底該怎麼辦？放棄自己的職責嗎？」

周揚滿面微笑，對我的疑問做出了回應。他說：「大家可以寫得巧妙一點嘛！」

按說，首長這就頗給面子了。也算作出了具體指示。但我果然是一根钁柄，好像變成了萬榮家。一條道兒走到黑，打破沙鍋問到底。我繼續發言道：「寫得巧妙，怎樣操作？你寫得足夠巧妙，檢查官看不出來，那麼一般讀者更看不出來。那樣，作品還會起到作用嗎？但你寫得不夠巧妙，老百姓看懂了，檢查官更早已看懂了；檢查官提前槍斃，你的作品根本就發表不了，這該怎麼辦？」

對於政治、對於體制，我有屬於自己的思考。但我並不「利用小說進行反黨」。那樣，小說將不再是小說。小說沒有那麼偉大，可以濟世救民。那樣寫，只會敗壞小說。這不是膽子大小的問題，這是一個藝術把握定位的問題。呼喊問題，報告文學的性質稍稍近之。或者，就是趙樹理寫作問題小說已經來不及，乾脆上了萬言書。小說，它只能是小說。

我的發言，說的不是我的問題，而是一種普遍情況。我不那樣寫小說，但我們的同道有好多人那樣操作小說。那不夠藝術，但也應該得到允許。自由創作真正自由了，作家的心態完全放鬆了，才可能寫出更好的作品。

但我的發言，有些認死理，不看場合，不分對象，彷彿是給周揚出難題。那樣一個寫作與檢查的怪圈，誰能破解得了？我分明是在為難周揚了。儘管我不是有意為難，倒是希望他這樣高級的文藝界領導能夠給大家破疑解難。

周揚果然就是周揚。並沒有被我的繼續提問難住。他轉換了角度，反客為主，向我提問了：「你不是山西的嗎？你們那兒的馬烽，不會鼓勵你寫類似反對特權的作品吧？」

我說，這是兩碼事。但我只說了「這是兩碼事」五個字，李國文給我打手勢，要我住口。主席臺上有人將話筒遞給了別人。

周揚終究沒有回答我的疑問；我也沒能繼續發揮。

七、被「捉姦」的劉賓雁

有個著名的劉賓雁，也是右派，復出後回到《人民日報》當大記者。曾經寫過不少影響較大的報告文學。始終出現在全國發獎會的主席臺上，或說他已經被選作了中國作協書記處的書記。

後來，全國第四次作代會，代表海選主席團。除了巴金接替矛盾當選作協主席，在幾位當選副主席中，劉賓雁得票第一。記得王蒙得票位居第四。這或許反映出當時兩人的人望。

劉賓雁，高大瀟灑，高鋝兒廣額，比王蒙整整大出一號的形體。發獎會上，我和這位著名人物也有過一次語言交鋒。

發獎會，報到在3月初。會議進程當中，3月5日，恰是毛主席題詞「向雷鋒同志學習」的紀念日。會上算是應景，也組織大家就此展開了一回自由討論。

關於雷鋒，作為過來人，我有著屬於自己的深刻思考。曾經寫過專文，大力闡述。主要觀點如下：

雷鋒做好事不留姓名，有何不好？助人為樂，誰都贊同。只是將做過的好事樁樁件件寫上日記，日記再拿來發表，味道怪哉。有心為善，並非大善。此其一，問題不大。

其二，雷鋒僅僅學習毛主席一個人的語錄，而不是像列寧教導的「要用全人類的優秀思想來武裝自己」，這樣夠不夠？肩膀上扛的不是自己的腦袋，幹一分錢小事也要「耳邊響起毛主席的教導」，要得要不得？

其三，紅衛兵在政治上被定案，鐵案如山。但紅衛兵是被妖魔化、符號化了。作為曾經的紅衛兵，我有發言權。紅衛兵是什麼？不是天降妖魔，恰恰正是大學雷鋒、大搞毛主席個人崇拜時代成長起來的一代青少年。「毛主席揮手我前進」，老人家號召大家起來搞文化大革命，「保衛毛主席」，孩子們會是別的樣子嗎？說得極端一點：紅衛兵正是一個個新的雷鋒！

既然是自由討論，我相信這不是陰謀或者「陽謀」。與其說假話，不如沉默。不願沉默，就講幾句真話。

當我說出我的觀點之後，記得劉賓雁表示反對。

但在後來，我的觀點轉化成了劉賓雁的觀點。「反對學雷鋒」，成為劉賓雁的罪狀之一。可惜當時沒有專利法，我的觀點也沒有申請專利。

就是這位劉賓雁，在發獎會期間，就在京西賓館，竟然發生了被「捉姦」的咄咄怪事。

男女通姦，本來屬於劉賓雁的私事。我在這兒提起，沒有干涉別人隱私的動機。只是旨在說明：在二十年前，在改革開放的中心首都北京，曾經發生過那樣的荒唐事兒。中國，不久之前曾經那樣古老。干涉他人的私生活曾經那樣理直氣壯，那樣代表正義。

會上，《人民文學》的兩位編輯負責會議的保衛工作。正是我們兩位山西老鄉，兩位小王。這兩位，臨時扮演了「董超、薛霸」，儘管肩頭沒有扛水火棍。京西賓館，便是蒼蠅都不得隨便飛進，用得著什麼保衛組？保衛組的工作，於是剩一件：監視男女往來，負責捉姦。

出於鄉情鄉誼，其中一位小王，王青風，在捉姦的當天，就向我講述了事件的全部過程。這樣的事情，既已發生，對我講述一回，倒也不妨。說說名家軼事，增加一點談資，黏貼一個花邊，來一點胡椒麵佐餐，無傷大雅。

但王青風的講述，讓人不舒服。一種格外賣弄的態度，一張義形於色的面孔，一種自詡和誇耀，讓人反感。

王青風說，發現編輯部的一位女士——姑隱其名——進了劉賓雁的房間，始終沒有出來。他們卻沒有直接敲門、驚動劉賓雁的膽量。於是，在劉賓雁的套間房門上，小心翼翼地黏貼了一根頭髮。頭髮沒有挪動，則女士一夜不曾出屋，是為同居。如此這般，就安排下一個陷阱。

當講到那「一根頭髮」的妙計，王青風一副諸葛再世、孔明重生的樣子。顧盼自雄，得意非凡。

事情果然如兩位負責的保衛幹部所料，整整一夜，頭髮牢牢地黏貼在門框上。目標被鎖定，獵物落入了陷阱。

於是，大功告成。劉賓雁和某某女編輯同居屬實，定有姦情無疑。往下，二王即刻彙報編輯部主任；主任不敢擅斷，繼續向上彙報。

彙報到某一級別領導那兒，領導卻也不敢去直接抓姦、直接處理劉賓雁。於是，揀有頭髮的來抓、挑軟柿子來捏。早飯前，嚴肅提審女編輯。

女編輯和劉賓雁睡了一夜，風光或者無限，激情也許如火如荼。突然被提審，頂門骨掀開，兜頭澆下一瓢冰水。慌忙之際，如實交代。供認不諱。

但早飯之後，女編輯改口。說是「賓雁同志受了四人幫的迫害，早已沒有了性功能」云云。

性功能云云，該是託辭。是早飯之際一對男女訂立了攻守同盟，是劉賓雁的一種自我保護的說法。

事情結果，不了了之。

如此的花邊軼聞，我優先聽聞在耳。但聽過也就聽過，沒有傳播。我沒有那樣的義務，也沒有那樣的愛好。

但幾年之後，山西作協舉辦黃河筆會，沿黃河九省區文學界盛大聚會，二王應邀到會；王青風又將他們捉姦的故事賣弄一回，講述給更多聽眾聽。

如何黏貼頭髮，機謀高超；怎樣檢查頭髮，縝密細緻；劉賓雁如何抵抗，女編輯怎樣改口；義形於色，得意非凡。

黃河筆會閉幕不久，北京又出了捉姦事件。我們山西老鄉，二王之一，被當場捉姦在床。

記得聖經上有這樣一個著名的故事：耶穌基督傳教佈道的時候，在髑髏地碰到一件事。有個女人犯了通姦罪，人們要將她用石頭砸死。耶穌說：「你們當中，誰要認為自己是無罪的，誰就舉起石頭來吧！」結果，人們都放下了石頭，紛紛離去。

那個故事微言大義，象徵意義極其深刻。

東方不是西方。我們不信仰什麼聖經，我們有別的信仰。

堂堂《人民文學》，中國作協的機關刊物，文學刊物的排頭兵；輝煌的八十年代，改革開放的歷史時刻；京西賓館曾經演出了捉姦的一幕。

不管捉姦的是不是二王，二王之一後來自己是否也被捉姦；不管當時被捉姦者是不是劉賓雁，劉賓雁是否抵抗、抵抗是否有效；「捉姦」事件本身，都在提醒我們：歷史是沉重的。

——會期大約一周，全國短篇小說發獎會在京西賓館順利閉幕。

大家分手的日子，我和王毅王老大揮手告別。

上等華人的生活，結束了。

如今，二十年的時光流逝，中國已是到處豪華賓館林立。只要你有錢，你就可以享受五星級服務甚至總統套房。

「只有發展才是硬道理」，鄧小平先生說得太對了。

也許，我向周揚提出的難題，包括中國所面臨的一切問題，都只能在發展中得以解決。

第十二章　出省赴會

全國獲獎後，我和成一作為漸漸知名的作家，省外刊物的稿約多了起來。各家刊物的各種筆會，紛紛來函邀請。

但我是《汾水》的編輯，不能總是外出參加筆會。當年，西戎老師和李國濤老師考慮到我們幾個編輯的創作實際，每年給我們一個月的創作休假。既是休假，應該人人有份，於是，一般不寫什麼東西的編輯，也照樣享受一個月的假期。作為領導，不能不考慮全面。外出參加筆會，我使用的通常是自己的創作假。

筆會之外，出席各種文學講座，包括出席中國作協召開的會議，我和成一參加的機會也更多一些。

所謂「讀萬卷書，行萬里路」，能夠走出娘子關，出省赴會，對於一個作家，必有不可低估的作用。或者可以交流經驗、獲取資訊，或者能夠開闊眼界、頓開茅塞。當然，與之同時，我們也就某種程度把握住了若干文學動態、目擊到了若干文壇現象。

一、青島，筆會花絮

1982年6月，中國青年出版社主辦的《青年文學》在青島召開筆會。那是我平生第一次出省參加筆會，印象極深。

當時的筆會，還沒有發展到後來的主要是請作家遊山逛水、聯絡感情的程度。青島筆會，會期一個月。安排了嶗山遊覽、海軍基地參觀，最後登臨泰山、拜謁孔廟等等活動，但更多時間就是在會上寫東西。筆會結束，與會的作家們交出稿子。

青島筆會，與十年前的東陽筆會相比，不可同日而語。我才算是真正見識到了足夠規格的筆會，有點接近我的戰友鄧建中早年的描述。

那次筆會，我的收穫不小。完成了一部中篇小說〈小巷英豪〉，後來在《青年文學》發表了頭條。會後，中國青年出版社編選出版了我的第二部中短篇小說集《單身漢的樂趣》。小說集印行十萬冊，依照當時千字十元的稿酬標準，獲取稿費兩千二百元。衣兜裏一舉有了兩千塊錢，斷然覺得自己成了富翁；拿出二百元現金請客，在北京華都餐廳吃了西式大餐，品嚐了油焗大蝦、啜飲了雞尾酒「空中花園」和「孔雀開屏」。

中青社的社長主編極其滿意，認為孺子可教、孺子可交。後來，我的經商下海經歷寫成長篇紀實《商海煉獄》、「走馬黃河」完成民俗民歌文化專著《洪荒的太息》，都在中青社出版，皆與當年西式大餐有著必然的因果關係。

且說青島筆會，輕鬆愉快。會上軼事多多，花絮不少。下面聽我揀選幾樣依次道來。

1.接站規格

《青年文學》筆會，透過關係獲得了我國北海艦隊青島潛艇學校的支持。部隊等級森嚴，所以，會議對於不同級別的作家，接待規格大有區別。與會者如何奔赴青島、允許乘坐何種交通工具，已經分出了等級貴賤。比如天津蔣子龍，可以乘坐飛機；而王蒙，是候補中央委員，則竟然派出了專機從北京接到青島。比如我，只好乘坐火車硬臥。夜間行車，硬臥從太原坐到濟南；濟南到青島，是在白天，只能坐硬板兒。

抵達青島，部隊派車接站。派出車輛，依照來客身份而等級各別。王蒙，乘坐的是豪華進口轎車。蔣子龍，坐的是國產轎車。江蘇溧水縣的惲建新是縣文化館副館長，相當於副科級，可以乘坐吉普車。而我，只是刊物的普通編輯，既無職務、也無職稱，相當於科員，那麼對不起，只能乘坐大客車。

最令人不解的是，只有三個作家抵達車站，三個人乘坐一輛轎車不成嗎？不成。這違反部隊的規定。比如我到達青島的當天，與天津蔣子龍同時出站。蔣子龍乘坐國產轎車飛馳而去，而我則一個人享受了空蕩蕩一輛四十座的大客車。

打江山、鬧革命，工農翻身做主人，話猶在耳，餘音繞樑。人民是國家的主人，這樣的話語早已空殼化。

森嚴的等級、不同的待遇，將任何美好的憧憬擊為齏粉。

部隊的等級森嚴、條令嚴格，或者有其特殊性。那麼地方呢？國家官員，號稱「人民公僕」，一定級別就可以享用相當級別的轎車，這樣的規定有多少合理性？公僕們的主人即人民，又是否答應？

——當年，我還年輕。困惑著年輕張石山的問題，今天依然困惑著行將步入老年的張石山。

2.單間待遇

出站獨自乘坐了大客車，讓人覺得彆扭。但到了潛艇學校，我卻住上了單間。不過住上單間，享受特殊待遇，並不是誰的照顧，而是因為我的呼嚕。

我睡覺有時打呼嚕。打得不好，馬馬虎虎，時好時壞，水平不穩定。不累，一般打打；累了，分貝升級，至少相當一輛摩托；累極了，則地動山搖。一次出差，一個朋友和我同居一室，做夢夢到有人發動摩托；摩托是個壞摩托，幾個鐘頭都開不走。一次，我在列車臥鋪打呼嚕，列車只要到站，所有旅客都會從鋪位探頭出來：不知那邊發生了什麼事情，到底是獅子發怒還是開了電鋸。

青島筆會，從太原到濟南，一夜無話；濟南到青島，硬板坐了九個小時。當晚，我的呼嚕就達到王蒙乘坐的「專機級別」。會上，本來安排我與京夫同一個房間，老兄半夜逃了出去，後半夜在走廊上踱步構思小說。

3.鐵凝的發現

睡覺是單間，就餐在食堂。伙食水平相當高，作者與編輯人員一共兩桌，每桌每餐不少於八道菜。間或可以喝到青島啤酒。而差不多每天晚飯後都有舞會，以活躍氣氛。我的交誼舞水平，更大幅提高，可以當掃除舞盲的教練。上海王小鷹、河北鐵凝，還有編輯部的周曉紅等女士，一時間都成了配合默契的舞伴。其中，鐵凝年方二十有五，成為我的首選舞伴。比方，我邀請王小鷹跳第一支曲子，小鷹總是要推讓的：「你應該先請你的小鐵凝呀！」

跳舞跳出感情，細心的鐵凝就發現了一個問題。兩桌飯，女士們集中的一桌，會剩下許多菜，而男士們的桌上總是如狗舔過盤子一般。鐵凝、王小鷹就招呼我：「石山兄，你到我們這兒來吃飯呀！」

女士盛情邀請，我也不謙讓。一頓午餐，僅僅一頓午餐吃罷，鐵凝就立即有了新的發現：「天哪！我可是知道了，那個桌子上為什麼天天都把菜吃光！」

4.「呀！一隻蒼蠅！」

周曉紅的父親，是海軍副司令那樣級別的軍隊幹部。好比《人民文學》全國發獎會能夠進駐京西賓館，是動用了編輯部一位女編輯的軍隊關係；《青年文學》在青島召開筆會，由潛艇學校負責全盤接待，則是周曉紅的關係。

會間，安排大家到海軍現役部隊去參觀潛艇。潛艇裏邊空間狹小，軍官士兵的鋪位如何安排？魚雷怎樣裝填發射、在潛艇遭受重創之後大家如何從魚雷管逃生？艇上教官講解甚悉。至少我是增加了不少新的知識。

教官正講得投入、大家正聽得專注，王小鷹突然看見艇內有昆蟲飛舞。於是驚呼起來，當然是阿拉上海方言：「呀！一隻蒼蠅！」

後來許多年，青島筆會與會者、乃至別的作家，說起王小鷹，都會提起那隻蒼蠅。

5.上等華人

青島筆會，王蒙乘飛機在空中視察一番，好像都沒有落地。蔣子龍和張抗抗，因為還要去趕人民文學出版社的廬山筆會，也只是在青島稍作逗留就離去了。參加這兒的筆會一直到底的，有陝西作家老相識京夫和鄒志安，文講所五期的高爾品、王梓夫，山東作家張煒，女作家鐵凝和王小鷹等諸位。

王小鷹也是老三屆。當時已成家，丈夫遠赴美國留學。那個留學生會不會不再回來？他在美國會不會另有新歡？大家總拿這樣的話題逗王小鷹，上海女作家卻心理承受能力極差，往往認真起來，眼淚汪汪的。

小倆口怎樣聯繫維繫感情呢？除了寫信，還會通電話。打電話，越洋電話，話費不貴嗎？王小鷹隨便答道：「沒有關係的，我們每次通話都是錄了音的！」

按說，這也正常。但一旁的京夫就受了刺激，忿忿地詛咒開來：「上等華人！上等華人！」

京夫如此講話，或許也是正常的吧。但一個人總是難以擺脫「下等人」的心理，恐怕也不能斷然肯定就是具備了大眾情懷和平民意識。

6.靈山感慨

筆會上，還安排大家到一個海島去遊覽。靈山島，面積不足兩平方公里，島上的制高點，海拔不過幾百公尺。但這個小島是我國黃海海域一座最大的近海島嶼，島上有駐軍，設有一個雷達站。

大家登山參觀雷達站的途中，山坡上發現了盛開的山丹丹。一叢一叢，火苗一般。有幾個男士採了鮮花，爭先恐後地全部獻給了女編輯高曉紅。鐵凝在一旁，眼睛都要直了。獻花者之一、北京的張曉東竟然還要說：「瞧瞧，鐵凝的眼珠子都快蹦出來啦！」

北京家這叫幹什麼？討好編輯更有用嗎？你討好女編輯，也不可以刺激女作者呀！我即刻跑上山坡，特別為鐵凝採來了一束山丹丹。當時，山西家一派豪俠，柔情好似海水之蔚藍，自以為稱得起是真正的紳士。

6月份，正是間苗節令，島上的農民在田間勞作。但勞動力主要是婦女，男丁們都下海打漁去了。和婦女們打交道，特別是和農村婦女交往，是我的長項。我走進田間，和一個韓石山最欣賞的年齡段的女人，所謂的「少婦」，攀談一回。那少婦相當好客，領我上她們家去喝茶。她的娘家是大陸上的，在偶然的機會裏認識了島上的一個漁民後生，兩人就相愛了。住在島上，生活艱苦、交通不便，最嚴重的是缺水。但那少婦無怨無悔，說起她的丈夫，眼神柔柔的。啊！愛情無處不在，而且總是那樣神奇。

7.快艇趣事

遊覽靈山島，往來都是乘坐部隊的快艇。快艇速度達到四十節，時速大約七十公里。而海上波濤起伏，巨浪如山，快艇極為顛簸。於是，有人暈船。反應最嚴重的是安徽的高爾品。

高爾品，「黃埔」五期，自視頗高。個頭不大，肚子不小；兩隻眼睛溜圓，說句玩笑話，仁兄活脫像一隻成精的青蛙。褲帶尋常要掉下來，所以雙手總是不停地在肚皮那裏揪著褲腰。誇誇其談間，手之舞之的，急忙又去揪褲子，樣子十分滑稽。以他為首，王梓夫配合了，整個會議期間「承包」了高曉紅似的。張曉東給高曉紅獻花，也沒有撼動承包者的地位。

快艇顛簸中，大家多數在甲板上體驗「生死時速」，那種快感不亞於李白之「輕舟已過萬重山」。高爾品卻在倉房裏大肆嘔吐開來。小眼發直，臉色煞白。海軍戰士急忙進來收拾嘔吐物，人民戰士為人民。不料久經考驗的人民戰士，面對嘔吐物，也實在受不住啦！陪同作家先生比賽似的一道嘔吐起來……

8.《哦，香雪》

青島筆會期間，鐵凝寫出了她的全國獲獎的成名作短篇小說〈哦，香雪〉。會後，她又發表了更加成熟的中篇力作〈沒有鈕扣的紅襯衫〉。

鐵凝，從此成為著名的鐵凝。

一次筆會，假如能夠成就一名作家，那筆會就算大有收穫了。

河北鐵凝成名之際，山東張煒奮起直追。

作家們或者應該記得《青年文學》主編、編輯家陳浩增。

陳浩增前幾年退休了。想起青島筆會，他也該是欣慰的吧。

——《青年文學》編輯部還有一位編輯參加了會議。其人馬未都，後來棄文從商，進入古董行。早先寫過《馬說瓷器》，在行內成為大師級的人物。北京國家級的古董拍賣會，尋常會請馬未都來當顧問。

隔行如隔山。在那個行當，人們不把作家當回事。但我以為，曾經從事文學、具備文學眼光，一定有助於他成為一名出色的古董商。

二、西安，與會諸公

青島筆會期間，我幾乎天天到海濱游泳。我的游泳水平，不亞於跳舞的水平。筆會報到後第二天，6月4日下水。當地人都覺得水溫太低、下水太早。游泳鍛鍊將近一個月，身體倍兒棒、吃飯倍兒香。

9月份，又接到中國作協西安筆會的通知。

西安筆會，全稱應該是「華北西北青年作家代表會」。我們山西出席會議的，是成一和我兩人。此前，太原師專舉辦大型的文學講座，主講人也是成一和我。自從我倆全國獲獎，出席各種會議的機會眼見多了起來。

中國作協為什麼召開這樣一個會議？當然大有背景。

自改革開放以來，國門大開，密封罐頭揭開了蓋子。單單引進科學技術，而將西方意識形態拒之門外，只是一些人的願望。西方的各種思潮包括文藝思潮，疊合湧入。薩特和卡繆，佛洛伊德和尼采，不分先後、無論次序，通過各種渠道，紛紛介紹到中國來。現代派和意識流，在我國中青年作家的創作中，開始露頭。

中國作協召開上述會議，其主旨就是要抵制現代派。會址選在西安，與會代表集中於華北、西北地方，也都大有講究。他們認為，這些地區相對封閉保守，這兒的作家老實土氣，自然會抵制現代派。好比後來的媒體，但凡要舉出什麼保守落後的例子，都要真真假假地如此開場：「山西一位老大爺這樣認為」。

出席代表會的成員，有北京的母國政和凌力，河北的鐵凝和張學夢，天津的吳若增，內蒙的汪哲成和溫小鈺夫婦，寧夏的馬志忠，甘肅的張武和匡文立，青海的王文廬和劉文琦等等。陝西文聯是地主，出席者就更多一些。有賈平凹、路遙、京夫、鄒志安、王蓬等青年作家，還有胡采和王汶石等老作家。

中國作協方面，則有唐達成、葛洛、李清泉等領導出席。我省馬烽、孫謙二老要去峨嵋電影製片廠改稿，路經西安，也出席了會議，並且做了即席發言。

代表會人數不少，規格夠高。會址在張學良當年駐紮西安的公館，也算豪華；會議活動安排了參觀兵馬俑、貴妃池、古人類半坡遺址、乾陵和霍去病墓，遊覽內容豐富；然後還乘飛機赴革命聖地延安參觀，棗園楊家嶺、延河寶塔山，教育意義重大。

而不論意義多麼重要、規格如何高級的會議，我都比較率性。對於領導的講話指示，一般不那麼當回事兒。文學創作，是絕對個體的行為。寫作程度的提高，有賴自身的天賦和悟性，離不開自身生活積累的厚度和思想探索的深度。我不相信誰誰指導、教導、輔導一番，就能繁榮了創作。參加全國性的會議，對我而言，主要是提供了認識許多新朋友的機會。

西安會議，晚間照樣舉辦舞會。鐵凝是我熟悉的舞伴，自然是配合默契。青海弟兄王文瀘不會跳舞，但熱心地支持舞會，還主動幫我修剪了鬍鬚。寧夏的回族作家馬志忠，跳舞也跳得相當好，屬於老派風格，莊重、沉穩，對我的探戈舞姿還提出過寶貴意見。

團欒旋轉，跳舞甚歡。跳到半夜，回房見到成一，我的心中便不免有些歉疚：只顧自己玩樂，將老兄獨自留在房間。不料，成一卻是喜靜不喜動，一個人靜靜待著，覺得十分愜意。

陝西幾位哥們，大都不會跳舞。

1.路遙

路遙，以電影《人生》知名海內。性格豪爽，是陝北出生的粗豪大漢。抽煙、喝酒，質樸率真。或者是距離越遠，越有引力，和我相當投合。會上互相遞煙，席間不斷碰杯。反之，也許距離越近，則越容易產生推斥力，路遙對他們省的個別作家便沒有什麼好評價。他說：「陝南那地方的人，小氣！住在三樓，路過一樓、二樓，就是樓道裏的蜂窩煤，說不定也撈摸兩疙瘩！」

後來，1991年，我路過西安，專門上家拜訪過路遙。不巧未遇。聽他夫人說，路遙長年把自己封閉在陝北老家，正在寫他的巨著《平凡的世界》。四十歲，頭髮已經全部白了！當時，我的心裏不知什麼滋味。當然，對於同時代人獻身文學的精神，敬佩有加。可是，這樣寫作，不是和鄭義一樣，屬於笨拙型作家嗎？老弟，那樣辛苦，是會要人性命的呀！

2.鄒志安

鄒志安，屬於關中地區的作家。受長安文化薰染，比較深沉、含而不露。青島筆會時我們就認識了。他喜歡看手相，尤其喜歡給女作家們看手相。往往抓住女孩子的手掌，反覆摩挲端詳。老兄說：「張石山，你會跳舞，摟著女人不放；我呢，會看手相，這叫抓住女人不放。」

——可惜天不假年，路遙和鄒志安兩位同道，不幸英年早逝。

媒體各界，歷年以來驚呼，中年知識份子和科技人員積勞成疾、英年早逝的問題。人文知識份子往往被排除在外，沒有得到應有的重視。彷彿他們幹的不是關乎國計民生的事業，人文精神的建造，彷彿不是關乎人類未來的事業。

3.賈平凹

賈平凹和路遙年歲相當，一個老初一、一個老初三，也算老三屆。平凹，本來是小名平娃；那個凹字，是方言，包括我們小時讀書都念「窪」的音。

賈平凹是陝南商洛一帶人。白淨、秀氣，極其聰明，少年老成的樣子。公眾場合從來不肯出頭，謙虛謹慎，並且帶著幾分靦腆。他也抽煙，但好像自己不帶煙，從來不曾見他給誰讓過一支煙；大家聚談的場合，會伸手出來，手心朝天，幾分羞澀地說：「給咱們也抽上一根吧！」

聽西安的朋友講，外面有客人來，記者、責編什麼的，賈平凹也請客。請客去吃西安街攤上的小吃，葫蘆頭之類。所謂的葫蘆頭，就是豬大腸末端的直腸頭兒。一塊錢一份，主人、客人一共兩塊錢。假如客人竟然另外帶來什麼同事，賈平凹就絕對捨不得出三塊錢。他在衣兜裹拈弄半天，掏出一塊錢來，單單為自己付費。面不改色地說：「哎呀，我就帶了一塊錢！」

賈平凹如此請客的招數，自有他的道理。請你吃飯，不管葫蘆頭還是羊肉泡饃，貴賤是個禮數。不曾通告主人，另外帶人來，不合乎約定，是你先失禮了。你帶來的客人，只好你招待，哪怕你們吃鮑魚哩！至於你本人，花不到我的一塊錢，是一點小小懲戒。

後來，西安作家群時新下圍棋，賈平凹也學會了。大家下棋，有時帶點彩頭。一塊錢的輸贏，小有刺激罷了。平娃若輸掉一塊錢，那可不得了！浪費了時間還要失血，不幹！一定要再來一局。彩頭呢，得升到兩塊。以便奪回損失，並且有所收穫。對方故意認真起來，說是怕平娃賴帳，堅決要求他把一塊錢拿出來，擺在桌子上。一塊又兩塊，一共是三塊。這時，假如正好樓下有人呼叫：「平娃，平娃！」，好個賈平凹，有了機會脫身，會搶劫似的一把將三塊錢擼到手裏，然後跑反一般地逃下樓去。

全國知名大作家，西安賈平凹、天津馮驥才，哪個作家比他倆更有錢呢？這二位，一個一米九，一個一米六，一個比一個小氣吝嗇。據說，蔣子龍請客，請馮驥才出面陪同，剛剛開飯，大馮會提前揀兩籠屜天津包子裝了塑膠袋。並且振振有詞：「反正最後也要剩下，不如趁早！」

或曰，這是作家個性的彰顯。也許，倒是一種童年記憶，成了病態痼疾。比如作家莫言，小時在農村，扒在窗戶上看村幹部們吃紅燒肉的記憶極為深刻痛烈。所以，他後來就狠命吃紅燒肉；吃得反胃嘔吐，然後還吃！

而在幾乎任何場合裏，賈平凹都帶著一個本子，不停地寫呀寫的。他寫小說，向來是要打草稿的。他在本子上，絕不是記錄什麼首長發言，而是寫小說。他不能在這兒浪費寶貴時間聽什麼廢話連篇，他真正有點「時不空過、路不空行」的風範哩！

4.吳若增

會上討論，大家自由發言，天津的吳若增喜歡誇誇其談。語言風格有點他的成名作〈翡翠煙嘴〉的味道，幽默機智，機智更勝於幽默。

5.張學夢

會下閒聊，二、三同志無所不談，河北唐山的張學夢不愧是詩人，在參觀延安的時候，80年代初期的老區，貧窮破敗，詩人吟道：「啊！嬰兒長大，將繈褓扔在了山溝！」

這樣的詩句是不能公開發表的，所以給我留下了極其深刻的記憶。

6.王汶石

西安會議期間，我的中篇力作〈老一輩人〉在《山西文學》以頭條發表。這部中篇當即被《中篇小說選刊》轉載，並且幾乎獲取當年的全國中篇小說獎。

而在作品發表的第一時間，我將刊物帶到會上，陝西省的前輩作家王汶石先生看了，極為欣賞。他在不久後，給我寫來了三千字的一封長信。毛筆小楷，工整秀麗；對〈老一輩人〉給予了眼光獨到的熱情評價。

李國濤老師看了王汶石先生的信件，當做評論文章，在我們刊物及時登載發表。

王汶石老師，祖籍山西萬榮，文革前被周揚稱作「短篇聖手」，與趙樹理等著名作家一道，榮列全國文學創作「十桿旗」之一。他能那樣關心、鼓勵一個外省青年作家，令我由衷感激，永誌不忘。

後來，聽說王老師患病，是哮喘。我託人給他捎去一包中藥山萸，聊表寸心罷了。王老師竟又給我捎來一幅他侄子畫家滿粟的作品，是國畫人物寫意。題詞曰：「花非花，霧非霧；夜半來，天明去……」

這幅國畫裱了框，掛在我家客廳裏。

三、話說唐達成

大致介紹過與會的作家們，回頭我得重點說說唐達成。

唐達成，老唐，應該說我先前就認識。在我初初調進南華門的時候，陳為人曾經向我介紹過老唐。鼓吹備至、崇拜至極，說一定要帶我去認識一下這位名人。據說，剛剛粉碎四人幫，右派平反解放之際，省作協方面曾經有過動議，要請老唐來這兒工作。老馬先前就盡可能地幫助過老唐，此刻又有如此美意，老唐自無不從。但不久，唐達成接到中國作協落實政策的通知，要他回北京，回中國作協。所以，我和陳為人去拜會老唐，他已經是今非昔比。可以說，正是要脫出牢籠、重新振翼藍天的時節。

在太鋼一處簡陋的平房宿舍裏，唐達成春風得意。面色不錯，神采奕奕的。他的夫人，在我市的話劇團當演員，此刻寒窯十八載熬出了頭，嘴裏哼著歡快調子、走路踩著臺步。況且地上已是箱子和包裹，一副立即動身的樣子。老唐的心早已不在山西，更沒有接待一個小編輯的情緒。算是見面認識過，但也絕對僅此而已。

唐達成回到北京，立即遇到一個決定一生的機會。上面正要組織文章批判白樺的《苦戀》，是中央書記處那樣級別的機構下達的指示。唐達成幹不幹？經過相當激烈的思想鬥爭，老唐決定服從上級的指示，接受了這一任務。

那麼，白樺怎麼了？他的中篇小說《苦戀》又怎麼了？為什麼要遭到批判？接下來，我當盡我所能，就我的了解，以期能將這件相對複雜的事情分說清楚。

粉碎四人幫之後，華國鋒成為黨中央主席，葉劍英是副主席。葉帥曾經說過的話，國人皆知：「華主席年輕，身體好，能夠領導我們到下個世紀！」

華國鋒在臺上，主要幹了兩件事。

一件，是所謂的「小躍進」。相對於1958年的「大躍進」，規模小一些，但浪費驚人。屬於衝動蠻幹，違背經濟發展規律。

一件，是「兩個凡是」。凡是毛澤東說過的、決定過的，不能更易。兩個凡是的實質，就是阻撓鄧小平先生出來工作。而在當時，鄧小平復出的呼聲極高。老百姓都急了，有民謠到處傳播，這樣說道：「人生七十古來稀，小平已經十個七。出來出來快出來，八億人民等不及！」

在中國作協主辦的《詩刊》上，也刊載了觀看電影《甲午海戰》之後的詩作。借鼓吹鄧世昌來暗指鄧小平，詩中有「萬眾歡呼鄧大人」的句子。

為了鄧小平的復出，眾所周知，胡耀邦做了大量工作。工作之一，就是組織作家、理論家書寫文章作品，一定要批倒「兩個凡是」。否則，鄧小平就不可能復出，中國的前途不堪設想。

與理論界關於真理標準的討論同步，小說界有中篇小說《苦戀》應運而生。《苦戀》的作者白樺，也曾經被打成右派。中國的改革派政治家，大膽起用曾經受過極左路線迫害的一些右派作家，為了一個共同的目標：右派作家、唯改革派政治家的馬首是瞻。甘願衝鋒陷陣，九死無悔。因為中國的命運，就是人民的、民族的命運，也是所有知識份子，包括右派知識份子的命運。

《苦戀》發表後，緊鑼密鼓著手改編電影；作為傳媒手段，電影的覆蓋率不知要超過小說多少倍。而且，電影更名為《太陽和人》。太陽，暗指毛澤東；而太陽也有黑子，偉大領袖也難免有缺點與錯誤。從小說到電影，這樣的更名，用意不言自明。如果說，毛澤東也會犯錯誤，特別是在他晚年犯了發動文化大革命這樣巨大的錯誤，那麼，「兩個凡是」將受到致命的打擊，乃至被徹底摧毀。

但電影《太陽和人》還在緊急拍攝中，僅僅一個關於真理標準的討論，就將「兩個凡是」批倒。華國鋒下臺，鄧小平復出。

鄧小平復出不久，《太陽和人》拍攝完成。鄧小平等中央領導審看了這部電影。長影製片廠的廠長陪同觀看。小平同志面無表情，一言不發。據知情者說，廠長在一旁殷殷言語道：「耀邦同志看了說好！」鄧小平斷然回答：「好個屁！」然後，拂袖而去。

中國最偉大的政治家之一，我們的小平同志已經復出，他已經縝密考慮過了，準備提出「堅持四項基本原則」。毛澤東儘管有錯誤，但要三七開。對於黨和國家的締造者，絕不容許作過度批判和徹底否定。

對於《太陽和人》而言，形勢急轉直下。電影不能公映，而且要受到批評乃至批判。文藝界的同志，為改革開放大聲疾呼、衝鋒陷陣的若干作家，包括《苦戀》的作者、《太陽和人》的編劇白樺，要如何轉過這個彎子呢？

——正是在我赴京領獎的時候，會間中國作協的有關領導「非正式地」傳達了胡耀邦同志的指示。耀邦同志說：「蘇聯批倒史達林，還有一個列寧。我們只有一個毛主席呀！」

批判《太陽和人》，已成定局，勢在必行。

要批判《太陽和人》，但電影卻並未公映。於是，只好兜個圈子，轉而批判原著——白樺的小說《苦戀》。

批判《苦戀》的任務，偶然地也是歷史性地落到了唐達成的頭上。

當時，署名的作者有兩人，唐因和唐達成，所謂的「二唐」。中宣部召開的會議上，馬烽是推薦二唐擔任寫作任務的人之一。

批判文章，曾經八易其稿。不僅張光年、周揚多次提出修改意見，胡耀邦包括鄧小平，總書記和總設計師也都有過批示、加注過修改意見。

批判文章，是那樣重要的一篇文章；批判《苦戀》，是那樣隆重的一件大事。至於批判文章如何立意結構、把握分寸，怎樣言之有據、能夠自圓其說，在此不予贅述。對唐達成而言，其直接效應就是立功受獎，隨後不久被中央書記處一舉任命為中國作協黨組書記。右派老唐，曾經居住在太鋼簡陋宿舍、度日如年的老唐，時來運轉，一步登天。

西安筆會，就是在唐達成上臺之後不久召開的。會議的主旨則是批判現代派。

唐達成在主席臺上指手劃腳，言辭鋒銳，侃侃而談。將現代派描繪成了洪水猛獸，必欲打之除之而後快。

比起批判《苦戀》，主要著眼於政治因素；批判現代派，則著眼於藝術角度。不僅僅是在「寫什麼」方面設立標準，而是要在「怎麼寫」方面進行干涉。

成一，南開大學中文系畢業生；他的校友吳若增，南開大學經濟系畢業生；包括張石山，太原三中高中畢業生；對於唐達成的講話目的，洞若觀火；對於所謂的現代派，有屬於我們自己的看法。

我們會下隨便聊聊，看法比較一致：現代派究竟是個什麼東西？中國作家還沒有看到全貌。即便有若干作家願意效仿現代派，最終能夠消化、吸收到什麼程度，眼下根本看不出來。老唐是樹起了一個並不存在的靶子，將那靶子描繪得極其可怖，然後痛批、痛打，真有些滑稽。

我原本對唐達成就了解不深，西安會議上看了他的表現，覺得他已經不是他自己，他說的根本不是他要說的。我對其人就更加不得了解了。

——西安會議後，陳為人向我認真轉述過老唐對我的作品評價。老唐說：「張石山的〈钁柄韓寶山〉相當好；後來發表的〈盜墓者與令狐〉就不好。」聽了這樣的意見，當時我一笑了之。

〈盜墓者與令狐〉多少有一點所謂現代派的意味，但也僅止是手法上的借鑒罷了。一個青年作家，嘗試各種流派的寫法，以期兼收並蓄，實在應該是一件好事，應該受到大力表揚。

對此，許道明先生在他的《中國現代文學批評史新編》中說得好：批判《苦戀》，「表達了政治權威嚴峻的立場，並且也為政治——文學『一體化』開闢了道路」。

唐達成風光無限之際，正是陷入良知譴責的無窮苦惱之時。

第十三章　省內筆會

事實證明，舉辦筆會是一個好辦法。作家和編輯能夠增進了解，作家之間能夠經過碰撞、交流而得到某種啟發。

省作協在西戎當政的時代，作協的機關刊物《山西文學》在李國濤主持的時代，曾經舉辦過幾次省內筆會。包括地市基層文聯，也都舉辦過相應規模的筆會。這些筆會，無疑為繁榮我省文學創作、培養提高本省作者，起了巨大作用。

當然，作家從來就不可能批量生產。一次筆會，能夠冒出、或者最終能夠有助於成就一個作家，則功莫大焉。

一、臨汾，再會韓石山

韓石山於文講所結業歸來，依然回到臨汾地區汾西縣。我既然分管臨汾地區的稿件，事實上就一直是他的責任編輯。

關於他去讀文講所，成一曾透露過這樣一個內幕。中國作協給山西方面下達的指標，原本是給成一的。這完全有可能，成一是我省第一位獲取了全國獎的青年作家。但山西作協的幾位老作家研究認為：從文字筆調上看，韓石山更加靠近山藥蛋派的風格。於是，決定將這個寶貴機會首先給予韓石山。這也完全有可能。縣官不如現管，這種現象隨處都在發生。

韓石山讀文講所期間，寫來了〈刁富貴草案〉。回到汾西不久，有更加優秀的短篇〈三白瓜〉寄來。刊物及時編發，位置顯要。

在此前後，這位老兄身上有兩件重大事件發生。

一件，是已經享受到了近於專業作家的待遇。岡夫王老出面，老作家們努力，終於爭取回十個專業作家的編制。在此之前，作協共有六個這樣的編制，是文壇五老等佔用。後來的十個編制，直到

1986年才全部正式啟用。但我說老韓享受到「近於專業作家待遇」，也沒有錯。

當時，馬烽因為曾經在原平掛職，與忻州地區以及原平縣委打了招呼，希望縣裏不再給成一安排具體工作，而讓他專門從事文學創作。而晉南是老西故鄉，西老師則為韓石山做了類似的安排。他不再在山區小學任教，而是到汾西縣城關公社掛職副主任，不必具體管什麼工作，主要從事創作。

讓一個青年作家不必幹具體工作，而是主要從事寫作，那還不就是「近於專業作家待遇」。前輩作家為培養後輩，真是不遺餘力。成一和韓石山優先得到如此待遇，令我和李銳等極其羨慕。

更值得一說的是，老韓就任公社副主任，終於及時將老婆、孩子辦成了城鎮戶口。農民變成市民，所謂「農轉非」，簡直比封建時代的樂戶歌妓「脫籍」還要困難！老韓透過寫作成名，最終使全家脫去「農皮」，說是「書中自有黃金屋」亦不為過。作為同代人，他從此解決了後顧之憂，大家聽說了，都由衷地為他高興！

老韓身上的另一重大事件，則與創作本身有關。那時，《山西青年》的發行份數頗高，在全國頗具影響力。韓石山目光如炬，看中了這一資源，一舉將估計會引發爭議的〈靜夜〉發表於這家刊物上。

〈靜夜〉果然引發了巨大爭議。

韓石山的文學境界，我以為不比我低。我們當然有思想，對社會有強烈的責任感；但具體到文學創作，一般並不搞直白呼喊、淺薄圖解。政治問題、體制問題，都是問題；而要解決這些問題，往往不是小說的任務。或曰，小說不足以承載這樣重大的責任。小說，畢竟是小說。

小說引發爭議，也應該是在小說本身的「題中應有之意」方面進行爭論。關乎藝術、關乎語言、關乎典型人物、關乎主題立意等等。

〈靜夜〉引發那樣大的爭議，或許也出乎老韓最初的預料。

至於爭議云云，向來是一柄雙刃劍。文壇本是名利場，作家混跡文壇，最看重的莫過知名度。某種意義上，作家巴不得能夠「撈到」盡可能多的爭議。然而，爭議太過，彷彿刀山劍樹，根基不強者又往往消受不起。〈歌德與缺德〉的作者，後來不就消失了嗎？

〈靜夜〉，卻最初成就了韓石山。此公如今成為酷評家，經常罵人、也不斷挨罵，而能氣定神閒、從容應付，與〈靜夜〉最初引發爭議、接受磨練，絕對大有關係。

當然，〈靜夜〉引發爭議的意義不僅如此。這篇小說所以引發爭議，不是因為干涉政治，而是因為涉及到倫理道德。它比一般所謂的爭議作品，其文學的觸角所探測的深度，不可以道里計。韓兄後來的「少婦論」，少婦論主導之下的代表作〈磨盤莊〉，都可以看作是〈靜夜〉的生發和濫觴。

臨汾地區文聯召開筆會，韓石山當所當然地成為出席會議的首選作家。

這次筆會，有個契機。就是謝俊傑先生榮任了地區文聯主席，文聯工作開了新生面。

臨汾文聯，不過是一級地區文聯；但和省文聯、省作協關係向來緊密。新任文聯主席謝俊傑，從十幾歲上就得到老馬、老西等前輩作家的悉心栽培。文革中，老馬他們被打成反動文人、文藝黑幫，在機關被強迫勞動燒鍋爐的艱難歲月，謝俊傑曾經冒險到鍋爐房看望過幾位老前輩。當時當地，如此舉動，曾經異常感動過落難的老作家們。不僅如此，臨汾地區走出了叢維熙、走出了李銳、走出了韓石山、走出了張平等等。臨汾文聯對我省文壇做出的貢獻，應該給予充分肯定。

在我擔任責編的時代，臨汾地區的文學形勢相當之好。校址在臨汾的山西師院，學生們的創作勢頭似乎比地處省會太原的山西大學還要強勁。這兒先是冒出過〈有福老漢〉的作者張發和秦溱，接著冒出來了高芸香和張平等等。特別是張平，其處女作〈祭妻〉生活功底扎實、情感極其淒婉濃烈。在我刊發表了頭條，引發多方好評。

——我想，我作為一個責編，作用實在有限。我只是不曾埋沒好稿，沒有委屈人才罷了。山西師大的老師們、地區文聯的同行們，比我付出過更多培養作者的辛勤勞動。

儘管如此，那次筆會將韓石山列為首席作家的同時，也將張石山奉為座上貴客。兩座石山再次會面，已是今非昔比。事業有所小成，氣度初顯不凡。飲酒聚餐，難免話語交鋒，鐵嘴遇著鋼牙，不分伯仲；會上發言，爭相賣弄胸中本事，各勝擅場。

謝俊傑掌管文聯，當時調進了一個能人郭靈聲擔任秘書長。臨汾筆會，可以說是新任文聯主席領導下的新任秘書長的「處子秀」。筆會的居住條件與京西賓館故是不能同日而語，但接待規格之高級、日程安排之遂心，則無以復加。

除了會議大餐，郭靈聲特別動員了他的兩個老同學舉辦家宴，讓兩個石山體會民間待客的家庭氛圍。一位同學易永安，老母親操刀下廚；一位同學周建成，漂亮的夫人把盞陪客。

除了會議日程安排所有與會者參觀臨汾堯廟、洪洞大槐樹、蘇三監獄、廣勝寺飛虹塔等等之外，晚間，兩個石山還秘密欣賞到了「家庭錄影」。

——有關部門掃黃，掃了二十多年；所謂黃色錄影，始而高幹子弟繼而普通百姓、始而城市繼而鄉村，覆蓋蔓延。在過度性壓抑的中國，黃色錄影也是一柄雙刃劍，在誘發個別犯罪的同時，起了普及性教育的極大作用。

會上發言，介紹創作經驗，我和韓石山彷彿故意編排似的唱了一齣對臺戲。

我抵達臨汾的前一天，老韓講課。創作經驗一條，強調創作的心境。「旁邊有人打架，打破腦袋，與你無關；你走你的路，構思你的小說，回家寫作。」

我早上到臨汾，上午講課。也有創作經驗一條，強調做人與為文的一致。「我是小有名氣的作家，但社會上的朋友，雞鳴狗盜之徒，宿舍被人強佔，前來找我，那是看得起老朋友。我怎麼辦？挽起袖子，揮舞钁柄、鍬把，幫朋友將房子搶回來！」

這不是故意頂牛、成心唱對臺戲嗎？與會習作者一時懵懂，無所適從。甚至出現了擁韓派和擁張派。兩派吵得不可開交。

其實，創作經驗云云，哪裏能夠放之四海而皆準。語境不同，強調重點不同，我們在自說自話；聽者須得有心，所謂運用之妙、存乎一心。

我和韓石山最初見面，是在南華門的簡陋平房招待所。文學創作剛剛起步，誰都不知道日後自己會怎麼樣。兩人彷彿馬路上的行人，撞了肩膀，然後各自走開。

臨汾筆會，再度相逢。當時沒有說出、但我心中已經有了一個朦朧而強烈的預感：我們現在都還在半坡上，拖家帶口，負重攀登；在更高的海拔，我們一定還會重逢。

二、大同，認識柯雲路

大約是在1982年初冬，亦即中國作協西安會議之後不久，我們山西作協在大同召開了一次筆會。筆會規模盛大，與會的作者數量不少。而且，這次筆會冠之以「城市工礦題材創作會」，意義就更其不凡。在我的記憶中，那是我省作協在新時期以來舉辦的首次全省規模的筆會。

山西的文學創作，老一輩作家樹立的山藥蛋派的大旗，在中國文壇迎風飄揚。後起的作家，相當部分也以寫作農村題材見長。能夠注意到書寫城市生活、工礦題材的作者群體，肯於召開這樣一個專門筆會，足見作協領導和機關刊物的胸懷與器度。

大同是山西第二大城市，是世界著名的煤城。這裏，有個焦祖堯，五十年代發表作品，是我省老一輩作家之後，所謂第二代作家群中的佼佼者。以他為首，這兒集中了不少寫作煤礦題材的作者。

本省這次創作會，選在大同召開，自然有上述原因。

不過更重要的是，之所以召開這樣一個創作會，是因為新時期以來，我省湧現出了相當數量的寫作非農村題材的青年習作者。參加筆會的，有太原蔣韻、徐捷、何力力、徐學波等，有榆次柯雲路夫婦，臨汾賀小虎，晉中毛守仁，有大同的焦祖堯、程琪、張枚同夫婦、王祥夫、馬立中、王巨臺、以及詩人秦嶺等。當時的雁北地區、如今的朔州市，則來了一位在神頭電廠工作的鍾道新。套用一句老話，堪稱「群賢畢至、少長咸集」。

會間，大家參觀了市區附近的雲岡石窟，遊覽了市區內的上下華嚴寺和南寺，還去瞻仰了應縣木塔，登臨了位於北嶽恆山崖壁上的古建珍奇懸空寺。華嚴寺著名的露齒微笑木雕侍女，令人心動；恆山上蜿蜒盤繞的內外長城和蹲踞兀立的烽火臺，發人遐思。

會間，作者和編輯們自由交談，起舞把盞，言笑甚歡。

有一次，看見大家吃飯風捲殘雲的樣子，蔣韻說「：這真是一群饕餮呀！」

這樣的用詞，果然是太原師專畢業生的水平。插隊初中生鍾道新卻是老實，沒有不懂裝懂，當即發問：「饕餮是什麼東西？」

我在一邊說道：「這，正是蔣韻所要達到的效果！」

蔣韻或者不是故意賣弄，所以對我的調侃耿耿於懷。

柯雲路攜夫人羅雪珂從頭到尾參加了筆會。在我的記憶中，柯雲路比較少參加本省文學活動。大同筆會，是首次、幾乎也是唯一的一次，柯雲路和普通作者們相處了較長的時間。在我的印象裏，那也是我和這位仁兄接觸最多的一次。

柯雲路，北京插隊生。北京著名的101中學老高三。本名鮑國路，「柯雲路」是夫妻包括孩子的名字各取一字結合而成，本來是夫妻倆共同的筆名，全國得獎作品〈三千萬〉也是夫妻二人合作完成。但赴北京領獎的時候，雪珂正在給孩子哺乳期間，沒有前往。陰差陽錯，柯雲路就成了天馬行空、獨來獨往的柯雲路。

據說柯雲路曾經坐過監獄，好像是政治犯。但他先是一直待在榆次，後來回了北京，和南華門裏的作家同仁見面稀少；偶然見面呢，也只是寒暄客套、泛泛而談，從來沒有和誰有所深交，也沒有主動講過他的傳奇經歷。

大同筆會，晚間大家有時聚談，不過是閒聊。說笑話、侃段子，誰個會成天講談創作、談藝術呢？

如果說，文學應該首先是人學；那麼，作家應該首先是人。無論我們從事哲學、佛學、美學或者文學，最終目的都離不開人生。哲學家以及文學家，透過他所從事的哲學或者文學，首先應該使自身更加成為人本身。所謂的平易近人，接近人類；而不是相反，被哲學、美學等等學異化，最後反倒變得非人非類。某些作家，寫了豆腐乾那麼大塊的文章、或者竟然是長達數百頁的長篇，就覺得自己高人一等，端了起來，將自己端得很文學、很藝術，很累、很不是人。

那實在不是文學的本意。佛頭著糞，大違我佛妙諦。參研佛法，不僅未能脫出六道輪迴，反倒從餓鬼道墜入畜生道。

且說大家閒聊，柯雲路也會出現在群眾之中。總理深入礦工之中，儘管難免有表演的成分，但那總理首先真的是一位總理。柯雲路的出現，不知怎的，憑空就會帶來一點怪怪的味道。大人物出現似的，好像老百姓的生活場景裏，來了一個進入角色的演員，這演員正扮演著一位大人物。彷彿我們太原市的某位話劇演員，自從扮演了周恩來，左胳膊就殘廢了似的端在胸前，上街買菜也是一口「恩來腔」。

柯雲路偶然到場，就要談藝術。他的講話風格，又缺少一點親切平易。總是一副目空一切、居高臨下的架勢；總是在主語「柯雲路」前面，預加了「偉大作家」這樣的定語。好像隨時準備教導誰，而肯於教導誰實在就是對誰的一種恩賜。語言呢，過份理念而缺乏幽默感，彷彿他的作品風格。結果，「談藝術」就變得有些索然無味。

——柯雲路後來走得太遠，墜落得太深，絕不是偶然的。早在他從事文學創作之初，就已經顯現出某種程度的人格缺陷。他的作品喜歡造神，與之同時，他有神話自我的傾向。正如某些滿口現代詞語、鼓吹平等自由的人物，鼓吹者本身並不真正實踐平等而恰恰喜歡高人一等。

文學作品是一面鏡子。這面鏡子，最先照出的、最能照出的，是作者本人。無論他隱藏多麼深、多麼巧妙；他使用的語言、他塑造的人物、他的傾向性，最終將暴露他自己，完整地活畫出他的性格乃至靈魂。

柯雲路名聲大噪的《新星》，已經多少有些像是這樣的一面鏡子。他在呼喊英雄、他在塑造超人；英雄正義滿懷，超人無所不能。果然有相當的轟動，迷惑了許多普通讀者與觀眾；超人於是在骨子裏更加超人，更加蔑視了芸芸眾生。

眾所周知，柯雲路後來的文學創作走上了與眾不同的道路。在《新星》和《夜與晝》之後，開始涉獵氣功領域，關注人體的特異功能，進而和什麼胡萬林攪和在一起，洗刷不清。

所謂的氣功大師，個別的，本身是那種自大狂、精神病患者，需要人們的追隨崇拜。更多的，則是一些走江湖的騙子，必須使用欺騙愚弄的手段，才能售賣伎倆。改革開放以來，中國的各種傳媒空前發達，原本只能在街頭巷尾行騙的江湖術士，走上更大的講壇、取得更高的地位，欺騙對象百倍增加。

什麼什麼氣功講座的迷戀者，方才會對主講的大師產生一種近乎崇拜的心態；除了那樣的迷戀者，誰會樂意聽那些不著邊際的吹噓乃至胡說呢？沒有眾多的潛在的迷戀者，不會出現那麼多氣功大師。

氣功能夠滅火，甚至能夠撲滅大興安嶺的森林大火。大火為什麼燃燒幾十天？說是中央沒有出面邀請大師。氣功可以遠距離打人，輕輕一推，將人推倒在地；堂堂中央臺，曾經拍攝類似的節目，為氣功大師們義務宣傳。

氣功竟然還能拔牙。那都找的是「托兒」。十個或者五十個大師，一起來發功，假如能夠當場拔掉一匹驢子的牙，我就會相信大師。哪怕稱呼那些大師是我爹。這樣講，大師們，包括柯雲路會說，你沒有慧根，你沒有靈性，你距離他們的境界過於遙遠。孺子不可教也，可教程度在那匹驢子之下。

我一直認為，以柯雲路的性格，他不大會去崇拜什麼人。最可能的倒是他需要有人崇拜，希望別人崇拜。他和那些所謂氣功大師攙和在一起，運用自己的作家名聲和手中的筆，為那些大師張目，不是出於盲目崇拜。而是受了蒙蔽。個人的智商出了問題，落入了江湖騙子的局子裏。

分析他的心態，他後來可能發現上當受騙了，但他缺乏起碼的誠實態度，嚴格地審視自身，三省吾身，承認自己一時糊塗，老虎也有一打盹，而是存在著幻想。幻想果真有特異功能，以便自圓其說；幻想普通老百姓、芸芸眾生智商更低，能夠大家一塊受騙。如此，也好洗去自己的滿面羞慚。所以，他不是運用自身受騙的例子現身說法，為他人解惑；反而替江湖騙子張目，走上為虎作倀的可憐路數。

直到上個世紀末，大約1998年的樣子，柯雲路回到山西太原，還曾經搞過一次大型的氣功表演活動。有請帖發來南華門的巷子裏，作家協會則有黨組領導等等人物前往捧場助興。

我沒有無聊到去聽氣功講座的程度。用柯雲路他們套弄眾人的話說，我屬於那種「沒有慧根」的傢伙。當然，我向來也不需要誰誇獎我有慧根，好乖乖地任誰欺哄、宰割。

在南華門的巷子裏，我碰上了多年不見的柯雲路。大師走下法壇，碰到老熟人，也還熱情。並不是人們說的那樣，在主席臺上手之舞之，瘋魔、巫婆神漢的樣子。他好比一個普通人一樣，和我打招呼，甚至熱情地邀請我和他「談談」。

結果，我沒有應邀和他去「談談」。倒是劈面相逢，我冷眼看去，給他粗粗地相了一面。

他的眼瞳微微有些恍惚，儘管不到「目無定珠」的地步。

柯雲路，走得更遠了。或者說，他在自己堆塑的面具後邊藏匿得更深了。自大狂的反面，就是人格萎縮。在我面前，至少在我面前，我能感覺到他的虛弱；或者說，我看到了他的虛弱。僅僅用沒有底氣的狂妄來支撐架子，這個架子絕不那麼堅實牢固。

大同筆會期間，除了全國發獎會，這是兩個老三屆的第二度會面。可以說，在那個時候，我已經基本拿住了他的脈搏。

一天晚飯後，柯雲路一副深入群眾的樣子，到我們聚談的房間來和大家「談藝術」。人們都有些消受不起的意思，又不知該怎麼謝絕這位大作家來「談藝術」。

於是，我和他來了一個小小的心理遊戲。我算準了，只要我採取一個簡單的行動，必定能夠將柯雲路調度出去。為了驗證我的遊戲，我甚至提前和身邊的何力力等人說明了我的意圖。我突然站起身，特別向柯雲路請示的模樣，說：「你在這兒談藝術，我去你房間和羅雪珂聊聊天，你不會介意吧？」

事情果然如我所料。我離開房間，在走廊上待了不過五分鐘，他就不再「談藝術」，尾隨了出來。

三、雁北，發現鍾道新

相比而言，鍾道新同樣是北京插隊知青，卻完全是另外一種類型。

鍾道新在朔州神頭電廠工作。朔州當時還沒有單列出來成為地級市，仍然劃歸雁北地區管轄。雁北行署也在大同。如此，大同筆會，也可稱作雁北筆會。

從多年後的既成事實看來，那次大同筆會或曰雁北筆會，要說有所重大發現，就是發現了一個鍾道新。

鍾道新，出身於知識份子世家。父親是早年留美博士，老牌電學專家，門生故舊遍天下。兩位兄長都是成名教授。由於文革，鍾家三少沒有念成書，初二水平，插隊山西。但只要是種子，條件成熟就會發芽。農村果然是一片廣闊天地，生活的磨練、於無字句處讀書，最能成就有心人。鍾道新開始投身文學，向《山西文學》投來他最初的習作〈繼承〉。

責任編輯燕治國熱心推薦，刊物主管李國濤慧眼識珠。〈繼承〉得以發表，鍾道新初露頭角。老李的評價是：「這個作者，不唯佔有的生活素材獨特，文筆也有自身的特色。」

大同筆會之後，鍾道新給刊物連續寫來了〈姓趙的山東人〉和〈風燭殘年〉等短篇小說。再後來則是中篇小說〈有錢十萬〉。他的創作風格漸漸成型。他主要著力刻畫那麼一些有知識而高智商的人物，那些人物活動於官場、商界，尤其出沒於高科技領域。

於是，鍾道新找到了全然屬於自己的一片領地，在山藥蛋派的故鄉獨樹一幟。而他竟然能夠在山西這樣的一方水土，打出一片屬於他的天地，他也就等於殺上了中國文壇。

一位作家後來成名；作品風格迥異，涉獵領域獨特。那麼回想當初，他是否的確有些與眾不同？回答應該是肯定的。儘管這多少有點「事後諸葛亮」。

大同筆會，鍾道新剛剛發表一點東西，初初和人家相識，其語言和行為的主要基調是謙虛謹慎。這相當正常。但他的表現不僅如此。猶如他的創作風格，在〈姓趙的山東人〉中已經看出雛形；屬於他的，後來充分展現的個性風格，在筆會當時也已經得到某種展示。

鍾道新說話有粗口，但他的舉止並不市井。

粗口，那是北京粗口；不市井，那是家學、家風、家教。

人際交往，他懂得應該靠攏世俗。哥們弟兄，吃喝玩樂。米麵夫妻、酒肉朋友。但那多少接近官場「世故」、而不像平民往來的「江湖」。

飯後，桌上有牙籤；但鍾道新會掏出一個特製小皮夾，裏邊是排列整齊的葵骨牙籤。正如後來，他腳底是鱷魚皮的皮鞋，腕上是勞力士手錶。那是錢，更是派頭。

當時，短缺的時代裏，鍾道新抽最豪華牌子的牡丹香煙。那不是收入高低的問題，而是一種能力和身份的象徵。你有錢，不一定能買到；你能買到，不一定能搞到。而且，不一定是去搞到，而是牡丹香煙自己來到。

他向所有抽煙的編輯和作者同行敬煙，絕不吝嗇；因為他不在乎破費，在乎的是人們的認可。

大同筆會之後好多年，省裏的作家、編輯但凡途徑朔州，鍾道新都要做東，盛情接待。有一次，成一、李銳和我，還有趙瑜、劉淳等人路過，鍾道新擺酒款待，一桌客人喝掉八罐子老白汾酒。然後，他扛出十來條高級香煙贈客。外煙「長健」、「短萬」，國煙「中華」、「雲煙」，人手一條。

李銳勸阻道：「道新，你幹什麼呀你？」

道新陪客喝得舌頭短短：「這是一場面！」

「一場面」，而不說「一個場面」。地道的北京腔，說的是實在的心裏話。

鍾道新請客，最終出了名。青花瓷的罐子汾，極品五糧液，喝！結帳時刻，不用現金，需要金卡，給！隨便簽名記帳，拿單子來，簽！

當然，他多半花的不是自己的錢。自己的錢，「有錢十萬」也早該折騰完蛋了。他能弄來錢。這叫本事。所以大家頗為佩服。吃請呢，都認可那是吃了鍾道新。

我不曾親耳聽到，但不止一人轉述過，說鍾道新有名言一句：「走哪兒，你別和那第一把手過不去，那人管你飯碗兒！」

或許他真這樣說過，並且這樣身體力行。那麼，這幾乎就是一個象徵。「皮之不存，毛將焉附」。這是中國知識份子的真實處境。

大同筆會最後一天，晚間會餐痛飲。回到房間，不知怎麼地，我和他玩開了摔跤。水泥地板，刷了紅色地板漆，讓人誤會那是地毯。帶著酒意，嘰哩咣當的，摔了幾局，我略勝一籌。因為我學過摔跤。但鍾道新也不弱，絕對也有過實戰訓練。

酒後的鍾道新，和我在水泥地板上摔跤練把式的鍾道新，彷彿是另一個鍾道新。

我們的前輩知識份子，有的無奈自陳「百無一用是書生」；有的曾經吶喊「莫謂書生空議論，頭顱擲處血斑斑」。

在優雅和世故的背面，還有一個鍾道新。那是父輩受過整治、父輩知識份子驕傲的脊樑骨被打得節節寸斷的鍾道新；那是自己插過隊、有著血淚途程的鍾道新。所有一切，「人是各種社會關係的總和」，這才是全部的鍾道新。

我也來句北京腔吧！

四、離石，走出權文學

大同筆會前、臨汾筆會後，呂梁地區文聯曾經召開過一個離石筆會。

當時，呂梁文聯主席是老一輩文藝工作者王易風老先生。這位王老，當時腿腳已經不很靈活，尋常拄著一根拐杖，但精神健旺、談鋒銳利。他的本行是曲藝，所以民間段子很多，自擬各種楹聯對子的水平也相當高。

老先生組織筆會，那是「三張麻紙裱的驢頭——好大面子」，請到了馬烽、孫謙，還有我們南華門院子裏的王老岡夫王玉堂。被邀請的還有詩人馬晉乾、出版社編輯老謝，以及責編張石山。

出版社的老謝，是個土家族。老謝自我介紹說，早先他們都自稱是漢人，自以為也是漢人。語言、習俗，和周邊的漢族兄弟沒有多大區別。建國後民族確認，才知道自己原來是土家族。王老隨便說了一句：「早年，有過『生苗、熟苗』的說法呀！」

生苗、熟苗云云，那是舊時代大漢民族對西南少數民族帶有歧視性的稱謂。老謝卻急吼吼地言道：「我們是熟苗！我們可是熟苗！」

馬晉乾，發表的詩作不少。這位老兄非常誠實。當時不是有一股朦朧詩的寫作熱潮嗎，老馬也寫朦朧詩；但在講座上，他實話實說：「什麼叫朦朧詩？說不清。我也寫朦朧詩，寫的那些句子什麼意思？『我躺成一段淡黃色的岸，小鳥在你的夢中啁啾』，這是說什麼？我自己也不知道。」

當然，馬烽、西戎還有王老出席筆會，主講是他們。我們和地區作者一道，得以恭聽老一輩作家的創作經驗。在不同場合裏，我聽過馬烽老師的幾次講座，他那時講說典型，愛舉詩人公劉做例子。公劉也是右派，在山西勞動改造。老馬同樣給予過相當的關照和保護。

刻畫人物，離不開細節；公劉其人，生活細節有趣。

南方人，講究衛生。好習慣，值得肯定。但這個公劉不管別人，不考慮他人衛生。

細節之一：掃炕，不是把垃圾掃到地上來，而是向兩邊掃。以鄰為壑。

細節之二：到農村喝水，一個大碗，他怕碗邊不乾淨，喝水不接觸碗邊。飲驢似的，把嘴塞到水面中央，那麼喝水。

細節之三最要命：老鄉挑水，要下到黃河邊，七、八里山路挑上來。公劉擤罷鼻涕要洗手，不是撩出一點水來洗，而是將他的手指伸進水桶裏，那麼洗手！

我相信公劉是大詩人，但我更相信老馬是大作家。大作家絕不會隨便造謠損人。當然，老馬講課時，沒有點出公劉的名字，足見厚道。

離石筆會，沒有遊覽許多地方。就在離石縣城旁邊，有高高的土崗。當地人稱作龍山、鳳山，山上有廟，規模也不大。王易風領著大伙，登山遊覽一回，指指劃劃，念念有詞。

再窮、再破的地方，也有當地的「四勝八景」之類；當地文人題詞聯對，歌詠不絕。熱愛家鄉，天下人的共同特徵。

筆會的後半程，下山來到汾陽杏花村酒廠繼續進行。

「杏花村裏酒如泉」。多年來，汾酒廠為地區筆會、文聯工作，做出過多次貢獻。

在最早的酒廠招待所旁邊，有一個小型花園；花園周邊，將文人墨客題詠汾酒的詩詞刻為石碑，作為裝點。

最前邊有巴金題詞，大實話兩句：「酒好花好人更好，參觀一回忘不了。」詞作家喬羽的題詞則要古雅許多：「勸君莫到杏花村，此地有酒能醉人；我今來此偶誇量，三杯入口已消魂。」

招待所，窯洞式的排房四合院，當間有個食堂。食堂裏擺放了十來張餐桌，每個餐桌上四瓶酒，是為杏花村酒廠所產的傳統品牌：汾酒、竹葉青、白玉酒和玫瑰酒。一位王姓副廠長負責陪客，見一位客人喝一杯。一頓飯下來，少說能喝進去四、五斤汾酒。這麼著陪客喝酒，喝了多少年？他說：「不多，也就三十來年。」

招待所的女服務員也厲害，一斤白酒倒了兩碗，敬客人一碗，自己不歇氣地喝了一碗。

大家參觀一回酒庫、酒窖，還有造酒的工藝流程。大甑裏面蒸餾的酒水，從一個龍頭流出，單單看那酒水濺起的酒花，老師傅能夠判斷酒度，百發百中。高喊一聲：「六十八度五！誤差不會超過半度。」

廠裏還有專門品嘗汾酒香醇程度的品酒員。改革開放，酒廠也解放了思想。品酒員不再強調一定是老師傅，而是挑選年輕姑娘擔任。其中有一個道理，姑娘們清純潔淨，舌頭上的味蕾不曾破壞，最是敏感。同一鍋白酒，分成四十多杯，女孩子能夠選出最好的一杯來。打亂杯子的序列，女孩子還能找出最好的那一杯。

且說好酒管喝，還有女孩子敬酒，大家都喝多了、喝過了、喝高了。

喝高了，人人都有超常的表現。

表現最突出的是權文學。這老兄喝醉酒，主要表現是哭，連帶罵人。哭得傷心欲絕，哭得泣不成聲；罵人不成句子，不分段落罵人。不僅大罵張石山，而且大罵王易風。好不容易，安頓睡下。第二天，見了大家，雙層眼圈紅紅的，訕訕地笑。

權文學，臨猗人。與周宗奇、韓石山是老鄉。本來在地區劇團工作，演員出身，兼學編劇。新時期以來，涉獵小說創作。先給省作協機關刊物投來了他的小說〈臭臭外傳〉，發了頭條，並且當年獲獎。一度竟被人稱作「權臭臭」。隨後，寫出短篇〈九曲十八彎的山凹裏〉，被《小說選刊》轉載。結果，劇團演員被調入了地區文聯機關。

呂梁地區文聯，王易風之後，由田東照接任了文聯主席。

1989年，省作協換屆之後，焦祖堯當政，田東照上調省作協擔任常務副主席，協助老焦工作。呂梁文聯由權文學繼任主席。

權文學，隨後經商下海，開辦煤礦場什麼的。聽說發了財，在離石、太原，乃至北京，都購買了小區豪華住宅，自己對文聯主席的職位也就看淡。在他之後，由彭化高接任主席。

老彭年齡快到退休，又及時將主席的位置讓出，由成毓真接任。

呂梁文聯，主政者不斷更替，順利交接領導權力，好幾個同志連續享受到了正處級待遇。這樣的情形，得到省作協機關大院裏的相當好評。

出於有意或者因為客觀，撒手地區文聯主席的職位，是從權文學開始。

前些時候，聽說老權寫出一部長篇小說，正在進行出版作業中。

心態平和，除盡浮躁，也許「權臭臭」能夠帶給我們更大的文學上的驚喜。

五、寧武，成就謝俊傑

相比而言，臨汾地區文聯主席謝俊傑，他在主席位置上待的時間可就夠長。粗粗計算，有整整二十年。

這種情形的存在，實在應該用得上一句老話：「具體情況具體分析。」

謝俊傑投身文學相當早。他比我大不了幾歲，只比成一、周宗奇大一歲的樣子，但他在文革前的《火花》上就發表過了小說。這就是所謂的資歷，而資歷在許多時候都會起到至關重要的作用。

前面我介紹過，謝俊傑在文革動亂中，竟然不避牽連，到南華門來看望過當時落難的幾位前輩老作家。這樣的舉動，所產生的歷史效果不容小覷。文革結束，新時期剛剛開始，謝俊傑就一舉擔任了臨汾地區文聯的副主席。過了不久，前任主席老鄭退休，謝俊傑不到四十歲，就繼任了文聯主席。

前面我還講過，臨汾文聯為我們省作協、省文聯培養、輸送過好多人才。舉其大者，前面有李銳，後面有張平。這至少能夠證明，臨汾文聯的本職工作做得相當不錯。

但謝俊傑本人，文學創作卻多年停滯在一個相對平庸的水準。發表東西相對早，固然是優勢，但也可能形成思維定勢，難以突破。寫農村生活，總是要靠攏政策；刻畫人物，動不動來一個「老支書」、「老貧協」什麼的。

他有些焦急，力求突破，卻不知癥結在哪裏；作為責編，我也希望這位老兄的創作能夠更上一層樓。儘管我比他資歷淺，他對我又向來尊重、客氣，我也毫不顧惜情面之類。勉強可以發表的作品，拒絕推薦；但凡看到什麼「老支書」，立即退稿！一度弄得老謝無所適從，簡直有點灰心失意，都沒有心思寫小說了。

他的文字功底不算深厚，短時間內要提高也難，但寫作農村題材的白話小說也足夠了。至於文學手法，相對老套，要想改變，更加困難，弄不好就會變得非驢非馬；況且手法本身並無高下，關鍵並不在此。一個基本定型的中年作家，還能否有所突破？困惑著謝俊傑的，也困惑著我。

這時，省作協在大同筆會之後，不久，又在我省忻州地區的寧武縣召開了一次寧武筆會。

這次筆會，最終成就了謝俊傑。

寧武筆會，與大同筆會相對應，會議重心是農村題材的小說創作。參會者有楊茂林、張旺模、謝俊傑、李秀峰等中年作家，也有忻州地區彭圖、宋劍洋、宿新禾等文學新秀。寧武本縣的王樹森、廖山海，則既是作者，也是會議的參與組織者。

由於我們編輯部制定了休假制度，編輯們輪換休假期間，稿件如何處置，有了一個合理安排的措施。比方，我和王子碩結成了對子，在他休假的時候，我負責兼看忻州和朔州地區稿件。所以，這面的作者，我也比較熟悉。編發過他們的稿子，關係非同一般。

與會的幾位中年作家裏，楊茂林成名甚早。十五歲在《火花》發表作品，聽從南華門老前輩的教導，放棄了讀大學的機會，一心搞創作。新時期開初，在《汾水》發表了優秀短篇〈酒醉方醒〉。筆會期間，作為地區文聯主席，還剛剛配備了一輛上海轎車；國產轎車爬不上坡度不大的坡道，自個兒還得下來推車。本來老兄就笑彌勒似的，此刻不好意思地笑著，下巴那兒堆起好幾層肉褶來。

張旺模和李秀峰，寫作起步都比較晚，但出手不凡，連連發表作品，實屬大器晚成。老張因之擔任了陽泉文聯主席，老李在雁北地區文聯也掛了一個副主席的職務。

幾位職務都不比謝俊傑高多少，但創作態勢分明要相對強勁。況且，沒有前來與會的中年作家，運城的李逸民、義夫，臨汾的侯桂柱等人，資歷和謝俊傑相當或者更加悠長，創作勢頭卻都大有絕塵而去之勢。更何況，不僅韓石山，不僅張石山，兩座山拔地而起；鍾道新的小說令人耳目一新，彭圖之輩也大有宏圖。大同埋伏著王祥夫，太原隱藏了一個哲夫；晉城冒出了一個卓然，省城一幫寫詩的小子裏還有什麼柴燃。

前後堵截，上下夾擊，謝俊傑好不焦慮。而他的焦慮也成了我的焦慮，責編和作者今番見面，必有可想而知的動作。

卻說寧武，封建王朝時代，始終是朝廷設立的府治。所謂山西九府十六州一百單八縣，九個府治中就有寧武府。李自成攻克北京之前，先在山西惡戰攻克寧武，打破了拱衛明朝京都的藩籬。舊戲《周遇吉拜壽》，時代背景就是這段歷史。

寧武，更是中國歷史上守衛長城的著名三關之一。哪三關？是為雁門關、寧武關和偏頭關。所以，寧武是一座山城；山城周圍，群山環繞，長城蜿蜒。即便到今天，寧武縣城四周仍然有非常多廢棄的烽火臺。烽火臺的巨型磚石早已被農民剝離挖取，拉回家去壘了豬圈。而烽火臺內部的灰漿夯土依然結實異常，歷經多年風雨，仍舊兀立山巔。

寧武筆會期間，正值夏季。晚飯後，參加筆會的所有成員集體散步，幾乎每天都要到附近的一座烽火臺一趟。憑弔古時戰場，俯瞰當今人間。山城炊煙嫋嫋，有雞鳴犬吠；大家信步山麓，披一身落日餘暉。

往來散步，我和謝俊傑斷斷續續作過幾次長談。漸漸對他有了更多也更深入的了解。

熟悉的人們都知道，謝俊傑是個殘疾人。左手長年戴著手套，那是一隻假肢；右眼不會轉動，是一隻義眼。

對於殘疾人的殘疾，那是一個敏感區域。本人多半不樂意別人提起，別人則早已提前迴避、視而不見；最顯豁的存在，偏偏變成了一個虛無的真空。

上山散步，途中要路經一個填埋管道的壕溝。這時，謝俊傑就很不方便。他不願意別人幫助，別人也不好援手。因為關係比較近，我儘管也有一點心理上的猶豫，但還是出手拉了老兄一把。他的右手，唯一的用來幹活和寫字的右手，很大，很有力量。

我倆漸漸落在後邊，不知怎的，就打開了內裝「殘疾」的話匣子。

謝俊傑幼年喪父，寡母拉拔他們姐弟幾個長大。謝俊傑最小，家裏嬌慣，自己也格外淘氣。他們家本來生活在陽泉平定，那兒曾經是抗戰年代著名的「百團大戰」的主戰場。山坡野嶺間，尋常有子彈遺落。謝俊傑揀到一粒三八式步槍的子彈，拿石塊砸了玩兒。子彈瞬間爆炸，淘氣孩子付出了一條胳膊和一隻眼睛的慘烈代價。

淘氣孩子，卻依然淘氣；因為他的事故，母親痛打姐姐，他還在一旁叫好。

姐姐不敢哭泣，咬破嘴唇；母親徹夜不眠，哭腫了眼睛。

實在不堪重負的母親曾經想要自殺。長長的隧道，黑洞洞地走不到頭，彷彿寡母無望的生活。就在媽媽幾乎撲進呼嘯而過的火車車輪底下時，敏感的謝俊傑突然預感到了什麼，和姐姐給媽媽跪下來，一人摟緊了媽媽的一條腿……

謝俊傑說呀說。像是講述一個故事，別人的故事。

突然，彷彿一道閃電劃破夜空，我對謝俊傑叫了起來：「老謝！老謝！你怎麼不寫這個呀？」

如果說，謝俊傑的問題本來不在形式方面，他的創作手法已經不會改變，文字功底也難以短期內大幅提高；那麼，他有無可能在小說內容方面有所突破？困惑著一個責任編輯的問題，突然找到了答案。

題材選定之後，關鍵在於「怎麼寫」；但此前題材的選擇，你到底要「寫什麼」，常常具有決定成敗的功用。

謝俊傑愣神著，懷疑地看著我。一隻眼睛呆滯不動，一隻眼睛游移恍惚。他訥訥地反問：「個人生活經歷，這……這算什麼主題？有多大意義？」

謝俊傑抱著金碗討飯吃，思維定勢的禁錮是如此可怕！自身經歷如此豐厚感人，卻偏偏要整日虛構什麼「老支書」，追求外在的主題意義，這不是「發昏章第十一」嗎？

筆會之後，謝俊傑聽從了我的勸告，勉為其難地寫出了中篇小說〈悠悠桃河〉，將信將疑地把稿件寄來。〈悠悠桃河〉大獲好評，在我們的刊物上發表了頭條。並且在不久，被《新華文摘》轉載。

那是謝俊傑從文數十年間寫出最好的作品；〈悠悠桃河〉是他打出娘子關的扛鼎之作。「桃河」系列，成為他不羞於傳世的著作。

——謝俊傑前兩年已經退休。退休前，2000年之初，在省文聯、省作協換屆時當選為省文聯副主席。最終算是有了一個差強人意的名分。

老婆本是銀行家，聽說兩口子雙雙退休後，在北京買了房子。

老謝在臨汾的最後幾年，在自己家裏搞了一個「希望工程」，南華門的巷子裏一時傳為美談。

原來，謝俊傑和老婆共生育三個女兒。最小的、也是兩夫妻最疼愛的小女兒，是一個先天性智障。謝俊傑老早就考慮：自己和老婆活著還好，要是有朝一日老去，那個孩子可該怎麼辦呢？

於是，老謝深謀遠慮、未雨綢繆，開始設計並實施他的希望工程。先是在農村找一個貧苦老實的後生，說明情況：只要答應和女兒結婚，可以辦理城市戶口，而且幫助他找到工作。後生登門和女兒成家後，老謝嚴格地按照科學辦事，不允許女兒生育孩子，而是兩老替小倆口抱養孩子來撫育，先抱養了一個女孩，後抱養了一個男孩。如今，抱養的女孩已經十幾歲了。他們教育那個孩子，讓她知道關心、照顧智障的媽媽，這成為她與生俱來的職責。

謝俊傑對殘疾的女兒疼愛深切，考慮周密深遠。是啊，自己和老伴終有一死，將不再能夠關愛女兒。但女兒有了女兒，自己有了外甥女，外甥女將接過擔子，照顧她的殘疾媽媽。

一個人，不孝敬父母，奢談「為人民服務」，等於放屁。一個人，不愛自己的孩子，枉為人類，不如禽獸。

在中國，殘疾者比例居高不下。據統計，大大超過百分之五。即便以我們著名的南華門來做例子，殘疾者的比例也在百分之五左右。

各位殘疾的孩子家長們，也都有自己的「希望工程」。

第十四章　風雨變奏

新時期以來，中國文壇始終有著改革派和保守派之爭。

周揚，從文革結束之後復出到中風去世，一直是文壇改革派的依靠和仗恃。周揚復出後，對於文革前他的極左行徑——為虎作倀，殘酷鎮壓和迫害知識份子文藝家——作過公開檢討與道歉。檢討是否徹底、道歉是否誠懇，暫且不論；顯見的事實是：周揚迅速佔據了繼續直接領導文藝界的有利地位。周揚，這個名叫周起應的人，被魯迅稱作「四條漢子」中為首的漢子，新時期以來「變成了」或曰「扮演了」改革派的角色。

著名作家丁玲，早年被打成「丁陳反黨集團」，下放勞動勞改，乃至判刑坐牢。獲得平反改正之後，處境極其尷尬：鎮壓她的人，此時變成解救她的人。鎮壓她的時候，周揚代表黨，正確堅定；解放她的時候，周揚還是代表黨，依然堅定正確。積怨頗深的丁玲等人，不能接受這樣的現實。他們希望清算周揚，呼籲歷史的公正。結果陰差陽錯，最應該是改革派的丁玲等人，由於站在周揚的對立面而「變成了」或曰「扮演了」保守派。

事實證明，周揚的反省和道歉並不徹底。他曾經是中宣部長，而不是中組部長。他的種種表現，有著強烈的宣傳效應，重塑了自己的形象；而缺少組織措施，並沒有徹底化解文壇曾有的鬱積多年的恩怨。

整個中國文壇的風風雨雨，實實在在地波及、影響到了我們山西文壇。

一、張石山：〈老一輩人〉的遭遇

1981年，我的〈钁柄韓寶山〉北京領獎之後，到處轉載，並且被收入多家出版社的多本小說集。最讓人驚異的是，這個短篇被北京出版社編選收入了「現代文學」《閱讀和欣賞》冊籍，與魯迅、巴金、朱自清等前輩作家的作品並列為伍。每位作家的作品之後，都有一位評論家或大學教授的點評。規格之高，令人自豪。

〈钁柄韓寶山〉當年前後被轉載共達十五次之多，共得稿費將近兩千元。誇張些講話，屁股後頭掖上兩千塊，走道的架勢都不一樣。好比小人家買上了毛驢，恨不能替毛驢吼叫，讓鄰里知道。

除了竊喜得計，款大有錢，我絕沒有放鬆創作。1982年，即有中篇小說〈老一輩人〉發表。比起〈钁柄韓寶山〉，這部中篇更應該稱作我的力作。刻畫了一組人物，構成了一個小型的人物畫廊；絕不外在呼喊社會問題，而在人物身上蘊含了歷史的和當代的豐富社會資訊。好比開掘出一道礦脈，包含了整座礦山的所有資訊。

中國作協當年舉辦首屆中篇小說評獎活動，〈老一輩人〉初評入圍，排名相當前面，在三十篇作品中位列第七。但公佈獲獎名單時，〈老一輩人〉榜上無名。

初選入圍、排名情況，以及最終落選的直接原因，當然我在事後才可能知曉。

評獎的評委之一，河南社科院的李思謙研究員給我寫來一封熱情洋溢的信件，對〈老一輩人〉誇讚不已。說明它初選排名的情況，以及在評委中間的反響，並對它的最終落選深表遺憾。

另外的同仁朋友，則向我透露更加隱秘的內幕。

馮牧，周揚在中國作協的忠實代理人，時任《文藝報》主編、中國作協書記處書記，具體負責評獎事宜。說是一言九鼎、把持評獎，亦不為過。

對於大家呼聲甚高的〈老一輩人〉，馮牧這樣講：「寫得再好，畢竟沒有超過趙樹理嘛！」

我沒有聽到、也不可能親耳聽到馮牧的講話。我不能相信一個位高權重的大人物竟會這樣水平低凹，言語如此不近情理。

如果這是真的，那麼在語言的層面、道理的評判方面，馮牧站不住腳。我不敢狂妄自稱〈老一輩人〉超過了趙樹理；是否超過，由讀者去說。但我要問：獲獎作品，包括你馮牧欽點的作品，都超過趙樹理、老舍、巴金了嗎？

馮牧這樣扼殺一個青年作者的優秀作品，太過粗暴，有點口不擇言，有點「欲加之罪，何患無辭」。所以，我認為這是一根棒子，而且是一根大棒。僅僅就這樣一件事情，而不是給馮牧全面作總結、寫悼詞，在我的語言系統、在「一個人講述的歷史中」，我送過他一個稱號──「馮大馬棒」。

冷靜一點分析，馮牧那樣講話，能夠看出，他有情緒，甚至懷有某種敵意。那是周揚對丁玲的敵意，那是馮牧對馬烽的敵意。我是歸屬於山西作協的作家，我是馬烽、西戎麾下的部屬，我不得不挨受馮大馬棒的奪命棒打。

再後來，1984年，我的短篇小說〈一百單八蹬〉發表於上海《收穫》，讀者反響強烈，得獎呼聲甚高，最終鎩羽而歸。1986年，我的中篇小說〈血淚草臺班〉發表於中青社的大型刊物《小說》，也曾轟動一時，評獎初選入圍，最終也沒有獲獎。

獲獎不能證明什麼，但假如獲獎，我會非常高興。命運作梗，我很無奈。

更早一點，我的1980年發表於《上海文學》的短篇小說〈最後的衝刺〉，在改編電影的過程中遭遇了類似的命運，遭逢無端打擊。

〈最後的衝刺〉發表後，我接到北影導演秦漢的熱情來信。他希望我這一篇主題積極、動作性極強的小說，能夠改編成為電影作品。一個文壇無名小輩，得到一名導演青睞，相當興奮，立即進入改編。利用夜間加班，在短短五天之內，劇本完成。北影的劇本編輯部看到我的作品，極為滿意。我讀過若干前蘇聯的電影文學劇本，早早懂得了劇本操作的規範。鏡頭化、蒙太奇等等，並不神秘。

導演秦漢，非常高興。當即進入物色演員的程序。決定由楊在葆、劉曉慶來飾演男女主角。聽到消息，我當然高興得很。電影，那影響力該有多大呀！不料，劇本在北影廠的廠部高層不得通過，要求修改。幾次修改，總是遭到否定。到底怎麼回事？劇本編輯部的朋友知道內幕，實在不忍心，這才告訴了我真實的原因。

原來，文革中，導演秦漢與北影廠長汪洋不是同一派，曾經有過一些過節。汪洋出任廠長，哪有秦漢什麼好事？當年，北影廠只有謝鐵驪、凌子風等四位導演有活可幹，其餘導演號稱「七十二閒人」。汪洋公開講：「秦漢？他還想拍電影？讓他等著去吧！」其結果，反射到我這兒，就變成了劇本的問題。

文學界，以及電影界，情況複雜，山高水深。小小一個青年作者，不得不接受命運的苛待和打擊。正如我的全國獲獎，我得到的是命運的青睞和照拂。

二、張平：〈祭妻〉到〈姐姐〉

1982年，張平的處女作〈祭妻〉在《山西文學》發表。張平當時依然是山西師大在校生，但他的文筆相當好，敘述能力也很強。除了第一段，編輯部做過一些修改，全文照發。從短篇的角度，我始終認為那是張平最好的小說。

張平的父親，是一位參加民主黨派的職員。在著名的「六二壓」中，全家被壓回農村。四清、文革，運動連著運動，他們家的處境倒楣連著背運。幾個姐姐不得不委身下嫁，用張平的話說，「姐姐嫁的，那就不叫個人！」

我們未來的大作家，早早看夠了各種嘴臉、體察過了人間冷暖。自身的生活，就是無盡的創作素材。他敏感而內向，訥於言辭；他甚至有些膽怯，眼神表情中總是帶著察言觀色的自我防衛。這種膽怯，自然地成就了〈祭妻〉的含蓄和內斂。

以全國小說創作的水準衡量，按我的眼光判斷，〈祭妻〉完全應該全國得獎。但評獎的結果令人失望。

江蘇省南京市所辦的刊物《青春》，還有黑龍江省作協的機關刊物《北方文學》，有幾家刊物曾經為〈祭妻〉評獎而大聲疾呼。事不關己，他們是為文學呼籲公正。

《山西文學》的佳作屢遭冷遇，我們省作協的態度卻令人失望。

文壇情況複雜，山西文壇在全國格局中處境不利，是否可以做出若干努力、協調？全國評獎，是否能夠領導出馬，至少派出得力人手去進行爭取？沒有，根本沒有。馬烽、西戎等老作家採取了閻錫山的辦法，鋪上窄軌鐵道，封鎖了娘子關，表裏山河、稱王稱霸。全國評獎？你愛評不評。那是禿子的頭髮——它也不長，咱也不想。

馬烽耍大爺脾氣，正好合了馮牧的心思。《山西文學》刊載好稿不斷，自我的〈钁柄韓寶山〉之後，全國評獎就再也榜上無名。事情一直到我擔任刊物主編之後，才有了轉機。那已經到了1987年……

不知是外面約稿的原因，還是張平自己已經發現了問題的嚴重性，他的〈姐姐〉就不再投稿本省刊物，而是投給了《青春》。

〈姐姐〉也相當不錯，但應該在〈祭妻〉之下。

〈姐姐〉獲獎，是一個證明。山西的青年作者想要出頭，希冀「打進巴黎」，還得採取迂迴戰術，「曲線救國」。

三、鄭義：《遠村》和《老井》

比起蔣韻的〈我的兩個女兒〉，鄭義的〈楓〉影響要更大一些。〈楓〉在發表之後，被峨嵋電影製片廠拍成了電影。兩人的畢業分配，也顯出了某種程度的不同。蔣韻留校，在太原師專教書；鄭義則進入晉中文聯，在那兒編刊物。

文革十年，知青插隊，牛鬼蛇神下放，消耗著無數英才的生命。但磨盤常常在磨平沙礫棱角的同時，有時也砥礪了寶劍。經過生活磨練的人才，終於等來了歷史的機遇。鄭義、周山湖、潞潞，前後進入了晉中文聯。他們充實了基層的文學隊伍，從事基層文聯工作的鍛鍊，進一步建造著作家和詩人們。

由於〈楓〉和〈我的兩個女兒〉的特殊關係，鄭義經常到李銳家做客。李銳和蔣韻在南華門的住所，成為一座「文學沙龍」的幾年裏，我對鄭義有了最初的了解。

鄭義插隊前，是北京清華附中的高三學生。從他的處女作〈楓〉可以看出，他是一個格外關注政治的人。文學家，不可能不關注政治；文學，從來都不可能獨立存活。新時期以來過度的文學熱，使得文學承載了不堪重負的責任。文學面臨著雙重危險：在其外有著巨大壓力，隨時可能遭受干涉、限制；在其內有著巨大張力，文學可能異化為非文學。

在晉中太谷一帶插隊數年，鄭義招工到了介休礦務局一座煤礦場。工種是木工，也就是當木匠。小木匠卻和北京的同學有著密切的往來，四人幫肆虐、最後瘋狂，鄭義被牽連進了一個所謂反動組織的案件裏。木匠得到消息，身背一套木工家具，急忙倉皇逃亡。逃往哪裏呢？這個鄭義，原名鄭光照的小木匠，一口氣就跑到了大興安嶺。隱姓埋名，串屯子、打家具。逃亡多久？將近一年。

我和李銳聽說了，都勸過他。逃亡生涯，這是多麼好的寫作素材呀！鄭義一聽，深度近視眼鏡的後面，眼神凝定；然後拍拍頭髮稀疏的禿頂，猛醒的樣子。

但他一直沒有寫出這段生活。老傢伙後來有了時間，竟然從頭走過一趟當年的逃亡路線！帶了答錄機，錄下沿途和老鄉以及林業工人的談話等等。

為此，我和李銳說過：「鄭義太笨了！小說家，能夠無中生有、空中取水；可以向壁虛構、閉門造車。驚心動魄的逃亡旅程，將近一年的亡命生涯，那是一條狗去幹的嗎？怎麼還要重新去走一趟？」

他和陝西的路遙有些相像，都是那種壯碩大漢，寫字都很笨。或者，因為生活太熟悉、記憶太深刻，反而不易表述？也未可知。

蔣韻愛跳舞。他們家有時舉辦小型家庭舞會，李銳也學，鄭義也學。李銳還勉強，鄭義就笨熊似的，怎麼也踩不到點子上。老兄火了，挽袖子、抹胳膊的，嚷叫道：「我就不相信，它比推鉛球的技術還複雜！」

鄭義在中學時代，曾經是北京中學生運動會百米和鉛球的前三名。運動基礎相當好。原地跳起摸高，打過籃球、個頭高出一大截的趙瑜都要甘拜下風。但他的運動協調性也許不錯，音樂節奏感卻不靈光。舞場上，始終是一頭笨熊。

後來，省作協新辦大型刊物《黃河》，鄭義調來擔任副主編。一度為了寫文章，降低干擾，他家的門板上曾經貼出過謝客聲明。斗大的字，墨黑，聲稱「生命有限、時間寶貴；來訪預約，非請莫入；應約前來，談話不得超過十分鐘」云云。

老朋友、老伙計，我卻不管什麼預約、應約之類，踹門就進去。進去看見什麼呢？老傢伙閉門不出，正在悶頭寫作。備了一簍子饅頭，饅頭上都生了綠毛。寫什麼哩？小說。既是寫小說，用得著什麼參考資料；但鄭義滿屋子都是攤開的資料。誇張些描述，那些資料從廚房一直擺到茅房裏。

這樣寫小說，不能否認他笨。當然，下這樣笨功夫的傢伙，可能寫出厚重的作品。

或曰：人即過程；過程塑造人本身。〈楓〉的走紅，恐怕使鄭義早已不屑於寫小東西了。

在〈楓〉之後，鄭義沉寂了幾年。然後，他拿出了厚重的中篇小說《遠村》。

《遠村》獲得了全國中篇小說獎。

《遠村》和我省其他幾位青年作家的作品共同在《當代》結集發表的時候，《當代》最早提出了「晉軍崛起」的口號。

《遠村》之後，還有《老井》。《老井》由西安電影製片廠拍攝成了電影，好像在東京電影節上還獲了獎。

作家，特別是知青作家深入農村，最終寫出若干鄉野現實，對那些相對高高在上的評論家而言，他們會感到新奇因而難免驚奇。首先，共同的文化視點，使得他們更容易共鳴。其次，知青作家比評論家們多走出一步、多看到一點，評論家們就會在北京上海驚呼起來：「啊！農村是那個樣子啊！寫得真深刻呀！」

山西的土著作家，太了解農村了。這在某種程度上成為他們的不幸：不僅大家和大城市的評論家距離更其遙遠，詮釋生活的角度也大有不同。本土作家，往往是在外部描述之前，有一種從生活內部觀照的優勢；評論家們缺少這樣一個視點，所以看不懂大家的藝術妙處。他們頂多會隔靴搔癢地說一句淡話：「呀！土得掉渣呀！」

因此，在山西文學界，有這樣的說法流傳：《遠村》不遠；《厚土》不厚。大家角度不同，自說自話罷了。

無論如何，鄭義的《遠村》得了全國獎。為他自己，也為我們山西文壇，爭得了榮譽。

但《遠村》之所以得獎，有一個小小的秘密，或曰內幕。

鄭義能折騰，或者說善於活動；鄭義豪俠，不乏朋友。《遠村》發表之後，有史鐵生、孔捷生等幾人看了，大家都說不錯。這幾位已經全國得過獎，都和馮牧有所往來；換言之，馮牧在許多青年後進眼中，又何嘗不是恩師、導師？幾個朋友於是帶領鄭義到馮牧家中去，一塊「喝咖啡」。你聽，馮牧學習周揚的樣兒，西裝革履的，還要「喝咖啡」。有多雅致呀！

喝過咖啡，馮牧看過《遠村》，他一言九鼎、擲地有聲地說：「這個中篇，今年獲獎！」

鄭義透過個人的努力，淡化了「娘子關內老西兒」的色彩，一舉進入馮牧的客廳。

讀者認可，和是否能夠得獎，已經成了兩張皮。權勢者的好惡，決定著作品的前途。「一言興邦，一言喪邦」。他們手中的楊柳枝，從來都沒有甘霖遍灑。「甘露所匀，不育異類」。好比官員從政，老百姓說好，管什麼用？上峰不欣賞，一切等於零。群眾評議、公眾監督，始終停留在口頭或書面。有人還要說：中國大眾，素質太低。缺少民主方面實踐，不懂民主。所以不能給他們民主。

文壇風雨，飄搖無定。

文學評獎，遠離純潔公正，絕不是一朝一夕突然發生的事情。所來有自，由來已久。

四、韓石山：《磨盤莊》

韓石山以酷評家的身份馳騁文壇，只是最近十年的事。在此之前，他和我等一樣，主要依靠小說在文壇安身立命、揚名立萬。

——「大腕兒」，其實錯了；應該是「大萬兒」。江湖話，紙幣叫「頁子」，員警叫「雷子」，領導叫「瓢把子」，老漢叫「長麻子」等等。請教尊姓大名，江湖上說「敢問你的萬兒」。

韓石山不僅是我省青年作家裏最早在娘子關外發表作品的作家，他的小說集《豬的喜劇》也在省外上海榮譽出版。

韓石山在引發爭議的《靜夜》之後，大約在1983年，寫出了他的著名中篇小說《磨盤莊》。好像是發表在河南的大型文學雜誌《莽原》上，記憶不很清楚。

但那部中篇我讀過，印象深刻。我敢斷言，那是老韓一輩子寫過最好的小說。

韓石山自己謙虛，說他不會寫小說。這個傢伙真真假假，慣於正話反說。但上面的謙虛話，大概有三分真切。因為他知道、我們也知道：韓石山最終成為韓石山，並不是依靠小說。但我認為，他會寫小說；因為他讀書甚多，他首先懂得小說。謂予不信，請重讀《磨盤莊》。

他的家庭背景、他的個人經歷，使他應該成為一個「控訴者」。他應該是傷痕文學和反思文學的一名激進作家。然而他沒有。他知道，「辱罵與恐嚇絕不是戰鬥」，直白呼喊、簡單詛咒也不是小說。小說不堪承載那樣直接的使命，真正懂小說的作家不會那樣寫小說。只有在喝酒之後，起而歌舞，韓石山高歌一曲《北京的金山上》，我們才能聽到他的嘶喊。他是那樣痛切，他是那樣悲憤。至於他的小說，蘊藉包含，一唱三歎。遠離了直白控訴，回歸了藝術表現。謂予不信，請重讀《磨盤莊》。

如果說，短篇小說〈靜夜〉，只是韓石山若干小說觀，包括他的「少婦論」的最初展示，中篇小說《磨盤莊》是他的小說才具和小說藝術的大成。

《磨盤莊》應該引發轟動，應該全國得獎。小說藝術的相對圓熟之外，題材領域的開拓、文學筆觸的幽微，堪稱領異標新。右派作家張賢亮也善於寫女人、寫少婦，但他的所有人物都成了先驗的符號，都成了證明主題的玩偶。張賢亮後來才發表並且轟動文壇的《綠化樹》，與韓石山先期發表的《磨盤莊》相比，那是「馮太太說馬太太——差的不是一點」。

但老韓生不逢時，《磨盤莊》亦生不逢時。這部優秀的中篇，沒有得到文壇的認可、重視與應有的評價。非但如此，《磨盤莊》非但沒有獲獎，反而受到了批判！雲泥天壤，水火冰炭，令人感慨萬端！

為了改革開放的民族大計，也為了自身的生存空間拓展，中國作家前赴後繼，血薦軒轅，屢挫屢奮，之死靡它。極左份子、保守勢力的反撲，同樣無比瘋狂。新時代之來的開初幾年，文學界幾乎年年有一個「倒春寒」。

《磨盤莊》發表之際，不幸就趕上了本年度的「倒春寒」。本次寒流，名曰「清除精神污染」。公安局和宣傳媒體爭相訴說：小偷、流氓犯罪，是因為看了不健康的小說。

文革十年，小說絕種，只要八個樣板戲唱徹中國大地，恰恰是中國最黑暗的年代。對此，極左份子視而不見、閉口不談。

我們山西，著名的「政治特區」，但凡改革、大象屁股；只要倒退、彈冠相慶。正如毛澤東說過的，運動一來，大家的心理猶如行軍露營「抓蝨子」，那是要比賽看誰的蝨子多、看誰的蝨子大、看誰整治蝨子兇狠。阿Q王鬍似的，狠命咬在嘴裏，劈剝作響。

批判《磨盤莊》，省委宣傳部出面，省城各大媒體出動，南華門機關的全體作家、編輯出馬，下面的地市文聯、知名作家出席。如臨大敵，集體圍剿。

發言積極踴躍，爭先恐後，唾沫幾乎淹沒韓石山；攝像頭、照相機瞄準，必欲萬箭齊發，要將小小韓安遠射成一隻刺蝟。

後來多少年，成一兄和我還說起：「那一回老韓可是給嚇壞了！」

老韓也許不願提起，特別是不願提起自己當時的害怕樣兒。但我和成一，以及當時在場人員，都能作證。

大家一定都注意到了，酒桌上老韓帶著酒意，往往口不擇言；本來唇槍舌劍，此時更加毒汁四濺。要是一條莽漢不幹了，要反擊老韓，韓石山酒醉心明，會立即站起來認錯。虛情假意的、賴不幾幾的，連連鞠躬、連聲道歉：「我錯了！我不對！我該死！我向你誠懇道歉！我錯了還不成嗎？」

這樣的場景，會讓人不由得想起許多似曾相識的批鬥會場面。

韓石山自稱「外圓內方」。我想給他另外注釋一下，至少在當初，可以叫做「色厲內荏」。老韓嘴尖毛長，有時張牙舞爪的，其實他骨子裏有極其膽怯的一面。

地主的孫子不是地主，但我們的政策是株連親屬。叫他們是「狗崽子」，文雅些、書面化一些講話，則是「階級敵人的孝子賢孫」。孝子賢孫們於是學得了爺爺和父親的把戲，慣於認錯認罪。你要批判我，我認罪！你要打倒我，我立刻趴下！

《磨盤莊》受批判的時候，韓石山被通知按時前來赴會。進了南華門，他見了南華門裏頭以及南華門外頭的狗，都要作揖！見了熟人，面帶微笑，比哭好看不到哪裏。講話的聲音暫時不曾打顫，臉色卻瞞不了人，煞白泛青。他是嚇壞了。批評、批判，離批鬥沒有多遠啊！

成一、周宗奇等青年作家，當時人微言輕，但大家一律保持沉默。兔死狐悲，物傷其類。大家用沉默表達態度，堅守著自己的立場，曲折地傳達著對老韓的支持。

馬烽、西戎等老一輩，同樣積極與會，說一些言不由衷的、似是而非的話語，擁護對韓石山的批判，但自己並不同意將他「一棒子打死」。

我當即意識到：57年的右派就是這樣打成的。文革初期的黑幫和牛鬼蛇神也是這樣打成的。

「清除精神污染」沒有發展下去。否則，韓石山會被打成右派之類。

想一想，他能不給嚇壞嗎？他和我們，能不恐怖嗎？

右派作家以及其他作家都曾經感激萬端地說過，是誰誰「給了我們自由」。

是啊，讓我們感到萬幸吧！我們萬幸，不是寫出《磨盤莊》的韓石山，沒有挨批判；也不是老韓挨了批判，我們得以倖免。我們萬幸、韓石山萬幸，是他寫出《磨盤莊》挨了批判，卻沒有被打成右派份子。

文壇風雨變奏，「倒春寒」說來就來。

中國的改革開放，步履維艱。

中國文學的成長進步，磨難重重。

第十五章　決定因素

毛主席語錄我們曾經背誦過不少。雖然不能說「一句頂一萬句，句句是真理」，但老人家有些話卻果然是真理。比如這一句：「路線和政策確定之後，幹部就是決定的因素。」

當然，任何真理都難以「放之四海而皆準」。它都離不開特定條件的制約。

作家協會成為後來的樣子，焦祖堯一個人大權獨攬，是不是一個決定因素？焦祖堯得以從大同調進省作協，馬烽的點頭同意、最後拍板，是不是一個決定因素？焦祖堯調進省作協，最後能夠黨組書記和作協主席一肩挑，這中間又是什麼成為了決定因素？

歷史已然鑄就。回憶無助於既成事實的任何改變。

史書卻浩如煙海。大學歷史系繼續招生。

一、李銳，趙樹理文學獎

馬烽、西戎等前輩作家，和我們隔著不止一代。他們愛護年輕人，大力扶植晚輩後生；而我們尊敬前輩、尊敬長者。南華門裏一派和諧。

但尊敬猶如敵意，一樣容易造成距離。關乎山西文壇前途的許多重大問題，作為聲名顯赫的作家，重權在握的機關領導，馬烽、西戎具有一言九鼎的地位；而莫說是我和李銳，即便是周宗奇和李國濤都沒有發言權。

當年，我們只能在某些場合盡量積極建言，卻沒有參與研討、「共商國是」的可能。因而，許多事情在時過境遷之後，才有機會和老師們做有限度的回顧。

關於群團組織的黨組設立，馬烽一再說：慣常的做法是，在黨員作家中產生黨組，以對上級負責。他老人家到中國作協擔任黨組書記，可以說是這樣；但緊接著替代他的位置的就不再是作家。自那以後，中國文壇，從中央到地方，莫不如此。

馬烽的說法，也只是一個說法而已。

關於我們省作協換屆，在1988年的年底，被列為第一候選人的西戎竟然落選的那次換屆，那是西戎的痛，也是馬烽的痛。但以馬老的身份和地位，以他慣常的思維方式，他不會隨便公開講述。由於包括周宗奇、成一和張石山等人在那次選舉中對西戎的背棄，馬烽老師和他曾經的學生，已經不可能進行心平氣和的、卓有成效的對話。

馬烽只是嚴厲地責怪過他的小兄弟胡正：「都是因為你！是你培養提拔了一群『白眼狼』！」

東郭先生和狼，怎麼對話？

有些話語，我們需要等待十年以上的時光，才可能進行言說。直到馬老去世前，我才和他部分地、有限度地話及當年……

且說我們山西作協，我們的機關刊物《山西文學》，在1980年的〈钁柄韓寶山〉之後，好幾年就再也沒有作品全國獲獎。儘管只是普通編輯，我和李銳都很不服氣。我們刊物發表的作品，絕對不差，不能全國獲獎，這種狀況讓人憋氣。

評獎活動中，我們的刊物拒絕「活動」；旁觀馬烽、西戎的態度，揣測他們的意思，也不得要領。山西的青年作家、我們的刊物，全國獲獎與否，他們至少是有點聽之任之。大風吹到梧桐樹，任憑他人說短長。這怎麼可以？這怎麼應該？

未經慎重考慮，我和李銳在馬烽老師出席編輯部例會的時候，說出了我們並不成熟的想法。李銳不僅語音標準，聲調也偏高，不止一次提出建議：「既然我們不在乎全國那個評獎，我們應該在乎、應該重視自家刊物的評獎。我們省寫農村有傳統、有實力，我們可以樹起一桿旗，一桿大旗，把我刊的獎項就叫做『趙樹理文學獎』！我刊發表的、以及外面刊物發表的，凡是農村題材、凡是優秀作品，我們也來一個全國評獎！這樣堅持幾年，我們的刊物會更加具備全國影響；我們設立的獎項，將和中國作協的全國評獎一樣具備權威性！」

如實評價，這樣的建言內容本身，不妨說極具膽魄和創造性。

同樣如實評價，敢於這樣建言的事實本身，卻證明我和李銳太年輕、也太幼稚了。

李國濤面色本來發白，周宗奇面色始終發紅，這時，紅臉和白臉都僵板了。二位誰都不看。以他兩位的地位，言及刊物的決策，本來應該是他們來建言的。他們卻保持沉默。

編輯部裏，鴉雀無聲。

終於，馬烽說話了。老馬面色本來就黑，這時嚴肅了，黑臉更加像是一塊「油氈」，刷地放下來：「全國長篇小說評獎，叫『茅盾文學獎』；茅盾的家人，拿出十五萬塊錢來。咱們搞一個『趙樹理文學獎』，不說別的，他的家屬能不能拿出一、二十萬塊錢？」

這是馬老的具體說法，當然也是他的態度表露。於是，我們的建言被簡單一票否決。從此擱置，不再提起。

從會上下來，我和李銳都不那麼愉快。這麼好的建議，遭到的是那麼不好的命運。我倆甚至私下說過如此「大不敬」的話：「讓趙樹理家往出拿錢，那不是難為孤兒寡母嘛！依然是作協評獎那點錢，改個名堂，有何不可？或者，應該叫做『馬烽文學獎』？」

我們真是年輕，真是小孩子、小人，「以小人之心度君子之腹」。馬烽先生絕對不會那樣狂妄，那樣沒有腦水。

1982年，中央文講所第六期開辦。比之第五期的「創作班」，第六期叫做「編輯班」。《山西文學》編輯部，推薦燕治國去北京讀文講所。我和李銳沒有贏得這般榮幸。

1984年，中央文講所第八期開辦。我得到這一寶貴機會，赴京學習。聽說，編輯班做過小的人員調整。有人建議，李銳是否可以擔任小說組的副組長？馬烽在黨組會上又是一票否決：「李銳？還是太年輕吧？」

其時，李銳三十四歲。

胡正三十二歲時，已經是省文聯秘書長。

這樣的比照沒有意義。時代不同，南華門裏的實際情況也大有不同。

當年，編輯部也是年年要評先進。先進人物，歷來都是胡帆和馮池。他們二位能夠評選先進，我為他們高興。但我在心底有自己的看法：喜歡部屬老實、聽話，大概是所有領導者的通病。

我聽一個賣肉的師傅說過這樣的言語：「哈！一輩子不愛巴結人，可咱聽見巴結咱的話也舒坦！」

二、張石山，孫謙的狗的乾糧

我曾經接受過老孫謙的狗的乾糧，而且是感激不禁、沒齒不忘。

上面這句話，聽著拗口，也有點莫名其妙。我得細細從頭道來。

經過王老的努力，省作協辦下來，有十個專業作家的編制。後來不久，有了文聯和作協分家的話題，領導上將十個編制一直放在抽斗裏，堅壁清野，珍藏起來，決定到分家之後再行安排使用。

如此決斷，我當然理解。專業作家的編制，當然不能給文聯使用，因為這不是「專業藝術家」的編制。

但是，成一和韓石山已經是事實上的專業作家不說，他二位也已經得到確切答覆，一旦編制起用，他們兩個保證會優先佔有。這樣的情形，當然令人眼紅。至少我是眼紅得要命。有些夢寐以求，殷切盼望如大旱之望雲霓。

韓石山患了中耳炎，來山大二院手術。我去醫院看望老兄，本來也是某種情理。但我懷了極大的私心，好像給菩薩燒了半柱香，就要菩薩保佑發大財、得錢百萬，能夠長壽、活到一百三十多歲。老韓一個腦袋，用紗布十字橫斜包裹了多半個，我就請他或曰逼他陪我去找老馬。用李國濤的話說，老馬在機關主事百分之七十，他不放話，我哪裏能夠成為專業作家？那是癩蛤蟆想吃天鵝屁。

韓石山也還仗義，傷兵似的和我一塊到了老馬家。我直槓槓地提出自己的希望和要求，老馬未置可否，說不到時候，要等分家之類。

中國作協召開西安筆會，我和成一相跟赴會，住在同一個房間。老馬和老孫到峩影廠修改劇本，路經西安到了會上，並且住了幾天。這不又是一個機會嗎？

於是，我請求成一陪我去見老馬；或者幫腔說話，至少可以壯膽。成一兄也好生仗義，飽漢理解餓漢肚饑。

馬烽、孫謙級別與我們不同，住在另外一座樓上。成一和我路過茶爐房，還說起老孫謙的狗。

原來，老孫特別喜歡他家那隻「麥克」，出差在外，也格外關心狗的飲食起居。會上的早點之類，正餐的饅頭把戲，桌上凡有剩餘，老孫都要收拾起來；用小刀切成薄片，到茶爐房來烤乾。烤乾之後幹什麼？要乘坐飛機到成都，再從成都經由西安飛回太原，那些烤乾的饅頭片、麵包片，好給他家麥克品嚐。

說著老孫和老孫的狗，氣氛輕鬆。還有，我得到消息，關於專業作家編制的使用，已經在黨組會上進行了討論。我希望佔用專業編制，又不是什麼禍國殃民的壞事。要說資格，韓石山都沒有全國得獎，他能專業，我為什麼不能？是年齡問題？也不成道理。老韓屬狗，我屬豬，出生卻都在1947年，他不過年長十來個月罷了。目的正當、理由充足。輕鬆的氣氛中，我的希望熱撲撲的。

進了老馬的房間。老孫正在鼓搗麥克的乾糧，在窗臺那兒立著；老馬在休憩，仰躺在席夢思床上。

成一和我並排站著，畢恭畢敬的。成一平常就不出語，這時更加無話。肯於陪綁，我就感激不禁了。

正是「上山打虎易，開口求人難」。我的語氣溫婉，簡直是在懇求、懇告；當然意圖明確，還是直槓槓地提出要求。

老馬半晌無言。老孫也停止了鼓搗乾糧。我和成一呆立著，猶如兩根電線桿子。

老馬就那麼躺著，突然說：「這事？你找西戎吧！作家協會的事兒，我不管！」

密謀策劃、日思夜想、準備話語、拿捏態度，就換來這麼一句話？就這麼完啦？作家協會的事兒，你老先生真的不管嗎？

在地上呆立著，各種念頭飛速旋轉，老馬一下子封了門，我真不知該如何向下進行。我看看成一，成一看看我。張飛紉針——大眼瞪小眼。

這時，善解人意的老孫謙見局面有些尷尬，就給我幫腔，開口和馬烽說：「馬烽，咱們不是在黨組會上還討論過嘛！都發表了一些意見嘛！」

老孫真是愛護我。這個幫腔真是有份量，足以針鋒相對。老馬你真的不管作家協會的事兒嗎？

馬烽給逼在那兒了。突然，老先生從床鋪上一下子坐起來，點著我的鼻子說：「張石山，你想當專業作家？想像我和老孫一樣，不用工作幹活兒，專門給自己寫東西？我明告訴你吧，你門兒都沒有！」

馬老師說罷，又仰躺回床墊上。今番，我被徹底幹在地板上。感到委屈，甚至是屈辱。我不知道該怎樣下臺、如何離開老馬的房間。我能夠聽見自己的心跳，可以聽見成一的呼吸。臉上忽冷忽熱，定然是煞白煞紅。

尷尬萬端，又是老孫謙出面救駕了。

善良的孫謙老師有些手忙腳亂地、熱情萬分地，捧起窗臺上的好幾塊麵包乾，捧起他珍貴的、辛苦烤製的狗乾糧，一個勁兒地往我懷裏塞：「石山，你把它吃了吧！石山，你把它吃了吧！」

孫謙老師呀！為了這個，為了你的狗乾糧，我今生今世會記得你的善良。我不好推讓，也不能推讓。我乖乖地接住了那幾塊麵包片。好像忘了臺詞、不會走臺步的演員，得到提示、找回感覺，我才脫出了尷尬，默默退出了老馬他們的房間。

成一隨後跟了出來。

我捧著老孫的狗乾糧，成一嘴唇習慣地發出「嘖嘖」的聲響。兩人沒有交談。

三、成一集祖堯作品討論會

新時期以來，我省中青年作家裏，韓石山是最先加入中國作家協會成為會員的。能夠成為中國作協會員，同樣是所有作者、作家夢寐以求的願望。不僅僅是滿足虛榮。那是一個證明；那是一個標致。

韓石山1980年就讀中央文講所第五期，所謂「黃埔五期」，正是近水樓臺先得其月，所以能夠及早順利入會。受到老師們的關愛扶持，心情比較舒暢，進步速度無形中也會快一些。

焦祖堯和成一是同一批加入中國作協的，比韓石山要晚，比我則要早。我是在西安會議之後，於1982年2月入會的。他倆大致是在1981年。

對於老焦而言，入會就應該算是晚了。按說，他早在五十年代就發表作品，曾寫出成名作〈時間〉，他應該更早入會。不過，他這時與成一同時入會，加深了他們二人的感情。彷彿過去科考時代的「同年」，有一種手足般的情誼。

新時期以來，老焦的創作也極其勤奮。有長篇小說《跋涉者》在人民文學出版社出版，產生一定影響、獲得相當好評。在我省與他同時代起步創作的同齡作家中，焦祖堯絕對是其中的佼佼者。

——我讀過老焦的東西不多。我主管《山西文學》的時候，在刊物上搞過一次作家同題小說〈塵霧〉的聯展。那時老焦已經調入省作協，他也寫來了一個短篇。那一篇〈塵霧〉，我認為幾乎是老焦最好的小說作品。

他的其他作品，我覺著有一個最大的問題，即語言問題。語言問題的出現，首先有題材上的原因。他是寫作工礦題材的作家，語言上不如農村題材作家具有那種鄉土優勢。其次，還有他是南方人，江蘇家。吳越語系，語言之優美古雅、精深博大，和北方語系難分高下。但中國卻是一個通行普通話（屬北方語系）的國度。江浙作家、閩粵作家，在寫作的時候都會遇到一個語言的前期「翻譯」問題。當然，對於老焦而言，他的語言問題不能全然歸罪於客觀。

大師榜樣，魯迅、茅盾，都是江浙作家。錢鍾書，寫作的也不是農村題材。眼前的例子，鍾道新寫作亦非農村題材，其語言則要有味道得多。對了，焦祖堯的語言，缺少的正是一點味道。卻又達不到錢鍾書那樣的大味無味的水準。說得嚴肅一些：焦祖堯一直沒有形成自己的語言風格。

語言風格問題，對於創作而言，是個大問題。但對於焦祖堯來說，這暫時不能算什麼問題，因為其時他遇到了更大的問題。老焦在我省大同工作多年，但他和大同文聯的同事相處不和諧。不和諧到什麼程度？老焦在大同都待不下去了。他準備調回南方江蘇老家。決心已下，去志已決。

南華門的巷子裏，省作協的領導們聽說了，特別是馬烽老先生知道了，覺得不大合適。一位在山西文壇頗有建樹的外省籍作家，在山西待不下去，要回老家，說到那兒都不好聽。

於是，馬烽拍板，西戎、孫謙等附議，決定將焦祖堯調來省作協工作。

從後來發生的事情度量，假如是馬烽換成鄭篤，也許就要舉出什麼東郭先生的例子來了。馬烽、西戎等前輩作家，肚量寬闊，說話極具分寸，絕不會為了宣洩一時之不快，說出過頭傷人的話來。

馬烽晚年，我和他做過有限的交流。關於焦祖堯，也只是作為歷史的一個話題，閒聊罷了。老馬最嚴厲的話語也只是說：「焦祖堯胸懷不夠寬廣。是不是有點狹隘？」

1999年的年底，文聯作協換屆，省委書記胡富國接見文學藝術界的部分與會者，西戎老師有過一次較長的發言。中肯、平和，語重心長。老人家說：「擔任領導，要有胸懷。不能武大郎開店。」如果說其中有批評的意思，批評得夠嚴厲的了。

但老作家們絕不後悔將焦祖堯從大同調來。調來一位在大同待不下去的作家，安排以職務、付之以權力，絕對沒有錯。況且，老焦調進省作協之初，工作相當賣力，與周圍同志相處得也相當不錯。老一輩作家的優點或曰通病，有一條就是對權力看得比較淡，一般都不樂意主持工作。換言之，作協的領導權穩妥得很，牢牢地把握在老馬、老西手裏；讓誰主持工作，你好生幹活就是。

老焦於是擔任了省作協的常務副主席，進入黨組，並且在稍後成為黨組副書記。老焦堪稱精力旺盛，工作也極其賣力，主持全面工作，既要管刊物、還要管基建；既要經常開會，還要堅持寫東西。

而一個人只要工作，沒有不引起一些意見的。不工作，誰對你能有多少意見？老焦有句口頭禪：「忙死啦！累死啦！」但除了有時叫苦喊累，他沒有別的毛病。至於因工作而引發若干意見，皆在情理之中，實屬題中應有之意。

南華門的巷子裏，人們有口皆碑：老焦有個好老婆。一個作家、一個工作狂，沒有一個賢內助簡直不可想像。老焦的愛人，溫良賢慧，向來不摻和機關工作，與鄰里相處平和，沒有是非。家中還有一對雙胞胎，有些弱智，當母親的極具愛心，百倍操勞。

唉！假如不是換屆，假如沒有發生後來的一切，南華門裏簡直就是一個「君子國」呀！可惜假如只是假如……

焦祖堯進入省作協後不久，機關就組織召開了一次作品討論會。專門討論成一和焦祖堯兩位作家的創作。有本省、外地包括北京的數十名專家學者、評論家前來與會，在八十年代初期，堪稱規模空前、聲勢浩大。

韓石山曾經受到邀請，前來太原赴會。我則沒有這樣的榮幸。但老焦不僅對韓石山講過，對張石山也講過：「隨後我們要召開你們兩個、兩座石山的作品研討會」。

能夠召開研討會，這又是一種高規格的待遇。我想不想能有一個專門的研討會？當然想、極其想、非常想。聲名得以大噪，至少可以得到恰當的評價而不被埋沒。誰不想？如果不想，有那樣灑脫、那樣超脫，乾脆就連小說都不寫了。

然而，張石山以及韓石山再也沒有等到那一天。老焦是說過，但說過也就完了。事情也許不是老焦一個人能夠決斷得了的，再說「計畫趕不上變化」極其常見。

記得韓石山和我私下講過這樣大意的話：「焦祖堯拉上成一，給自己開了一次研討會。」我點頭稱是。老韓陰陽怪氣，但這話講得沒有毛病。拉上成一，有點不得不拉。但假如不拉成一，成一不是也沒有這份榮耀嘛！話是可以來回說的。

成一和焦祖堯並列開過研討會，又是一塊加入中國作協，比肩靠膀的，不是親兄弟，勝似親兄弟。他們和諧，大家看著也舒服。

焦祖堯調進省作協按下不表，在那前後省作協還調進一個嚴安廣。嚴安廣也是文革前《火花》時代的老作者，後來在文學創作方面進展有限。調來南華門，主要從事機關事務方面的工作。擔任秘書長，兼任過一段《山西文學》編輯部主任。

老嚴性格挺好，脾氣和善。高鼻樑、雙眼皮，嘴型尖尖，說話總是帶笑。老嚴擔任了編輯部主任，李國濤和周宗奇兩人並列副主任，一共三位主任非常團結。三人一條心，黃土變成金。

他們三個團結，當然不全然是老嚴脾氣好，更重要的是李國濤和周宗奇有著容讓的風度。老李辦刊的功勞，不必重複；周宗奇功勞苦勞，人所共見。嚴安廣從外面突然調進，位置安排在他倆之上；他們能夠不居功，欣然接受領導的任何組織安排，這是需要一點風格和風度的。

事隔多年之後回憶，許多曾經的事件值得分析。

馬烽曾經說過，要讓周宗奇負責一點領導工作。這一許諾，卻一直沒有兌現。什麼原因，不得而知。焦祖堯調來，擔任了常務副主席；嚴安廣調進，擔任了秘書長兼編輯部主任。偏偏不提拔周宗奇。

也許，不安排李國濤，就不便安排周宗奇？調進嚴安廣，是為了制衡焦祖堯？

事實是，嚴安廣不久就被調走了。

焦祖堯繼續努力工作，進一步贏得領導的信任，佔據了更多的權力空白點。

因緣際會下，歷史為焦祖堯打開了一道門。登上山西文壇的制高點，大權獨攬，只是時間上的問題了。

而權力需要制衡。制度，往往比人的覺悟更加可靠。我相信：假如焦祖堯獲取的權力有所制衡，他不會成為後來的樣子。正如那首著名古詩說的：「周公恐懼流言日，王莽謙恭下士時；假如當時身便死，一生真偽有誰知？」

受到權力制衡的焦祖堯，將會是一位有些書生氣的作協領導；將會是有些缺點的山西文壇一把手。他不大可能傷害那麼多作家，至少不會傷害得那樣厲害。

我說過這樣意思的話：「一個人，假如環境逼迫，不得不扮演好人；那麼，一輩子扮演下來，他最終就是一個好人。」

而種種原因最終推導出的、不能盡如人意的是，馬烽他們調進的焦祖堯，成為了後來大權獨攬的焦祖堯。大權獨攬，使得一個書生氣的作家可以為所欲為。

成就了焦祖堯的，將最終異化焦祖堯。

成就焦祖堯的種種因素裏，馬烽曾經起了某種意義上的決定作用。

第十六章　求學京城

「中央文學講習所，不習文而習舞。港臺音樂，每周兩次。資產階級的生活方式侵蝕革命隊伍的情形，再也不能繼續下去了。徐剛何許人？查他一下！」

上面這段仿造「毛體語錄」，是文講所第五期韓石山、賈大山他們宿舍編撰出來逗樂子的。當時幾乎把徐剛給嚇死。

像第五期那樣，文講所全國召集青年作家，短期培訓三個月，比較得當。各省作家、文學俊彥，大家可以相互認識，有所交流。外省人進入「巴黎」，能夠體驗京城氣派，能夠就近感知中國文壇。作家們結識若干編輯，大家成了朋友，創作與出版，渠道通暢。可謂短平快，效果明顯。

我去就讀文講所第八期的時候，正趕上文憑熱。入學要考文化課，上學要正經讀課程、考試拿學分，說是為了讓作家們拿到正式的大學文憑。出發點不能說不好，但是，開辦文講所竟是為作家們求取文憑，有些南轅北轍。

由於中央教委不承認文講所的文憑，第八期學員白白耗時兩年。大家心有不甘，於是又轉學北大。這叫做「插班」，得了一個名堂曰「北大作家班」。前後遷延，一共四年。靡費時日，文憑拿到；文憑對於作家，卻不如一張手紙。南轅北轍，緣木求魚。

不過，京城求學四年，同學、老師，女編輯、男朋友，果然認識不少。趣聞軼事、典型形象，多多裝入腦海。待我抽出時間，有了興趣，也將回憶出一本著作出來。

讀書期間，我的寫作不曾停頓荒廢，倒是才思泉湧，寫出不少新作，人稱「寫作野獸」之一。同時，我接任了《山西文學》主編一職，和本省文壇聯繫緊密。

在這部《穿越》中，關於京城求學的經歷見聞，不太可能展開來鋪排文字。我只能揀選若干有機且有趣的片斷，書寫如下。

一、徐剛，萬年副所長

韓石山讀文講所第五期的時候，徐剛是副所長；到了第八期，徐剛還是副所長。

徐剛資格夠老，文講所第一期，丁玲擔任所長的時候，他和馬烽就是同學與同事。徐剛人也不錯，口碑挺好。終老於一個副所長的位置上，據說是因為能力的問題。這兒所說的能力，據我的理解，不僅是指工作能力，應該包括活動能力。不善活動，不能和上級主管、領導搞好關係，提拔當然困難。文壇、政壇，都是一樣的道理。作家協會衙門化，早已不是個別現象。

文講所，學員都在共一個班上。班主任之上，有教務處、總務處、教研室等等，層層管理，相當嚴格的樣子。所長一般不露面，副所長來的次數也有限。開學的時候，徐剛講話，向學員們提出紀律要求之類。有一段發言，給我留下比較深刻的印象。

第八期，學員一共四十四人，女同學不過五人。分明狼多肉少。徐剛指著幾個女同學，嚴正警告：「你們幾個女同學，給我注意了！不要花花草草不自重。像前面幾期，因為女同學，搞得男同學們團團伙伙，鬧對立、不團結。我可是把話說在前頭了！」

這話說得也普通，只是角度古老，古老到讓人感到新奇的地步。都什麼時代了，依然是「女人禍水、紅顏誤國」的觀念。

徐剛所長把話說在了前頭，屬於經驗之談。料事如神，但一切等於白說。男作家們本來浪漫，女詩人們原本風流；遠離故土，生理壓抑而有超常需求；家庭伴侶不在身邊，正好自由氾濫；儘管狼多肉少，狼們卻更加饑餓。一切預料中的事就都按部就班地發生了。

這方面，張石山有精彩的表現，不曾給山西家丟面子。挎了女朋友的胳膊，出沒於中國作協任何重要的會議場合，彷彿專門蔑視權威、挑戰傳統。連作協黨組書記唐達成都親自勸過我：「石山啊，你稍微隱蔽些，不要那麼張揚不好嗎？」

我卻是一頭毛驢。「咱兩個把事情做下，切草刀剜頭不怕！」不肯收斂分毫。

班主任陳姍姍反映給教務處老毛，結果老毛偷偷跟我說：「嘿！我也有個第三者，是年輕女孩子哩！」彷彿怕我小瞧了老師；又彷彿在賣弄人生之得意。

隨後，老毛反映給處長老楊；老楊繼續向上反映，直到所長們那裏。

時代變遷，改革開放的潮流不可逆轉。所長們到底也無可奈何。

副所長徐剛，後來聽說病了，乾脆就不來露面。

關於我在文講所的「作風問題」，曾經有材料厚厚一遝，轉回山西作協黨組。是否應該算「黑材料」，說不準。黨組書記胡正，壓下了這些材料。它們沒有變成搞臭乃至徹底整垮一個人的炮彈，實屬我的幸運。我始終對胡正老師的大度保護，心存感激。

或者也能這樣講：我沒能經受更大的風雨考驗和錘鍛，對於我的人格更加堅強完善，是一點小小缺憾。

二、所長李清泉

如果說，徐剛在給人的感覺上和他的形體一致，有些肉；那麼，所長李清泉則確實比較瘦。

李清泉，精瘦老頭，深度近視。從《人民文學》執行副主編的崗位撤下來，被安排到文講所當所長。享受正廳級別待遇，工作又不忙，差不多等於賦閒。他來所裏的次數相當少，來了也不說什麼，聽聽情況彙報而已。

但學員們說起李所長，都懷了一點尊敬，尊敬他在編輯工作中曾經做出的貢獻。一個當年的右派，復出之後擔任《北京文學》主編，接著升任《人民文學》執行副主編，工作成績有目共睹。右派當中，曾經有多少人物啊！連我們老百姓相當擁護的朱鎔基總理，都是曾經的右派呢！

中國作協在西安召開會議的時候，或許李清泉老師已經獲知他調任文講所的資訊。記得他直接告知了我，還有吳若增和鐵凝，說過

「你們幾個可以到文講所來進修一段，以便提高」這樣的話。能夠就讀文講所，也是青年作家們夢寐以求的願望。我終於得償夙願，應該感謝作協領導，網開一面，大度放行；尤其應該感謝李清泉老師，拍板定案。儘管我是第八期，比韓石山晚了三期；儘管他在80年入學而我拖後到84年，推後四年；但我依然滿足異常。我的嫉妒心理終於得到一點平衡，不忿情緒得以化解。

可是，進入文講所第八期，需要考試。作品分佔一半，百分之五十；文化考試分數佔一半。考試呢，雖然不考數學、外語，但要考語文和政史地。即便不需背誦圓周率是3.1415926535……，但你得知道唐朝在西元618年建國，還得記住澳大利亞的首都是坎培拉，以及什麼阿迪斯阿貝巴、布宜諾賽利斯。我的作品，全國獲獎；我的文化考試，獲得了所有考生中的第五名，於是順利入學。土包子進京，外省人打進了巴黎。

入學考試的前三名，分別是山東謝頤誠、江蘇薛爾康、河北孫桂貞。這三位在創作上，至少在當時並不出色，說明文化考試到底還是起了相當重要的作用。

李清泉所長來所裏的次數不多，一般也不做什麼指示之類，有點無為而治的風範。好比歐陽修、蘇東坡那樣的文豪做官，與當地名流整日價遊名勝、逛山水，無為而治，不輕易擾民。老百姓懂得怎麼種地，正如作家自己會寫小說。

李所長有一次來所裏，平易近人地隨便和同學們坐了坐，聊天似的說了一些話。其中一段話，他講了一點親身經歷，給我留下了終生印象。

他說，他當右派的時候，發配北大荒。冬天極其寒冷，但勞改隊要進行晚點名。晚點名的時候，讓右派份子們人人自數罪惡，承認自己是三反份子之類。大家挨批挨鬥已成習慣，完全麻木不仁。認罪便認罪，免得在室外嚴寒中長時間受凍。

但有個右派始終不肯認罪。老李不曾說出那人的名字，那個無名的右派知識份子不承認自己反黨、反人民、反社會主義。他一個人不認罪的結果，是全體的右派份子都得陪他一塊受凍。大家凍得要死，人人都在心裏乞求了：「老先生，你就認罪了吧！不要再耍強脾氣啦！」

到最後，不僅是管教人員大發雷霆、大光其火，對那人拳腳相向，即便是其他右派也有點恨他了。天天晚上陪他受凍半夜，誰能受得了啊！

終於，那位無名的右派弟兄再也不忍連累他人，在一次晚點名的時候，承認自己是三反份子。儘管他聲細如蚊，大家還是聽到了。

人們如釋重負。

當晚，那位無名右派知識份子自殺了。

李清泉不是作家，他是一名編輯家。他戴著瓶底那樣厚度的眼鏡看稿，湊近稿紙閱讀，然後要寫下長長的審稿意見。

他講的那件經歷，不曾見他形諸文字發表。我作為曾經的聽眾之一，將其記錄在案。

在歷史的深處，在無邊的黑暗裏，總會有一絲聲音穿破鐵幕……

聽說，李老師的兒子也是深度近視。深度近視的兒子，上班擠公共汽車，有人夾著雨傘，雨傘的銳利尖端刺瞎了一隻眼睛。

知情者都擔心他兒子的另一隻眼睛；大家也都暗暗地為他祈禱著。

三、傳奇所長丁玲

丁玲，是建國後成立的中央文講所首任所長。首期文講所，我省幾位前輩作家裏，胡正當年曾是學員，馬烽曾經當過班主任。

丁玲，堪稱中國現當代文學史上的一名傳奇人物。我們八期學員應該感到幸運的是，我們入學的時候，丁玲年屆八旬，依然健在；並且勝任愉快地應邀來為大家講課，和晚輩後生見面。

記得她說到了「性解放」。這方面，這位前輩女作家在上世紀三十年代曾經身體力行，當然最有發言權。她有些忿忿不平地說：「現在，聽說有人喊叫性解放，是什麼性解放的先鋒。哎呀，敢說是什麼先鋒啊？我們那個時候，三、五個男女青年，大家就那麼住在一塊，真正是同居呀！也沒有自稱過是什麼先鋒！」

丁玲身量不高，風度優雅，身姿面相可以令人想見當年的丰采。身穿一件大紅毛衣，風流依稀；談鋒健銳，恣肆汪洋。

從丁玲身上可以看到，上個世紀三十年代，中國婦女中的反叛和覺悟者，曾經走到多麼遠。她們的生存狀態，曾經達到過怎樣的自由度；她們的人格，曾經達到怎樣的高度。性解放，對於人的解放、對於婦女的解放，曾經起過怎樣的積極作用。

反觀自身，性壓抑讓我們是那樣猥瑣，那樣道學先生，那樣模範太監。

不久後，李澤厚先生前來講課，也提到了性解放。他的觀點是：在中國，若沒有性解放，任何解放都將是一句空話。

矯枉必須過正，不過正不能矯枉。

比之於反對專制、倡導民主的戰士，丁玲、李澤厚們是另一條戰線上提倡個性解放、反對封建道德的戰士。

四、張石山，當代陳世美

這一段文字，我想談談我的離婚事件。不存賣弄的心理，也不做無聊的辯解。我只是想說幾點感受。

經歷過什麼，才可能理解什麼。經歷了磨難，而不能得來些許感受，那就太愚蠢、也太可悲了。

就讀文講所初期，我的離婚問題還會引起軒然大波；四年之後，學成歸來，名人婚變已經成了輕鬆的花邊。改革開放，中國的進步舉世矚目。

在首都北京，尤其能夠感受到進步的速度與節奏。而且，那是全方位的進步，絕不僅僅是經濟的騰飛、GDP的增長而已。

二十年前，作家們在北京，想要約請某某編輯部的女編輯，一塊吃吃飯、逛逛公園、看看電影，沒有什麼問題。年輕漂亮的女編輯們，一般都很大方，也理解作家們的那點隱秘而並不可恥的心理需求。有時，這可以反轉成為女編輯們約到好稿的手段。

二十年後，這樣的情形，在我們古老的山西依然不可想像。

假如，我沒有進京就讀文講所，也許我不會離婚。當然，這樣的假設，早已失去了任何意義。我只想說，環境有時可以促成某些改變。這樣講話，我絕不是尋找客觀；反而，我有些感激客觀。自由的因素，在合適的季節，開放出生命的亮麗花朵。

但即便在相對開放的北京，我的個性張揚，也曾受到過相當程度的壓制。

全國「青創會」期間，我的戀人、相好、所謂第三者孫桂貞，是河北的與會代表。當時正提出「反對資產階級自由化」，孫桂貞在大會上發言，大聲呼喊：「我的愛人張石山也來到了會上，我們沒有自由。我的切身感受告訴我，不是什麼資產階級自由化，而是封建專制文化在壓迫我們！」

為此，作協黨組書記唐達成找我談話。同樣為此，陝西作家賈平凹大加讚賞道：「張石山、孫桂貞，那是兩條漢子！」

孫桂貞，亦即詩人伊蕾，我曾經為她寫過專章評論，評論的標題是〈她是一個好女人〉。我認為，這對於一個女人和女詩人來說，幾乎是至高無上的評價。

她的知心女伴們，曾經逼問過我：「張石山，你能為我們的伊蕾小姐赴湯蹈火嗎？」我當即回答：「你們以為我現在正在幹什麼？我正在哪兒？我不是正在烈火烤炙中嗎？我不是正在滾湯沸水中嗎？」

當時，我已經做好了準備。準備接受任何可能的懲罰，不惜身敗名裂。我要爭得自由。也許，這自由只不過是從地獄的十七層跳到十八層罷了。

與「當代秦香蓮」相對應，我理所當然地贏得了「當代陳世美」的稱號。

我斷然接受這一稱號。我別無選擇。當代陳世美托庇時代進步，沒有被代表法制和正義的包公鍘去腦袋而已；其餘的，和停妻再娶的戲劇中的陳世美沒什麼兩樣。

我的前妻，是我的初戀。以我的記憶力，絕不會忘記我對她講過的那些信誓旦旦的話語。那些話語，曾經是絕對真誠的；我不欺騙她，正如我不欺騙自己。我不能侮辱我的初戀。

然而，話猶在耳，我卻背叛了。被評價為「忘恩負義」，毫不過份。

至於離婚上法庭，作為原告，我在起訴書上講了對方許多的不是，共有十四條之多。條條在理。但那都只為了一個目的——離婚。

假如我選擇不離婚，而是湊合著過日子，我照樣可以寫出若干理由，可以達到二十八條之多。條條在理。

事實是，我離婚了。我自由了。自由萬歲！

離，還是不離？是一個問題。

最終，我離了。如此而已。

當代陳世美沒有如許多人希望的那樣，被鍘去腦袋，依然活在人間。許多人很失望。

曾經有人說要殺死我，沒有敢付諸行動，害怕犯罪。他們不是包公包文正。

於是，他們派出代表來對我進行勸說。循循善誘，要我自殺。以便他們解氣，並且不會犯罪。然而，我沒有答應。

一個自由人，自個兒願意活著，哪怕背負了罵名。

——就在我打離婚官司的過程中，亦即我求學京城的整個過程中，我被北大作家班的同學們選作班長，兼任班上的交誼舞教練。我擔任了《山西文學》的主編，主編刊物期間，實現了我的許諾：刊物一定要拿回全國獎。同時，我的文學創作猶如井噴，完成了兩個小說系列。一個是《仇猶遺風錄》，農村傳統題材，五十餘萬字數；一個是《古城魔幻》，城市現代題材，二十餘萬字數。

五、副主編，你不當都不成

1984年的年底，中國作協召開第四屆作代會。

在此前的本省會員選舉投票中，我和成一被選作參會代表。周宗奇、韓石山、鄭義和柯雲路，則經過省作協領導的爭取，獲得了特邀名額，也來赴會。大家從山西來北京，我在文講所就近赴會，會上碰了頭。

中國作協，其時正式和中國文聯分家，升格為正部級群團組織。

山西作協，聞風而動，幾年以來一直醞釀的分家，也時機成熟。即將付諸實施。省作協將和省文聯並列為平級單位，都是正廳級群團組織。

中國作協本次代表會，進行了換屆改選。除了巴金當選為作協主席之外，副主席的選舉採取了大民主亦即「海選」的辦法。記得有劉賓雁、王蒙等人入選。劉賓雁並不是內定的候選人，卻以高票當選，排名緊靠王蒙，宣布時獲得全場經久不息的掌聲。

其後，王蒙一度擔任《人民文學》主編。不久後，被選為中共中央委員，升任中國文化部長。

王蒙飛黃騰達的日子裏，劉興武擔任《人民文學》主編，叢維熙擔任作家出版社社長，李國文擔任《小說選刊》主編，鄧友梅擔任中國作協外聯部主任。

王蒙以及他幾個親近的右派弟兄，在仕途上都幾乎達到了他們人生的制高點。

我們山西作協分家在即。也正緊鑼密鼓地進行人事方面的安排。

胡正將擔任黨組書記。作為馬烽他們文聯五戰友中的小弟弟，年屆六旬，將第一次當一回第一把手。

西戎作為作協主席，將留在黨組，參與集體領導。但不再擔任黨組副書記。文聯、作協不曾分家，馬烽是黨組書記，西戎一直是二把手。分家在即，從黨組領導主席團的角度說，西戎此時連二把手都不是了。

焦祖堯，在常務副主席之外，將升任黨組副書記。距離作協主席與黨組書記兩個職務一肩挑，只有一步之遙。

至於作協的機關刊物《山西文學》，西戎也不再兼任主編。李國濤和周宗奇兩個編輯部副主任，將一齊出任主編。

那麼，誰來擔任副主編呢？說實話，我對這一問題，想都沒想。

我在北京讀文講所，事實上已經離開編輯部的具體工作崗位。對於文聯、作協分家這樣的大事件，沒有直接感受；南華門的巷子裏，將會出現權力的再分配，我缺乏敏感。

更重要的原因是，我的主要心思、主要精力，將用來應付離婚的問題。我曾經參與建造、唯恐不結實而不惜大量填注了鋼筋水泥的家庭窩巢，將由我親自拆毀。

還有孩子的問題。這是我的軟肋，是我最可能繳械的臨界點。自由假如比作一塊餅，我將像一匹殘忍的狼，將要和我的孩子們分餐，血淋淋地撕扯開來！

然而，會議期間，李國濤老師找我談話了。說在他和周宗奇之下，要我擔任刊物的副主編。這一消息，大大出乎我的意料，也不合我的心思。我向李老師表示謝絕。

當然，我沒有用我即將離婚作為理由。那是我個人的私事，拿不到桌面上。我說，我還在北京讀書，儘管學校有假期，還有實習期，但畢竟不能全年坐班、堅守崗位。再說，我連一個小說組的副組長都沒有擔任過，副主編的工作，恐怕做不好。李老師不容置辯，說領導上已經定了。至於我說恐怕幹不好，老李笑了。「這點能力，你還是有的。張石山，什麼時候學得這麼謙虛啦？」

所以，我說的都是真的，副主編，我不想當都不成。

我的資歷、我的能力，到了那個火候。機緣、機遇，你遇上了，或者它們找上門來了，你連躲都躲不開。

聽說，我省作協還將另外開辦兩個刊物。

一個，是全國省級刊物不多見的文學評論刊物《批評家》。將由董大中先生出任主編，蔡潤田先生出任副主編。

一個，是大型文學期刊《黃河》。將由成一出任主編，韓石山和鄭義二位出任副主編。

聽到這些消息，我相當振奮。我們省作協，不愧是一個文學大省的省作協。老一輩作家，高瞻遠矚，有幹大事的胸懷眼光；青年一代，人盡其才，有接火傳燈的能力。

六、鄭義，獻上致敬信

中國作協第四屆代表會，議程多多。難以一一盡述。我也懶怠記憶。「共產黨的會」，那是上了老百姓口碑的。

會上，發生了或曰出現了一件大會議程之外的事件。轟動一時，記憶猶新。

什麼事件？鄭義發起，策動大家簽名，給周揚寫了一封公開的致敬信。大字報似的，張貼在賓館大會堂的前廳。

鄭義向周揚致敬，原本沒有什麼。首先，從鄭義的角度，以及許多周揚麾下部屬、部將的角度，周揚有值得致敬之處，鄭義他們也有應該致敬周揚的理由。

自從鄭義到馮牧家喝過咖啡，中篇小說〈遠村〉全國獲獎，鄭義已經被列入馮牧的隊伍之中，或者說鄭義自己投奔到了馮牧麾下。小說〈遠村〉不錯，應該獲獎，但鄭義走了一條「終南捷徑」。而既然邁進馮牧的客廳裏，也就等於加入了周揚的部隊序列。我的語言不一定準確，讀者大概能夠明白我的本意。

周揚在本次作代會之前，寫出並發表了他的關於闡述「異化」的理論文章。關於「異化」的命題，按說誰都可以提出，可以討論商榷。一家之言，只要言之成理。對於周揚，這是經過積年思考形成的思想，也是第一次提出了屬於他自己的一點思想。

「異化」問題，不是一個問題嗎？現在，不是理論家們隨便將這個辭彙掛在嘴邊的嗎？讓人講話，天不會塌下來。毛主席曾經這樣教導我們。

但在當初，周揚提出了「異化」命題，卻掀起了一場軒然大波。

周揚受到批評乃至批判，受到其他御用理論家或者理論權威的抨擊或曰圍剿。周揚竟至被擊倒。堪堪就在作代會期間，傳來消息：周揚突然中風，到醫院進行搶救。

就在這樣的情況之下，發生了鄭義向周揚獻上致敬信的事件。

一位老人，突然中風；一位老領導，不幸住院搶救，值得同情。周揚，在新時期以來，有洗心革面的主觀；在改革開放的大潮中，曾經推波助瀾，而不是開倒車、當棍棒。這些，也都值得大家尊敬。個人願意公開致敬，也無妨。

但鄭義顯得格外突出，或者說有些過份張揚。到處奔走，幾乎竄入每一個與會者的房間，拿一張大紙，要人簽名。致敬信已經寫好，大字報一般；簽名，鄭義已經為首簽名。還有史鐵生、孔捷生等人。在馮牧客廳喝咖啡的幾位哥們，都赫然位列榜首。

鄭義當然要來找我們本省的幾位弟兄簽名。說心裏話，我多少有些抵觸；倒不是因為鄭義簽名在前，我不願意給他墊背。不是那樣的心理。也不是我對周揚前輩有看法，我拒絕致敬。

我幾乎是有些自然的反感。就好像是小說作家的不在於「寫什麼」，而是在於「怎麼寫」，我對鄭義的做法產生了抵觸。

同樣是老三屆，同樣是當年的紅衛兵，同樣對文革恨之入骨，同樣痛心疾首地進行過艱難的反思，他怎麼還是那樣？

在鄭義和柯雲路兩位插隊山西的知青身上，都有著相當接近的性格特徵或曰思維方式。缺少起碼的平民意識；以英雄自任。樂意搞英雄崇拜，被人崇拜或者崇拜別人。樂於造神，將自己造成大師、活佛、神仙，或者向大師、活佛、神仙頂禮膜拜。

而且，向周揚致敬，鄭義將這個致敬行動搞成了一個「運動」，人人簽名、人人表態，我也相當反感。怎麼，運動又來了嗎？我們吃過各種運動的苦頭，還沒有吃夠嗎？

況且，不用那樣義形於色，捍衛什麼似的。不必那樣大義凜然，無私無畏似的。不然，不對。不該是這個樣子。任何運動，大轟大嗡，群氓躁動，除了出於恐懼，就是出於私心。鬥私批修，狠鬥私心一閃念，我們都是過來人。不用自欺欺人。私心更加嚴重，只是更加隱蔽罷了。運動積極份子，除了少數幾個天生傻瓜，都是機謀深險的偽君子。

鄭義、柯雲路，作為同時代人，你們聽得見我的話嗎？你們聽得進去我的話嗎？

很不幸、很尷尬、很丟人，我當時也在大白紙上簽署了自己的名字。張石山三個字，墨黑墨黑。

人有見面之情。拒絕，說「不」很難。許多看法，都是事後歸納深化了的。當時，我只是有著些許反感，沒有形成抵抗。事起倉促，我的應變沒有那麼快；事情本身，向寫了「異化」文章而又不幸中風的周揚先生致敬，也不是特別的大逆不道。

我用毛筆簽署了自己的名字。正是白紙黑字，鐵證如山。

如果那是一場運動，我在最初的時間，也完全可能被裹挾進去。

第十七章　分家波亂

分家，在傳統的中國，是家庭、家族的重大事件。

父母老人還在世，兒子們膽敢提出分家，那就是大逆不道。但老人去世，群龍無首，因為分家析產，在父母大喪期間，就可能掄起哭喪杖大打出手。

而分家到底是必然趨勢。即便是鐘鳴鼎食之家，即便老人長壽、五世同堂，最終還是要分家。老公雞不能打鳴了，小公雞也叫得天亮。這是自然規律。

如今，莫說在現代都市，便是鄉野農村，家庭越分越小。新媳婦剛過門，不等「回三、住九」，就要攛掇男人分家。兒子沒法，老子也沒法。因為不分家，媳婦有殺手鐧──離婚。罷罷罷，分家！

家庭越分越小，其顯見的優點是父子經濟分明，婆媳關係容易相處。媳婦享受到分家過小日子的自由，那麼到她當婆婆的時候，也沒有道理難為她的媳婦。鄉野社會，在新的結構之下達成新的和諧。

但文聯與作協的分家，與上述分家大異其趣。

一個正廳級單位，變成兩個正廳級單位。活生生多出一個廳局機構來，下面該有多少正處級部門？所以，我說過我們南華門裏的情形，叫做「無官不算處，有人皆是家」。編輯部、資料室、人事處、辦公室，隨便拎一顆腦袋出來，是處長！見一位戴眼鏡的，別問，是一級作家！

精簡機構喊了多少年，杜鵑啼血。機構不知是否得以精簡，先成立一個精簡辦。

機構越來越多，幹部也越來越多。

於是，我們往往會處在某種尷尬的境地。

領導給我一個副主編，相當於副處級，好大一個官。我幹不幹？幹。

機構龐雜，幹部比例居高不下，中國的大難題。你說不說？說！

一、分家大動盪

文聯、作協分家之後，南華門裏，《黃河》開辦，《批評家》出刊。單以我們《山西文學》來說，李國濤、周宗奇是雙主編，我是副主編，李銳是編輯部主任，燕治國和禹曉元是兩個副主任。成批的年輕人獲得提拔。

胡正老師這時留下了他的名言：「我三十來歲就是文聯秘書長啦！你們早就應該提拔起來幹啦！」

當然，我們也不能不顧客觀，認為馬烽、西戎壓制年輕人。一個蘿蔔一個坑，他們即便想要提拔年輕人，空缺位置在哪兒呢？是分家，給胡正老師提供了這樣的機會，使大家共同得到了歷史機遇。

分家之前，文聯五戰友之一，也是我們的作家老前輩李束為回到南華門，還主持了一段工作。具體說到分家，李束為要到文聯去，省裏撥了幾千萬，已經建起了文聯大樓。馬烽等四位戰友，加上王老，這文壇五老留在作協。他們對南華門、對閻氏故居，感情頗深，彷彿故土難離。

這樣，要跟李束為走？還是留在南華門？一時成了下面眾多的一般幹部和工作人員面臨的重大抉擇。

寫出〈抉擇〉而轟動一時的張平，當初山西師大畢業後，到臨汾文聯參加了工作。據我耳聞，省作協幾位前輩一直準備調張平上來。南華門、省作協，早已對張平這位後起之秀敞開了大門。但張平有自己的抉擇。他最終是從臨汾地區上調，直接進入了省文聯。

大家揣度，張平或者有著更加全面的考慮。南華門的巷子裏，已經堆積了好幾個成名的青年作家，那兒果真有點狼多肉少的形勢。張平到省作協來，能吃到什麼肉？恐怕喝湯也是稀的。事實證明，張平的抉擇是明智的。文聯那邊，也要辦刊物，啟用了老刊物的名號《火花》；董耀章和王中幹出任了雙主編，張平則擔任了副主編。

張平是創作人才，而且是從下面調來的，情況相對特殊。原先南華門巷子裏的工作人員，抉擇就相對艱難。比如在編輯部工作有年的幾位同道，去還是留，頗費躊躇。

兩位美術編輯，王瑩和趙國荃，比較好辦。他們是畫家，美術家協會歸屬文聯，文聯還要成立山西畫院。一句話，到文聯。

小說組副組長王中幹，編輯胡帆和張改榮，最終決定到文聯《火花》編輯部，我相信他們一定經過了激烈的思想鬥爭。

比如胡帆，從農民身份直接變成國家幹部，馬烽、西戎是大大費了周折的。或者說，培植胡帆，前輩作家耗過心血。胡帆自己當初也講過：「馬烽、西戎就是我的重生父母。」言猶在耳，結果卻要離開作協去文聯。

而離開作協去文聯，翻譯簡化一番，就等於是離開馬烽、西戎，轉而投奔李束為。李束為和馬烽他們幾位，文革前就有矛盾，那是公開的秘密。矛盾之激烈，曾經達到無以復加的程度。分家這件事擱在眼前，又平添了若干「劃分陣營」的味道。胡帆他們幾個，做出最後決定，會是容易的嗎？

分家在南華門的巷子裏搞得人心惶惶、大起波亂的時候，我還在北京文講所。我不知道更加老辣的李束為，以及幾位與他面和心不和的戰友，各自有過怎樣的部署安排；我也不知道幾位編輯同仁，經過了怎樣的分頭協商和私下盤算。等我回到太原，進了南華門的巷子裏，分家波亂已近尾聲。大傢伙兒的去留，已經基本明確。

我只能揣測一回。

胡帆、王中幹們，一定權衡過了。作家協會，看重的到底還是創作。作家協會，到底是作家的協會。反正是當編輯，倒不如上文聯去當編輯。說不定提升機會更加多一點；本次分家具體安排，能夠得到的眼前實惠可以更加多一些。

況且，李束為分家之前主持工作，有更多接觸群眾的機會；關於分家，或者做過許多行之有效的前期鋪墊工作。

我在前面介紹過的四名右派，統統去了文聯。他們的抉擇令人納悶：李束為是鐵腕人物，他們卻寧可追隨李束為。或者，從他們的角度看問題，南華門、閻氏故居，是他們的傷心地，離開為好。

辦公室的後勤方面，絕大多數的工作人員也都選擇去文聯。掛著文聯的招牌，卻是伺候作家大爺，這樣的日子再也過不下去了！

人是太具體了。人的想法有時也太現實了。

這一切都沒有錯。

——我趕上了分家的尾聲。分家波亂引發的種種動盪餘波尚在。我剛剛擔任了《山西文學》副主編，全面主持工作，不能不面對分家動盪給刊物帶來的若干後果。

二、挽留周景芳

周景芳，早在1981年我到北京領獎的時候就認識了。她當時是《小說選刊》編輯，腦後甩一隻「馬尾巴」，是一位青春美少女。聽說原籍山西，復旦大學工農兵學員，畢業分配直接到了《人民文學》。萬沒想到，有朝一日她會回到山西，會成為我的部下。

周景芳原籍晉南臨汾，父親好像是公安局長那樣級別的幹部。文革中得以被推薦上大學，而且上的是復旦，家庭背景起過關鍵作用。但在晉南那片古老的土地，傳統極其強大。那兒一直有著家長給孩子們早早訂婚的習俗，所謂「結娃娃親」。即便是高級幹部，也難以免俗。她家給她訂了一門娃娃親，對方是地委書記的兒子。正是門當戶對。

周景芳讀書在上海，工作分配北京，小丫頭變成美少女，山西晉南變得遙遠。自己人大心也大，周圍追求示愛的登徒子前赴後繼。愛情是那樣誘人；自由是那樣可貴。周景芳於是有了掙脫父母包辦的念頭。

女兒竟然有了如此念頭，父親大驚！出現這樣的情況，叫公安局長如何面對地委書記？父女較量的結果，女兒乖乖回到山西。《小說選刊》編輯，變成了臨汾地區文聯的普通工作人員。結婚成家，復歸傳統。

所謂嫁雞隨雞、嫁狗隨狗。青春美少女，變成一位賢妻良母。

丈夫不久後調來太原，周景芳隨之來到省城，進入南華門，到《山西文學》來當編輯。

丈夫後來去往深圳，周景芳隨之去往南國，在海天出版社擔任副主編。

丈夫當了深圳「世界公園」書記的時候，周景芳也改行經商了，承包了昆明世博園的餐飲服務以及環保電瓶車園內的遊覽業務。前幾年，我上昆明的時候，會過她一面。當年的副主編，已經變成了一位富婆。

世事變遷，難可逆料。

「挽留周景芳」，發生在他隨同丈夫調來太原的日子裏。

周景芳在刊物當編輯，看稿水平沒話說，《小說選刊》的工作經歷不是鬧著玩的。為人也很少是非，和大家相處甚好。個人情感生活有過那樣的波折經歷，人是更加成熟了。

但她畢竟是個女人，在編輯部和張改榮、呂文幸過從密切。那兩位女士都決定去文聯，周景芳就難免動了心思，吞吞吐吐地提出來，說她也想調往文聯。

新任黨組書記胡正，親自出面談話。作為刊物新任的副主編，和她先前還認識，我也幫領導上工作，誠懇地挽留周景芳。

領導上挽留一個人，有上頭的優勢，可以封官許願什麼的。我和周景芳能說的，只是幾句大實話。

「老胡答應給你一個副處級，我認為你到文聯最多也不過如此。工作呢，看稿當編輯，哪兒也區別不大。剩下的是人事方面的考慮。老李、周宗奇，還有我，你覺得和這些人一塊工作，不好嗎？」

周景芳此刻從慣性思維中醒悟過來，自己承認說：「我也是被轟轟起來了。省作協待得好好的，突然要上文聯，我這是幹什麼呀？」

周景芳於是留在了南華門。

後來，我升任刊物主編，她擔任過我的副主編，兼任小說組長。

李銳是第一副主編，我回到太原主持刊物，李銳歇班搞寫作。我到北京上學期間，則由李銳全面主持刊物。我去上學，另一位副主編燕治國後來也進了北大作家班，和我一塊赴京。實際上，周景芳是唯一全年堅持坐班的副主編。對於我們《山西文學》的繼續輝煌，是做出了巨大貢獻的。

挽留周景芳，我們挽留住了一個上好的編輯人才。

三、揪回燕治國

胡正老師挽留周景芳，手中有王牌。王牌就是職務與級別待遇。編輯部的位置已然沒有空缺，好辦，安排到理論研究室。職務是副主任，級別是副處。包括作家柯雲路，人一直在榆次，編制調來，胡正也給了一個理研室副主任的職位。　　於燕治國和禹曉元兩位編輯，做了同樣的副處級別的安排。

但在過程中，出現了一個出乎意料的變化，把老胡弄得措手不及。

原來，作協主席西戎兼任刊物主編的時代，《山西文學》是副廳級機構。這樣的話，兩個主編是副廳級別；副主編和編輯部主任是正處級待遇；兩位編輯部副主任則是副處，毫無疑問。燕治國級別暫時比我低一點，但是副處待遇，他也接受。不說其創作成就，即便是進入南華門的年代也比我要晚。

然而，情況發生了變化。《山西文學》是副廳級，那麼《火花》呢？《火花》主編董耀章當然要爭取同等待遇。此人本來就善於活動，此時更要理直氣壯地活動。活動的結果，宣傳部下達文件，兩個刊物擺平，都是正處級。

如此一來，編輯部各位的級別就都一概陡然降了一格。胡正口口聲聲答應燕治國的副處級，此時成了正科級。老燕性格細膩，有時心細如髮。不能和張石山相比也罷了，那麼周景芳呢？晚來的反倒是副處，有這樣的道理嗎？或者老燕榮升副處，已經給家鄉寫去喜報，這叫人怎樣處置？

燕治國性格固然細膩，但有時處事莽撞；好比喝酒喝高了的時節，容易衝動，言語行動不計後果。這位老兄，和我一塊赴京讀書的老伙計，事前也不與我商量，突然決定要去文聯，要去投奔李東為。

這件事可以這樣分析：在分家的當口，你決定去文聯也就去了。說不定早已被安排為副主編的級別，張平都得在一面稍息。但分家已經過了一個多月，如此莽撞行動，合適嗎？考慮周全嗎？

然而事情已經發生了。事情發生之後，老燕才告訴了我。電話將我招到他居住的五層樓上住宅，口裏噴著酒氣，但言語倒還清晰條理，向我講述了他整個行動的來龍去脈。

老燕說：「我去找李東為啦！反正誰能給我一個副處級，我就跟誰走！我撅斷也是一根棍子！我死也死到文聯去！」

燕治國，也算我的親密伙計，仁兄這樣講話，我還好說什麼？我也只能是希望，文聯那邊能給他一個如願的安排。就算有點開罪老馬、老西，包括老胡，總算拿住一頭，最終是一個支撐點。

那麼，中途投奔李東為，李東為如何答覆？

老燕告訴我，李東為見了他，很高興！這樣說：「願意到我們文聯來，歡迎嘛！關於你的級別，擔任副主編的問題，我沒有意見。你去和董耀章、王中幹他們再商量商量！」

我一聽，壞了！這不是一句拜年話嗎？這是畫餅充饑呀！

我看看老燕，老燕也看看我。

老燕眼神恍惚著，口氣還挺硬。繼續聲稱「斷了也是棍子」之類。但我明白，這是三兩燒酒撐著呢。

離開老燕家，我直奔胡正老師那兒。張石山某人有個毛病，自己有事，咬碎門牙肚裹嚥，偏生樂意援手他人。看著朋友往井裹掉落，不會袖手旁觀。

見了老胡，情況不妙。胡正老師說，大家很生氣。特別是老馬很生氣。老馬已經放話：「咱們待燕治國不薄。他要投奔李東為，讓他去！」

老馬很生氣，後果很嚴重呀！我試探著和老胡分析：萬一李東為那兒安排不了他的副處級呢？恐怕還得轉回頭來……

胡正口氣堅決：「不管！你去文聯，哪怕你當了文聯主席哩！回來？不行！作協這裹成了啥啦？想走就走、想來就來呀？」

離開老胡家，剛剛進屋，一切果然不出我之所料：燕治國打來電話，已經帶了哭音。「石山兄，我的班長老兄，我可怎麼辦呀？」

怎麼辦。是啊，怎麼辦呢？一個同伴、一個同學、一個同道、一個同仁、一個同時代人，遇到難處，我總不能撒手不管。能力固然有大小，這個態度我是明確的。

具體思路是這樣。燕治國已經把事情做下，後果已然形成。文聯那邊去不成，李東為只是說了兩句拜年話，到底安排不了副處級。作協這邊又回不來，老馬很生氣，胡正封了門。老燕一個大活人被吊在半井裏。讓他自己去向老師們哀求懇告？甚至承認自家的不是？那也太難為一米八六的大個子了。眼下，只有我來出面講話，設法周旋。幫燕治國搭一部梯子，讓老兄下臺。

具體行動，也沒和老燕說。說了也沒用。找了胡正老師幾回，表明我的態度。要我主持刊物，我得有人當部屬。燕治國儘管一時糊塗，當編輯沒有問題，這個人我收留。胡老師不鬆口。胡老師生氣地說：「我答應安排副處級，我保證說到做到嘛！情況有些出乎意料，我隨後也要設法解決嘛！說什麼周景芳？先把你燕治國安排在編輯部，周景芳掛在理研室，哪個靠前、哪個靠後？安撫不下來啦？讀文講所，也是先叫你去讀。咱們作家協會，對你燕治國夠意思！老馬生氣，老西也生氣哩！」

說了三回，不成。撬不開老胡的嘴，敲不開老胡的門。怎麼辦呢？

這時，張石山不得不動用一點智商了。

獨自盤算一回，想好一段說辭，第四回來遊說胡正。

我說：「胡老師，你想過沒有？燕治國這麼給憋著，恐怕要憋出事兒來呀！因為一點私人小事，曾經在家裏牆上碰頭，尋死覓活的。這回可是遇上了大事。他要是想不開，從他家五樓上跳下來怎麼辦？」

本來，這是我想好的一段臺詞，是一種假設。但我的語氣、表情，表演天賦，都派上了用場。說到此刻，便是我自己，也被自己的假設給嚇住了！

胡正果然重視起來。他說：「不會吧？」

我就繼續嚇唬胡老師：「胡老師，你剛當書記，全面主持工作，不怕一萬、只怕萬一。萬一出個人命什麼的，那可就不好啦！」

胡正終於鬆口。說要彙報老馬，和老馬商量一下。同時，老胡也不是吃素的，立即將皮球給我踢了回來：「張石山，燕治國可是你硬要收留的，今後在他身上要是出了任何問題，我唯你是問！」

事情得以解決，我樂得連連唯命。

一塊石頭落了地，通知燕治國來上班。

老燕的激動、感謝之類，我就不再重複。

——人即過程。我曾經依順我的天性助人為樂，我早已得到了快樂。我不需要別人的感激，甚至不在乎別人的忘卻。

有更多的人，曾經幫過我。張石山你敢說，你都一絲不落、永遠記著嗎？

四、嘉獎何家驊

文聯、作協分家，編輯部負責通聯後勤的人員全部到了文聯，只剩下一個何家驊。小小張石山，從一個普通編輯一舉升任副主編，老何卻依然是老何。跑印刷廠、聯繫插圖什麼的，跑了將近三十年。我如何才能處理好老何的問題？

而老何果然有點問題。除了老毛病，動不動編幾句瞎話，周宗奇主持刊物期間，老何鬧開了彆扭。版權頁上的編委「西戎」，印成「西戒」。說他，他竟然有話說回來：「哈哈，我早就看出來啦！反正我不是負責最後校對！哈哈！」

諸如此類，鬧了幾回差錯。氣得周宗奇在刊物扉頁上公開批評何家驊，忙中出錯，將本刊「啟事」寫成了「啟示」。

我主持刊物的第一天，給編輯部各個部門分說任務。最後說到了何家驊這一塊。我的措施很簡單，不過兩條，語言也簡潔。

頭一條。「老何為我們的刊物跑印刷廠多少年，夠辛苦的。騎自己的車子，少少掙幾塊磨胎費。會後，老何去市場上，選太原市能夠買到的最好的自行車，給你自個兒買一輛！拿回票據來，我簽字報銷！」

再一條。「刊物原先用著兩個美編、畫家。封面和插圖還得花錢找人。這方面的工作，老何也熟悉。印刷、校對之外，老何把這項工作兼起來。現在雇傭臨時工，一個月工資九十元。我們減少了兩個美編，只增加一個臨時工。這份工作，給你何家驊九十塊，你幹不幹？」

何家驊笑得合不攏嘴。本來牙齒白，更加白厲厲的。

插圖、封面，當然我要審稿；不行，立即換。劃版、校對，何家驊負責。不許出錯。印刷業務，不能拖期。郵局罰款，老何自個兒掏腰包。

在我主持刊物的幾年裏，老何工作賣力，極少出錯。業務繁忙，也沒有多少功夫編瞎話玩。

五、分解詩歌組

文武斌去世後，詩歌組還有劉琦、張承信兩個人。劉琦負責編輯《山西民間文藝》之後，詩歌組實際就剩下張承信一個。有詩歌組，卻沒有組長。

文聯、作協分家，青年詩人潞潞調進南華門。領導任命潞潞擔任了詩歌組的組長。編輯部的編輯組長副組長，任命權在作協黨組。任命之前，也不通告我知道；任命下來，我卻必須立即協調各種關係。

客觀態勢，張承信年齡比我大，調進作協比我還要早，當他的領導我都有些作難，何況潞潞。從主觀條件來說，潞潞寫詩不錯，為人處世卻一整個孩子氣。他這個組長又如何能夠處理好與老張那位組員的關係？分家帶來的問題，我必須面對、必須正視。

山西文壇，包括《山西文學》，詩歌界的不團結是出了名的。在我主持刊物期間，我不希望這種情形在這裏延續。但具體怎麼辦呢？工作關係，且不是家庭夫妻關係。在家裏，潞潞的夫人張莉，可以欣賞丈夫、容讓丈夫，「我們家潞潞，個頭雖然不高，可他就像是拿破崙呀！」讓張承信服從這個「拿破崙」，恐怕不現實。

中國人的吃飯問題，愁壞了多少國家領導人。鄧小平先生打著橋牌，隨便吩咐下去：「把土地分給農民！」十多億人就吃飽了肚皮。

學習鄧小平理論，落到實處。我抽了一支煙的功夫，辦法就想出來了。

具體措施是這樣。一年四個季度，刊物十二期。分解成為兩塊，潞潞負責一、三季度，老張負責二、四季度。分頭負責編輯推薦詩歌，直接提交到我這兒來審稿。這樣，組員與組長基本不發生關係，免除了起衝突和鬧矛盾的機會。

組長、組員擺平，責任制出現在編輯部，團結是沒有問題了。但恐怕還不夠妥當。擺得太平，組長就不像組長了呀！

又是一支煙的功夫，辦法來了。

當時各界有反映，說張承信濫發關係稿，以便自己的詩歌也能夠到外地刊物發表。這事第一難以徹底杜絕，第二不好一概而論。這方面，我給張承信吃了一顆定心丸。關係稿，不怕！那是一種能力。沒有關係，哪來的好稿？關鍵是稿件質量。只要稿件質量上乘，表揚！

張承信有了尚方寶劍，勝任愉快。

潞潞組長這兒，這樣安排。老李主持刊物的時代，我們的刊物每年第八期，都有一個詩歌特輯，二十個頁碼。平常月份，詩歌只編發六到八個頁碼。潞潞負責的第三季度，詩歌特輯，我將頁碼增加到四十！四十頁，那是半年多的發稿數量。

於是，潞潞滿意。組長、組員皆大歡喜。

六、救助禹曉元

僅僅從我們《山西文學》一個刊物看來，分家引發出的連帶問題，也是層出不窮。

文聯、作協分家之後，王子碩離開編輯部，擔任了省作協第一任秘書長。當年王子碩三十二歲，正是胡正老師當秘書長的年齡。胡老師大膽起用新人，又是一個典型的例子。

所謂的秘書長，本是作協主席團的秘書長。但多年以來，黨組掌權，領導作協主席團。秘書長事實上成為服從黨組領導、尤其是聽命黨組書記的角色。作協主席無權指揮秘書長。說是怪事，也見怪不怪了。

文聯、作協分家，給王子碩提供了一個升遷的機會。秘書長的行政級別，相當於正處級。事實上，王子碩被提拔為正處級，比韓石山、鄭義、張石山和李銳都要早。

而機遇即是挑戰。王子碩向來缺少事務性工作的正式磨練，分家伊始，不僅各種工作頭緒紛亂，各方面情況也相對複雜。記得時間不長，王子碩就打了退堂鼓。編輯部這邊的位置已然頂滿，他一時無法安排回來，就那麼懸擱在半道上。過了幾年，王子碩才回到編輯部。主動降格為副處級、擔任了副主編。皆是後話。

王子碩不能勝任秘書長，胡正老師只好另做打算。一邊準備從外面調一個適宜幹秘書長的人物進來，一邊在機關內部物色人選，至少暫時將秘書長的工作負擔起來。

分家波亂，一波未平、一波又起。

黨組決定，調我們編輯部的副主任禹曉元到機關內擔任臨時副秘書長，暫時代理秘書長之職，以填補權力空缺，協助黨組立即開展工作。

據說，馬烽老師親自和禹曉元談了話。但作為主持刊物的副主編，我沒有聽到上級任何有關的明確指示，也沒有見到任何禹曉元的正式調令。

禹曉元，我、李銳等刊物編輯和他早就算是認識。早在我們剛剛調進南華門那時，老禹從晉東南前來公幹，他也在李銳臨時居住的平房招待所裏間住過。見面打過招呼。

老禹是回民，濃眉大眼，頭髮粗壯、濃密而捲曲。相聲演員李金斗像回民，而老禹像是李金斗。說話孩子似的笑，彌勒佛一般。本來壯胖，笑的時候拱了肩膀，更加找不到脖子，更加像個笑彌勒。大家對他印象都不壞。只是有一點，睡覺時都躲著他，恐懼他的呼嚕。

我在外間和李銳聊天，老兄在裏間打呼嚕。呼嚕不是一缸單向的衝程，而是雙缸來回的衝程，風箱一般推拉都帶風。小房間變成一個大音箱，房門玻璃被空氣震動了，「嘩啷啷」地響著。

後來，這位呼嚕好漢、回民弟兄，調進南華門，來到編輯部，成了我的部屬之一。

禹曉元比我年長，做事細緻，也極有耐心。當時我把編輯部的後勤瑣碎工作全部委託給他，包括財務大權。我真是一個不耐瑣碎的人，也沒有掌管財權的欲望。所謂疑人不用、用人不疑，我把財權完全交給老禹，出於充分的信任。我敢於斷言，只要我是他的上司，他不會背棄我的信任。

事實應該能夠證明，老禹管理編輯部的後勤，確實井井有條。財務方面，應稱清楚。大的花銷有請示，事過之後有彙報。編輯部購買了全英大百科全書，人手一套。給《山西文學》的編委，也就是老作家們，一人也是一套。具體上門送書，也是老禹。我得騰出功夫編刊物。我知道，編好刊物才是我的職責，才是領導們的希望。

有人建議過我，這樣的好事，怎麼都讓禹曉元去幹了？我置之一笑。

燕雀安知鴻鵠之志。我是靠經常跑領導家裏、給領導送兩本書，在南華門立腳做人的嗎？

但合作很好的老禹，使用相當得力的這位老兄，卻要去機關另謀高就了。儘管領導還沒有正式通知我，我也得考慮老禹離開之後的後勤工作人選。

記得我在此之前，曾經隨便說過：「祝大同編刊物沒有問題，幹編輯部主任也行。不懼瑣細，富有耐心。但聽說禹曉元講過一點開玩笑的話語。說是有些陰陽怪氣也行。」

據說，見了祝大同，老禹這樣講話：「祝主任，你好哇！」

不是親耳聽到，不能作數。

且說禹曉元可能去當副秘書長，但還沒有正式離開編輯部的當兒，為了和機關後勤辦公室的人員搞好關係，曾經搬了整箱的健力寶飲料去慰勞大家，沒有經我同意。

我後來是怎麼知道的？因為後勤方面的司機大爺們不買禹曉元的帳！司機大爺中的大爺，那是周玉。周玉放話：「搬來飲料，放下；打開易開罐，大伙兒喝掉。然後呢，沒有給禹曉元上什麼好話。」

禹曉元的年齡比我大，來南華門的時間並不長。他是如何與後勤方面有了過節，不得而知。或者，是胡正老師上臺掌權，本身就沒有協調好後勤方面？周玉周大爺是和胡正耍把戲？也不得而知。

後來的事情，就帶了些怪怪的味道。

老禹工作的重心已經完全放到機關事務上，整天不在編輯部露面了。和我有過一次匆匆談話，說了老馬找他談話的事兒。講到自己進入機關的時間太短，恐怕不能勝任秘書長工作之類。但領導既然信任，不能辜負。話說得很是得體。

我也誠懇表明我的觀點。第一祝賀老兄進步升遷；第二提醒他注意，整個機關的態勢，可是要比編輯部複雜。王子碩沒有幹成秘書長，但願你老兄一切順利。不是正式告別，又勝似正式告別。

過了不久，編輯部裏有些騷動。不知從什麼渠道，編輯部不少同志都反映，說是聽人講：禹曉元到處說編輯部的難聽話。說過這個人，說過那個人，包括說過張某人。大家於是都有些生氣，看我的態度。

大家是否直接聽見禹曉元的話了？沒有。我聽大家轉述，當然更是沒有直接聽見。於是，按我處理事情的方式，將風波壓下。不做調查，沒那閒功夫。也不希望大家當一回事，不必硬找不愉快。

馬烽老師在機關大會上提出過對大家的期望，曾經說過這樣一段話：「不利於團結，不利於機關整體工作的話和事，少說少做，不說不做；有利團結，有利整個機關工作呢，盡量做一點。人人補臺、而不是拆臺，這就好啦！」

我果然記住了馬老師的這段教誨，暗暗朝這個方向努力。我這樣做，不需要誰知道。因為這樣做，肯定是對的。是一點善。而善欲人知，必非大善。

問題是，我安撫住了編輯部，事情卻並不算完結。

前面幾天，聽說禹曉元工作十分盡心。機關那時搞基建，為了工地上不出問題，老禹黑夜親自值班，穿了軍大衣站崗放哨。我聽了，還是一笑置之。秘書長這麼工作，還不累死。完全不得要領。這是要做給領導看的嗎？有這個必要嗎？工作的關鍵是在這上頭嗎？

後面幾天，聽說禹曉元已經吃夠了苦頭，也要打退堂鼓。編輯部裏也都聽說了。大家的意見驚人一致：不歡迎其人回來。老禹才離開編輯部幾天！這能完全歸結為「人情冷暖」嗎？老禹自己有沒有責任？

接下來，又是不出我之所料。老禹仁兄也哭到我的面前來了。悲悲切切的，主題一個：希望回到編輯部，希望我能收留他。

首先，我得隨時應對上級領導的突然措施。說調任禹曉元，沒有通知過我；禹曉元退回來，也沒人吩咐我接收。胡正老師日理萬機，恐怕一時忽略。或者我可以這樣理解：這是領導上對我的的充分信任。知道你張石山能夠協助領導處理任何突發事件。

儘管領導沒有吩咐我必須接收禹曉元，但我同意接收。老兄遇到難處，我不能不管。對待老燕、對待老禹，一樣的道理。然而，編輯部大伙兒情緒惡劣。老禹說過什麼話，我可以不做調查、不予追究；但所謂「隔耳炮」打死人，無論說過沒有，已然造成了傷害與裂隙。我得平復大家的情緒。

或者，這就是所謂工作。主持刊物，或者主持什麼部門，具體業務當然要幹好。那是你的主要職責，那要見你的本領真章。具體業務之外的工作，更是工作。

且說禹曉元求告到我的名下，一位兄長、一個民族兄弟，一個曾經的良好合作伙伴，一個大活人，哭泣掉淚，需要救助，我該怎麼辦？

拉人一把，勝於推人一把；也勝於潔身自好，不予救助。

於是，當下做出決斷：打開房門，容納回頭遊子。

提前向老禹講明：「醜話說在前邊，我要當眾批評你幾句！難聽話，老兄你得讓我說。我得讓編輯部大伙兒消氣下火！」禹曉元唯唯。

說是「當眾」，其實我把範圍縮小到編輯部處級幹部這一層。禹曉元還要當編輯部主任，他還要工作。我以下，李銳、燕治國、周景芳三個副主編，一塊開會，接納老禹歸來。說明了老禹的處境，介紹了他的要求，也講述了我的態度。然後，嚴厲批評了禹曉元。

禹曉元回來，工作更加兢兢業業。

——文聯、作協分家，帶來了種種波亂。凡是編輯部必須面臨的問題，我都做了相應的處置。在游泳中學習游泳，在工作中學習工作。從一名普通編輯升任執行副主編，我得到了鍛鍊，也自我驗證了一番。

一年之後，我接任《山西文學》主編。編輯部的人事關係已經完全擺順，學習空氣濃烈，辦刊熱情高漲。

我曾經誇下海口，一定要為我刊拿回全國獎。時機成熟，條件具備，我的諾言到了兌現的時候。

第十八章　黄河筆會

文聯、作協分家之後，跨入1985年的門檻。傳統節日春節，胡正老師帶領院裏所有的青年作家去給省委書記、副書記以及宣傳部長拜年。

單就這件事本身，至少有兩點值得言說。

其一，省委副書記楊茂林，在後來的幾年裏，包括他升任了省委書記，總是採取主動，到南華門來率先給大伙兒拜年。省委領導，顯得和文藝界、文學界關係密切。文化戰線，像是一條受到重視的戰線。知道老作家的死活，知道青年作家正在幹什麼。

這當中，也不可排除這樣的因素：胡正老師帶領作家首先拜年的行動，促進了省委領導。

其二，胡富國當省長的時候來過南華門一次，那也是不得不來。因為書記都來了。自從升任省委書記後，再也沒有踏進南華門一隻腳。全省作家，他只知道一個焦祖堯。那還是在大同煤礦當採煤隊長時代認識的。

我願意這樣評價：胡正老師帶領大家去見省委領導，表現出了前輩作家的風度。他們不怕青年作家進步，不怕大家有接觸上級領導的機會。

到王茂林那兒拜年，有過一個細節。王茂林拿出熊貓香煙來給大伙散發，一邊說：「有人送了一條煙，這煙是貴！一條子，二十二塊錢呢！」

當時，物資短缺年代的特供制度依然。紅塔山香煙一盒七角錢，老百姓買不到。

中國改革開放成就巨大，無庸置疑。但只是在經濟上比較突出，政治體制改革相對滯後。學者和理論家們都在擔憂改革進程在結構方面的不平衡。

在我們作家協會這樣的群團組織，大家能夠說出多少實質性的改革措施、步驟和成果來呢？

大家好像都在熬日子。過了一日算一日。不想這樣過，又不能不這樣過。熬到六十歲，退休，玩夕陽紅去。

一、《黃河》，新刊氣象

文聯、作協分家，必然會帶來種種波亂。但那是題中應有，不足為怪。分家之後，省作協機構相對單純、工作性質相對單一。胡正老師平生第一次當了文壇的第一把手，將院裏的青年作家和青年工作人員，紛紛提拔到中層崗位上，上下不僅團結和諧，而且工作積極性極度高漲。南華門的巷子裏欣欣向榮，省作協迎來了歷史上又一個輝煌時代。

文壇要興旺，離不開作家隊伍的建造。隊伍是否雄壯、隊伍梯次是否有厚度，至關重要。而培養扶植作家隊伍，離不開陣地。投稿娘子關外，到全國性的刊物上去征戰拼殺，那是成名作家的任務。本省刊物，則主要成為本省習作者的成長園地。

《黃河》應運而生。

開辦《黃河》，是我們省作協的一個大手筆。

成一，出任主編。韓石山和鄭義，出任副主編。是這樣一個過硬的班子。

由知名作家主持辦刊，是山西作協的傳統。事實證明，這是一個良好傳統。作家的知名度、號召力，不容小覷。更重要的，是作家的創作眼光或曰文學境界，對於提高刊物檔次、編發好稿、培植新人，大有裨益。

《黃河》與《山西文學》是兄弟刊物，大家各辦其事，又互通聲氣。對他們的情況，我也只是知其大概。

主編、副主編以下，調來晉中周山湖擔任編輯部主任；主任以下，張發、秦溱從臨汾山西師大調來，出任副主任。

張發、秦溱，因為一篇小說〈有福老漢〉留校師大，一直在《語文報》工作。積累了辦報經驗，懂得發行、印刷等等業務。這二位調來，漸漸成為南華門裏叱吒風雲的人物。「焦不離孟，孟不離焦」。

形影不離的兩位哥兒們，剛剛調來的時候，都是單身。吃飯沒有食堂，居住也只好睡辦公室。刊物新辦，任務緊迫；離家別母，人地生疏。煩躁起來，猶如籠中困獸。何以解憂？唯有杜康。兩人一瓶酒，沒有菜。就幾粒花生米，你一盅、我一盅，喝到紅臉變白、白臉變紅。

我和二位算是熟人，偶爾到他們辦公室看看，閒聊幾句，講些笑話段子，大家解悶。兩人對飲，沒有菜，不奇怪。村裏的好朋友喝酒，一瓶子燒酒，哥倆就一笸籮旱煙罷了。那才叫喝酒。咱們喝酒，那叫吃菜！

《黃河》以成一為首，大家同心同德，白手起家，艱苦創業。半路辦起的大型刊物，發行份數竟是一路飆升。最高曾經達到七萬印數。直追《收穫》、《十月》，在省級同等刊物中迅速名列前茅。

二、《批評家》，珍稀刊物

新時期以來，直到八十年代中期，文學熱持續高溫。廣大讀者的熱愛，支持著眾多文學刊物。相較於各種文學期刊之有如雨後春筍，全國的評論刊物非常稀少。文學評論界早就呼籲、呼喊，卻不見動靜。發行份數能否上得去？有沒有辦刊的人才？種種制約，種種慣性思維。

山西作協敢為天下先。不知經過怎樣的前期醞釀，與《黃河》一道，《批評家》橫空出世。

此前，《山西文學》先是由蔡潤田負責評論稿件，後來調進了一個老董，董大中。這兩位後來辦起了《批評家》，老董是主編，老蔡則是副主編。

先說老蔡。我和老蔡關係不凡。我是盂縣家，他是平定家。平定州過去一州管三縣，管著盂縣、壽陽和昔陽。我倆算是陽泉方面的老鄉。除了院裏的活動如打羽毛球之外，我倆還相約到杏花嶺體育場去打籃球。天天早上，和太原市的球痞子們混得極熟。

老蔡讀書甚多。我剛到編輯部那時，有了疑難字、偏僻成語，記憶不確，第一請教李國濤，第二請教蔡潤田。老蔡記憶力不算好，但邏輯思維能力或曰理論水平相當高。「假如怎樣，便會怎樣」、「與其如何，不若如何」、「既然而然，反之亦然」，他有一整套的邏輯推理。老蔡說理，所以好認死理。認定死理，誰都可以不理。

老董更是了不得，不得了。老董耳朵聾，你說話他聽不好；老董是晉南人，講話有口音，他說話大家也聽不好。不知他如何進行評論和研究，《批評家》停辦後，研究出那麼多成果來。用李國濤的話說，老董那是做了一個乃至幾個研究所的工作！

老董、老蔡主持《批評家》，先後調進幾個年輕人，計有謝泳、楊佔平和閻晶明。後來的情況證明，那是一個賽一個的人才。即便是通聯幹事梁躍進，如今也是我們機關的財務處長啦！

《批評家》應運而生，辦得嚴謹而有檔次，逐漸成為全國大有影響的文學評論期刊。

當年，省作協的三個刊物，上頭財政撥款共二十萬。分劈這點錢的時候，最是《批評家》難纏。老董是著名的萬榮家，老蔡來個認死理，不達目的不甘休。李國濤則在一邊笑：「看那二位！哈哈，不好對付、不好打發哪！」

老李本是著名評論家，樂意我們作協辦起這樣一個刊物，心底裏也就不和老董、老蔡爭究啦。

三、《山西文學》，鼎足而三

《黃河》興旺、《批評家》火爆，《山西文學》作為機關有影響力的老刊物，不甘後人。大有新舉措，大開新生面。

李國濤、周宗奇主持刊物，曾經搞過兩年增刊。所謂增刊，是這麼回事。除了經典意義上的報告文學之外，難免還有作者寫來宣傳、介紹企業公司以及老闆、總經理的報告文學。這一塊，後來就叫做「有償報告文學」。這樣的文章，即便寫得好，即便意義大，佔領文學刊物的有限版面，不合適。摻雜在一塊，讓人不舒服。

老李、宗奇設法從上面批回來了增刊的刊號。一年編發增刊六期，每期集中介紹一個大企業、一個大公司。臨時召集知名作家分頭寫稿，稿費從優。企業、公司獲得集中、全面、有力的宣傳，非常滿意。記得一期增刊，毛收入三萬元。除去成本，紙張稿費等等，大約能夠淨餘一萬有奇。作協機關負責財務監管，收取百分之三十；編輯部可以落到百分之七十，有將近一萬的金票。

一萬元怎麼花？《山西文學》的正刊辦得好，發行份數保持在一定水準，上級撥款不足開銷。增刊掙的錢，主要用以補貼正刊。之外，編輯部也能搞一點小福利。大家聚餐吃飯，能夠到飯店，不必在鍋爐房自己燒菜了。

我和燕治國到北京讀書期間，先是老李、宗奇主持刊物，後來就是李銳、周景芳負責辦刊。大家做了大量的工作，編發了大量的好稿，更發現了許多新作者，擴大了我省的創作隊伍，充實了山西文壇的創作力量。

1.有一個呂新

呂新突然給《山西文學》投稿，投來一篇〈幽幽的湖〉。那是一篇不盡成熟的短篇小說，然而卻是一篇地道的現代派味道的作品。我們刊物的編輯大量看書，眼界開闊，沒有埋沒這篇稿件，大力推薦上來。周景芳、李銳逐級審看，眼光更為深刻獨到。看到了這個北路偏僻縣份的小作者的天賦和獨特才氣，斷然決定：立即安排版面，隆重推出。

呂新，面色偏黑，毛髮旺盛，濃眉大眼。幾分中亞阿拉伯人的長相，在機場安檢口尋常被懷疑為恐怖份子。眼睛瞳仁凝定，彷彿雙筒獵槍；眼白明顯，頻繁眨動，好像飛舞了兩隻雪白蝴蝶。

接觸久了，大家知道呂新敏感內向，才華內斂而穎銳。省外批評家和號稱現代派的作家都承認：那個小山西才是最夠現代派的作家。

當人所共知的鄭義、郝東黎戀情終結，郝東黎與呂新結為山西文壇又一對伉儷。人們因而戲稱郝東黎是一座「作家工廠」。

2.有一個王祥夫

王祥夫，我省大同人氏。個頭不高，才氣不小。2005年度，剛剛獲得國家級魯迅文學小說獎。當年，剛剛出山，給《山西文學》投來了他的著名中篇小說〈姑母〉。

〈姑母〉隨即引發爭論，有我省畫界元老力群先生率先發難，抨擊這部小說。力群何許人？乃是著名版畫家。魯迅先生逝世的時節，靈堂上懸掛的木刻遺像便是力群的作品。老先生資格夠老，不免以老賣老。批評、抨擊〈姑母〉，捎帶將李銳、張石山一併收拾，痛加撻伐，有一網打盡、一棒子打死之嫌。

事後看來，力群大大幫了王祥夫的忙。作家、藝術家想出名，便是花錢雇人批評開罵，恐怕都不容易雇來力群老那樣豪華級別的托兒。

有小小軼事一樁。剛剛認識王祥夫時，他和另外幾人來我家看電視，大約是1990年的足球世界盃吧。足球開賽前有拳擊插播，好像是拳王泰森將另一個傢伙打得血肉模糊。王祥夫衝那挨打老虎，脫口叫道：「假如讓我選擇一個父親，我絕不會選他！」

王祥夫的選擇奇怪。什麼不好選，要選一個爹？我也脫口說：「王祥夫，你是孤兒！」

大同作家默然。不再言語。

3.有一個趙瑜

趙瑜最開始給《山西文學》投稿，寫的是散文。記得周景芳給我彙報過，說我省散文創作歷來薄弱，有個梁衡、有個趙瑜，值得注意。

大約是1987、88年的樣子，有個長治筆會，我第一次認識了趙瑜。當時，他是晉東南地區文聯秘書長。知道他是運動員出身，果然人高馬大。小眼長臉，非笑不言。年齡比老三屆小幾歲，文革之於他們，是停課學工、瞎玩胡鬧，屬於「陽光燦爛的日子」。

聽說他父親在文革時挨整，趙瑜依靠自己混世。又在體工隊那樣的環境裏長大，身上有一種顯然的社會生存能力。尊重領導，待人熱情。凡來南華門，要給每個領導打電話問好，然後依次給作家老大哥們電話問好、請安，從周宗奇、成一開始，一個不落。

記得我和他直言談過這一問題。這麼謹慎、客套，累不累呀？趙瑜肅然，說是崇拜文化人、嚮往文壇，由來已久。自家年輕，理當謙虛云云。

我還和他講過，散文創作不易大成，何不向小說靠攏一點？趙瑜唯唯。其實趙瑜有著自己的考慮：南華門裏的小說家已是成堆，自己要想出人頭地，非得另闢蹊徑不可。

後來，就有了《中國的要害》和《強國夢》等等報告文學大作出籠。趙瑜一飛沖天。

——趙瑜文學起步，始於散文創作；發表作品，始於《山西文學》。一個作家的成長，個人才華與努力是內因，是決定因素。協會和刊物的培養，當然不可或缺，但誰也不應該貪天功為己有。

胡正老師當政的時代，作家協會珍藏的專業作家編制開始啟用，黨組已經研究決定：北邊調進鍾道新，南邊調進趙瑜。

後來，具體辦理調動手續的是焦祖堯。當然，老焦也不錯。他採取的是別樣態度：凡是你胡正擁護的，我焦祖堯就要反對，你又能怎麼樣？但是，調動某人進入南華門，就要以某人永遠的救世主來自居，就要別人永遠感恩、永遠服從，不是好的態度，不是大家風度。

趙瑜調進作協，作協已是老焦當政。趙瑜曾經十分靠攏和尊敬老焦，稱之為老焦的跟班與馬仔也不為過。但從任何意義上說，趙瑜也不好馬上就不認識成一、韓石山。老焦則動不動就要質問：「你屁股坐哪一邊去啦？」

他坐哪一邊去啦？坐到蔣介石那裏去了？還是四人幫那裏去了？

四、「黃河筆會」，全面檢閱

且說胡正老師當政的時代，南華門裏一派欣欣向榮。

晉軍崛起，名堂響亮；三大刊物，風頭勁健；文學大省，當之無愧。老作家們三十年披肝瀝膽、創建基業，青年作家十年生聚、十年拚搏，山西文壇又迎來了一個它的輝煌時代。

黃河筆會隆重召開，成為當時中國文壇的一大盛事，成為山西文壇再創輝煌的一個標誌。

黃河筆會，最初係由《黃河》編輯部提出設想和策劃。成一、韓石山和鄭義幾位，提出的宏偉構想是：召開黃河流域九省區文學界的大型筆會，先由我們山西牽頭，爾後形成定例，每年一次聚會，其他各省依次負責召集。

後來，從這一構想的宏偉程度出發，單單由《黃河》編輯部出面，規格略嫌不夠。於是，彙報黨組研討，最終確定這一大型活動由山西作協出面召集。

召集如此規模的跨省區的大型活動，堪稱盛事、好事。但沒有上級主管部門的大力支持，不可能成功。適逢省委換屆，張維慶擔任了省委宣傳部長。聽了作協的彙報，當即拍板，表示一定全力支持。

首屆黃河筆會於是在我們山西太原如期隆重召開。會議規模宏大，場面熱烈。可謂群賢畢至、少長咸集；亦可謂高朋滿座、勝友如雲。

省委副書記王茂林出席，宣傳部長張維慶做了長篇講話。佐餐有杏花村汾酒，甘香芳冽；夜晚辦大型舞會，笙管嗷嘈。賓客發言，口若懸河；主人大氣，花錢好比流水。所以叫做團結的大會，勝利的大會。

黃河筆會，其實質性的成果究竟有多少？不好測算。

那是一種氣勢；文學大省敢為天下先。那是一種證明；山西文壇光彩輝煌。

第十九章　為官一任

一個人開始讀書求學，二十多歲參加工作；就算六十歲退休，真正能為國家民族工作貢獻多少年呢？不說大話，就算回報父母、為了個人利益，能夠蹦達幾年呢？

回顧一生，貢獻極其有限。

高中畢業，應徵入伍兩年。服過兵役，盡了義務。火車頭上燒火八年。污染了空氣，流過無數汗水，也算為鐵路運輸賣過力氣。

進入南華門，一直在機關刊物裏。工作看稿，業餘寫作。當小說組一般編輯，滿算六年。主持刊物，副主編一年、主編三年，滿算不過四年。

後來當了專業作家，掙國家工資，為自己寫作。關於這一條，說它是公有制的優點也對，說它是弊病也對。有人動不動要說誰誰養活了作家，這是不對的，我不能贊成。當年我的小說集，動輒印刷十萬冊，按千字十元拿稿費，被動地做出過貢獻。如今創作大部頭小說或者電視劇，照章納稅，自覺履行了公民義務。

當選過一任省作協副主席，那是虛銜。有心為國，報效無門。假如作協副主席像個副主席，能在群團組織裏協助主席工作，我自信能夠有出色的表演。熟悉刊物、熟悉創作隊伍，懂得門頭夾道、知道機關水深水淺；特別是自以為可以處事公正，憑良心辦事、秉天理為人。但這都是假想、幻想與夢想。

一生真正當過官，最高職務：主編；最高級別：正處。為官一任，僅此而已。

一、一個空抽屜

開罷全國四次作代會，我被任命為刊物副主編，回到太原即刻走馬上任。李國濤和周宗奇主持刊物多年，在正式任命了主編之後，隨即佔用了專業作家編制。

二位上司辛苦多年，該稍事休息了。同時，也是二位主編充分信任，商量過似的，採取了完全一致的行動：對編輯部的人事協調特別是稿件處置，不再過問，一切聽任張石山全權處理。

好比沒有寫過電視劇，我難道沒有看過電視劇嗎？鋪開稿紙，照寫不誤。沒有管過刊物，沒見過幾任老領導怎樣當主編嗎？坐到桌子跟前，挽起袖子就幹。

編刊物、發稿件，首要的是稿子。然而當我拉開抽屜，卻沒有稿子。是一個空抽屜。

這一情況的出現，不足為奇。老李他們在年前已經編發了本年度第一季度的稿件。緊接著是全國作代會。他們沒有時間準備往後的稿件。

主編室的抽屜是空的，我急忙詢問小說組的編輯：「自然來稿中有沒有好稿？如果有，立即推薦上來！」

正在春節期間，自然來稿數量太少。編輯們紛紛回答：「沒有。」

情況多少有些特殊、多少有些措手不及。但我沒有彙報上司。沒有用。叫苦哭皇天，那不是我的性格；況且主要是沒用。能夠哭出一期稿子來，我倒不妨哭它一場。

——類似情況在我辭任主編的時候，也出現過。問題不是出在稿子上；稿子，還是給下一任主編留下了的。問題出在錢上頭。《山西文學》的帳面上，只留下幾百塊錢。記得在89年動亂過後的生活會或曰相互揭發批判的會議上，王子碩給我客氣地提出過這一意見。

當時，我沒有解釋。其實，刊物本來有錢，辦增刊是結餘了一點錢。但我趁著紙張價格合理的價位，已經為刊物訂購了大批紙張。上級的年度財政撥款，還不到下來的時候，所以帳面上沒有錢。至於為什麼不做解釋，是有原因的。生活會嘛，相互提意見，要求「有則改之、無則加勉」；況且我剛剛從看守所出來，剛剛學過了八個大字：坦白從寬，抗拒從嚴。別人雞毛蒜皮說兩句，那是避重就輕，幫我過關打馬虎眼兒。我不能那樣低智商、不透氣。聽見一點意見就立刻解釋表白。肚裏放它二十年，爛不了。

且說張石山走馬上任，拉開一隻空抽屜。彈盡糧絕，情況緊急。

定定神兒，當機立斷。急事必須急辦，能夠立馬抓來稿子，才是關鍵中的關鍵。也不與誰商量，起身就奔火車站。北京讀書一年，好歹結識幾個朋友。《人民文學》以及《青年文學》那樣的全國性刊物，稿源充足，或者有編排不下的稿件，我好拿來救急。

事情還算順當，朋友們大力幫忙。來回不出三天，背了一書包稿子歸來。借米下鍋，《山西文學》第四期到底沒有放了「紅地」，如期出刊。

往後的幾期，情況即刻好轉。稿源充足，應對從容多了。

刊物第五期，頭條的位置刊登了青年詩人張銳鋒寫來的大塊評論文章。勇敢痛陳山西詩歌界現狀，鼓吹、呼籲山西新詩群的崛起。沿用前任的編稿措施，我在文前添加了一則編稿手記，題曰〈勇哉少年〉。

至此，山西詩歌界有了「黃河新詩群」的提法。有人編了口號挖苦：「黃河詩派，晉陽四怪」。所謂四怪，係指楊潞生、張銳鋒、陳建祖和郭志勇。鼓吹也罷，挖苦也好，都是一種承認。

刊物第六期，頭條的位置刊登了著名詩人北島的短篇小說〈幸福大街十三號〉。北島詩歌寫得好，小說竟然也相當出色。這個短篇由於種種原因，遷延五年，國內刊物投過十來家，沒有刊用。我刊登載後，國外即刻翻譯為六國文字。

經過短短一個季度，《山西文學》在分家之後的格局變動中，獲得正常運轉。

二、一群好編輯

俗話說，一個人渾身是鐵，打不了幾根釘子。我主持《山西文學》期間，這個刊物沒有跌份掉價，多虧了手下的一群好編輯。

我們《山西文學》，作為一份省級刊物，向來以小說當做主打專案。這既符合整個文學市場寫讀狀況的佈局，也合乎我省的創作實況。

詩歌組，有潞潞和張承信分頭負責；評論組，有畢星星一人獨當一面。小說組這塊，則是重中之重。但刊物小說組的原班人馬，分家時幾位到了文聯那邊，其餘的都提拔到更高的崗位。小說組此時全部換了新人。

周景芳兼任小說組長，堪稱絕對勝任。以下調來了祝大同、張小蘇和馬永紅三位，個個都是好傢伙。

祝大同，原在我市的話劇團工作，是演員。禿頂，留一部大鬍子，曾經出演過日本太君什麼的。當演員之前，幹過「鐵建」。太原市不少人都知道，就是免於插隊，去幹修鐵路的營生。苦累兩年，回到省城來另謀出路。

祝大同是我在陳為人家認識的。陳為人那時已經如他計畫的，為了體驗生活，到了文化宮工作。但和南華門的關係一直沒有斷絕，文學夢依然飄飄渺渺。大鬍子演員，竟是喜歡文學，在我主持刊物期間，調進了我們南華門。

喜歡文學的大鬍子，到底是演員出身，朗誦不錯，聲音標準而洪亮。平常說話，有意無意，講話發聲都要找位置。誇張些講，即便是發笑，也要注意來一個美聲笑法。聽得你彷彿置身劇場，看情景劇一般。

但這個美聲笑法的人，極其喜歡看書、買書。全國的文學動態，出了什麼新潮作家、後現代流派之類，他都瞭若指掌。

於是，其人成為我們小說組的大將之一。

再說張小蘇。小蘇是我省畫家蘇光的公子，力群的女婿。自幼患了小兒麻痹，尋常腋下撐一支拐杖。這個人殘廢了一條腿，兩隻手卻是好好的。實話說，那可是真有兩把刷子。

張小蘇自幼在文聯院裏玩著長大，早早熟讀過文壇五老——西、李、馬、胡、孫，特別是趙樹理的作品。審看業餘作者的稿件不在話下。能來幾樣樂器，攝影頗具專業水準；乃至最後攝住了女大學畢業生馬永紅的芳心。畫幾筆水墨丹青，那是家學淵源。所以，劃版設計成了他的小菜一碟。在小說組當一名編輯，才情綽綽有餘。

然後我該說到青年編輯馬永紅。小馬是南開大學中文系畢業。能夠考取南開，雖然搆不上高考文科狀元的層次，也是榜眼探花的水平。畢業分配，家裏樂意獨養女兒回到太原。不知經過怎樣的門路，託請我們巷子裏的人瑞王老來說情。

王老婉轉說明意思，西戎、李國濤和周宗奇都表態贊成。什麼時候，王老開口要人辦過什麼事兒呢？不過，老西主政的年代留下了規矩：編輯須得借調一段時間，以觀察其能力和人品。但應屆畢業生，關乎分配，又不能因借調而耽擱。準備錄用，那就必須立即接收。怎麼辦呢？研究一回，吩咐由我上天津南開一趟，當場「相面」，以決定取捨。

奔赴天津，我自然要和伊蕾小姐私下相會，不再話下。至於南開大學，成一的母校，我也去過。那是前兩年，中文系教授藺羨璧先生曾經邀請成一、李銳和我去講課。藺先生是內蒙人氏，說一口晉方言，對我們山西作家的創作情況極其關注、相當熟悉。

但給馬永紅「相面」，決定取捨，我沒有驚動學校中文系。按照小馬家中提供的資訊，直接找到南開大學，直接來到女生宿舍某某號樓房。樓房入口有人值班，很兇的老太太，不止一個。嚴加盤查，不許男士踏入樓門半步。看那兇唬樣兒，就連一隻公蒼蠅都飛不進去！

或曰，這正是南開與北大的區別。正是北大之所以是北大，或說北大之所以是「老大」的原因。北大未名湖畔，林間空地尋常有男女學生摟抱了在地上打滾；曲拱橋頂端尋常有男女學生旁若無人地熱烈擁抱親吻。穿了中式對襟褂子的教授從一邊經過，視而不見。學生和先生各辦其事。我做過一點小型調查：凡是如此自由奔放的學子，學習吊兒郎當、考試卻總是名列前茅。

且說南開的老太太海關安檢一般地驗看了我的證件，員警似的看牢了我，這才通知馬永紅下來和我見面。說是「相面」，我總得和她交談幾句。但又實在不樂意讓老太太們監督了，犯人和探視者會面那樣說話。藉口抽煙，離開門房。在樓門附近和小馬簡單聊談一回。

小馬個頭不高，齊耳短髮。說話時眼睛釘牢你的眼睛，天真裏透著精明。說實話，見過了那幾個老太太，你看見哪個小姑娘都會喜歡。相面就算完成。當場告訴小馬，編輯部決定錄取，直接辦理離校手續就是。

小馬有些驚訝：「就這麼簡單？」

就這麼簡單。小馬隨後就來我們南華門當了刊物的小說編輯。

在周景芳的率領之下，小說組四位編輯喜好學習、樂於研討，熱愛文學、認真看稿。成為繼老西主政時代之後又一批稱職而敬業的編輯。

《山西文學》刊登的小說，被《小說月報》、《小說選刊》等權威選刊連連選載。

三、五對打離婚官司

編輯部的業務情況相當好，甚至非常好。但另外的情況不大好，乃至極其不好。

著名的《山西文學》編輯部裏，一度出現了好幾對打離婚官司的，簡直就是掀起了一個離婚熱潮。

我說有「五對」打離婚官司，編輯部實有四對。張石山家一對，張承信家一對，張小蘇家一對，祝大同家一對。但《批評家》還有一位老蔡家，也來湊熱鬧；老蔡又是《山西文學》的老編輯，於是往往被人計入離婚的總量裏，毛算五對。

五對打離婚官司，領導心裏有底。馬烽老師說，蔡潤田家情況不一樣，不能一概而論。老蔡、老馮還有老禹，在老馬眼裏都是聽話的好孩子，是不能一概而論的。

不用老馬說，我自己就有這個自覺。自覺無言以對、無話可說。

主編打離婚官司，按說也不奇怪。主任主管主席，法律都允許打離婚官司了。但這個主編算是名人，名人打離婚官司就成了新聞。

況且主編打離婚官司，無形中起了一個表率作用。「和尚摸得，阿Q摸不得嗎？」主編離婚離得，一般編輯離不得嗎？主編自己既然離婚，也就不好勸導、阻攔部下離婚；領導出面干預，也遇到了類似的問題。要干預，你們領導先去干預張石山！管不了他，拿我們說事、專揀軟柿子來捏啊？

離婚、離異，本屬家庭問題、個人私事。但主編帶頭打離婚官司，編輯部一舉掀起離婚熱潮，時間處在八十年代中期，地域處在封閉保守的山西，事情就鬧大了。

眾說紛紜，滿城風雨。

胡正著急、西戎跳腳、馬烽生氣。不用旁人議論，我們幾位老前輩就措辭嚴厲。西戎老師在機關傳達室氣極敗壞地說：「《山西文學》成了啥啦？外頭都在議論，成了流氓編輯部啦！」

山西作協，在李束為當政的時代，曾經被戲稱為「怕協」。翻譯出來，那是著名的「怕老婆協會」。如今成了啥啦？就算運數變化，觸底反彈，這也變化過於劇烈、反彈過於出格了吧？就連省委宣傳部長張維慶春節期間打來拜年電話，也要殷切觀照：「石山啊，希望你家庭和睦，要團結，不要分裂啊！」

只有張小蘇的前妻，力群的姑娘，持相反的立場。隨同張小蘇來我們機關開具離婚介紹信，好一番挖苦：「你們還是作家協會，號稱文化部門，倡導精神文明？不配！丟人敗興！婚姻的基礎是愛情和感情，感情是否破裂，是婚姻能否繼續維持的唯一條件！開具證明，還要做我們的工作；我和張小蘇打離婚，關你們什麼事？」急風暴雨，刀子嘴、連珠炮，來了那麼一頓。

力群的姑娘不清楚，或者應該清楚：在中國，法庭之外還有一個道德法庭。這個法庭到處存在、遍地開花，隨時隨地可以開庭審判，而且是被告缺席的審判。判你一個忘恩負義陳世美，就算鍘不掉你的腦袋，也將你釘上傳統道德的恥辱柱。

四、一紙軍令狀

滿城風雨中，1986年的夏季，我擔任副主編主管刊物一年後，被正式提拔、任命為《山西文學》的主編。

胡正老師不曾表露過什麼，但我揣測或曰斷定，提拔張石山，胡老師起了關鍵作用。他一定是頂著壓力，力排眾議，斷然決定繼續使用張石山，並且是重用。能夠把生活問題、私人感情問題和工作問題、能力問題區別對待，那不僅是水平，也是膽略。

與之同時，我還入了黨。

當兵的年代裏，我曾經積極表現，靠攏組織，要求入黨。不入黨，怎麼當官？批判「入黨做官論」，那是等於放屁。隨著年齡增長，看法改變，我就不再希圖入黨了。「做一個黨外布爾什維克」，我哪有那樣的高級水平；但我可以做一個傳統意義上的好人，從工作態度到做人自律，不比黨員差多少。

然而胡正老師和我親自談話幾番。上頭有規定，主編崗位、正處職務，一般應該由黨員來擔任。先行提拔我就任主編，已經是破格錄用，再要推諉謙辭，那就是有意鬧彆扭、給領導找麻煩。

於是，我宣誓入黨。不說別的，我得對得起胡正老師的大力提拔和充分信任。

入黨的時候，記得黨支部寫的材料上講得很有分寸：「關於張石山同志的婚姻問題，是個人問題。離婚與否，由法律判定。」

黨小組長畢星星找我談話，代表組織轉達了馬烽老師對我的嚴厲指責：「停妻再娶、富貴之後拋棄糟糠，道德不好！」

這指責是夠嚴厲的。當時年輕，心理上還有抵觸。「道德不好」，說得太嚴重了吧？在我自己認定的道德尺規上，我認為自己的道德沒有問題！於是，也說了幾句「嚴厲」的話語，要畢星星給老馬轉達回去。畢星星苦笑一面，哪裏敢去轉達？既然不敢轉達，事實上也沒有轉達，在此，我的「嚴厲」的話語就不再披露。

一邊打離婚官司，同時就讀北大作家班；在北大作家班擔任了班長，同時在山西作協升任了刊物主編。四面出擊，還要到處爭取勝利。就任主編的現場，我當眾拍了胸脯，主動立下了一紙軍令狀。

我宣佈：「在我一任主編的任期內，一定要為我們刊物拿回一個全國獎！大家看好了，是『一任』主編。當兩屆、三屆主席什麼的，拿不回一個全國獎，那是別人，不是張石山。」

立了軍令狀，語音鏗鏘、擲地有聲。把話說滿，自己把自己逼上了梁山。

我相信，讓我們的刊物拿回全國獎，不是我一個人的願望。包括我的前任主編李國濤、周宗奇，包括當政的胡正和曾經主政的西戎，都希望我們再創輝煌。我只是代表大家說出這一願望罷了。

山西作協能不能得全國獎，周揚、馮牧你們愛評不評；那是馬烽老師那樣特定人物的態度，完全可以理解。但在山西文壇，除了馬烽，沒人耍得起那樣的大爺派頭。

我也必須承認，沒有我們山西作協幾代人的努力，沒有一個基礎極好的刊物、沒有一種始終良好的態勢，我不敢說那樣的大話、誇那樣的海口。能夠如願地拿回全國獎，是歷史賦予我的機遇，而我沒有渾渾噩噩，糟蹋了這一偉大的機遇。

決心捧回全國獎，首先要有足以獲獎的作品。黃河筆會期間，山西文學全體，以李國濤、周宗奇為首的編輯們，為了獲得好稿，做了大量交際方面的工作。《人民文學》的編輯，王青風和王勇軍，兩個山西老鄉，慷慨表態，樂於支持家鄉的刊物。河南作家田中禾的短篇小說〈五月〉，在《人民文學》一時排不上發表序列，於是轉到了我們山西南華門裏來。

〈五月〉及時發表。並且隨即被《小說選刊》轉載。

這篇小說確實具備了博取全國獎的水準。

當全國評獎活動將要開始，我和李國文先生打了招呼，要求我們的刊物能夠派出編輯參加小說的初評。李國文，就是右派作家李國文，和我同年全國獲獎、原先同屬鐵道部的忘年交。

於是，我刊祝大同帶著艱鉅任務赴京。

他們初評委員集中起來之後，我也曾公開到他們的住地去過。有紀律規定不許活動遊說，但並沒有紀律規定不許我和熟人見面握手。

〈五月〉初評，高票入圍。而終評出人預料，〈五月〉高高當選，榮登榜首！

我的誓言兌現。立下軍令狀，打了勝仗，敲了得勝鼓回營。而且還有意外的收穫：大軍集體獲勝，主帥、副帥各有斬獲。我的短篇〈甜苣兒〉、李銳的短篇〈厚土〉，一併全國獲獎。

一份刊物，為我省文壇從全國連奪三獎。

不用別人誇獎，我就在心裏自誇起來：西戎沒有白栽培我，胡正沒有白提拔我；李國濤沒有白教誨我，周宗奇、李銳沒有白推薦我；編輯部的同仁、同事們沒有白服從我，甚至爹媽沒有白生我……

五、一張辭職書

《山西文學》我當主編的時代，自我評價，平心而論，刊物辦得不錯。

從榮譽上說，拿回了全國獎。打破了自成一、張石山獲獎之後，刊物再不獲獎的僵局。從慣常工作要求來講，發表了不少好作品，連連被全國性的選刊轉載。發現了不少新作者，同時繼續扶持了許多老作者。

編輯部工作風氣正派、學習空氣濃烈。人員之間團結，上下級關係和諧。刊物發行走勢良好，印刷份數逐年提高。

但《山西文學》在院子裏得不到應有的好評。四對離婚，毛算五對，成為一個顯在的、扎眼的存在。個人問題、家庭私事，會不會影響其他？事實證明，會有影響。有時甚至影響極大。

馬烽批評胡正；胡正批評編輯部。

胡正批評編輯部，聲色俱厲。但有這樣的兩點需要說明：

頭一點，《山西文學》編輯部工作不錯，那就不說工作。重點批評這兒的衛生問題，樓道沒有打掃的問題。還有紀律問題，編輯部幾個辦公室都鎖了門的問題。

領導批評得絕對正確。

張石山本身就是個髒亂，對辦公環境的公共衛生不是抓得差，而是從來都不抓。

紀律方面，也有欠缺。我經常出差，參加外頭的筆會什麼的，當然主編室要鎖門。對於部下，我不要求坐班。我是從小編輯幹出來的，知道其中關竅。坐班一天，人來人往、喝茶聊天，絕對沒有回家兩個鐘頭看稿的工作效率高。除了機關大會、本部小會，不要求坐班。工作不得耽誤，好稿不能漏掉，回家看稿去！

十來萬字的一本刊物，需要大家每周六天、天天八個小時耗在編輯部嗎？劃表格、打對勾，記考勤、卡時間，用這個來過官癮嗎？況且，大家都難免有點家事，需要一點自由。事實證明：不需坐班，是一種先進的現代管理辦法。提供一點自由，是對編輯們的軟性獎賞。大家工作熱情空前高漲，認真負責的勁頭十倍提高。

當然，不可一概而論。不過我的辦法，對於編輯部這樣特殊性質的工作絕對行之有效。

這樣一來，編輯部鎖著好多門，領導來視察，大吃閉門羹，也是事實。應該批評。

胡正老師批評編輯部，骨子裏是惱火你們幾個小兔崽子給我集體打離婚的事兒。可是婚姻問題、道德法庭管理的問題，又不是一個簡單批評可以解決的問題。所以拿衛生問題、紀律問題來說事。我能充分理解。

再一點，更需要特別說明。各位領導批評編輯部，從來都是在張石山不在場的情況下，從來沒有當場當眾批評過這個傢伙。這究竟是出於什麼原因？

或者張石山帶頭打離婚官司，確有應該批評之處，但胡正老師又不知該如何措辭。又或者編輯部所處的形勢，不得不給予批評；但張石山工作幹得賣力，實在不忍批評。還有，懷疑或許早已看出，張石山是一匹生騾子，恐怕不服羈勒，當場批評，恐怕可能會被倒踢回來。

不管怎樣，上級領導多次嚴厲批評《山西文學》，張石山一次都沒有當場聽到。這樣重複多次，終於產生了必然的效果：編輯部的所有部下，都難免灰心失意起來。跟著張石山幹活，沒有好處，只有倒楣挨訓的份兒。

揣度一番大家的心理：你打離婚官司，在外頭搞第三者，讓我們替你頂缸吃頭子啊？

我自忖一回：大家能力不凡，才華卓絕，落到張石山手下工作的局子裏，無法長進，反倒沒了出頭機會。

經過思考，我做出了立即辭職的決定。

我的離婚問題，誠屬個人私事，但給刊物和機關、給各位尊敬的領導惹來了麻煩、造成了不良影響，也給部下各位編輯同仁、文壇雋秀帶來了諸多不利，影響了大家的情緒，特別是可能影響大家的提升進步等等權益。

1988年9月，我將二指寬的一張辭職書呈遞到作協黨組，直率地表達出了我的真實想法。希望我的辭職報告能夠給領導一個信號：大刀闊斧地處理《山西文學》的問題，獲得了張石山的主動積極配合。領導可以不必擔心我的情緒，更不必有任何作難之處。

據說，胡正老師不同意我的舉動，也不答應我的要求。認為我是鬧情緒、撂挑子。

後來，在院子裏碰到周宗奇，老兄這樣說：「主編幹了幾年啦，也該讓別人幹幹啦！」

於是，我分析，辭職報告在黨組獲准通過。

到年底，作協換屆大會之前，黨組正式告知：准予離任。至於我的去向，當然是到文學院做專業作家。

——關於我辭去《山西文學》主編一事，有許多朋友不知底細。包括韓石山，一直以為我不是主動辭職的。在他的印象中，如果我不是正常離任，便是被解除職務。

為官一任，我平生所當過的最大幹部，不過是一個刊物主編，正處級別。實缺實銜，主動辭職。

後來，我被選舉為一屆作協副主席，虛銜虛位。也是主動辭職。

如果辭任主編的辭職書是一個二指寬的條子，那麼宣佈辭去副主席的辭職書只有一指半寬吧。

我熱愛編輯工作。除了個人寫作，我覺得自己擔任刊物主編基本能夠勝任，而且勝任愉快。然而，為了離婚，為了我理解意義上的自由，我必得付出代價。辭任主編，離開我喜歡的工作崗位，是我不能不採取的一個行動。採取這樣決絕的行動，符合我的性格，也適切當時的客觀期望。

我選擇、我承擔。

第二十章　事變前夜

1988年底，山西作協的換屆，如果不一定叫做「政變」，那至少也是一次「事變」。

即使說：「存在的，即是合理的」，但強權並不能等於公理。

你手中有刀，能夠砍瓜、切菜；我脖子上長著腦袋，可以給人砍著玩。但這顆腦袋還會思想、思維、思考，這就任誰都沒有辦法了。

換屆，全體與會代表海選，選舉結果誰都應該接受。但馬烽對王茂林和張維慶有意見，而且意見很大。換屆前，省委領導找西戎談話，明確地說還是要老西擔任省作協主席。只是說明一點：為了體現或曰表現選舉的民主自由等等，所以還得擺另外一個候選人焦祖堯，是為差額選舉。老西服從接受；老馬沒有異議。

鐵的事實證明，王茂林和張維慶，兩個省委、常委不誠實，耍了權謀手腕，缺乏起碼的政治道德。公開和老西那樣談話，冠冕堂皇；私下開始操控選舉，秘密部署。和作協黨組成員周宗奇、成一談話，用黨的紀律強制：你們必須支持焦祖堯。

最後的選舉結果，王茂林和張維慶如願以償。西戎公開受辱，馬烽極其不滿。老馬至死都耿耿於懷：西戎是個老黨員，向來聽從組織的安排。你們不想讓他當主席，願意叫別人當，可以嘛！叫他下來，他會服從。你們不該拿西戎那麼耍著玩嘛！

換屆，改朝換代，自然規律不可阻攔，老作家們到了退出掌控文壇權力的年齡，應該退出。但平穩過度比激烈事變會好得多。西戎依然擔任主席，會對焦祖堯形成某種制衡。南華門裏各種力量、諸多層面的利益都能得到體現，至少可以提出訴求。

換屆的結果，焦祖堯書記、主席一肩挑，大權獨攬。因而從此才可能出現強力壓制大多數青年作家的情形，造成非常令人痛心的後果。

或者說，有人感到「痛心」，有人卻偏偏感到「快意」。這樣的文字遊戲不必糾纏。換屆之後的顯見事實是，哪怕遠遠觀望、外在感覺，南華門裏出現了空前的不團結、不和諧。沒有過春節的祥和氣氛，簡直是天天打發死人那樣的蕭索氣氛，籠罩在巷子上空，竟達十二年之久！

有人給老焦進言、壯膽、出謀劃策，壓他們一屆，四、五年；不行就壓他們兩屆，十來八年。無論從政從文，最後他們就都完了，垮了、啞了；消失了、蒸發了。

他們沒有消失、蒸發，誠屬萬幸。時代畢竟進步了。無權無勢的人，到底也不再被隨便開除，或者被打成右派；最值得慶幸的是，無權的文人一樣可以繼續寫文章、發表作品。他們從青年作家變成中年作家；從知名作家變成著名作家，沒有消失，沒有蒸發。文學大省的門面，依然主要依賴他們來支撐。

到了1999年底，省作協終於迎來再一次的換屆。大家更該記憶猶新。出現了「兩軍對壘」那樣的幾乎刀兵相見的局面。這也是存在，但我認為不一定合理。

上述情形的出現，我們不願意看到的情形得以出現並且持續多年，1988年的換屆是關鍵。

換屆是好事，是推動歷史前進的應有過程。但那次換屆，換得不好。不那麼理想、不那麼和諧。不足以叫做「團結的大會、勝利的大會」。

對此，王茂林和張維慶有著不可推卸的首要責任。

一、張石山：北大畢業的邊緣人

1988年的夏天，7月份，我從北大作家班正式畢業。領取到一紙畢業證書，還有一紙文學學士的學位證書。

從1984年赴京求學讀文講所，到北大畢業，前後遷延四年。但學歷、學位對我根本沒有什麼用。耗費生命四載，演出一場曠日持久的荒誕。

此時，1986至87年度的全國小說評獎已經揭曉。河南作家田中禾在我們《山西文學》發表的短篇小說〈五月〉，全國獲獎，並且榮登榜首。我和李銳，刊物的主編與副主編也在同時獲取了當年的全國優秀短篇小說獎。一家刊物，一舉為我們山西文壇拿回三個全國獎，這在山西文壇的歷史上幾乎是空前的。

然而，1987年的年底，因為學生鬧事，胡耀邦下臺。為中國改革開放做出巨大貢獻的總書記，被輕易地拿下崗位。國人一時困惑。因而全國小說評獎完畢之後，發獎會低調行事：獲獎證書將寄到各省區，由各省區文聯、作協代為發獎，草草了事。

我辭任《山西文學》主編的辭職報告也已經獲准通過，我只是在站好最後一班崗，負責將刊物辦到年底。編輯部裏人人明白，這兒的格局將要改變。大家看稿、退稿，例行公事。

我個人的離婚問題尚未解決。頭年起訴到法院，被宣判敗訴。依照法律規定，相隔半年的時間已經過去，我繼續起訴，將訴狀二次呈遞法院。

個人婚姻，構成人生的極其重大比例。假如需要加以敘述，那也將是一部長篇文字。

在這部關於文壇行走的著作裏，我只是想要說明：領取一紙離婚證書，幾乎比遠赴京都求學、領取一紙畢業證書，還要曠日持久。

個人情緒，一度極其低調灰暗。

也許是個人情緒作怪，或者是全力應對法庭的法律程序，我突然隱隱感到：作家張石山，《山西文學》的主編張石山，在南華門東四條，在山西文壇的中心，不知從何時開始，已經邊緣化了。

編輯部在等待我離任的那一天，好像在等待一個垂危病人的最後嚥氣似的。

領導上我尊敬的各位前輩作家，偶然看到我，彷彿看到一具行屍走肉。

同齡作家，各忙各的，也許是不便介入我的家事，瓜田李下，巷子裏碰面，裝作不認識。

當然，上述種種，也許只是我自己的心理作怪而已。杯弓蛇影，疑人偷斧。

其實，在那個時候，山西文壇正面臨著它幾十年發展史上的一個極其重大的歷史時刻。

省作協到了換屆的年頭。老作家們年事已高，到了退出權力中心的時候。

山西文壇，面臨權力再分配。

權力交接、人事更迭，必將發生。各個利益集團、幾乎每個作家乃至行政幹部和普通工作人員，都在暗中預測未來。

變動可想而知，但變動必將帶來的利益分配，不知會是怎樣的具體情景。

院子裏幾乎一切照舊，但事實上人心惶惶。

火山終將噴發，岩漿在地層深處奔湧沸騰。

老作家們在幹些什麼？我不知道。他們希望我做什麼？沒有任何人告訴我。

青年作家在幹什麼？我也不知道。他們是否需要我？也沒有任何人告訴我。據說將要出任黨組書記的焦祖堯在些幹什麼？我更不知道。他從來沒有把我當做他的人馬，此刻絕對不會心血來潮，向我透露什麼關於換屆的機密。

我覺得自己確實是邊緣化了。在外斷斷續續求學數年，我快要變成南華門裏的陌生人。離婚問題不僅敗壞著我的情緒，在事實上也抵消了我的工作成績。我彷彿成了一個會給大家帶來不幸的妖孽，成了一個人人敬而遠之的痲瘋病人。

——至於我和焦祖堯，這位未來山西文壇的權力中心一把手，關係不僅極其一般，而且有著一點小小過節。其人胸懷，人們多有評價。那是眥睚必報。

記得山西某縣出了一個馬牡丹。房子失火，孩子們身陷火海。馬牡丹衝進烈火中救人，救出了別人的孩子，大火卻燒死了自己的女兒。

如果濃煙火冒，她看不清裏邊的情景，無意間救了別人的孩子也罷。我們的媒體宣傳機器，一定要說成是這個馬牡丹放棄了自己的孩子，無私地救了別人。以塑造英雄、拔高形象。

焦祖堯參與了寫作馬牡丹事蹟的工作。對此，我不以為然。假如一切正如媒體所說，那樣的一個母親根本不配當母親。

她的女兒，就不是祖國的花朵嗎？自己女兒的生命，就不是寶貴的生命嗎？所謂無私，就是這樣的嗎？女兒是母親的私有財產嗎？她有權剝奪自己女兒的生命嗎？

不近人情，必是大奸大惡！如果，馬牡丹並不是大奸大惡，一定要把她塑造成為大奸大惡的作家寫手們，你們怎麼了？你們瘋了，還是病了？抑或是精神不正常了？

馬牡丹之外，太原鐵路局出現了一個勞模。老焦組織寫家去寫了相關的報告文學。老焦親自拿到《山西文學》來要求登載。

英雄模範，應該表彰。但這樣的文章，我以為應該在報紙的有關版面發表，或者到專門刊物去登載。《山西文學》這樣的文學刊物，不應該承載類似的任務。「反對歌贊英模人物」，這樣的大帽子嚇不住人，也沒有說服力。文學刊物假如放開這樣的口子，說句抬槓話：它專門用所有版面來登載類似的文章，版面都會不夠使用。

出於上述考慮，我回絕了老焦。老焦的臉色很難看。

我說：「你是領導，你說了算。你來簽發稿件好了。」

老焦模仿馬烽、李束為等領導的做法，在推薦稿上簽署了意見、簽上了姓名。儘管老領導們推薦的從來也都是小說作品之類，從來都是謙虛口吻，「編輯部酌定」之類。領導老焦既然簽字，我表示服從。我才最終簽署了發稿意見。兩萬字的稿件，刪減到六千。

那是老焦換屆前主持機關工作，我和他之間僅有的工作往來。

此外，老焦有句口頭禪，逢人便說：「忙死啦，累死啦！」我聽了覺得怪異，偏偏給他煞風景。

你當作協常務副主席、黨組副書記，為誰辛苦、為誰忙？值得這樣成天喊叫嗎？我的職務低一點，主編而已，但我也很忙。我從來不叫苦喊累。千斤難買願意。在其位而謀其政，題中應有。

我和老焦此前的關係就是這樣。我不是他調來的，他倒是在我之後，由馬烽、西戎調來的。大家各辦其事。

儘管我發現自己已經邊緣化，我也聽說了：焦祖堯將擔任下屆作協黨組書記，已成定局。而我絕對不曾產生過那樣的念頭：焦祖堯會成為下屆的作協主席。

我相信，不僅是我，包括別人，甚至包括焦祖堯本人，在一開始，也都沒有過那樣的念頭。

二、鄭義：倒西扶焦的發起人

後來召開的換屆大會，在選舉的過程中，竟然演變成了一個「倒西扶焦」的大會。最終的選舉結果，已經明確擔任省作協黨組書記的焦祖堯，被選為作協主席。焦祖堯實現了書記主席一肩挑的願望，至此開始了他在南華門大權獨攬的統治時代。

主席選舉的最後投票，馬烽、西戎以及胡正老師們，一道栽培扶植起來的南華門巷子裏的青年作家，絕大多數沒有選西戎，而是選了焦祖堯。當這些幾乎是在一夜之間背棄了西戎的青年作家，有了反思的自覺時，事情已經過去了好多年。

本書的作者張石山，自認有過相對深刻的反思和自省。我曾經靜夜不眠，回想已經發生的種種。那一切究竟是如何發生的？

歷史已然鑄就，唯有追憶反思成為可能。

換屆前夕，在黨組書記胡正主持下，成立了換屆籌備委員會。書記胡正和副書記焦祖堯，分別擔任了籌委會主任、副主任。作協秘書長樊丕德擔任秘書長，兩個黨組成員周宗奇和成一擔任副秘書長。下邊設立了幾個工作小組。宣傳組長鄭義，資料組長韓石山。

在此前後，作協黨組召開會議，並非黨組成員的韓石山與鄭義列席參加，大家共同研討、協商省作協的大事。當時，我被排除在外。我差不多成了一個可有可無的角色。

但不停的思索、多年的留心，我還是大致理清了當年換屆之前的種種情況。現在，我可以發表我個人的一點看法：

省委確定西戎為作協主席候選人，焦祖堯為差額選舉而設定的另一位候選人。最早的時候，即便是王茂林和張維慶也沒有動過別的念頭。他們也是要西戎繼續擔任作協主席的。省委有了這樣的預設，那麼，西戎正常被選為主席，就算圓滿完成任務。

是鄭義一個人，最早提出了「倒西扶焦」的主張；並且透過不懈努力，將這一主張變成了上級領導王茂林等人的主張，最終變成了周宗奇、成一為首的一批青年作家們的具體行動綱領。

文壇五老「西、李、馬、胡、孫」，山藥蛋派，本土的大牌作家，統治山西文壇的時間已經足夠長久；焦祖堯和鄭義，作為外省籍貫的作家，產生某種程度的反彈心理，也在情理之中。物極必反，歷史波浪式前進，這都是可能的道理。

但只有焦祖堯和鄭義兩個人，遠遠不夠。要斷然將歷史一頁掀過去，絕非易事。宣傳組長鄭義，必須有一套說法。那說法首先說服了他自己，然後再來說服大家。

鄭義的說法，即遊說主旨，概括起來有兩條。

一條，是個倫理題。鄭義說，如果馬烽、西戎是我們的父輩，大家好比兒子面對老子；那麼老焦是我們的大哥，大家是平輩，彷彿眾家弟兄面對長子、老大。這是有區別的。我們有時無法違抗父親，卻有可能抵制兄長。而且大家人多勢眾，老焦他蹦達不成什麼樣子。

鄭義的第一條說法，有相當的道理，很有蠱惑力。

人們過於樂觀的時候，往往只會考慮事情的有利方面。馬烽、西戎固然是老子輩，但老子輩的作家，關愛提拔後輩的滿足感，絕對勝於嫉妒、壓制的心理。鐵的事實俱在。

焦祖堯不會像馬烽、西戎一樣關愛大家，倒是可能嫉妒和壓制大家；鄭義也考慮到了。他的說法是眾家弟兄人多勢眾，足以制約老焦。彷彿東周列國諸侯強大，周天子反倒無足輕重。

但是，鄭義和我們，乃至所有人都忽略了一個事實：號稱群團組織的作家協會，是黨組掌權，而不是主席團掌權。馬烽、西戎，包括胡正、孫謙，他們既是著名作家、作協主席團成員，同時也是黨組成員。大家被假象迷惑了，將黨組負責制誤認為是主席團說了算。

換屆的結果，包括鄭義在內的多數青年作家沒能選為副主席，沒能進入主席團。這使人無法驗證假設。假設大家統統進入主席團，就果真能夠制約黨組書記老焦嗎？

鄭義遊說大家的另一條理論，另一道題，是個數學題。鄭義說，如果老西仍是主席，那麼老焦必然要當副主席，那不是還要佔去一個副主席的名額？如果老焦直接當了主席，就可以多出一個副主席的名額來。我們的機會就更多一些。

第二道題，鄭義說得也沒錯。但他沒有往下繼續運算。多出一個名額，就一定是鄭義的或者是李銳的嗎？十個副主席的選舉職數，多出的一個名額，平均到每個人的頭上，每個人能有多少機會呢？不過是十分之一罷了。

然而在當時，鄭義的遊說方略，起了極大的鼓動作用。大家都沒有進行可能的深究和拷問。

貪財怕死，食色性也。你的欲望就是你的陷阱。你想健康長壽，不用花錢看病，像柯雲路大師宣講的「我不病，誰能病我」，你就可能相信氣功大師。

青年作家，大家都想被選舉為作協副主席。這太正常了。這點私心、這點願望，太可以理解了。然而，就是這點私心欲望，最終可能蒙蔽了我們的良知和智慧。

據說，無論鄭義的理論多麼具有煽動性，在一段相當的時間裏，並沒有說動成一。成一變成了「焦祖堯、鄭義核心」需要攻克的一座堡壘。

於是，鄭義出任東道，而由李銳出面邀請、鍾道新花錢擺酒，請動了成一，大家在食品街的「符浩」抑或是「富豪」酒家聚會。成一最終加盟了「倒西扶焦」團隊。

時間到了1999年，整整十年之後，省作協再次面臨換屆。晉中地委宣傳部長劉鞏調任作協黨組書記，首要任務就是完成換屆。劉鞏竟然都很快了解了當年的種種。有人向他說起那次擺酒遊說成一的故事，劉鞏笑著說道：「啊，鍾道新在那個時候就已經喜歡請客吃飯了啊！」

相比之下，我進入「倒西扶焦」的團隊，要晚得多，也沒有那樣榮耀，被人邀請吃飯什麼的。

鄭義找我談過一次，我幾乎沒有太多猶豫，即刻入伙。

我當時的處境有些狼狽，遊移在邊緣，但也沒有到達被人完全忘卻和拋棄的地步。

假如，我被人完全忘卻，沒有任何人找我聯絡，我應該有這樣的自尊：我可以保持尊嚴，面對孤獨。假如，我的恩師西戎或者胡正找我談話，探討換屆的問題，也許我將是另外一個樣子，站在另外一個立場上。

但上述假設，可惜只是假設。

事實是，鄭義來找我談話了。我還有用，我還被人記起，我還沒有完全被隔離隔絕。

於是，我很感動。於是，我幾乎沒有多少猶疑，沒有什麼架子可撐，立刻投奔入伙。好像一隻猴子，那兒一篩鑼、這兒就上桿。

鄭義兄說得有道理。兩道題目，倫理題和數學題，都有說服力。往下具體怎麼辦？願聞其詳。接下來如此如此、這般這般。

鄭義找我談話，我後來也分析了。他的舉動，絕不是個人舉動。他們已經形成團隊，他代表的應該是團隊的態度。上陣打仗，不嫌人多。拉進張石山來也好。他要不進來，反轉去支持老西，恐怕也有一定的能力，至少有一票的出入。

三、韓石山：突然變成的陌生人

韓石山調進南華門後，曾經住在作協前院，也就是閻氏故居的平房大院。我在正房，他在南房，是對門鄰居。工作上，他在《黃河》，我在《山西文學》，大家不搭界。但畢竟是熟人，鄰居相處，也還正常。

由於我忙於打離婚官司，大家忙於籌備換屆，老韓和我一度彷彿變得相互不認識似的，進進出出時，頂多略一點頭而已。君子之交淡如水，回歸到了老子的理想境界：雞犬之聲相聞，老死不相往來，但還不至於變成陌生人。

臨近換屆，南華門裏的空氣無形中有點緊張起來。

記得在焦祖堯的家裏，大家開了一次會，或曰碰了一次頭。院裏的所有青年作家，包括趙瑜和鍾道新，除了韓石山以外者，幾乎盡數出席。會議的議題，當然是選舉，說得更明白點，就是選舉時要如何為老焦拉選票的問題。院裏的形勢基本明朗；太原市的情況則相對複雜。票數計算，關鍵在於各地市文聯的代表們。大同雁北是老焦的根據地，而晉南則是老西的根據地。地處中間的地市，如何策動、找誰談話等等。

選舉，拉票，這也正常，沒有什麼不可告人的。若是候選人公開演講，公佈上臺後的施政方針，公開爭取選票，那才有些當代民主的意味啊！

但有兩個情況，我當時並不清楚。我沒有進入圈子中心，有些事情沒有預聞，這也正常。

情況一，大家在晉北做雁北文聯主席馬駿的工作，這不奇怪，但到晉南做臨汾文聯主席謝俊傑的工作，可就應該算是一步險棋、高棋。

謝俊傑是老馬、老西自幼一手拉拔、栽培的啊！但後來的事實證明，老謝未能堅守人們以為應該堅守的立場。據臨汾方面的朋友說，選舉主席投票的時候，謝俊傑沒有投給老西，也沒有投給老焦，而是投了自己一票。人們分析他的心理：連主席都有人選謝俊傑，那麼副主席就更該選謝俊傑了。

我想，老謝也許是思想搏戰，給自己找到了一個心理依託。我沒有選老西，對不起；但我也沒有選老焦呀！

聽說，老馬在事後當面指斥了謝俊傑，措辭相當嚴厲：「謝俊傑，你真是忘恩負義！」

謝俊傑一定受不了，汗顏無地。但我有些羨慕謝俊傑，至少他挨了罵。

老馬、老西也應該當面痛罵張石山的啊！然而沒有，他們沒有。他們已經傷心、失望、鄙視、蔑視到那樣的地步，不屑當面來罵你張石山。讓你背負永遠的歉疚與恥辱，直到他們死去，直到你也死去……

情況二，經過嚴密的分析運算，老西、老焦可能的票數非常接近！老焦恐怕還處於相對劣勢。於是，老焦在黨組提出了增加「特邀代表」三十名的議題。議題在一開始就未獲通過。

換屆在即，任何新的議題，無論怎樣冠冕堂皇，都有背後的目的。老馬、老西、老胡，何等樣人，哪裏能不明白？於是以會議經費預算已定、不宜臨時增加人員的理由，暫時擱置了老焦的提議。但老焦自有辦法對付。他說，特邀名額不是憑空增加的。有全國會員、沒有被選為代表者；有多年從事基層文聯工作、寫作稍差而沒有選為代表者；還有文學新秀、創作勢頭不錯者；確實應該前來赴會。而且這些同志為了得到與會的機會，竟願意自費！

除了說法冠冕堂皇之外，老焦的運氣也未免太好了！山西作協換屆前夕，形勢空前緊張之際，有橫炮凌空打來。所謂橫炮，打得神妙。原來中國文聯也要開會，馬烽被定為全國文聯副主席的候選人。對於馬烽來說，這又何嘗不是件大事！

於是，馬烽赴京，並且將他的戰友們，老西、老孫、老胡一併招呼了，晉京助威。後方空虛，暫時也難以顧及。

馬烽沒有分身術。文壇五老離開了南華門，黨組書記也不在崗位上。焦祖堯當然要代管整個作協的工作，特別是換屆工作。特邀代表的議題，終於獲得通過。

換屆選舉主席完畢，最後的選票統計，老西與焦祖堯相差票數，也不過十來票而已。三十名特邀代表，成為壓斷駱駝脊樑的最後一根茅草。

上述兩個情況，我都是在若干年後才得以知曉的。

在換屆前夕，在老焦家裏開會的當時當地，我只知道、我只發現：青年作家裏，單單少了一個韓石山。

我是在中途方才進入圈子的人，我不知道這個圈子最早的結構。韓石山是一早就不在其內？抑或是中途退了出去？不得而知。

在大家的口吻裏，好像韓石山是一定要跟西戎走的。他一定是算準了，跟著老西能夠成功；老西假如繼續連任作協主席，韓石山將獨享輔佐西戎的功勞。話語中，彷彿不是大家背叛了馬烽、西戎，倒是韓石山背叛了大家。從那以後，大家就和韓石山陌同路人。

在巷子裏碰面，老韓本來和我僅止點頭而已，此時好像雙方連頭都不點了，彷彿根本就不認識。

換屆開始，南華門的所有成員一律上會。韓石山和我們這幫人就更加互不往來。他和我們分屬兩個陣營，各為其主，各辦其事。

一個換屆，主席要搞差額選舉，省委擺了老西、老焦兩個候選人；鄭義心血來潮，提出推選老焦的主張；最終兩軍對壘似的，鬧成什麼樣子！

——事後多年，我詢問過韓石山當時的情況。希望能夠聽到他本人對當初選擇的解釋。

韓石山說：當時，一開初，大家只是籌備換屆，做一些事務方面的工作。到了他覺察大家的選擇是要推出老焦、而不是擁戴老西的時候，他曾經和自家老婆商量。他把主張說給老婆，以堅定自己的選擇。自己是老西調來的，而且才剛剛調來；調來的時候，全家上老西家裏看望拜謝。沒有幾天，就要背棄老西，實在做不出來。至於「背叛」幾個青年作家云云，老韓認為談不上。因為大家要推選老焦的主張，他只是隱約感覺到而已。他並沒有贊同過這個選擇，所以談不什麼「背叛」。

那麼，韓石山你擁戴老西，是否覺得勝券在握呢？

老韓說：「恰恰相反。我當時落了單，以為別人都會選上副主席，而我絕對沒有機會。只是在副主席的選舉結果出來之後，方才有些釋然。『哈哈，我還以為只是我韓石山倒下了，回頭一看，哈，倒下了一大片！只剩下白茫茫一片的大地，真乾淨阿！』這是我韓石山當時的原話。」

任何人，追述歷史的時候，都可能有著這樣的通病，那就是做出利於自己的解釋。韓石山大概也難以超越其外。

不過，事實終歸是事實。事實上，韓石山確實沒有背棄西戎。在那個特定的時候，韓石山確實非常孤獨。

這一點，應該成為他的驕傲。至少在這一點上，驕傲的張石山願意向他脫帽致敬。不能說他處處比我高，但在這一點上，他能夠俯瞰我。

彷彿夢中曾有的情景，我無法逃遁這樣的處境：那高高在上的目光，箭矢一般洞穿了你的身體。

四、馬烽：不幸失算的策劃人

作協換屆，向來和文聯換屆同時進行。這是所謂文藝界的「兩會」。關於兩會換屆，省委有著統一的安排。在省委統一安排的框架內，山西文藝界的元老、泰斗級別的馬烽，則有他自己的一整套考慮。他的考慮，當然切合本省實際，也獲得了省委領導的諒解。

省文聯在李束為退休時，給了他「名譽主席」的稱號，而由馬烽出任文聯主席。但馬烽並不準備前往文聯主持工作，而是推薦胡正出任文聯副主席，好代理馬烽主持日常。胡正是老文聯時代的秘書長，熟悉情況、能力具備。至於南華門裏的省作協這邊，省委已和西戎談話，要他繼續擔任作協主席。馬烽並無異議，覺得相當合適。孫謙年齡更大些，面臨退休。況且對於什麼職務之類向來看得很淡。西戎、胡正，一個在作協，一個到文聯，擺得也還均衡。而作協這邊，要搞一個差額選舉的新花樣，也沒有什麼。王茂林和張維慶說得明白，焦祖堯只是「陪選」。莫非焦祖堯當了書記還不滿足，非要書記、主席一肩挑才能滿意？

所以，馬烽「不管風吹浪打，勝似閒庭信步」。一切都在老夫掌中。天下事，不過如此罷了。

老戰友們漸漸老去，是自然的規律。真讓你工作，你有那精力嗎？要個名分，然後退休。即便是文聯主席，也不過是個名分。文聯的工作，就讓胡正去做。況且，文聯有黨組，胡正恐怕也只是協助工作而已哩！

馬烽萬萬沒有料到，事情竟然悄悄發生了重大變化。

南華門裏，一條巷子，是死胡同；人員關係錯綜複雜，你中有我、我中有你。發生什麼事兒，誰能瞞得了誰！

馬烽到底是什麼時候覺察到事情的嚴重性的？不得而知。我只能判斷：當省委領導中途變卦，決定支持原定「陪選」的焦祖堯時，一向沉著、看似超脫的馬烽也有些坐不穩中軍帳了。

省委領導突然轉而支持焦祖堯的意圖，既然沒有說在明處，馬烽當然就要依照原定說法，堅決支持西戎。從情理上，他沒有在一旁隔岸觀火的道理。他也不能放任焦祖堯、鄭義他們幾個這樣蹦達，想要讓老西落選，老西就會落選。

馬烽也許當時就有所反省，又或者事起倉促，來不及反省。在山西大同待不下去的焦祖堯，出於同情惻隱、外界影響等等考慮，留在山西，短短幾年羽翼豐滿，就要反過來向馬烽、西戎叫板啦！

當時的情勢是，西戎是當事人，肯定不好自己出面，而胡正已經知道自己的去向是到文聯那邊，作協這頭的換屆，多半也不可能全力以赴。馬烽親自過問一些情況，勢在必行。關鍵時刻，斷不能扔開老戰友西戎不管。

換屆前夕，1988年的年末，省作協在我省晉西北的河曲縣召開會議。這時，馬烽一定感覺到事態嚴重。他聽說了周宗奇、成一等青年作家態度轉變的非常情況。

記得是一個中午，飯後的河曲縣「翠峰賓館」的院子裏。沒有風，陽光挺好。酒後的感覺，天氣並不寒冷。我和成一等人喝完酒，相繼走出飯堂。院子裏的人不少，馬烽旁邊有人陪著，成一身邊的人也不少。馬烽帶著酒意，笑得很和善，沒有和別人說話，當眾直槓槓地詢問成一：「成一，這換屆，你們到底是準備怎麼辦啦？」

成一也喝了不少，也帶著酒意：「馬老師，你放心。我們這些人，都是誰培養起來的？我們絕不會讓老同志們失望！」

馬烽最後說：「酒後吐真言。成一，這話我可就當成真啦！」

——上面我寫出的，可能不完全是原話，但我可以保證，大意不錯。

馬烽對成一也是有恩的。他不能找成一私下談談嗎？事情怎麼就到了需要借助酒意來講話「將軍」的地步？

而最後的事實證明，馬烽失算了。成一，包括周宗奇，還有鄭義、張石山等人，換屆選舉時統統沒有投票給西戎，而是投給了焦祖堯。

據說，當省委領導改變了初衷，決定支持焦祖堯當選作協主席之後，曾經和作協黨組成員周宗奇、成一談話，要他們聽從組織的決定，支援老焦。如果真是這樣，一切也還說得過去，馬烽也應該理解。

接受黨的教育多年，成一、周宗奇因為馬烽一句話，就可以違背組織的決定嗎？馬老崇高，但究竟不比組織高。

馬烽失算了。他沒有算出王茂林等人還有這樣一招，叫做組織服從。

那麼，成一、周宗奇都是應該得到諒解的。作協的院子裏，南華門東四條的整條巷子裏，只有張石山一個人不應該得到諒解。

張石山，你！既沒有和焦祖堯有任何情感瓜葛、工作往來，也沒有什麼組織談話、強迫命令。你有什麼道理背叛西戎恩師？你要用什麼托辭開釋自己？因為你一時孤獨，所以就立刻聽從了鄭義？你不是自稱「非常之人，敢為非常之事」嗎？你需要靠群威群膽來壯膽、來遮掩你骨子裏的怯懦嗎？

張石山，你！無可推諉、無可辯駁、無可分說、無可諒解、無可逃遁、無可藏匿。你必須面對、必須拷問自我、必須拿起刀劍，剖開自己的胸膛，將你卑微的心靈向著天地敞開……

第二十一章　換屆親歷

「一將功成萬骨枯」。

強漢盛唐，開邊擴土，既是帝王偉業，也是民族輝煌。但在一些詩人歌贊的時候，有另一些詩人在詛咒。

另一些詩人詛咒詆毀帝王偉業，卻並沒有被打成右派；此其強漢盛唐之所以為強漢盛唐也。

歷史可以用多樣角度來評判。進步、解放，可以以多樣方式達成。

伯恩斯坦和考茨基是被恩格斯開除出第二國際的。「議會道路」遭到前蘇聯和中國近百年的無情批判，但議會道路在北歐取得了全球矚目的成功。不予承認、鴕鳥政策，極其可笑。

海選，乃大民主，至少比由上層確定候選人、代表們飽餐羊羔美酒之後負責畫圈，要好得多。

儘管有王茂林、張維慶的操控，焦祖堯畢竟還是透過選舉登臺的。這，誰都無法否認。

然而，每當想起換屆完成、大會閉幕那一刻的情景，我總會記起那一句古詩。

一、空氣緊張中的一哭

籌備多日，1988年的年底，省作協換屆大會終於召開。

省作協這樣的群團組織，召開全省會議，往往給與會者提供了一個見面機會。大家握手言歡、呼兄喚弟，倍感親切，一派和諧。但本次的換屆大會，從代表們報到的那一刻起，就籠罩在緊張的空氣中。

從下面來的各地市的代表，已經提前被人分頭做過工作。大家都預感到了，本次換屆大會，將有一場惡戰。

馬烽住到了會上。王茂林也住到了會上。

馬烽那兒是否天天夜間聽取彙報，我不知曉，但王茂林是要天天聽取彙報的。

關於作協的兩個黨組成員，周宗奇和成一，究竟在什麼時候被王茂林、張維慶告知「必須組織服從，一定要保證焦祖堯選舉主席成功」，我不清楚。我只記得，已經上會了，提前能做的工作都做過了，焦祖堯還多次提醒大家、督促大家：「情況很危險！各位還要繼續努力啊！」

這話反覆地對鄭義講，也反覆地對成一講。

周宗奇有大將風度，拿老焦開玩笑：「看看老焦，臉色都變了！」

焦祖堯緊張，是應該的。不動心思，只是陪選也罷了；如今已經不要陪選，而是要正經競選，要和西戎見一個高下，能不緊張嗎？

大家於是分頭行動，各自去找熟人朋友、老交情，為老焦呼籲奔忙。

大家見不到馬烽、西戎，也不去見他們；大家更見不到韓石山，不知他在忙些什麼？

空氣緊張、情緒緊張，神經繃得太緊了。在一個房間裏，鄭義突然和成一爭執起來。記不得有什麼重要議題，也不記得有什麼過激言辭，但兩人起了高聲。

成一站在地上，鄭義坐在沙發那兒；鄭義跳了起來，將煙灰缸砸在玻璃板上，玻璃板頓時粉碎。鄭義還動了粗口，說了「我操他媽的」之類的話。

鄭義哭了，成一也哭了。

情緒太激動，神經太緊張了。

——《黃河》曾經的主編和副主編，也許原本有所不和。或者本來和美，只是在這一次產生了裂隙？焦祖堯登臺後，即刻將成一清出黨組，是否與此有關？

鄭義的活動能力，人所共知。早在九省區黃河筆會期間，他就和省委宣傳部部長張維慶開始了熱線聯繫。那時，張維慶剛擔任宣傳部長。他尊重作家、藝術家，主動和大家交朋友，記得他還給青年作家們分頭寫來過熱情誠摯的信件，要大家有事找他；沒事，也可以找他。這樣的幹部、這樣的省委宣傳部長，現在已經很難見到了。

將「陪選」焦祖堯在實質上置換成真正的候選人，最終說動了張維慶乃至王茂林，爭取到省委領導的諒解和支持，我認為：鄭義在其中起了至關重要的作用。

鄭義成為焦祖堯的競選高參和助選策劃人，大家有目共睹。老焦得了鄭義的援手，幾乎不亞於漢高得了張子房、先祖得了南陽臥龍。

成一和這樣一個鄭義大大吵了一架，甚至傷害了感情。鄭義後來在換屆會上，宣佈自己要退出副主席的選舉，也與此有關。

記得是在會場上，公開場合，雁北的馬駿突然大發雷霆。這個老馬，可是一向溫和穩重，沒有什麼脾氣的啊！聽了幾句，終於明白，馬駿是在發鄭義的脾氣。

老馬激動地質問、疑問、反問：「你說的，要我給你做工作，選舉你；給你做了工作，到這會兒，你又不參加選舉了，還要我給你做工作！」

馬駿不知底細，一下子鬧得認真起來了。

鄭義那是一個姿態。姿態是做給成一看的，也是給我們幾個看的。旨在說明：他全力扶持、保駕老焦上臺，不是出於私心，不是自己要撈取什麼；而是出以公心，是為了正義、為了和平、為了文學事業什麼的。

二、忘恩負義的一票

換屆大會的程序是，先選舉主席，接著再選舉副主席。

全體代表海選，而不是後來的辦法。選舉出作協理事會，由理事會選舉主席團。

除了為老焦選舉主席出力活動，我同時也為自己進行了若干活動。

我聽過鄭義的說法之後，立場倒向老焦，同時也生出了極大的、真實的私心：我也想成為一個副主席。癩蛤蟆想吃天鵝屁也罷，王婆子想屁吃也罷，我當時就是那麼想的。若不是這個極度嚴重的私心作怪，我為什麼會背棄老西？

不背棄老西，像韓石山一樣，參加副主席競選，不可以嗎？擁戴老西，就不可以有自己的私心嗎？當然不是。但我卻是在背棄老西的情況下，又懷了私心。本來可以理解的私心，此刻變得怪異，更加自私，也更加卑瑣。

我竟然還要腆然人面為自己活動、拉選票！

我找過幾個熟識的朋友，話語說得也冠冕：「選舉副主席，我也動心。或許會有幾張票，但若票數太少，面子上不好看，有勞大家捧場幫忙。有錢的捧個錢場，沒錢的捧個人場。他媽的，走開江湖啦！」

依照會議程序，到了選舉作協主席的時刻。與會代表實施莊嚴的民主權利，領到選票，準備投票。

一張表格，兩個候選人。一個是西戎，一個是焦祖堯。另有空格，可以填寫別的名字。

我沒有選西戎，選了焦祖堯。劃下選擇的一筆，我沒有像什麼電視劇裏的鏡頭：手指發抖、面部痙攣之類。而是面不改色，殺人不眨眼的樣子。

西戎老師是大家的老師，更是我張石山的恩師。我就那樣忍心啊？不是的。在劃票的一刻，我早已麻木不仁。滑出懸崖、墜入深淵，不是這個時候，而是在之前。

當我已經失足、墜入深淵，已經不可能回頭、不可能返歸崖頂。好像一個叛徒，不可能回頭是岸。人間天上，已經沒有了那段堤岸。

人們都難免有失足的時候，但人們也都有這樣的弱點或曰本領——為自己的行為找出合理的邏輯。妓女有賣淫的理由，叛徒有叛變的無奈等等。

當清夜自省，我也曾想為自己尋找體面、合理的解釋，想對自己網開一面，想放自己一馬。比如：我剛從北大歸來，不了解情況啦，老西、老胡沒有找我談話啦，我的存在被漠視啦等等。

然而，我沒有找到什麼堂皇的理由。尋找任何客觀，都是無用的。

如果說，我沒有將我的一票投給老西，是出於自私；是贊同了鄭義的說法：老焦上臺，可以多出一個副主席的名額，自己可以多出一絲機會；那麼，時過境遷、事到如今，我還要為自己曾有的私欲尋找虛位的托辭和藉口，就是無恥。

我貌似莊嚴地投出一票，但沒有頭給西戎，而是投給了焦祖堯。那是自私的一票，那更是忘恩負義的一票。

我沒有謝俊傑那樣幸運，他到底挨了老馬的責罵。

老馬沒有罵我，老西更沒有罵我。他們宅心仁厚。但這成為一種最最嚴厲的懲罰。

忘恩負義的一票，成為我不可救贖的罪過，成為我的一個不得不終身背負的十字架。

三、觸目驚心的一幕

主席選舉之前，大會曾經提出過一個動議。說是西戎假如不參加主席選舉，可以給予他省作協名譽主席的稱謂；如果一定要參加選舉，那麼落選之後將必須參加副主席的選舉。

這是王茂林和張維慶的主張。或許這是子房、臥龍之輩的謀略，極其陰毒。前後夾擊，左右開弓，要逼迫西戎就範。最好乖乖投降，使得焦祖堯能夠兵不雪刃、不戰而勝。但西戎沒有繳械。

事後有人認為，與其最終落選，那樣尷尬難看，還不如接受大會的建議。但這也是事後諸葛。

西戎拒絕繳械，甘於冒險一戰。不惜一死、不懼一死。

也許，西戎像馬烽一樣，相當自信，不把焦祖堯放在眼裏；更不把一幫後生小輩放在眼裏。也許，西戎已經沒有退縮的可能，因為態勢逼在那裏。也許，西戎倒是通盤考慮過了。選舉可能失敗。但他要親自驗證一番，看看自己投諸無數心血的山西文壇，作家協會、與會代表，將如何擊倒他們曾經的主席。

西戎拒絕繳械。白髮蒼蒼，走上戰場。猶如他十六歲參加抗戰……

選舉結果公佈。焦祖堯以微弱多數勝出，西戎落選。

我們終於看到了那一幕。擁焦派如願以償。

權力的介入、私欲的存在，如果是不可避免的，這種介入與存在確實是殘酷的。那是一種傷害。它傷害了一位不該受到如此傷害的長者，傷害了山西文壇的元老、山西作協的第一功臣，傷害了我們的師尊。

你們盡可得勝還朝，你們盡可歡慶勝利。你們無須惻隱，你們不必歉疚。

西戎像個真正的戰士，從容飲彈，巨人一般轟然倒下。

四、副主席倒下一片

主席選舉的結果揭曉之後，按照大會議程，即將開始副主席的選舉。

記得大會臨時成立的主席團，還討論過那個曾經的動議，即西戎既然參加了主席選舉，並且選舉失敗，那麼就得接著參加副主席的選舉。

無論是當時感覺到，或者現在回想起來，都覺得這真是太殘酷了！擊倒失敗者之後，還要讓其受辱。

西戎老師拒絕參加副主席選舉。他寫了一個書面材料，短短幾句，自己走上講臺，聲音有些沙啞地宣讀了那片紙頁上的文字。他說，既然自己得不到多數代表的認可，他接受主席選舉失敗的現實，但不再參加副主席選舉。

人們都沒有說什麼。大家都不再繼續折磨這位老人、這位長者。但我記得，柯雲路發言了。他從法理的高度，引舉東西方的選舉法證明，說老西這樣做是不對的、不可以的。

主席團倒是沒有繼續堅持，沒有硬將西戎列為副主席候選人。代表們像是得到了會議通知一般，像是一個人一樣，取得了驚人的一致。沒有任何一個人選西戎為副主席。

副主席選舉，在西戎老師這個話題上，這時的民意得到集中體現。人性和人道主義大放光輝，贏得了偉大勝利。

以下，進入副主席選舉的程序。

事後分析，在副主席選舉中，選舉辦法是不合理的。不能說它違背了選舉法，至少是考慮不周、嚴重損害了候選人的法定權益。

當時預定的副主席職數是九個，全體代表投票，即所謂的海選。那麼，在全體代表海選的前提下，應該有兩種以上的選舉辦法，而且應該只能選擇其中一種。

其一，海選一次，且一次就完成選舉。票數位列前九名者，則為大會代表選舉出的副主席。

其二，還是海選，大會主席團提出，或者如同後來的辦法由省委常委會提出九名候選者名單。票數必須過半。九人過半，九人當選；若每人都不過半，則都不算當選。

其三，如同那次換屆大會實際操作的過程一樣，先行投票一輪，切取票數第一名至十四名者為候選人。候選人數為應選舉職數的百分之一百五十。然後進行全體代表二次投票。

問題就出在第二次投票中。

已經先行選出十四名候選人，再從其中選舉職數九名。票數必然分散，每個候選人的成功率已經降低了百分之三十三，只剩下百分之六十七。那麼應該設定，票數前九名者當選。但王茂林親自講話，干涉選舉。他一個人臨時制定了一部選舉法。他振振有詞地說：「副主席參加主席團，不能夠贏得半數以上代表的認可，是不可以的！」於是，要求票數必須過半。

選舉的結果其實已經可以想見。十四名候選人裏，只有三人的票數過半。這三人，是周宗奇、李國濤、田東照。

以下，記得有成一、王東滿、柯雲路、韓石山，然後有張石山、謝俊傑、鄭義、楊茂林、馬駿、李銳等。省委預定的副主席九個職數，變成了一句空話。王茂林一言九鼎，一句話砍翻了六個副主席。

後來回想，對於我個人而言，這叫理所當然。你沒有選西戎老師，而選西戎老師的代表們卻受了傷害；這些代表，我以為多數都不會選舉背棄西戎老師的人。

但對於競選副主席落選的其他人，我在這兒要呼籲、吶喊：他們受到了不公正的傷害。

王茂林一個人制定的選舉法，傷害了大家的權益。省委操控選舉的現實，破壞了代表們可能的團結和諧、製造了分裂和對立，最終剝奪了六位應該當選的副主席的機會。

於是，在我們省作協的前任主席西戎老師轟然倒下之後，可能的六位繼任副主席相繼倒下。換屆大會，倒下一片副主席。

所以，那個韓石山，那個在當時已經和我們陌生化了的韓石山，才能夠得意吶喊、快意叫囂：「哈哈！原以為就我落選啦，就倒下我一個；哈哈，回頭一看，倒下一片！哈哈，只落下白茫茫一片大地，真乾淨！哈哈！哈哈哈哈……」

韓石山，你說有多麼討厭、多麼氣人！本來五音不全、唱歌跑調，說話陰陽怪氣、用語尖酸刻薄，讓人看著他就來氣！這時，這樣快意叫囂，這不是夜貓子哭喪嗎？

你也落選了，你得意什麼？你快意何來？

然而，他就那麼「哈哈」，他就那麼叫囂。自己踩了稀屎，看見別人掉進茅坑，也不過如此！

五、人與狼的一個老故事

主席選舉完畢；副主席選舉完畢；作協理事會選舉完畢；換屆大會閉幕。

大會閉幕式，特別安排了一個程序，即我和李銳全國獲獎，由各省作協代為頒發獲獎證書和獎金。全國短篇小說獎，獎金五百元整。

本省青年作家全國獲獎，對於省作協本來是一件好事、喜事。假如換屆大會開得合乎人心、順乎民意，皆大歡喜；那麼，給我和李銳頒獎將不僅是我們兩人的榮耀，而且對於換屆大會也將是錦上添花、烈火烹油、繁花著錦。

然而，換屆大會開得並不成功。

西戎落選，不僅是傷害了一位老作家，而是傷害了一群功勳卓著、德高望重的老作家。六個副主席名額作廢，也傷害了一批青年作家。如同韓石山所說，不是倒下一個，而是倒下一片。

閉幕會的氣氛，壓抑、沉悶，彷彿追悼會似的。對了，就是一個追悼會。本來可能透過良好運作而出現的新一屆主席團，胎死腹中。閉幕會就是那個可能產生、然而不幸夭折的主席團的追悼會。

給我和李銳頒獎，我們南華門的老作家拒絕出面。他們培養了一批白眼狼，早已灰心失意、傷透了心。大會從文聯那邊請來了鄭篤先生，勉強充當了給我們頒獎的嘉賓。

沒有鮮花、沒有音樂，甚至沒有掌聲。坐滿了與會代表的會議大廳，一片死寂。我和李銳到主席團那兒去領取獲獎證書，彷彿是去領取判決書。

領到證書和一個白紙信封裝了的獎金，我們走回自己的座位。依然沒有掌聲，只聽見我倆「嚓嚓」的腳步聲。

接下來，是頒獎嘉賓鄭篤講話。

鄭篤老師在文聯、作協分家之前主持過整個機關工作，擔任過《山西文學》副主編，也是我們的老領導、老前輩。個頭不大，聲腔極其洪亮。好像小個頭的銅錘花臉裘盛戎，共鳴震得整個會場「嗡嗡」作響。

鄭篤說到了一個故事。一個古老的、大家耳熟能詳的故事，東郭先生和中山狼的故事。

他只是泛泛而談，沒有特指，沒有說明，沒有點出任何人的名字。

但他講了那樣一個故事，是在那樣一個時間，是在那樣一個場合。

故事的象徵意義是極其顯豁的；鄭篤先生講這個故事的用意也是極其顯豁的。

曾經有人懷疑，鄭篤好像說的是劉琦。劉琦後來和老鄭的關係由親密轉為疏遠、交惡，文藝界人所共知。然而我不這樣認為。我倒寧可認為鄭篤說的是我們；說的尤其是我。

中山狼，忘恩負義的中山狼。

不是中山狼，會是什麼東西呢？拿什麼來形容、比喻，才能更適切我的情況呢？

六、成功了一個人

省委領導之下的作協換屆大會落下帷幕。王茂林一手操控，或者說王茂林和張維慶兩個省委常委共同操控的作協換屆大會結束。閉幕式上，信任作協主席焦祖堯講話，向全體與會代表致閉幕詞。作協前任黨組書記胡正，主持了閉幕式。當他宣佈焦祖堯講話的時候，還開了一個玩笑，故意將「閉幕詞」說成了「開幕詞」。

是啊，焦祖堯獨攬大權、掌控山西文壇的時代就要開始，連臺好戲就要開場。而以馬烽為首的老作家們掌控山西文壇的歷史，宣告結束。

歷史的一頁，掀了過去。儘管是以那樣一種方式，我們不願看到的方式。

1988年的年底，山西作協換屆大會，究竟取得了什麼成果？我們不妨稍稍盤點一回。

西戎落選，被自己灌注了將近一生心血的作家協會、被自己培養扶植起來的作家和作者們擊倒。馬烽很生氣。對王茂林很生氣；對院子裏的多數青年作家和院子外的個別少數青年作家很生氣；對老戰友胡正也很生氣。

我沒有直接聽到馬烽批判胡正。但有人傳言說，馬烽嚴厲地批評了胡正。他說：「就是你提拔起來一批白眼狼！」

白眼狼和中山狼。都是狼。

我想，或許馬烽對自己也很生氣。焦祖堯不是馬烽你調動、提拔起來的嗎？

馬烽全然失算。

本來，西戎當選為作協這邊的主席，胡正是要安排到文聯那邊擔任常務副主席的。但由於西戎落選，這位戰友受到了極大的傷害，為了撫平其心理，或者為了別的什麼，馬烽又斷然犧牲了另一位戰友胡正，他嚴令胡正退出文聯那邊的選舉。

換屆大會閉幕之後不久，我曾經去家裏看望過胡正。當時對於胡老師退出那邊的選舉還全然無知，我只是想去和他坐一坐。

胡正老師和夫人郁波都在客廳裏。晚間的燈光下，胡老師和夫人眼圈都紅紅的。或許，那正是剛剛挨了馬烽的批評吧。

時辰不正，氣氛不對，我不知要說些什麼好。語無倫次地告辭，惶惶地退了出來。

院子裏，昏暗，寂靜。西戎老師家的後窗透出燈光。西老師或許還沒有休息？換屆落選，西老師一定有些傷感吧？

我沒有動一點念頭，去勸慰西老師。我已經喪失了那樣的權利；我也沒有那樣厚的臉面。

院子裏，我的兩位前任，李國濤和周宗奇被選舉為作協副主席。一位住在我樓下，二樓；一位住在我的樓上，三樓。他們也沒有什麼高興勁兒。他們二人，功勞、苦勞皆有，早就應該是副主席，早就應該參加省作協的最高決策層了。當選了個副主席，有什麼好高興的！

我居住的作家協會六號樓，號稱「作家樓」。二樓有個王東滿，四樓周宗奇，其對門有個成一，五樓住著韓石山和鄭義。這幾位統統落選。他們又有什麼高興的。

整個作家協會，應該只有焦祖堯一個人是高興的吧。1988年的年底，作家協會換屆，王茂林、張維慶操控的換屆，勞民傷財，結果只是成就了一個人。這個人，黨組書記、作協主席一肩挑，大權獨攬，前後竟達十二年之久。

當馬烽他們文壇五戰友的時代結束之後，省作協迎來了焦祖堯時代。我後來感到的、我個人斷然認為的，呼吸困難的時代到來。

第二十二章　登臺伊始

大家知道，希特勒並不是我們東方人理解意義上的透過武裝鬥爭、「打江山」上臺掌權的。他恰恰是透過西方已經相對成熟的民主制度下的選舉途徑，獲得多數擁護認可，得以掌控權力，爾後才走上獨裁道路的。

希特勒不僅屠殺猶太人，不僅給別國人民帶來無窮災難，也給德國人、德意志民族帶來了無窮災難。二戰之後多少年，德國人始終進行著痛苦的反省：不是別人、恰恰是我們自己，透過莊嚴的投票，選舉出了希特勒。

德國人在嚴肅地拷問歷史：那一切究竟是怎樣發生的？

我沒有把焦祖堯比作希特勒的意思。焦祖堯哪裏能夠達到希特勒那種級別。我只是要舉出希特勒來做一個例子，以說明我的一點類似思考。

在換屆會的閉幕式上，焦祖堯宣讀的閉幕詞裏有一條時髦的說法。他說，一定要避免作協領導機關的「衙門化」。我聽著好生新鮮，覺得像是天語綸音，「如逢仙樂耳暫明」，留在腦海的記憶也極為深刻。然而，焦祖堯登臺後，恰恰正是省作協這樣一個群團組織深度「衙門化」的開始。

作協換屆後，焦祖堯大權獨攬，獨斷專行，做出種種超乎常人想像的舉動，得以實施他許多令人瞠目結舌的謀略。作協豈止是衙門化、官僚化，簡直是走上專制化乃至獨裁化。

大權獨攬，是他獨斷專行的條件。擔任作協黨組書記之後，又被選舉為作協主席，是他大權獨攬的開始。

選舉，是公正的；選舉程序，是合法的，儘管不乏王茂林操控的因素在內。

而書記主席一肩挑的情況，也不是焦祖堯一個孤例。一肩挑，就一定會走上獨裁嗎？獨裁就一定不好嗎？

柯雲路等人塑造的「新星」，在文藝作品中呼風喚雨的「當代英雄」，要實現他們的改革宏圖，大權獨攬反倒往往是一個先決條件。但我們完全可以假設：大權獨攬之後，他不改革而是要倒退，不搞責任制而是要學大寨，你怎麼辦？

一、成一，踢出黨組

換屆過後，儘管西戎落選大家很不忍；九個副主席職數被槍斃了六個，大家很無奈，但事情已然如此，大家必須面對現實。舊的一頁畢竟掀了過去，有待於新的一頁被掀開來。大家應該面對未來，但願作協能夠開始新局面。

具體就換屆來說，焦祖堯成功當選主席，而成一等青年作家沒能當選副主席；對此，焦祖堯應該有個態度，或者說，應該有點補救措施。

就一個旁觀者的角度，從最常規的情理出發，那一段，我曾經有過這樣的評判：老焦上臺，院子裏青年作家的支持起了巨大作用。而支持老焦，大家則付出了代價。因為你們背叛西戎、支持老焦，所以你們能夠多多得票？沒有這樣的道理，不符合事實。大家恰恰是因為支持老焦、背叛西戎而損失了票數。這合乎事實、合乎邏輯。

所以，我在心底曾經有過這樣一點良好的願望：焦祖堯登臺伊始，不要「屠殺」功臣，而是應該繼續團結大家。況且許多功臣傷痕累累，應該給予撫恤才對。

青年作家裏，周宗奇和成一是兩位老大哥，他們都是原黨組成員，年齡相同、住在對門，應該擺平位置才好。周宗奇光榮當選，成一以些微票數之差落選；聽說周宗奇擔任了常務副主席，那麼成一能否晉升為黨組副書記呢？劉備摔阿斗，假賣人情，他懂得人情啊！他手頭沒有東西封賞，只有用摔孩子來撫恤大將趙雲趙子龍。焦祖堯你的手頭有官爵，你有多少可以使用的資源啊！這樣一來，兩人位置擺平，統統心情舒暢，幾個小弟兄也絕對不會有意見。

從焦祖堯的角度考慮，團結住這二位，也就等於攏絡住院裏的大多數青年作家。

從工作出發，從最冠冕的「為了文學事業」出發，這樣安排也極為有利。焦祖堯完全可以像馬烽一樣，叫西戎主持工作，叫胡正當秘書長來打雜，自己下鄉寫東西去！還怕周宗奇和成一兩人的能力不夠，幹不了這點事兒嗎？

隨後，利用黨組決策的條件，提出並運作主席團增補副主席的議題。王茂林、張維慶看見老焦如此風範器度，也一定會高興。覺得操控換屆不曾走眼，斷然扶持了焦祖堯，沒有錯。焦祖堯時代，比你馬烽時代更好，有過之而無不及。

正這樣一旁假想、夢想、幻想，「做夢娶媳婦——盡想好事」時，聽說省委宣傳部召喚成一前去談話。

我竟有些得意。得意自己料事如神，算準了老焦的棋路。得意之餘當然也有些高興，替成一高興。背離老領導，轉而支持焦祖堯，成一是容易的嗎？沒有選上副主席，心裏會那麼靜如止水嗎？升任黨組副書記，也算一點心理平衡。當年，成一和焦祖堯一起開創作研討會、一起加入中國作協，從任何意義上來說，當一個副書記也當得起！

不料事情不是我想的那樣，也不是成一想的那樣。

省委宣傳部通告成一：「你已經不是黨組成員了。以後就不要管作協的事，專心寫作吧！」

原來，焦祖堯登臺亮相，已經拿出了他的第一號行動方案，祭起了囊中的第一件法寶。他掌權伊始，立即迫不及待地打擊剛剛還在同一戰壕的戰友！真是匪夷所思，令人毛骨悚然！

省作協原黨組是七人黨組，計有三人已經不在黨組。書記胡正，如今離任；成員西戎，如今下臺；原作協秘書長樊丕德，一朝天子一朝臣，和胡正一塊開路。下餘四人：新任黨組書記焦祖堯，大權在握。成員周宗奇、成一和周山湖。

將成一踢出黨組，恐怕顯得太過露骨，同時一併將周山湖踢出。這後一位，說是要他專心辦刊物《黃河》。

於是，七人黨組，離任三人、踢出二人，只剩下焦祖堯和周宗奇二人。

作協剛剛換屆完畢，黨組結構就動了這樣巨大的手術。省委宣傳部能通過嗎？共產黨的宣傳領導機構，究竟是幹什麼的？

然而，省委宣傳部竟然順利通過。沒有任何異議，一路綠燈。

於是，我們不能不認為：焦祖堯自從和王茂林接通了熱線，他已經找到了一個繞開組織約束、甩開省委宣傳部的辦法，那就是拿到尚方寶劍，用王茂林來壓制宣傳部。

後來的事實，終究證明了我的上述認定。當宣傳部部長張維慶調任中央計生委、崔光祖接任宣傳部長時，焦祖堯根本不把崔光祖看在眼裏。崔光祖不得不憤怒地表示了他的無奈，或者說無奈地表示了他的憤怒：「老焦，你以後有什麼事，直接找上頭的省委書記，不要找宣傳部！我們宣傳部管不了你的事！」

且說，省作協七人黨組在焦祖堯的一個動作之下，簡化成了二人黨組。

二人黨組，還能叫做黨組嗎？便是叫做黨小組，也不大合格。

但焦祖堯有下情容稟：「成一專心創作，周山湖一心辦刊物，我們要調進一些適合行政工作和黨務工作的同志，為作家和編輯部提供最好的服務！」聽那話語，簡直就是提供「三陪」那樣的服務態度。

那麼，要調動什麼人進來呢？

說是有個陳為人，準備進來擔任秘書長。陳為人大家都熟悉，能力方面大家也認可。和焦祖堯還算江蘇老鄉，都是王茂林的同鄉，絕對是焦祖堯的自己人、鐵哥們。

還說有個劉作舟，曾經在太原市文聯工作，辦過刊物。調來負責刊物方面的事宜。

陳為人和劉作舟的調動還只是在商談之中，遠遠沒有進入調動程序；這裏就已迫不及待、急如星火地先將成一踢出黨組！

二人黨組，焦祖堯也絕對不曾和黨組另一成員周宗奇商量。自己獨斷專行、一意孤行，就那麼操辦、操控起來。他從王茂林那兒，將「操控」算是學到了手、學到了家！

將成一踢出黨組，焦祖堯自個兒還不肯親自告訴成一。

老焦書生氣嘛、臉皮薄嘛、不好意思嘛。讓你成一不用工作，專心搞創作，我焦祖堯要為你服務、為你幹活，為你「忙死啦，累死啦」，我就是你的長工、你的僕人！

對嘍，我是人民公僕！我是當代活雷鋒！我不搞創作，犧牲創作，全心全意為你服務，服務你來搞創作，我簡直就是文學界的男性「馬牡丹」！

男性馬牡丹，羞答答的，怎麼好自己到你成一面前表功擺好呢？「成一兄啊，大作家！我要全心全意為你服務，五體投地為你服務！」這話也太肉麻，說不出口來呀！於是便把這樣的好事，讓給宣傳部去做。我流血犧牲，你們去當英雄。我吃草，擠出的是奶和血，你們去喝！真是感人至深。

但省委宣傳部，那是什麼地方？宣傳部副部長溫幸，那是何等人物？你焦祖堯張開嘴，早就連你的五臟六腑都看見啦！你對成一下了這樣的殺手，叫我溫幸替你承擔罪名啊？你把我溫幸瞧扁了！玩兒政治、耍權術，焦祖堯，你娃娃還嫩了點兒！

不知成一在奔赴省委宣傳部的路上是何種心情。是喜滋滋？還是興沖沖？抑或是忐忑不安、心頭小鹿亂撞？

到了宣傳部，見了溫幸部長。部長臉子平平，一副衙門面孔，操著鄉音無改的晉中腔調說：「看看這個事兒，你們作協的焦祖堯自己已經決定了嘛！他對你說一聲就得了嘛！嗯，事情哪，是這樣。老焦呢，是這樣考慮的，為了讓你專心搞創作、讓周山湖專門辦刊物，你們兩個從此、從今天起，就不在黨組啦！就不算黨組成員啦！——這個焦祖堯，你自己說一聲就行了嘛！」

成一熱撲撲地趕到宣傳部、或者是平靜地趕到宣傳部，聽到的和他預想的，我以為絕對不一樣，絕對有距離、絕對大相徑庭。

假如成一預想到結果是他被踢出黨組，還會興沖沖地找上宣傳部去挨踢嗎？

他萬萬沒有想到，奔赴省委宣傳部，得到的卻是這樣一個消息。

以為安排的是壽筵，接到的卻是報喪帖子；沒有吃到壽桃壽麵，卻挨到了哭喪杖。

熱撲撲變成冷冰冰，平靜立刻被打破。內向的成一、敏感的成一，覺得受了屈辱。

不是提拔、不是重用，也不是留用、不是保全不動，而是被踢出！

既是踢出，還不是他焦祖堯自己踢出、在作協院裏踢出；他要傳球，一個大腳，踢到省委宣傳部，然後越過大街、越過高樓，「流星火球」一般，將你成一再踢回來！

你說，焦祖堯這玩家玩得高不高？耍你成一，耍得瀟灑不瀟灑？

二、周宗奇，憤而辭職

三位當選的副主席，兩位在省作協的院子裏。

山西文壇的中心在南華門，但各地市文聯不僅是下級部門，而是創作梯隊，且人才輩出。三個當選的副主席，有一個是地區文聯的，符合實際狀況，也相當順應民心和民意。

作協院內，李國濤和周宗奇得以當選，堪稱眾望所歸。這兩人從資歷、能力，協助、輔佐焦祖堯工作，綽綽有餘，且人品德行，有口皆碑。

焦祖堯從黨組踢出成一也罷，能夠和這二位同舟共濟也好。

周宗奇當選之後，我認為他是要好好工作的。他沒有被踢出黨組，還擔任了常務副主席，應該也是滿意的。只要老焦辦事不那麼過於出格，周宗奇儘管有時脾氣衝一點，和人共事沒有問題。他在《山西文學》工作多年的經歷可以作證。

換屆剛剛結束，周宗奇即刻投入工作。有一件工作，工作效率奇高。這點，我可以作證。

當文聯、作協1984年年底分家之際，《山西文學》的通聯幹事被調走。我當時主持刊物，立即社會招聘、臨時錄用了一個閻姍姍。與之同時，《黃河》刊物也臨時錄用了一個周燕遠。

小閻和小周，因為是臨時，工作反而格外盡職，不久後已經完全勝任。大家的反應不壞。但正是因為臨時，兩人的調動問題始終不得解決。工作幹得不錯，調動卻難以實現。結果拖延了幾年，兩個姑娘都到了婚嫁年齡，卻不敢談婚論嫁。

這一問題，我曾經多次向上級反映，但沒有結果。如今，我即將離開主編崗位，閻姍姍的問題，成為我的一塊心病，不得解決，總是過意不去。

周宗奇，周副主席剛一上任，我到他家裏反映、彙報了上述問題。周宗奇二話不說，跳起來就上省政府。透過黨校同學的關係，遵照政策條文，上級人事部門即刻給省作協撥下兩個正式的招工指標。

前後不過一天的時間，小閻、小周的工作得以解決。堪稱雷厲風行。但不久後，即成一被焦祖堯踢出黨組之後，聽說周宗奇向老焦呈遞了辭職報告，辭去常務副主席，並且辭去黨組成員的身份。

對於這樣一個重大行動，我們沒有在任何公開場合聽到周宗奇個人的正式說明。不知別人如何，至少我張石山，沒有被通知參加過任何正式會議。

焦祖堯的換屆競選高參鄭義，也不怎麼露面。極其活躍的鄭光照，好像熱帶魚過了交配期、身上沒有電了一樣。老焦有何動作？換屆完成之後，新的作協領導班子將有何種舉措？鄭義沒有告過我，我當然更沒有打聽的興趣。

不在其位，不謀其政。對於別人盤子裏的大菜，絕不眼饞；對於別人牙叉子裏邊的肥肉，絕不覬覦。但我終究還是片片段段地聽到了周宗奇對於辭職的自我說明。

在若干非正式的場合，周宗奇說過的話語，撿拾、歸納起來，是這樣一個大意：「我得辭職。不幹啦！和他那樣的人沒法合作！我說：『老焦，有你這樣幹事的嗎？不讓成一和周山湖在黨組，你一個人就決定啦？你獨自幹吧！』」大致就是這些。

周宗奇或許在這個時候，才真正發現自己錯了。

他什麼地方錯了呢？

其一，周宗奇和老焦都是煤礦工出身，有過這樣一點感情聯繫。而且自焦祖堯調來省作協之後，工作交往也比較多。他並沒有發現焦祖堯後來暴露出的真正人格內核。周宗奇總是說：「老焦書生氣十足！」

老焦，真的是書生氣十足嗎？在評價判斷一個人方面，你錯了。

其二，換屆抉擇錯了。不惜背棄前輩作家，一心扶持老焦當選，錯了。

周宗奇火爆脾氣、紅臉漢子，敢做敢為，說辭職就辭職。二人黨組，最終徹底變成了焦祖堯一人黨組。光桿司令。

事後我想過，甚至多次想過：假如周宗奇不辭職，也許我們作家協會的歷史將是另外一個樣子。周宗奇還留在黨組，焦祖堯也不可能大權獨攬。

以周宗奇的能力水平、正義感和公平心，他將成為一個制衡力量。焦祖堯任何不合常情的、自私狹隘的、違背常理的、唯我獨尊的、病態嫉妒的、晦澀陰暗的等等主張，都會受到極其強烈的抵抗。而以周宗奇個人的氣質、氣派和氣象，焦祖堯相對低矮的人格，不是周宗奇人格的對手。只要周宗奇處事出以公心，絕對邪不壓正，再說周宗奇的背後，有許多正義的支撐。焦祖堯即便想使壞，也不可得；他將不得不像先前一樣，繼續扮演好人。

事情將不會像後來一樣：焦祖堯儘管在形式上完備了黨組、填充了職數，黨組成員都是他一手調來或者一手提拔起來的，都是他的小跟班和小馬仔，唯焦祖堯馬首是瞻。作家協會，我們曾經是相對風氣正派、正氣張揚的作家協會，風氣卻急速敗壞。人無好壞、事無是非，唯權是大、唯利是圖等等卑俗取向，大行其道。政治空氣、道德空氣，急速污染。

然而，周宗奇卻是辭職了。

我的願望，只是我的願望。希望他忍辱負重、委曲求全，為作家協會的將來、為文學事業的寶貴，讓他和一個偏狹自私的領導一把手愉快合作，那是趕鴨子上架，那是要他捨生取義，近乎要他殺身成仁，等於是逼良為娼。

他不是政治家，他是一條血性漢子。衝冠一怒，兔起鶻落。一紙辭職書，甩向焦祖堯。

周宗奇個人拋棄了職務，拋棄了政治前途，也拋棄了好心的人們暗暗存有的一點希望。

他得到了宣洩的快意，得到了人格的昇華。

孰輕孰重？難以衡量。

三、李國濤，當即擱置

焦祖堯和王茂林攀上了老鄉，而陳為人和焦祖堯攀上了老鄉。

老鄉情誼，是一種存在。不可否認這種鄉情鄉誼的作用。但凡事不可一概而論。

李國濤不也是江蘇人嗎？焦祖堯和這個人怎麼沒有攀扯老鄉？說焦祖堯攀扯老鄉，這不是顯見的相反例子嗎？

還是這句話：凡事不可一概而論。

李國濤，何等樣人。靠什麼安身立命？靠的是滿腹才學，靠的是為人師表。哪裏會依賴什麼江蘇老鄉的關係來開飯！況且，李國濤是馬烽等老前輩調來的、是西戎等老作家提拔起來的。這一點，焦祖堯比誰都清楚，比誰都警覺。

焦祖堯後來不說那句口頭禪「忙死、累死」了，另外有了一句口頭禪：「你的屁股坐那邊去啦？」以自己劃線，是不是自己人，他看得很重。所以，李國濤儘管在換屆時被選舉為作協副主席，他沒有得到重用。不僅沒有重用，甚至沒有使用。將一位學養深厚的大才、編輯工作的領導全才，斷然擱置起來。

後來，在1989年的那場政治風波之後，作協進駐工作組；李國濤曾經在工作組召集的全體機關人員參加的會議上，公開了自己對焦祖堯的意見。

李國濤說：「老焦充實黨組，說是要調劉作舟進來。來幹什麼呢？說是要他管理刊物。我想，在山西文藝界，我李國濤編刊物、管刊物，還是一把手哩！」

我幾次提到的這個劉作舟，也是老相識。千呼萬喚的，劉作舟卻始終沒有被調來。

其時，劉作舟已經從太原市文聯調任省委政研室多年，職務屬正處級。調來作協，可以；他也樂意回歸文壇。但他提出的條件是擔任黨組副書記。不能夠升任一個檔次級別，那還來作家協會幹什麼？乖乖為作家們服務，做一個犧牲者「男性馬牡丹」啊？

劉作舟遲遲不見調進，陳為人在文化宮的工作也一時交接不清；作協黨組於是就焦祖堯一個人跳光桿舞、唱獨角戲。

反正對你成一，就是要迫不及待地踢出黨組；反正對你李國濤，就是要那麼不理不睬地擱置起來。

這可真是要「忙死啦、累死啦」。但是，寧可忙死、累死，絕不讓你們這些能幹的人、你們這些不是自己人的人，染指我的權力、分享我的禁臠。

得罪你們，怕什麼？提意見、發議論，怕什麼？我的權力是誰給的？是茂林同志給的、是上級領導給的。不是你們給的。不是成一等人，更不是你李國濤給的。

當李國濤到了退休年齡，不用他老人家自己操心。老李的生日，焦祖堯記得比他自己都清楚。

刻不容緩、急如星火，立刻將李國濤辦理了退休。焦祖堯又去除了一塊心病。

連院裏的司機們都笑起來了：「老焦，對別人下手，那叫一個利索！」

——事要公道，打個顛倒。焦祖堯再有本領，也難以違抗自然規律，也會過一年長一歲。

到法定年齡退休，是黨的紀律、或是幹部條例，那麼應該一視同仁。焦祖堯身為黨組書記，應該以身作則。

黨組書記，正廳級別，據說規定六十歲退休。焦祖堯到了退休年齡，並沒有按時退休。

後來，焦祖堯終於退休了。但退休之後，利用財務處的工作漏洞，額外不合理地享受若干待遇補貼有年。貪圖私利，哪怕是蠅頭微利，絕不鬆手。挖到我的籃子，就是菜。作協機關職工的工資因而出現缺口。

焦祖堯下臺之後，遲遲不交出辦公室有年。貪戀權力，近於迷狂。

終於交出辦公室之後，焦祖堯還千方百計地要求、糾纏，要繼續佔據另一處辦公室，並且糾纏成功，至今仍是如此。

四、韓石山，謝絕懷柔

焦祖堯主席、書記一肩挑，大權在握之後，身邊有了高參。好比大元帥升帳，身邊不僅有謀士，而且出現了幕僚。

權力是個好東西，能夠轉化為利益。權力，許可權，本身也掌控著若干可供分配的利益。

人掌握權力，但權力常常反轉來控制了人。即便是焦祖堯潔身自好、覺悟高超，嚴謹自律、省身慎獨，缺少了監控的權力，對人的侵蝕也是必然的。

曾有學者言簡意賅地說道：「絕對的極權，絕對形成腐敗。」

有人說，焦祖堯書生氣，沒有那麼多權術點子，恐怕是有高參為他出過種種主意。我想，這完全是可能的。競選登臺，有人出主意；登臺之後，反倒沒人出主意了？張良張子房功成身退，如此看透者，中國歷史上曾有幾人？

但我向來絕不鄙視、詆毀老焦身邊的高參幕僚。人情交往，連秦檜都有三個好朋友。幫老焦出點主意，或者老焦懇請朋友、討教良方，都在事理之中。

焦祖堯登臺伊始，「有朝一日登了基，開刀先斬鄭子明」，首先將成一踢出黨組。

新官上任三把火。「開門三聲炮，背後一桿槍」，動作要響亮、根基要紮牢。

歷史上新君登極，往往要先辦兩件事。第一大赦天下，攏絡人心；第二清除政敵，開銷老臣。

劉邦、朱元璋，天下坐定，無不屠殺功臣。趙匡胤「杯酒釋兵權」，那是文明皇帝。李世民沒有屠殺功臣，幾乎成為歷史孤例。但那是有緣故的。唐太宗十八起兵，坐定天下不過二十出頭。秦瓊尉遲公，人到中年，太宗不怕你們翻天。小車不倒只管推，老漢們，發揮餘熱，好好幹活吧！

焦祖堯登臺伊始，首先拿成一來開刀，絕對是個大手筆。陰毒，甚至血腥。極其權術，毫無人情。痛下殺手，對積怨甚深的宿敵不過如此。

在我的耳朵裏，曾經聽說過如下意思的話。有人講：「成一你哪兒比焦祖堯差？中國作協，你們兩個一塊加入的嘛！」成一自己也不否認聽過這樣的說法。

這樣的說法，如果已經多次倒進我的耳朵，那麼焦祖堯應該也有耳聞。也許，就是類似話語、類似話語造成的潛在威脅，促成了焦祖堯痛下殺手。

或許，真有人幫老焦出了這樣毒辣的點子、高級的方略。但出主意在人，採納與否在焦祖堯。

多行善事者，心中必有善因。無惡不作者，心中定存惡孽。

焦祖堯慣於推卸責任，例子多多。但將成一踢出黨組一事，焦祖堯無可推卸。他總不能說，將成一踢出黨組，是聽從了某某的建議。即便他這樣說，也難辭其咎。聽信讒言、誅殺功臣，昏君手上的血腥，照樣血腥。

周宗奇斷然辭職，是一招「捨身戰法」。犧牲了自己的同時，也洗清了自己。

焦祖堯的殘忍、不義，被孤零零地展現出來。焦祖堯所有可能的掩體、偽裝物，統統被揭去。

自此，焦祖堯乾脆開始以真面目示人。不再費力偽裝，不再那麼書生氣。

將成一踢出黨組後，焦祖堯開始施行他的另一套方略：懷柔綏靖。

一手怎樣，一手又怎樣；焦祖堯不殘不廢，也有兩隻手，綏靖了若干馬烽西戎舊部，恕不細述。綏靖政策，還施行到韓石山的頭上。

周宗奇辭職之後，上級部門暫時沒有批准。而不管批准與否，周宗奇反正不和老焦合作，不再參加二人黨組。

焦祖堯於是數度奔赴呂梁，請田東照下山。

田東照是換屆當選的三位副主席之一。

在那樣的形勢和環境氣氛下，能夠當選，足見人望。但田東照一開始不願下山。擔任呂梁文聯主席，雞頭牛尾，輕重權衡，到底不好拂逆老焦一再恭請，何況還許之以常務副主席、外帶山西文學院院長的職位。盛情難卻，待遇也還優渥。老田於是下山，接替周宗奇的位置，先湊齊二人黨組。

不久，陳為人也從文化宮被調來，秘書長上任。構成了三人黨組。三人成眾。三人一條心，黃土變成金。

踢出成一，周宗奇也撂了挑子，老焦就不開飯啦？離了張屠戶，照樣不吃帶毛豬。

至於後來，別人被提拔為黨組副書記，享受正牌副廳級別；老田出任常務副主席，始終是個「軟副廳」，不常務將不副廳，那是另一碼子事。

老田走馬到任，當然要協助老焦工作。題中應有，不足為怪。老田協助老焦，一開始就有一項工作：綏靖懷柔韓石山。

田東照也還作風細膩，堪稱用心良苦。直接和韓石山過話？還是親自登門遊說？不好拿捏。於是，繞個彎兒，桌面下操作。像是牲口伢子的活計，在袖筒裹捏指頭。

老田要權文學出面，向韓石山透露消息，彷彿居間調停，好比派出工作人員提前議定談判條款一般。即便談崩了，也好收場下臺。

老田下山，呂梁文聯的位置交給了權文學權臭臭。這個權臭臭，也是晉南臨猗人，與周宗奇、韓石山皆是同鄉。老田提拔讓賢，權文學心知。如今老田有了吩咐，自是踴躍行動。

老焦到底要拿什麼把戲來懷柔韓石山？降服一匹生騾子，你有什麼好草料？

焦祖堯手頭還有王牌。文學院除了院長，不是還有副院長的職位嗎？原先沒有副院長的職數，不能當場設置一個嗎？釣韓石山上鉤，鉤子上是這麼一塊小肉：文學院副院長。

這時，老焦的帷幄運籌、妙計錦囊，就出現了漏洞和破綻。錦囊漏氣，帷帳撕開口子。

將成一踢出黨組，說是要讓成一專心搞創作。那麼，韓石山就不是作家，就不要專心搞創作嗎？要他出來工作，又要充任一名男性馬牡丹，不是犧牲韓石山嗎？

不然，黨組成員都是公僕，是人民的勤務員；文學院的院長、副院長，是職務、是官員、是待遇。院長，有小車坐呀！副院長，相當於正處級，韓石山原先擔任《黃河》副主編，只是一個副處級呀！

那麼，我想提出一點疑問：韓石山可以擔任文學院副院長，成一有什麼理由不可以擔任這一職務？況且，文學院最早是成一、周宗奇二位操辦、組建起來的。

讓成一出任院長也不過份。不讓他待在黨組，讓他擔任文學院的院長，至少對成一是個安排。不許他染指最高權力，扔一塊小肉給他，讓眾人來看，至少也能多少遮人耳目。

但焦祖堯有如一個低級棋手，一步走錯，步步走錯，早已顧不了那麼多。拆東牆、補西牆；東扯葫蘆、西扯瓢，抓笊籬、扔脫勺。章法大亂、槍法大亂。謀臣幕僚們，說不定還一致歡呼這是一條妙計、一招高棋。

韓石山不是堅決擁戴西戎的嗎？不是老焦的對立面嗎？怎麼樣？我焦祖堯不念舊惡、不計前嫌，為我所用，而且是提拔重用！敵疲我打，敵棄我用。良禽擇木而棲，良臣擇主而事。

韓石山，棄暗投明吧！你還沒有看出來嗎？我是「寧贈友邦，不予家奴」。慈禧老佛爺也不過如此。你為西戎鞍前馬後奔忙一場，結果撈到了什麼？再說，忠心救主，你該做的也做過了。要向前看！過去的，就讓它過去吧！

循循善誘，傳教士佈道一般。

興縣，山西老百姓有口音，說是「西興縣」，為了要和北路的忻縣區分。山西老人都知道，西興縣出產大叫驢。水土硬，人性倔。抗戰年代，那是賀龍一二九師的根據地。怎麼樣？西興縣的老田下山啦！

聽說陝西關中也出產大叫驢。晉南，古河東，與關中盆地水土相連、一衣帶水，莫非你們晉南也出產大叫驢？

想不到，韓石山還真是一匹大叫驢，死撞南牆不回頭。不肯出山、不肯就範。不為副院長的職位所動，不為五斗米折腰。

後來，我問起過老韓的前後原委究竟。

韓石山真真假假，但我以為他說的有幾分可信，因為符合常情。即便他是虛構，也達到了藝術的真實，所以比真實還要真實。

老韓說，他不肯出任文學院副院長，原因有兩條。

一條是，無功不受祿。鞍前馬後為你焦祖堯搖旗吶喊、衝鋒陷陣的哥兒們，你都還沒安排，我怎麼好伸出嘴頭子，搶吃別人家的晚餐？

再一條是，有所顧慮。文學院召集會議，周宗奇、成一、李銳、張石山這四位堅絕不到場，那不晾臺了嗎？

韓石山僅比我年長不到一歲，處事竟然有著如此的章法和器度。這個幾乎在評論界讓人說成是「不定向導彈」、逮誰呋誰的傢伙，辦過幾件叫我佩服的事情。不得不服。

或許，我能夠找補一點回來。老韓家有賢妻，少走錯棋呀！

當時我剛剛離婚，身邊無人，凡事沒個商量。有什麼動作，沒有講出來聽聽意見的機會。沒有人管理、沒有人約束，喝酒喝到醉死、辦事辦到出錯。有陽無陰，不成太極。劍走偏鋒，人入歧途。

我說的是一種託辭。但也是實情。

且說韓石山謝絕了權文學的遊說、謝絕了田東照的居間調停，最終謝絕了焦祖堯的綏靖懷柔。

不受招安，不去攻打方臘。

對於韓石山此一舉動，張石山在院子裏公然誇讚過，不必隱瞞。

我曾經說過：「這好比是焦祖堯捧著烏紗官服，從三樓上到五樓，去討好韓石山去啦！哈哈，被那個晉南牲口一蹄子踹下來，踹回了三樓！」

──焦祖堯登臺伊始，做了幾件事情。

只要你做事，人們自會有公論。這是無法杜絕的必然。作家協會，著名的南華門，山西文壇的中心，這兒聚集了一群什麼人？來權術、玩把戲，小心著。

大家可以無權無勢，可以被踢出、可以被擱置；但大家有眼睛和耳朵，有藝術家的敏銳和良知，可以不服、可以不從，可以爭辯、可以抗議。

當然，還可以旁觀、可以審視；可以議論機關大事，可以進入審美層次。

目光如炬，閃閃如電。

第二十三章　牢房生涯

我的同行鍾道新所說一句話，堪稱經典：「你別和那一把手過不去，那人管你飯碗兒。」

道新比我小幾歲，他竟能有如此世故、如此老到的認識。

那是一句老人話語。不聽老人言，吃虧在眼前。那是幾代知識份子用鮮血和生命換取的生存經驗。留得青山在，不怕沒柴燒。

我和老焦沒有什麼個人恩怨，也沒有多少工作過節。或許是性格差異，南人見不得北人；或許是我張石山腦後有反骨，天生和頂頭上司過不去。不知他是否看我不順眼，我看他倒是不怎麼順眼。

實際情況就是實際的情況。我的處境或曰我的心情，在老焦掌權的十來年裏，覺著不舒服、不愉快、不愜意。感覺呼吸困難，喘氣不勻。

現在操作這篇文字，寫到當年的見聞故事，都還覺得有些沉悶和壓抑。所以，本章文字，我想盡量說點輕鬆的事兒。比如，我住進看守所的事兒。

住進看守所，曾經對我而言不那麼輕鬆。但時過境遷，完全可以當故事來說。希望大家聽得輕鬆，覺得有趣好玩。

在看守所裏的經歷，固然是短短幾天，但牽扯的面積不小：牽動了我和好幾個女人之間的情感糾葛以及床上風雲。有朝一日，細述起來，也是一篇大作。至少塊頭大、文字多，稿費也會不少。

現在只能擇其要者，介紹那麼一星半點。

一、一件風化案

「張石山進了看守所」，如今成了一個回憶、一個敘述句。

當時，張某進了看守所，成了一個事件；事件轟動一時。《山西日報》和《太原日報》同時登載新聞，即便是我兩度全國獲獎，都沒有享受如此豪華級別的待遇。

那新聞或曰報導說到：張石山道德敗壞、流氓成性，拋棄妻子、孩子，破壞他人家庭；此案正在進一步審理中云云。

普通百姓，張三某人和李四的老婆睡了一覺，李四把張三打了一頓、李四老婆將李四的臉抓破，也是新聞，人們也覺得有趣。街談巷議，拿來佐餐下酒，挺來勁。

張石山多少算是個名人，會有所謂的名人效應。報紙義正辭嚴，人民的報紙似的，義務宣傳一回，於是滿城風雨起來。

熟識的朋友，不知底細的，隱隱為我有些擔心：張石山玩得瀟灑，這回玩出蛇來了！知道底細的，覺得報紙太不負責。兩家黨報，變成了花邊小報。報導張石山事件的態度，透出一種低級庸俗和小人的快意。連咱們作協的司機都看不過去，打電話質問報社：「《山西日報》是你家的報紙？你們想胡說什麼就要胡說什麼哩？」

事後，我曾經想和兩家報紙上法庭，討一個說法。因為報導失真。

一條是，我離婚屬實，但孩子兩個歸我監護。拋棄孩子云云，分明就是要故意把我描繪成「陳世美」。我是陳世美，但不是你們描繪的那個陳世美。

一條是，天津女詩人伊蕾很憤怒。她不是對我的行徑感到憤怒；我和別的女人上床，她甚至還很滿意：我家石山身體就是棒！一天沒有女人都不行！她是對這條報導感到憤怒。什麼叫「破壞別人家庭」？那女人跑到我家張石山的床上，我還要說她破壞我的家庭哩！

女詩人的憤怒話語還很多：「你們山西是個什麼鬼地方？怎麼出產帶手槍的烏龜？自己管不了自己的老婆，幹嘛不給你老婆繫上貞節帶？幹嘛不把她的下部鎖起來或縫起來？」

「帶手槍的烏龜」，從此成為我常用的一個詞條，相當具象。後來，但凡有人操心我的隱私，在我面前擺道學面孔，甚至想居高臨下教導我，我都會堅決地反擊回去：「某某對我有意見，我理解。殺父之仇、奪妻之恨，人家至少還是隻烏龜。你連烏龜都不是，喋喋不休什麼？趁早閉上你的鳥嘴！」

但我最終也沒有鬧上法庭。太原報社的主編，在某個公開場合，向我表示了真誠的歉意。而主要原因，是我聽取了陳為人的一句勸說。

陳為人轉述的也是別人的話語，但他顯然贊成那句話。他說：「才子風流，風流才子，有這麼點事兒，你張石山何必介意？說不定倒是你的一段軼事、雅事呢！」

我一想，也是。自己辦了風流事兒，還想混充什麼柳下惠嗎？還是你張石山願意把自己描繪成一個模範宦官、標兵太監不成？

於是，打官司的事情不了了之。

已經登報，就認了吧。再要三番四倒，只會愈描愈黑；人們好不容易忘了，你何必自己再去提醒人家。莫非在前意識裏，你有吹噓自個兒本領的意思？

關於我的那樁風化案，原本只是一件風流事。說是我「搞女人」，也不全對。因為那女人樂意給你搞，其中倒是不乏幾分她在「搞男人」的意味。兩廂情願，該怎麼說呢？

當時，我知道對方有家有口；對方也清楚我和天津女詩人的關係。兩人實在是有些互相欣賞、互相吸引。準確些說，是那種婚外戀。那時我剛剛離婚，正考慮如何對得起伊蕾的幾年苦等，斷然沒有動和別的女人結成夫妻的念頭。

女方很聰明，善解人意、多情溫柔，但也沒有取伊蕾而代之的心機。兩人相處，彷彿像是農村常見的「攪相好」、「搭伙計」。正餐之外，嘴饞、口淡，忍不住還想來點野味。偷食禁果，玩一個心跳。偷到了，最好不要給抓著。

我手氣不好，走背字。當然是偷到了，但竟然也給抓住了。風流韻事結果就變成了風化案。

二、一個「殺人犯」

我和那女人上床的當晚，先是在酒店參加宴會，和北京的朋友喝酒。喝得高了，女人送我回家。回到我家，好比回到她家。卻認他鄉是故鄉。她也喝多了，表現比平常還要優秀。十倍嬌柔，百倍溫存。

溫存到臨晨三點，公安局來敲門，氣勢洶洶、地動山搖的。

她不是賣淫、我沒有嫖娼，你公安局管得著嗎？我拒絕開門。

女人有些驚慌，也不希望公安局進來當場審問，我就更加拒絕開門。私人住宅，房門以裏，到底還是我的地盤。

於是，我把公安局治安隊隊長惹火了。你也太不把餑餑當乾糧啦！什麼人敢將大爺我堵在門外三、四個鐘頭？

結果，在一天內，來了兩張傳票，公安局的公章大印紅彤彤的。接到傳票，金牌十二道。我就上公安局走一趟。

女的甘心，男的情願，這還成了個事兒啦？

進了公安局，可就壞了！惹翻了治安隊長，我就別想囫圇著出來了！

事後朋友們問我：「被抓進看守所，你怕不怕？」我老實回答說：「怕。」

說是不怕，心裏有底，反正就是個通姦，能怎麼著呢？但其實是怕，很怕。

到底怕什麼呢？歸納起來有五、六條。

首要一條是，登了報紙之後，害怕我的一雙兒女受不了。一人做事一人擔，任殺任剮。可是我的孩子太小，他們攤上這麼個爹，怎麼上學去呢？

其次一條是，怕驚動爹媽。爹媽都已老邁，四十歲的兒子，你倒是爭光。

第三條是，害怕和我相好的女子吃苦受罪。我進了局子裏，挨打、戴銬子也就罷了。一個男人有一條軟肋，那就是害怕你喜歡的女人遭罪，你卻無能為力。我當時所能做的，就是承攬全部的責任，僅此而已。

第四條是，害怕伊蕾不愉快。你和別的女人上床，上了也就上了。「悄悄地進村，打槍的不要」嘛！鬧得登報、上廣播的，你是成心考驗我嘛！

四條之後，才考慮到自己。

正如我過年時候自擬的一副對聯說的那樣，一點也不錯——上聯：兒子閨女爹媽；下聯：情人老婆自家；橫披：和錢說話。

進了公安局，不是和錢說話，而是和警棍、銬子說話。所以具體到我個人，也很害怕。

在公安局，害怕那電警棍。高壓電警棍，大大的厲害！點在你的額頭，你的全身通電，肌肉瞬間痙攣，你會不由自主原地蹦起三尺高！跳高冠軍朱建華不過如此。

進了看守所，害怕號子裏的規矩。不是正式監規，而是犯人們私下實行的黑社會規矩。剛剛進來，新手，先要讓你「服水土」。不說黑白，衣服蒙了頭，先暴揍一頓再說。

害怕後一條，超過前一條。

前一條，公安局是夠黑的，治安隊隊長火氣是夠大的，但和我上床的女人，畢竟不是治安隊隊長的老婆，隊長不過是替朋友出氣而已。電警棍厲害，可是他們也不敢把我弄殘廢了。

後一條則是正牌黑社會。禿子打傘，無法無天。把你打殘廢了，打壞一隻眼睛、踢壞你的命根，那就虧大法啦！

所以，在公安局將我送至看守所的途中，在害怕中，我想好了一條對策，一個對付號子裏規矩的辦法。

簽署了拘留證，期限十五天。心裏安寧不少，不過是行政處置的最高懲罰罷了。知道事情最壞莫過於此，完全吃得消。進看守所待它十天半月，好比體驗生活哩！

警車一路響著警笛，來到太原南城看守所。太原市有幾大看守所，這兒在黑白兩道行當裏簡稱「南看」。

夜裏十二點，月黑風高。看守所圍牆高聳、電網森羅。打開黑色的大鐵門，公安局將我，也就是把貨卸下，交付到看守所的值班人員手中。

管戶口的吃戶口，管小偷的吃小偷。值班人員吃什麼、喝什麼？

值班人員睡眼朦朧，面皮浮腫，臉色僵板。一言不發，開始搜身。

離開公安局，本來已經被搜身過了。五一大掃蕩似的，拉網篦梳一回。不過我還是設法藏了一筆錢和兩盒煙。沒有住過看守所，但三教九流的朋友給我介紹過。身上能夠帶錢進去，那就是本事，那就可能成為一位獄中的大款。

換屆失敗，沒有當選副主席，說不定我張石山能在號子裏當幾天一把手。然而，那人半睡半醒，手法太過熟練、經驗太過豐富，我堅壁清野一回，全然白費。被「鬼子」徹底「清鄉」，實現了「三光」。

結果，我成了真正一無所有的無產階級，該高唱國際歌啦！

從值班室出來，黑暗中粗粗一看，看守所的面積不小，電網高牆裏有十來座排房院。

那人將我領至看守所前排的一座排房院，還是一道大鐵門。開了大鐵門，裏邊窄窄的一條院子。北廂，正房，一共八間號子。每個號子，也是鐵門，門上開了一個小洞。窗戶上，豎著核桃殼兒粗細的鐵條。

值班獄卒掏出鑰匙，打開鐵門，將我推進房間，像是扔進去一隻麻袋似的。

外面的鐵門框噹關閉，聽見插閂落鎖的聲音。號子裏按照規矩，燈火不滅。眼前的景象，在頭頂昏黃的光線下，顯得清晰而詭異。像是《最後的晚餐》那幅畫，更像但丁地獄篇中的地獄一重。

窄窄一條地面，寬不足一米。橫著一盤土炕，兩米深淺，不足三米寬窄。炕上橫躺豎臥七、八人，七歪八扭地坐起身來。

光線不足，場合不對、氣氛不好，七歪八扭地坐起的我的獄友們，一個個歪瓜裂棗。臉色像成精的冬瓜，眼神好比發瘋的鬣狗。

一個小子跳到地上，衝著我的胸膛搗了一拳。小子眼白大、眼瞳小，兇巴巴地問道：「因為什麼案子？」

小子力氣有限，我是偵察兵出身，早將身子湊上前去，所以站得牢牢的。掃視炕上的人物，知道睡在中間鋪位的才是大爺。

那大爺端坐起來，一條腿平盤，一條腿立著，是那麼一個自在的姿勢。臉子朝下栽了，瞟起上眼皮來，那麼盯視或者審視。

我知道，只要大爺一聲令下，我就要品嘗那一頓暴揍了。於是當下，我也唬了臉子，眼神直勾勾地，衝炕上的那大爺說道：「殺人！」

大爺眼皮不由地巴眨著。

我接著說道：「砍翻了三個，不知死活！」眾人聽了，都看著大爺。

我早大咧咧地上了炕。中間位置，大爺旁邊。坐定了，手心朝上，賈平凹似的討煙來抽：「各位伙計，誰有煙？趕快來一鍋子！累死啦！」一句「累死啦」，彷彿就是抄襲焦祖堯。

煙草很差。是那種黑棒，趙樹理尋常抽的。

抽煙當中，左顧右盼。接著說道：「怎麼殺人，要不要聽聽？明天！今天太累，累死啦！」然後倒頭就睡。據說，鼾聲如雷。

這可不是抄襲老焦，我真的是累死啦。連續兩天兩夜不許睡覺，車輪大戰，要你承認通姦事件，要你敘述性交細節；治安隊隊員審問、治安隊隊長審問、預審科長審問，最後是局長大人過堂，親自審問。我真的累死啦！

我不是殺人犯，卻冒充殺人犯，結果騙得了恭敬的煙草、騙得了中央的鋪位、騙得了一覺好睡，特別是騙得了不必挨打。翌日天明，如何收場？

當時的心情，是躲過一時算一時。今朝有酒今朝醉，來日無錢炕上睡，那樣一種權宜的態度。憑我三寸不爛之舌，自有辦法糊弄過去。

且說《山西日報》和《太原日報》登了新聞，張石山進了看守所的消息自然是不脛而走。作家協會裏就當先出來一位見義勇為的熱心人。

此人名叫陰志和，是位司機。姓氏少見，脾氣古怪，和我在閻氏故居的平房大院裏是鄰居，相處竟是不錯。看到報紙，他怒火沖天。「他媽的！什麼東西這樣欺負我們老石山？」當下，抄起電話就臭罵《山西日報》，發動摩托就直奔看守所。

看守所的李所長，原來是陰志和的小學同學！太原市真是太小了。

我不過是措手不及，進了公安局，就再也沒有機會還手了。若是公安廳，也還有哥兒們。

於是陰師傅找到老同學；李所長縣官現管，把我提出監房，迎到他的辦公室裏。

看守所天天管理犯人、人犯，好比我們天天看稿，見慣不驚。有個張石山住進來，彷彿自然來稿裏發現了張平、鍾道新。

陰師傅一邊罵我：「你可怎麼呀！你這個倒楣鬼！家裏住得好好的，你要住進看守所來？你怎麼這麼俏皮呀！」邊說邊打開提包。裏邊是啤酒、飲料、餅乾、麵包，還有整條子的「紅塔山」。

手頭有了硬氣把戲，回到監房，那是回來了一任知府大人！弟兄們、伙計們，易開罐啤酒，喝！紅塔山香煙，抽！要聽我講講殺人的過程？好說！

所以，當我個人利用一點智慧，安然闖過了監房第一夜的「水土關」，往後的光景就好過了。掃地、倒尿盆，有人承包；點煙、開酒瓶，有人伺候；吹呼胸中本事、賣弄故事段子，有人聆聽、有人鼓掌。

就說是梁山好漢排座次，排在天罡星序列，論秤分金銀、大碗吃酒肉，不過如此。就說是提前跑步進入了共產主義，照明電氣化、吃飯食堂化、居住免費、特級保衛，不過如此。

司機陰志和見義勇為、急人所難，這點好處我永遠不會忘記。

在看守所體驗生活，真正體驗到許多極其寶貴的生活，就好比我小時候被送回農村，那是無形中深入了生活，而不是端了一個作家架子，有意去深入、成心去體驗。

賭博不好，是一種惡習。太原市最老資格的賭王周紹武，是當年陪伴傅作義打牌的主兒。如今在看守所服刑、燒茶爐，他卻有這樣的理論：七十二行，耍錢為王。耍錢不是賴子弟，全為一片愛財心。

看守所伙食如何呢？

所謂「長吃韭菜、老吃菠菜，一年到頭吃餃子」。菠菜老得開花，韭菜的長度達到將近一米；年底春節，吃一頓餃子。

看守所裏有什麼民謠、民諺？

「一進大門，心驚肉跳；二郎擔山，戴著銬子；三餐伙食，不成草料；四面高牆，放了崗哨；五花大綁，砸上腳鐐；六親不認，不來關照；七死八活，狗命一條；八個大字，天天彙報（坦白從寬，抗拒從嚴）……」

八個大字，你們信不信？犯人們都不信。不依照法律條文，而是根據犯人的態度來定刑，這只是說法，是一種誘供手段。所以犯人們有經驗之談：「坦白從寬，判刑坐監；抗拒從嚴，回家過年。」

犯人，或者犯罪嫌疑人，遭受什麼罪過？

聽我揀選可說的、不那麼關乎人權的、聽來不那麼毛骨悚然的，小小地介紹幾條。

已經定案、已經判刑，勞動改造就是。犯人們這時總算不用受刑、挨打，進入了白吃白住的天堂。最難捱的是在派出所或者公安局的時候。

挨打。不用皮帶，不用木棒，用四方桌腿來打。打哪兒？打你的膝蓋骨、打你的小腿迎面骨。或者打內臟。要怎麼打內臟？墊上厚厚的電話簿，用榔頭等重物敲擊。沒有外傷，專門震壞內臟。

上背銬。特製的銬子，專銬大拇指。一隻胳膊從上面過肩、一隻胳膊從背後扯上來，銬在一塊。扔在那兒幾天不管。

看大門。銬了兩根指頭，把你雙腳離地，掛在大門板上一整夜。

當護林員。正面或者背過身體，緊緊銬在一顆大樹上一整夜。

同號子的小趙趙貴寶，所受的罪過更邪性。半牆那兒，離地二尺來高，有一個鐵環；拳頭朝下，胳膊、肘子朝上，雙拳插進鐵環銬上；站不起來，蹲不下去，整整兩個晝夜。

算命先生李墨林，最有趣。先是銬了一輛加重飛鴿自行車，吃飯、上廁所，都一直扛著自行車。嫌他太方便，後來還被銬了一張三斗一門的辦公桌。上廁所、解手，左右調度，沒有四十分鐘，進不了茅房。他還得愛護公物，千萬不能碰撞桌腿、桌面之類。

諸如此類，不一而足。

我在看守所裏待著，外面學潮發動。遊行示威、靜坐絕食，愈演愈烈。作家協會的作家們，或許忙於支持學生運動，沒有一個人到看守所看過我。

院裏的司機、行政人員，幾個平常一塊喝酒的酒徒劉淳、張銳鋒等，我的戰友、同學們，還有所謂社會上的三教九流、引車賣漿之輩，看了報紙、聽了新聞，知道張石山落難，紛紛前來看望。

人人給首長送禮似的，帶著煙酒、罐頭；看望傷病員一般，噓寒問暖。

上陣殺敵，得勝還朝，不過如此。科考得中，榮歸故里，不過如此。見義勇為，受傷住院，不過如此。突發癌症，臨死彌留，不過如此。

沒有看望我的，我絕不埋怨。我沒有欠下人情，何等輕鬆。而凡是看望過我的，我終身不敢少忘。不像參加婚禮、壽筵，互有往還；這種人情，成了無法對等歸還的永久債務。

三、一頓壓驚酒

住進看守所之前不久，我剛赴香港、泰國旅遊歸來。

焦祖堯在作家協會當政的同時，成立起了山西省作家、企業家聯誼會。當時由長治礦務局的局長尚海濤出任會長，老焦出任副會長，作協秘書長陳為人兼任聯誼會秘書長。

組織企業家到南亞旅遊，成為聯誼會成立後一件打開局面的重要工作。企業花錢，當官的、當經理的，出國旅遊，何樂不為。

這樣的好事，焦祖堯為何會賞賜給我？原來，這件事情，本身是我聯繫的。

我在中央文講所的同學，江蘇薛爾康到海南下海經商，搞起了這個組織旅遊的生意，負責辦理護照等等，從中抽取傭金，大大發財。幾乎接近於「販賣人口」，暴利行業。

我卻不耐麻煩，聯繫企業家的具體業務，就委託了老朋友陳為人。陳為人在文化宮已經耍得很大，認人多、關係廣。辦理聯繫之中，他調來了省作協，連同這份業務一起帶來，使得聯誼會開市大吉。

作為最早的聯繫人，我所得到的報酬，就是充任工作人員，一道赴南亞旅遊一回。平生不曾出國，能夠踏出國門，看看外面的世界，豈不快哉。

出國參觀訪問，按照政策規定，上面要提供五百元的置裝費。

作家協會六號樓，所謂作家樓，我和老焦都在三樓，打對門。城裏人的生活本來就那樣，老死不相往來；何況焦祖堯是領導，你不來拜訪我，難道讓我去拜訪你不成？兩人住對門，分明成了兩個陌生人。

置裝費，需要領導簽字。

我第一次踏進焦主席的家門。先前在他家開過一次會，那時他還是焦副主席。主席家門，當然是首次踏進。

說明來意。他坐著，我站著。焦祖堯捏捏我的西服衣襟，這樣說話：「你身上穿的不是西裝嗎？」

「我穿的是西裝。焦祖堯你穿的也是西裝。你出國去什麼北朝鮮、巴基斯坦，你沒有置裝嗎？簽字吧你！」

焦祖堯就是這樣的說話方式、思維方式。

幾年之後，我和焦祖堯還打過一次交道。山大、師大、理工大的大學生辯論競賽，韓石山、張石山，還有焦祖堯，都被邀請擔任評委。這一天評分完畢，大家一塊吃飯。老韓到《山西日報》去了，有老鄉請客。會議主辦方，還有其他評委，湊成一桌。其中就我和老焦同一個單位。

老焦提前兩分鐘吃完飯，叫了司機開車就走。這我早已習慣。我哪裏有資格乘坐焦主席的坐騎，我絕對沒有動過那樣非分之想。評委熟人們看看我，嘴唇動了動，不知說什麼好。

張石山乘計程車。自從過了四十歲，張某不坐公共汽車。自己賺了稿費要幹什麼？等到共產主義來到才花嗎？花小小一點錢，將自己提升為正廳級。出門，打的！出遠門，臥鋪！再遠些，乘飛機！小孩子十歲，家中雇傭、保姆十年！花自己的錢，心裏痛快、安穩。好比周宗奇某年春節自擬的對聯，屬於一副流水對：

多寫文章少說話，睡覺安穩吃飯香。橫批：然後看戲。

倒是老焦的司機心思縝密，多少有些不自在。他暗暗通知另一位司機來接我，但張石山早已乘計程車回到家。不比他焦祖堯快，卻也不比他慢多少。

我自量不是一個雞毛蒜皮的傢伙，我說起這些事兒，當然不是批評老焦。老焦一點都不過份。國家派給他的車，他獨自乘坐，那叫嚴格遵守條例。讓我乘坐一回，豈不壞了規矩。

我旨在聲明，對於焦祖堯的權力、對於他的權力所及能夠惠及他人的範圍，我絕不招惹、涉足。絕對不要落下什麼話柄，例如他給過我什麼什麼好處之類。然而，我就要說到本節文字的重要部分了：我從看守所出來的當天，竟然喝到了有焦祖堯在場的一頓壓驚酒！

我從南亞泰國歸來後，陳為人作為第二批參觀旅遊團的領隊，接著出國。當我在看守所裏的好日子過到十來天，陳為人從國外歸來。

到底是老朋友，即刻出面活動。

結果，我的拘留期限十五天，沒有住到頭。當初抓我、審我的治安隊隊長，陪著陳為人來看守所，要提前釋放張某人。

國家公安局，怎麼說呢，好像成了誰家的公安局似的。據說是人民賦予的權力，成了局長、隊長們的私有資源。

《山西日報》關係過硬，說抓張石山就抓；拘留十五天，給朋友出氣！他睡了你的老婆，就等於睡了我的老婆！哥兒們的義氣，重如泰山！山西作協，關係也不軟，說放張石山就放。已經拘留十來天，對住了那邊；提前幾天釋放，也給足了陳為人面子。雙方不得罪，皆大歡喜呀！左右逢源，兩面討好，足見公安隊伍的素質呀！

我卻是已經有些住慣了；體驗生活，剛剛有了些收穫和心得，不想出來，不願意領公安局和治安隊的情。治安處罰，公安局的最大許可權也不過就是拘留十五天。張石山，給你一分一秒不差地住滿了。

陳為人不由得笑了。哪有不想出獄，想在牢房多待的傢伙？肯定是腦子裏進了水，吃的大糞多了。我的不爛之舌假如有三寸，那個阿拉小上海有三寸三分，說呀說地。

我要是執意不出來，倒是不給陳為人面子了。於是，說走就走。香煙、罐頭甩給牢房獄友，竟有些依依不捨起來。

汽車上，陳為人告訴我：老同學，海南的薛爾康來到太原，著急見我。老焦正在五一廣場旁邊的三晉大廈擺酒，為薛爾康接風。所以不由分說，車子直奔三晉大廈。

說來巧妙，編電視劇的情節設置不過如此：車子剛剛到了廣場，作家協會的作家和工作人員們正在遊行。高舉橫幅標語、高呼口號，聲援北京學生運動，喊叫一些「打倒李鵬」什麼的。

碰上遊行隊伍，車子放慢了速度，大家也就看見了車裏的人犯張石山。劉淳不由分說，大蒲扇似的巴掌伸進車裏，將我薅了下來。

支持、聲援學生運動，反腐敗、反官僚，有什麼不好？於是跟隨著隊伍，繞行廣場一周。有人領呼口號，我也積極地伸著胳膊。殊不知，公安局在廣場四周早就安裝了攝像頭。結果，大家遊行的畫面被拍得一清二楚、毫髮畢現。公安局的特工於是好生奇怪：張石山這個老小子不是在南城看守所裏嗎？怎麼會出現在五一廣場？這傢伙莫非有分身術不成？

不言公安幹警納悶，我相隨大家周遊散步一圈，胃口也活動開了。離開隊伍，來到三晉大廈酒桌跟前。

和老同學見面，互道溫涼。桌子上，有焦祖堯，還有朔州文聯來的酒友王平。

陳為人很會講話，說這一頓飯，既是給薛爾康「接風」，也是給張石山「壓驚」。他這麼說，我也不好給臉不要；權當捎帶給我壓驚，我得領情。於是一杯酒，趕緊扔進喉嚨。

陳為人向來不能喝酒，端杯做個樣子，略一沾唇。否則一小杯，心跳會飛速提高到每分鐘二百來下。看見老焦竟是端起酒杯，也是略一沾唇。老焦有糖尿病，不能勉強。略一沾唇，也是一個態度。作協主席，當著客人的面兒，也沒否認這杯酒裏有著給張石山壓驚的成份。

人家老焦尚且能有這樣美意，我當然不能麻木不仁。人敬一尺，我敬一丈。於是斟滿酒杯，站起身來客氣道謝。並且誠懇地表示：「我張石山給作家協會添了麻煩。」儘管是一句客氣話，我說得謙卑誠懇，而我說的也是實情。

公安局執行行政拘留，按條例應該先行通告單位。但公安局生怕事情有變，所以精心設計了一回。連續審問兩天，到凌晨零點，將張石山突然執行拘留；因為已經半夜，該怎麼通告單位呢？所以，在我住進看守所九個小時之後，方才有人前來南華門，告知了作家協會，並且直接見到了作協主席焦祖堯。

你說公安局討不討厭？一人做事一人擔，你要拘留便拘留；此事與其他任何個人或單位無關。結果你們要通知單位。通知單位，還不依照條例提前通知；倘若作家協會領導，不同意拘留，事情還有別樣的轉機。拘留了老子，然後去麻煩老子的領導。這不是成心給老子找事嗎？

老焦見了公安局後作何表態，無關大局。況且，事後老焦當面對我說過他的態度：和別人老婆上床，就是「破壞他人家庭」。言外之意就是，公安局拘留張某，完全是應當的。然而因為我張某的事情，公安局來人，到底是耽誤了老焦一點功夫。「給作家協會添了麻煩」，說的是事實，更是我的心情。

我在酒桌上說給領導添了麻煩，老焦支支吾吾的。為人民服務、為作家服務的公僕，也只好領受了我的歉意。

朔州王平，當即起身向老焦敬酒。態度謙恭而語氣豪邁，酒杯幾乎伸到老焦的鼻子那兒，積極地表態：「焦老師，你放心！我王平保證不會給領導添類似的麻煩！」王平這麼講話，而且是當著我的面，足見豪爽；我的同學薛爾康，趕緊和我碰杯，岔開話題，足見明智。

王平要進步，所以要在領導面前顯賣積極，情有可原。我哪裏會和他計較？我和王平一直相處得極好，便是證明。

但喝過了有老焦在場的、他也沒有否認其意義的「壓驚酒」，我心裏就存了一點虧欠。喝酒花錢，花的不是老焦的錢；但作家協會的錢，差不多也就是老焦的錢。所以，我在當時就暗暗下定決心：我一定要回請老焦一餐，以彌補虧欠、以償還酒債。

四、一餐回請飯

我自擬的對聯說是「兒子閨女爹媽，情人老婆自家」，一點也沒錯。至少在心理上，基本就是那樣一個次序。

從看守所出來，喝過了壓驚酒。顧不得剃頭、顧不得洗澡，急忙先到前院看孩子。

在作家樓裏，我有了新居，和老焦對門。閻氏故居平房大院的房子，則留給前妻。離婚協議，兩個孩子歸我監護；但孩子們的媽媽覺得孤獨，一直要孩子們和她住在一起。

見了孩子，孩子們當然高興。他們的爹平安歸來。好爹、賴爹，聊勝於無。我呢，向孩子們表示了我的真誠歉意。然後直奔我父母那裏。老爹本來退休後回鄉植樹，造林數萬株，追逐他晚年的發財夢，看到報紙，知道他兒子犯事，連忙趕上太原來。

見了老爹，心中不由酸楚。老爹年近七旬，兒子卻不爭氣、不長臉。我是該賠情、還是該道歉？結果只說得一句：「哎呀，這麼點子事兒，把你老人家給驚動啦！」

老爹性格豁達，經歷豐厚，反轉來撫慰我：「你爹也被關過禁閉。一個人，最大的難受勁兒，不過是失了自由！你出來就好，出來就好！」

說話間，性格強悍的父親，眼圈都紅了。

老爹，是老了呀！

孩子、爹媽，分頭看望過後，著手處置其他。

情人和老婆，兩個女人。如何擺放安排？怎樣處理善後？

記得陳為人就此問題和我聊過，連他都替我發愁。但我並不發愁。對付公安局，或許沒有辦法；對付女人，應該有辦法。她們是人。有人性、有人情。

我之所以不發愁，之所以如此自信，是基於這樣一個判斷：但凡情投意合的情侶，大家的智商、情商，多半在一個水準線上。你是真誠的，她就是真情的；你是通情達理的，她就是善解人意的；你能為她考慮，她更能為你著想；你甘願為她犧牲，她敢為你去死！

看看老闆大款身邊的惡俗脂粉，你會看穿那老闆的人格底細。

當然，即便我不發愁、不犺頭，也得好生處置、仔細打理。

天津一頭，是伊蕾女士。我的態度是這樣：離婚一場，原本是為了她。要說結婚成家，她是首選。如今我和別的女人有了上床一事，要聽聽她的意見；她要受不了，埋怨、憤怒，從此不理這個花花公子，也行。我正好可以另作安排。

伊蕾卻沒有什麼埋怨、憤怒。一腔憤怒，全都是衝著「帶手槍的烏龜」去的。那麼，我還能怎麼樣？還要怎麼樣？

夫妻還是夫妻，暫時不能破壞結構。好像經歷了新的風雨，天上出現了彩虹似的。

天津一頭有了基本的處置，回頭考慮太原這邊。

太原女子，在我住看守所期間，已經斷然和她丈夫離婚。她覺得，因為她，張石山受了太大的委屈。自己跑到人家床上，還讓人家住了看守所。不離婚，對不住人！如此一來，情況就出現了微妙的或者是顯然的變化。

原來大家相好，各自家庭穩定。婚外有戀情，家庭做後方。婚外的戀情不過是家庭關係旁邊的「副本」，甚至是一種添加劑、潤滑油。現在，她離婚了。有夫之婦變成了單身女人。女人需要男人，正如男人需要女人。她很聰明，也很自尊。她在嘴上不好明言，我早已看出：她有與我結合為夫妻的強烈願望。

這是一個問題，一個嚴肅的問題、一個實打實的問題。張石山一個男人，如何能夠同時許配兩個女人？以當時的情勢來說，如果要對得起天津方面，只能對不起太原方面。

於是，和太原方面實話實說。你我認識之初，是那樣一個結構。我們之間不能說是有了約定，至少曾經達成一種默契。情感甚至上升到愛情，但絕不涉及拆毀兩個家庭。如今情況有變，但我這廂的節奏，還一時跟不上鼓點。恐怕我們兩個暫時不能如願。

實話好講。實話真情，也能夠打動人心。後來，太原女子看清了形勢，決定撤退。她突然說是想去深圳。

對此，我表示了我的真實態度：你要是因為人們風言風語，大可不必去什麼深圳。過不了三個月，大家早去關心別的新聞去了，你想讓大家談論你，都沒人樂意浪費時間。假如說已經離婚，是自由之身，想別開生面、另圖發展，闖蕩一番、不枉此生，那也未嘗不可。

後來，太原女子就毅然遠走深圳。

盡我的能力，給深圳方面朋友去信，請多多幫助這個女子。公然說明：是我的情人，千萬大力關照云云。

她在深圳發展得不錯。在《深圳青年》雜誌當了編輯，後來還升任了一個部門的主任。擔任部門主任期間，接待過上那兒度假的馬烽老師夫婦。

牠經常和我通電話。回到太原，一定要和我見面，相互說說情況，我請她和她哥哥一塊吃吃飯。

後來她找了一個香港小老闆；隨即又踹掉了小老闆等等。我和她逗樂子說：「你是在張石山這裏操練過的，小老闆哪裏是你的對手！」

再後來，聽說辦成了香港身份，繼續在新聞文字的行當發展。

咱們回頭再說天津家伊蕾。

天津離太原，火車十來個鐘頭的行程。兩地分居，一個月三十天裏一次聚會，比牛郎織女相會的機遇還多出十二倍！多數是我跑天津，將工資都支援了鐵道部。有時她也來太原。趙瑜、張平、劉淳、張銳鋒幾個，極力招呼。我的孩子們很反感，乃至仇視。伊蕾在太原也頗不自在。

且說在我出了看守所之後，去過了天津、上過了北京，也看見過了動亂的情景。隔了一段時日，伊蕾到太原來探親。

我的家裏暫時算是有了女人。儘管只是臨時幾天，我這兒總算像個家的樣子。

於是，我決定請客。

我無論如何要回請焦祖堯一頓，以便了卻我的那點心思。免得麻煩過誰、誰給我壓驚過，我欠了誰的什麼人情。

天津家做菜手藝超群，速度也相當驚人。你在這裏打麻將，不過四圈牌，那裏早已連連催促你吃飯。幾個菜，還做得地道，有法式燻魚、美式牛排等等。

客人，請了陳為人，請了田東照，還有王寧。當然，主要的客人是焦祖堯。

從回敬領導的意義上、從相處鄰家的情理上，況且我年齡小那麼十來歲，取一個恭敬的態度、謙虛的姿態。做人嘛，有時我也總得像個人樣。

老焦很難請。一請再請。老焦一再拒絕。老田和陳為人，都有些尷尬了。「該來的不來，不該來的早就來了」，我們成了馬三立相聲裏的人物啦！

老焦實在不給面子，是出於一種什麼心理？是一種表態，表示永遠不合作？是一種立場，你和我永遠屬於兩個陣營？或者是害怕吃了我的一餐飯，我會找你跑官、要官？

實在請不動，只好勞駕老婆出面。伊蕾過去，一口一聲「焦老師」，總算將焦老師大駕請動。求神拜佛，莫過如此。不管怎樣，老焦還是給了面子，給了我這個機會，讓我了卻心頭的一點虧欠。

老焦有糖尿病，簡單吃了一點。應景也罷，應付也罷，總是動了筷子。

老焦提前離席之後，大家這才放開來，不再拘謹、不再彆扭。田東照開頭謙虛，不喝、少喝；後來你攔都攔不住。一杯又一杯，兩杯連三杯。陳為人臉也紅了，邊說邊笑，大眼睛上的雙眼皮更加雙眼皮。而王寧喝得最是改革開放，跳起來，一會兒就和伊蕾握一次手，嘴裏不停誇讚：「層次就是高！哎呀，高，實在是高！」

不能不高啊，兩個興縣家、一個盂縣家，喝掉了將近三個瓶子。

第二十四章　內陸九三

1988年的年底，山西作協換屆。到了1992年年底，作協的專業作家趙瑜開始張羅拍攝他的大型電視紀實片《內陸九三》。88到92，一共四年。

四年的時光裏，省作協的專業作家們，情緒低落、創作低潮。這幾年中間，西元1989年，有個「六四」動亂。

說來動亂已經過去了十七年。官方對此早已有過結論，做了定性。我沒有任何資格對之進行任何個人化的評說。但動亂時候，山西作協有若干作家介入或者參加了動亂；介入程度不等，也受到了程度不等的處分、處罰。

這是山西文壇歷史的一部分，曾經影響到整個文壇「晉軍」的軍容，也影響到了大家的創作。可以說，「晉軍」受到了重創。好在事情已經過去許多年。時間是一帖萬應靈藥，可以醫治許多病痛創傷。哪怕大家果真犯了錯誤，改了就好；受到了處罰、記取了教訓就好。

山西文壇的作家們，包括受過處罰的作家們，重整旗鼓，繼續從事他們喜愛的文學創作。曾經受到重創的「晉軍」，漸漸恢復了元氣、重整了軍容。在中國文壇，漸漸呈現再度崛起之勢。

《內陸九三》由趙瑜擔綱導演，南華門裏大多數的作家都參與撰稿。它在事實上成為晉軍實力的一次大檢閱，成為可圈可點的一個山西文壇大事件。

一、柯大師落難

當我因為個人的風化案住在看守所的時候，山西文壇的若干作家們正在積極地支持、聲援學生運動。

學生運動如火如荼。從北京蔓延到各地。太原有大學生上街遊行，古老的太原躁動不安。

趁著秩序混亂，街痞子、地癩子，紛紛出籠，混雜在學生隊伍裏，群魔亂舞、烏煙瘴氣。公安幹警出動，首先抓捕地痞、無賴、小流氓。不知別處，南城看守所一時人滿為患。一個監號，正常有三個鋪位；一般關押六、七人，大家側著身子睡覺。那幾天，一個監號塞進三十來人，千真萬確是得站著睡覺。

我站著睡了兩天，陳為人將我提前「撈」了出來。

出來，忙著處理善後。煮一鍋糊糊，自己吃喝。種下玫瑰，收穫鮮花；種下蒺藜，收穫刺。

眼前卻是不見鄭義、趙瑜等人，原來幾位嫌太原地方小，要不開大把戲，上北京鬧騰去了。

聽說作家們聲援學生，來過一回新花樣。大家身上斜背了布條，綬帶似的，布條上面公開署名，連同自家成名作品的名字，有些敢做敢為的樣子，「行不更名、坐不改姓」的氣派。

鄭義，布條上寫了《老井》；柯雲路，布條上寫了《新星》；趙瑜，布條上寫了《強國夢》，義烈千秋的樣子，風光無限。所以，這幾位哥兒們都被攝像頭牢牢鎖定。「不怕你們鬧得歡，小心秋後拉清單」，老話就用上了。

恰好到了秋天，作家柯雲路先被收監。從榆次抓來太原，被關押在太原市北城看守所，所謂的「北看」。

許多事情，人們總是事後方知。後來，柯雲路被關押了一個月。而在當時，誰都不知道他的案子大小，會被關押多久，最終又會怎麼樣。

柯雲路的妻子羅雪珂，隨後惶惶趕到太原，到作家協會、到屬於作家們自己的協會來求助。這就是患難夫妻呀！柯雲路當過政治犯，先前住過監獄。這是「二進宮」啦！羅雪珂該是何種心情，可想而知。

羅雪珂在巷子口碰上西戎，前任作協主席。西戎老師真是我們所有年輕人的恩師呀！換屆不久，老人家的心理創傷仍在；卻絲毫不計前嫌。柯雲路涉足動亂，又是政治案件，但老西毫不避嫌。案件歸案件，自有公安司法來審理。柯雲路是我們作家協會的作家，作家協會不是醫學協會，不管救死扶傷；但我們應該懂得人道，有些人道主義。

老人家親自關照機關辦公室的人員，趕緊為柯雲路送去一套被褥。天氣轉寒，夜裏不要著涼感冒。殷殷關照，婆婆媽媽。

羅雪珂接著到現任作協主席焦祖堯家裏來，不過是想說說情況罷了。

作家協會的作家出了事情，焦祖堯會有壓力。他那點膽水，誰都稱得出來。不過按照常情常理，西戎的思維也可以是焦祖堯的思維。問題歸問題，其他歸其他。聽聽羅雪珂的言語，安慰幾句。無論如何，先不要讓人遭了罪。如此這般。

但焦祖堯太過恐懼，恐懼惹火燒身、恐懼惹禍上身，差點不許羅雪珂進門。或許，焦祖堯太過革命，革命覺悟比天高，堅決要和柯雲路劃清界限，同時更要和柯雲路的老婆劃清界限，將那女人堵在剛進門的走廊上。應付了三、五句，急忙、立刻、馬上、頓時，將羅雪珂打發走人。

我和老焦打對門。羅雪珂轉身敲開我的房門。請將進來坐下，坐下後就哭了。抽抽噎噎地將剛剛受到的冷遇哭訴一番。

我自是不好阻止。一位妻子，丈夫入獄，你得讓她宣洩一下、但我在此不做擴散。一個女人，在情緒激動中說了什麼，不必當真。

二、鄭光照逃亡

比起柯雲路，趙瑜的案子更重一些；或曰他陷入動亂更深一些。

柯雲路在看守所住了一個月，是在「北看」，趙瑜隨後在看守所住了五個月，是在上馬街看守所，簡稱「上看」。

上馬街看守所，歸屬省監獄系統，那可是關押重罪犯人的地界。

而比起趙瑜來，鄭義的案子更加不得了。風言風語說是鄭義參與了策動學生絕食，等等可怕的罪名，不可輕饒。

作家協會一舉有好幾位作家出事，焦祖堯的情緒可想而知。

焦祖堯膽子小而覺悟高，左思右想不得了。

比如天津，作協主席蔣子龍、文聯主席馮驥才，雙雙犯了錯誤。作協主席一米八五，文聯主席一米九三，作家、藝術家上街遊行，兩位大個頭的主席走在隊伍前頭。天津市委宣傳部派人前來說服、阻攔二位，有四次之多。

二位不聽勸阻。蔣子龍一條漢子，馮驥才在此時的表現也夠一條漢子。他們異口同聲地說：「這個時刻，我們不能脫離群眾、不能甩開大伙兒。形勢變化，立即縮頭，我們做不出來！犯錯誤，我們認啦！」

焦祖堯覺悟高，所以沒有介入任何學潮、遊行之類的活動。著名的全國文藝界「涿縣會議」號稱「左派會議」，全國只有三、兩個作家參加出席。北京有劉紹棠，我們太原就有焦祖堯，是這樣級別覺悟的作家。

而焦祖堯同時膽子小。他本來就有糖尿病，再加上恐懼症，於是住進了醫院。

話說趙瑜在北京犯了事兒，回到山西，回到太原南華門東四條，到醫院看望老焦。老焦講出一個主張，循循善誘的、語重心長的，說是要把趙瑜「退回晉東南」。

這就是老焦的思維方式和工作方式——

思維方式：你趙瑜不是有事兒嗎？反正你也是剛剛調來，回到你們晉東南就得啦！這樣，我這兒、我名下，不是就沒事兒啦？

工作方式：把你退回晉東南，最好是你自己申請，主動要求，免得顯出我焦祖堯太過寡情薄義。

趙瑜當時就跳了起來！嚮往文學、憧憬文壇，好不容易調來省作協，你竟要把我退回晉東南。軟磨硬抗半天，焦祖堯不肯改變主意。趙瑜實在急了，反問了一句：「焦老師，你要是多少有點錯誤，就把你退回大同、退回你們江蘇嗎？」

最後的事實是，趙瑜沒有被退回晉東南。

這並不是焦祖堯發了善心，也不是他的胸懷、器度突然寬闊起來，而是省委書記王茂林不同意。因為對於王茂林而言，趙瑜在太原還是在長治，都是一樣的。

趙瑜既然沒有被退回晉東南，趙瑜自個兒的說法就可能成了一種「假設」。焦祖堯反過來還要沽取這樣名堂：趙瑜是誰啊，我都保護過了嘛！

焦祖堯到底是要將趙瑜退回晉東南，還是保護了趙瑜，問題不大。因為人都在世，不難理弄清楚。控方、辯方，可以擺一擺、說一說。

你要問題大，我把你回去沒有錯；你要問題小，保護了你，我還是沒有錯。世上的道理不都是為你焦祖堯一個人預備的嗎？

但另一個人的問題，就成了一個懸案、疑案。

鄭義的問題相當嚴重。假如鄭義從北京回到太原，焦祖堯是該將他退回晉中、退回北京，還是予以保護，這就成了一個疑案。

沒有發生過的，不好預測、不宜推測。我們只知道：鄭義在「六四」前夕，從北京回到太原，然後就消失了。

如果鄭義確實策劃過學生絕食，那麼，學生們還在天安門廣場繼續絕食，鄭義就提前逃掉，人們自會有一番評價。

鄭義先前有過逃亡經歷，當危險來到，不甘就縛、不甘就戮，採取逃亡手段，也是一種個人的選擇。

鄭義的新婚妻子趙小明，在北京被關押了幾個月；回到山西，回到她和鄭義的新居，不久後也消失了。後來聽說夫妻雙雙移居美國。

鄭義曾經是焦祖堯最得力的謀臣、最憑賴的股肱。他的逃亡，為焦祖堯帶來極大的解脫。不然，誰都猜測不來，焦祖堯將會如何處置這一問題。我們只能從後來的事件中，做出一種合理的推斷。

後來，焦祖堯將鄭義的房子迫不及待地分給他人，至少是一個證明，證明了焦祖堯的革命立場：無比堅定，六親不認。就連馬烽對此都有評說：「57年打右派時，我們也沒有被掃地出門嘛！」

鄭義的房子問題，於是成為一個問題，至少變成了一個話題。

三、趙白馬得名

趙瑜在「上看」被關押了五個月。他不是在回到太原之後即刻被關押收審的，而是過了那麼一段時間。

猜測趙瑜的真實心情，應該是相當微妙。公安方面不來抓捕，會有些近似於失落的感覺；要來抓捕，會有些害怕、緊張。到底抓自己不抓？什麼時候來抓？會有種種揣度，恍惚疑慮。一旦被抓起來，也不過就是抓起來罷了。

趙瑜陷入那場動亂，相對較深。當時，有口號敘述中國四大報告文學家，說的是：

蘇曉康、張惶逃竄——其人在「六四」之前逃亡美國；賈魯生發財國難——據說其人調查了一百個學生，講述各自參與運動的親歷，準備出書一冊，賺錢。

麥天樞臨陣叛變——麥天樞如今也是我們山西作協的專業作家，當時係中國青年報駐山西記者站站長。這個人後來被開除了黨籍；不知說他「叛變」，是指什麼而言。說法之一，是他曾經著文批評學生運動的盲動性和無政府傾向。

只剩下趙瑜頑強奮戰。

四句話，分說四個報告文學大家。不知是否貼切，反正趙瑜相當得意。至少在當初，相當滿意這種評價。

住了五個月看守所，漂亮小伙子搞得鬍子滿腮，終被釋放出獄。

「上看」，畢竟是重罪犯人看守所。我託請朋友給趙瑜送兩條香煙，竟是沒有送進去。

監獄絕不是什麼豪華小區、安居工程，但趙瑜住了五個月「上看」，愈加自豪許多。好比朝臣犯顏直諫，挨過了皇上的廷杖，剜去腐肉，傷口裝上了現宰羊肉，長出了「羊毛屁股」。那是一種資歷，那是一種本錢。

趙瑜得意自豪，顧盼自雄，但也沒有固步自封，而是更加嚴格地要求自己，注意塑造公眾形象。據他的親密戰友、連襠伙計劉淳介紹：「趙瑜講話文明了，不摳鼻孔了；襯領潔白了，打麻將都不偷牌了；甚至連睡覺都不打呼嚕了！」

趙瑜睡覺像頭山豬一般，呼嚕打得彷彿吸塌了腦子，但醒來之後，會義形於色地嚴肅批評劉淳：「我說淳兒啊，作家協會的文化人嘛，你怎麼能那樣打呼嚕呢？」

劉淳自己究竟打不打呼嚕呢？說不清。所以只好聽任趙瑜嚴肅批評。批評的次數多了，劉淳反唇相譏：「好好，我打呼嚕，我是山豬！你不打。你怎麼會打呼嚕呢？你是著名的報告文學家，中國第一、世界第二！成了一位白馬王子！」

白馬王子的說法一出，我就隨口奉送趙瑜一個綽號——趙白馬。

另外一位哥兒們，詩人陳建祖，自個兒說是一位運動「精英」。先是自己害怕，外出組稿，捎帶逃亡；快從內蒙逃到外蒙啦，沒有公安幹警來抓捕。沒人抓捕，偏又好生寂寞，好生無趣。怎麼不來抓我呢？

因為關係不壞，所以我得從旁幫忙。不能讓建祖賢弟這樣落魄、這樣沒臉面、這樣找不著北。於是慨然送號「陳精英」。

建祖聽說了，相當滿意，到處逢人就說：「張石山，老傢伙那張嘴！說我是什麼『陳精英』哩！」

於是，陳精英、趙白馬，成了一副流水對，上了口碑，四下流傳。

不知中國文壇的情形，至少在山西文壇，說起趙白馬，都知道是趙瑜，就是那位著名的報告文學家趙瑜呀！

四、一副八股繩

除了鄭義逃亡，趙瑜和柯雲路被分別刑拘。在焦祖堯自個兒標榜的「保護」之下，南華門的巷子裏還有不少作家和編輯受到黨紀處分。從記過、警告到留黨察看不等，顯示出從嚴、從寬等等區別對待。

當時，巷子裏一下子進駐了三個工作組，不停找人談話、訊問，錄音、筆錄，搞得氣氛相當緊張。我想，這也極其正常。你們聲援學生，遊行、絕食什麼的，搞得別人緊張；別人當然也有權利把你們搞得緊張。

緊張了好長一段時間，該處分的都處分了，工作組也就撤退了。作家和編輯們，漸漸回復元氣、整頓精神，回頭搞創作、編刊物。

作家們情緒低落、創作低潮，有那麼兩年左右的時光。不聲不響的，好像灰溜溜的。隨著時間推移，刊物和報紙媒體覺得有必要給作家們鼓鼓勁，讓作家們露露臉。

《太原日報》具有全國影響的副刊「雙塔文藝周刊」，組織了作家們的散文大聯展。作協的大型文學刊物《黃河》，則拿出兩期版面，約請作家每人趕寫一部中篇小說，予以集中發表。

省內後起的作家們，曾經開玩笑詛咒說：「兩座大山不打倒，我們是永無出頭之日。」張石山始而打離婚官司，繼而住過看守所，他不寫東西了吧？他還記得小說怎麼寫嗎？結果，隨便寫了一篇〈腳行〉，寫著玩兒，讀者卻大大叫好。所以，《黃河》副主編張發到了下面，對省內後起作家們也開著玩笑說：「南華門的巷子裏，大作家就是大作家！像張石山那種把式，除非他死了；他要活著，沒你們什麼戲！」

《黃河》副主編張發，從1986年起就擔任了副主編。在焦祖堯主政山西作協十多年的時間裏，一直是以副主編的身份執行主編職務。焦祖堯就是不予提拔。

揣測老焦的心理：成一等人受了處分，你竟敢極其大方地拿出兩期版面，給他們發表作品！你的屁股坐到哪裏去了？我不免除你副主編的職務，就算大大開恩了！想被提拔為主編，你蓋上八層被子做夢去吧！

這只是揣測而已，不能作數。但事實上，直到焦祖堯下臺，擔任了將近十五年副主編的張發，方才名正言順地被提拔為一任主編。

除《黃河》與《太原日報》作為刊物、報紙有所動作之外，趙瑜趙白馬作為個人，竟然也策劃起一個浩大的動作來。

當趙瑜還在晉東南長治的時候，曾經寫過七集電視片《趙樹理》，與後來拍攝《水滸》而聲名大噪的張紹林有過親密合作。這位中國著名的報告文學家，構想琢磨多時，決定借用電視這個威力巨大的傳媒手段，創作拍攝一部大型紀實片，從文學的、歷史的、審美的、全方位的、報告文學式的等等角度，而不是新聞的、表面的、簡單的角度，來記錄山西這樣一個內陸省份的種種現狀。

這種構想極為新穎，也極富有創見。後來拍攝完成的作品，相當成功。《內陸九三》獲取了全國長篇紀錄片的優秀創作獎和優秀導演獎兩項大獎，應該是一個證明。而這樣一個龐大的構想、這樣一項綜合工程，趙瑜竟然獨自一人就策劃了起來。事實證明，趙瑜趙白馬策動什麼事情的能力，絕對不在鄭義鄭光照之下！

《內陸九三》最初的動員大會，會址選定了太原著名的晉祠賓館。晉祠賓館的規格，應該在北京的京西賓館之上。論規格，相當於山西的「釣魚臺」。

1959年廬山會議，開始準備反左；山西省委準備的也是反左的一套材料。當會議風向改變，農民的兒子彭德懷為了農民的生存起而發難，會議風向轉為反右。山西省委見風轉舵，將材料連夜改為反右，因而受到了毛澤東的表揚。

毛老爺子說：「我還沒有去過你們山西呀！」

山西省委領導取悅龍顏，回來後在太原新建了「迎澤大街」，並且在晉祠賓館大興土木，將其改造為國賓級別的豪華賓館，還特別為毛主席修建了室內游泳館，配備了加溫池水的大型鍋爐，四季保持水溫攝氏二十八度以上。然而，毛主席日理萬機，天下的賓館、別墅多得住不過來，竟然一次都沒來過山西。給他老人家修建的游泳館以及賓館，別人又不敢僭越使用，生怕犯了「十惡不赦」的大罪之一「大不敬」。空曠的游泳館四季恆溫，貼滿瓷磚，回音隆隆，便是改成會場禮堂亦不可得。

這樣一處賓館，在1992年就迎來了山西省委宣傳部部長張維慶及其以下處長幹事若干人；迎來了山西作家協會主席焦祖堯及其以下作家若干位。大家國賓似的，在這兒商談大事，研討《內陸九三》的撰稿、拍攝事宜種種。

宣傳部部長張維慶出任總監製，而焦祖堯與成一、趙瑜共同出任策劃人。將焦祖堯和成一攏在一塊，趙瑜分明是要調和鼎鼐，用心良苦。

出任分級撰稿人，則有成一、周宗奇、韓石山、王東滿、燕治國、鍾道新、趙瑜以及焦祖堯、張石山等作家。

這將是山西文壇一個大動作，將是山西作家群體的一次大展現；是晉軍的重整旗鼓，是晉軍的再次出征。如此策劃、這般運作，堪稱大手筆。所以，當時我就給予極高評價。

我說：「趙瑜小子，一根扁擔、一副八股繩，一頭擔著省委宣傳部、一頭擔著省作協，他就輕輕巧巧地擔到了晉祠賓館！」

五、幾度不愉快

《內陸九三》由趙瑜擔任策劃和總撰稿，導演和解說。趙瑜既要負責導演，還要出鏡負責現場採訪、主持等等。

趙瑜儘管貪婪了一點，自個兒出任的角色也稍多了一些，但片子拍得相當不錯。他下了極大的功夫，投入了極大的心血。那是他多方面才能的展現，也是一位報告文學家的文學素養的影視化體現。當然，由山西文壇的多名中青年作家、晉軍主力出任分集撰稿，也相當程度提升了整部片子的文學高度和認知深度。

不過，作為記錄片，作家提前撰寫的拍攝底稿往往會與現場拍攝的實際脫節。導演二度加工甚至全部重新創作，成為這部片子成功的絕對關鍵。在實際開拍某一分集之前，導演與撰稿作家之間的研討、爭論，集思廣益，極為重要。這當中，體現了趙瑜的協調能力。他和每一位撰稿作家，相處都極為融洽。為了作品的成功，趙瑜禮貌周全，對作家老大哥們尊敬有加。大家一致感覺，和趙瑜合作，非常和諧、相當愉快。

即便是歌詞，他也搬動了史鐵生、王朔和張石山共同出手，分別撰寫了三首頗具水平的歌詞作品。

然而，他和焦祖堯的合作，出現了好幾次不愉快。從最後完成的作品來看，也只有焦祖堯負責撰稿的片子，拍攝最不成功，質量最差、文學層次最低。

對於焦祖堯撰稿的作品，趙瑜反而會不加重視嗎？絕對不是。趙瑜尊重所用作家，反倒會不尊重焦祖堯嗎？絕對不會。問題出在焦祖堯身上。

焦祖堯你是作協主席、你是領導，這誰也不能否認。但具體到電視片的創作，你應該尊重導演、承認導演的權威。你有什麼建議之類，可以提出，但不能干預導演創作，甚至要來指揮導演。但焦祖堯的智商，在這樣不言自明的道理上出了問題。

一則，他要居高臨下指揮趙瑜。說長說短，喋喋不休，卻又說不到點子上。大大干擾了導演工作、影響了工作進度，也破壞了導演藝術的相對完整。

再則，焦祖堯要耍派頭。他負責撰寫的分集，是寫平朔煤礦場的。本來可以寫出一個內陸省份在改革開放政策中的亮點，能夠寫出現代化和古老文明之間的外部衝突和結構張力。但焦祖堯認識不到這樣的高度，也不去動這樣藝術上的腦筋。他要住高級賓館、要車輛服務的正廳級待遇。

攝製組共有兩輛車。照明、煙火、攝製、錄音，包括化裝、場記等等，人員外加設備，車輛短缺。拍攝地點也有賓館，焦祖堯午飯後和晚飯後完全可以就地休息，車輛應該盡量投入到拍攝工作中去。但焦祖堯不幹。他哪怕是在午飯後，也要劇組派車，將他送到平朔煤礦總部的豪華賓館去。否則，高級領導者焦祖堯就睡不著。

來回數十公里，消耗油料、浪費時間，影響拍攝、干擾工作。趙瑜稍有伺候不周，老焦便要大發雷霆。

兩人終於大吵一架。吵到一個分際，焦祖堯就會拿出他的殺手鐧、祭起他的法寶：「趙瑜，你是我調來的啊！你的屁股坐到哪裏去啦？」一副革命領袖、堅定左派首腦、教師爺、救世主、道門會首、幫主堂主的面孔。

本來可以非常良好的合作，硬是造出了極大的不愉快。

然而，比起兩人後來在省電視臺的吵架，他們在平朔煤礦場的吵架簡直就不算什麼。那簡直就是一次小小玩鬧，是一次親切交談。

經歷年餘的天候苦戰，《內陸九三》終於拍攝完成。策劃兼導演、主持兼解說，管理劇組、協調各方，趙瑜可謂嘔心瀝血。宣傳部、廣電局，有關專家、業內人士，看了都說好。只待有關部門審批通過，發行公映。

不料，情況突變。省委宣傳部部長張維慶榮升國家計生委副主任。上級主管部門的領導更替，必然帶來若干微妙的甚或是顯然的變化。

官員們揣測上意，隨風而動，成了做官訣竅，人人都有自己的一張「護官符」。

《內陸九三》固然好，但那是張維慶主管的專案。張維慶調任國家計生委，官職級別是升了；但計生委管不著山西省委。《內陸九三》播還是不播、播到什麼程度、宣傳到何種力度，成了一個問題。

趙瑜憂心如焚，一定要積極爭取；電視臺的有關領導覺得片子果真拍得好，也不忍心就讓它這樣夭折，於是合計一個方案來：邀請各界有關專家學者，包括省作協的大牌作家，前來審看樣片。以發出一種聲音、造出一點響動，如此電視臺方面也好向上反映。

趙瑜因而對老焦抱有極大期望。焦祖堯是《內陸九三》三名策劃之一，在紀錄片中他的名字赫然排在當頭。說點正常意見，不需要言過其實地鼓吹，也會有些作用。令人極度詫異、百思不得其解的是，焦祖堯對《內陸九三》沒有什麼好話。評斷大大與眾不同，吹毛求疵，苛刻到不近情理的地步。

趙瑜好不納悶：焦老師這是怎麼了？片子果真有那麼差？

據趙瑜自己說：會間休息，他聽到老焦和廣電局有關領導的一番言語。這些言語，方才道出了老焦的真實顧慮。

原來，老焦對於省委宣傳部這上級部門換了領導，政治敏感度極高。他不是真正出於藝術上的見解，對《內陸九三》提出看法；而是由於官場利害的考慮，主宰了評斷《內陸九三》的態度。張維慶走了，省委宣傳部換了領導；茂林書記也可能調動，我們應當考慮這種因素。這樣深謀遠慮的一些話語。

聽到老焦原來是出於這般緣故而那樣評斷《內陸九三》，趙瑜不禁怒火中燒。怒火強壓下去，又升騰起來。不講藝術、放棄良知，眼睛向上、唯權是怕，焦祖堯怎麼可以這樣？

中午用餐時，趙瑜情緒敗壞；多喝了幾杯酒，情緒更加敗壞。怒火再也壓抑不住，火山噴發一般奔湧而出。跳起身來，點了焦祖堯鼻子，開始嚴厲質問。質問中粗口不斷，近於罵娘。

趙瑜和焦祖堯的關係，自此徹底決裂，再也無法修復。

——從現象來判斷，趙瑜是一個年輕人，焦祖堯畢竟是個領導、是個長者；趙瑜的表現到底不是敬奉長者之道。但還有別的角度。趙瑜素來對人友善、對領導謙和。他不是不注意各方關係，簡直是太注意各方關係了。

我們機關的老廚師、老門衛范師傅，使兩根筷子提鞋；趙瑜看見了，會為老范趕緊買一隻銅鞋拔。趙瑜尊敬南華門裏的每一位領導，見面握手、電話問安，有時到了讓人覺得麻煩的程度。

儘管胡正時代有了決議、調動趙瑜進入省作協的，畢竟是焦祖堯。焦祖堯的地位如日中天，對趙瑜總算有恩，精明如趙瑜，他為什麼終究和老焦鬧翻？焦祖堯仁義道德，應該是四夷歸服、八方來朝，為什麼有那麼多的本會作家和他關係緊張？難道全世界只有焦祖堯正確、左派、革命、人道，萬歲萬萬歲，別人都是錯誤、右派、反動、非人，該死真該死嗎？

趙瑜一時衝動，走出了和焦祖堯決裂的一步。這是情勢使然，也是趙瑜的性格使然。

我認為，和焦祖堯的「家天下」徹底決裂，他取得了人格上的張揚，獲得了率性的愉快；當然，他也必得為此付出代價。

他成為一面鏡子，照出自身，也照出了別人。別人也許會不自在，也許會看不慣。正是老話說的：「殺人三千，自損八百。」

後來換屆選舉，趙瑜落選，幾乎是一個必然。

第二十五章　愈演愈烈

我在這部著作的「開篇」中這樣說：「焦祖堯當政的十年，是我感到呼吸困難的十年。」這句話，可以分解成兩部分。「呼吸困難」是一部分，「十年」又是一部分。

先說「呼吸困難」。

柯雲路柯大師教導我們說：「我不病，誰能病我？」

是啊，你要是肺部功能強大，甚至有特異功能，可以無氧生存，怎麼會感到呼吸困難？那麼用老百姓最樸實的道理講話，你張石山是不是有點「拉不出屎，怪怨茅房」呢？

人們可以任意評價，批評我耐受力不強、經不得風雨、沒有吃苦耐勞的精神、簡直無病呻吟等等。然而，我確實是感到呼吸困難。我無法欺騙自己，無法自欺欺人。呼吸困難，就是呼吸困難。

再說「十年」。

作家協會有選舉章程，四年最多五年，就要換屆。假如按照章程辦事，換屆即便換不掉焦祖堯，大家也可以透過換屆活動的民主程序，抒發憤懣、有所宣洩。

但是，焦祖堯是作協黨組書記和作協主席一肩挑，他不肯換屆，誰有什麼辦法？幸好共產黨規定了幹部的退休年齡，不然，焦祖堯非常可能一直掌權到2050年。那時，中國不僅達到小康，而且步入中等發達國家的行列。

有人說，焦祖堯官運亨通，運氣簡直太好了！1989年換屆的時候，有王茂林支持，操控換屆。王茂林調走了，沒了後臺；胡富國上臺，老焦該收斂一些了吧？其實不然，焦祖堯很快又接通了與胡富國之間的熱線，迅速找到了新的後臺。所以，作協就是到期不換屆。焦祖堯大權獨攬超過十年。

還有一點，相當明顯的一點：焦祖堯和我之間，沒有什麼個人恩怨；十年之間，我的呼吸狀況並不是最困難的。焦祖堯欺負人，也是欺負別人更厲害些。

那麼，張石山你喊叫什麼？多嘴，多餘。清靜的河邊，跑出一匹「多嘴驢」。吃飽了撐著。人們當然也可以這樣評說。

不過，中國有一句成語叫做「不平則鳴」。自己遭遇不平，可以吶喊；路見不平，便不許吶喊嗎？

「你以為你是誰？」這是文人論辯中常見的一個句式。韓石山批評謝勉，謝勉的弟子就曾經這樣質問過韓石山。

人們當然也可以這樣質問我。

我希望聽到這樣的質問。屆時，我會鄭重回應。

一、李銳上五臺

《厚土》獲獎之前，和大家相比，李銳的創作在南華門裏似乎矮著那麼半截。寫作功底放在那裏，功夫下在那裏，最終全國獲獎，求得了一點外在的證明。

自此，李銳名聲大噪。諾貝爾文學獎的漢語評委馬悅然教授，格外欣賞李銳。李銳凡有著作，馬教授多數總要翻譯成瑞典文。然後有法文、英文譯本出版；然後在臺灣有繁體字文本出版。

這一年，聽說是臺灣大報《聯合報》的主編到山西來，專程拜訪李銳。按說，李銳名聲在外，這不是山西文壇的光彩嗎？焦祖堯口口聲聲說要全心全意為作家服務，這不就是現成的服務機會嗎？

然而，作家李銳、名頭響亮的作家李銳，沒有享受到公僕焦祖堯的任何服務。《聯合報》的主編，對李銳提出一點小小的要求，希望能夠到五臺山遊覽一回，看看佛教四大名山之一的文殊道場，體驗一點中華的厚重文明；登臨華北屋脊，領略一番祖國大好風光。

這是什麼了不起的難事呢？李銳滿口應稱。接著，向作家協會有關人員提出，希望能夠派出一臺轎車。陪客人上五臺，最好不要乘坐長途汽車去，更不要走著去。本以為這不是什麼難事，不看僧面看佛面，李銳在換屆時也是擁戴過老焦的。這點小事，老焦應該答應；這個面子，老焦會給。

一把手焦祖堯不答應。你李銳自己的客人，你負責接待；作家協會的車輛，是公僕乘坐來為人民服務的，不是為你服務的。你若真的想使用我們的轎車，可以；但必須按照有關條文的規定，支付各項合理的費用。

結果，李銳使用了本機關的車輛兩天，照章繳納費用六百元整。

據說，李銳妥善保存了那張繳費單據。又據說，李銳要將那張單據用鏡框子鑲嵌起來。

這位仁兄是否果真將單據鑲嵌起來，我沒有去調查。

或許，這是一種說法，透露出某種情緒。

二、田中禾來山西

河南作家田中禾，他在我們《山西文學》發表的短篇小說〈五月〉，摘取了全國獎的頭獎。

這個頭獎不得了。田中禾一炮打響，一炮走紅。適逢河南文聯換屆，一舉被選為省文聯主席。河南文聯、作協沒有分家，是那種小作協、大文聯的格局。文聯主席，就是正經八百的正廳級幹部啦！

田中禾記著《山西文學》的首發〈五月〉，並積極推薦全國評獎的這點好處，我一直念念不忘。

這年，田中禾到我省晉南遊覽。已經踏入山西地界，準備到太原轉一圈。作為河南省文聯主席，要和我們山西省作協主席焦祖堯會面；同時希望見見李銳和張石山。他知道蔣韻、成一都是河南人，提出也想拜會認識一番。

這不是太正常了嗎？然而在不正常的人看來，這就是不正常。

我當時不住太原，後面發生的事情，都是聽說的。

田中禾沒有來過太原，不知道如何與老焦取得聯繫；在晉南便先打聽到韓石山的電話。電話打到韓石山家裏，希望老韓向焦祖堯轉達他的意思。

老韓受人所託，不敢怠慢，電話就打給了焦祖堯，一字一句將田中禾的話語如數轉達，同時將焦祖堯的聯繫方法，告訴了田中禾。河南文聯主席驅車來太原，也好隨時與焦祖堯聯繫。

你說焦祖堯聽了這個消息，能講出什麼話來？

一句：「田中禾你能找到韓石山，你讓韓石山負責接待就好啦！」還有一句：「你還要會見什麼成一、李銳，那你田中禾還見我幹什麼？」

焦祖堯以自我劃線，視成一、李銳、韓石山等人如寇仇，到了喪心病狂、全然不顧任何情理風度的地步。

三、王青風歸晉

焦祖堯官運亨通也罷，上層路線走得好也罷，在王茂林走後，和胡富國關係也頗佳。

不知胡富國是否也會走上層路線，反正這個省委書記格外注意和北京各界的關係。《人民日報》、新華社的記者什麼的，凡來山西者，胡書記必親自熱情接待，不敢稍有怠慢。就連《人民文學》的編輯王青風來山西，即便是一個文學編輯部的編輯，但只要你是北京來的，也要設宴款待。

但這個王青風，和山西作協的周宗奇、李銳、成一、韓石山和張石山等人相當熟悉，算是朋友，所以提出要一塊見見這幾位哥兒們。

客人貴賓有這樣的希望，胡書記自無不從。秘書幹事急忙安排佈置，多來一張桌子，多加幾把椅子就是。省委書記請客，還怕款待不起你們幾個嗎？

依照宴會的規矩，省作協幾位作家的名字，都寫好了名字標牌，一一對應了椅子、擺上了桌子。然而，到了開飯時間，幾個傢伙竟然統統沒有出現。椅子空著，桌子上的大菜涼著，幾個標牌默默無語。

王青風好生納悶，有幸一塊出席宴會的田東照也好生納悶。幾個作家，架子再大，胡富國設宴、王青風邀請，不該不來呀！

原來，是焦祖堯扣壓了王青風的邀請，貪污了胡富國的宴請。

當然，也可以說：焦祖堯太關心大家了。這類的宴會應酬，浪費時間；省委書記接見，官場套話；大家安心創作就是。這樣替大家服務的囉嗦麻煩事，我代勞就是。這是我的工作呀！忙死啦，累死啦！我有糖尿病，喝酒應酬，健康是受到損失啦！

至於王青風想和大家見面的要求未能實現，老焦並沒有解釋。但焦祖堯也沒有這樣反過來質問刁難王青風：你要見他們，那你不要吃胡書記的酒席，讓他們款待你好啦！

沒有這樣講，足見老焦的風範：胡書記注意北京方面的關係，我焦祖堯也很注意呀！

四、長篇小說研討會

大約是1995年96年的樣子，省作協召開了一次長篇小說研討會。時間記不準確，請大家諒解。因為幾乎任何省作協的活動，包括文學筆會、研討會、讀書班等等，焦祖堯一概不通知我參加。我只是聽說，所以記憶不確。

焦祖堯是否有通知別人參加？我也完全不清楚。我只知道，他不通知成一和周宗奇，也不通知李銳和韓石山，後來更不會通知趙瑜。我們之所以知道有這樣一次長篇創作的討論會，完全出於偶然。

周宗奇要去參加一個全國煤炭方面的會議，院裏的司機開車送了過去。結果司機師傅把兩個會議的地點弄混了，將周宗奇拉到焦祖堯舉辦、主持的會議上。

周宗奇完全是在無意間撞破了人家焦祖堯的機密。

省作協召開長篇創作研討會，按照常情常理，不該請李銳成一出席嗎？他們寫長篇寫得不好嗎？說長篇創作，說不出好的經驗來嗎？

我焦祖堯就是不請你們，不許你們參加、不讓你們參加。

我的地盤、我的勢力範圍、我的私有財產，神聖不可侵犯。

我既不許你們有機會和上面的領導接觸，僅僅是和胡富國一塊吃飯，也不行。要封鎖、要阻攔。也不許你們和下面的作者接觸。你們當過編輯、主編，有創作經驗，更加不許你們和作者接觸。

什麼叫大權獨攬？什麼叫圍困封鎖？什麼叫呼吸困難？在焦祖堯掌權的十來年間，我有了深刻的體會。

六、王老創作七十周年

後來，就發生了我在前文中介紹過的怪事。

王老，詩人岡夫王玉堂，年過九旬，在他的家鄉召開創作七十周年紀念會。省委宣傳部發現，幾乎所有南華門院子裏的青年作家都沒有出席。於是，副部長溫幸到作協當面批評、質問成一、韓石山：「你們幾個也太過份！太不好！太不對！你們對焦祖堯有意見，也不該這樣，不該不給老人家這點面子！」因而，大家這才知道，王老有這樣一個紀念活動。大家沒有接到任何通知，根本就不知道呀！

問到焦祖堯，為什麼不通知大家？焦祖堯用經費有限、無法解決差旅費來搪塞。大家聽了之後，啞然失笑。王老的會議，我們就是自費，也願意前去參加。

焦祖堯你忘記了嗎？為了換屆當選，你增設三十名特邀代表，那時你是怎麼幹的？你是如何千方百計、如何絞盡腦汁，你說是特邀代表「自費都願意來赴會」。如今，你又是千方百計、絞盡腦汁，阻攔我們參加任何公開的文學活動，封鎖大家達到無以復加的地步。

山西作協在盂縣召開《山西文學》藏山筆會，我作為《山西文學》前任主編，盂縣籍貫作家，不被邀請與會，因而被盂縣文學文化界大罵、被盂縣老百姓大罵。我都不想重複了。

焦祖堯妙計得逞，一定很快慰吧？封鎖了你，還要讓你挨罵，我的手段如何？

我掌刀，我就要吃肉。我有權，我就要欺負人。

事情就是這樣明白，道理就是這樣簡單。

七、張平作品研討會

張平在他的〈姐姐〉全國獲獎後，創作不輟，突飛猛進。

時間大約到了1999年的樣子，省裏召開張平作品研討會。

這是西戎老師生前參加的最後一個會議。西戎老師突發腦溢血，倒在了張平的作品研討會上。

我沒有接到邀請函，所以沒有恭逢盛會。但我聽說作協機關沒有給西戎老師派車。是馬烽留心了一下，發現他的親密戰友沒有來，這才派他的車子返回南華門，接了西戎赴會的。

南華門好像變成了一座世外桃源。我活得渾渾噩噩，不知有漢、無論魏晉。大約是在這次研討會之前，還有一次關於張平的創作研討會，我記不準確了，因為我沒有前去參加會議。但我在院子裏，看到了大家和焦祖堯爭執的一幕。

時間不確，但畫面、人物和人物對話，敢於保證不錯。

胡正老師要去赴會，走到院子裏來；焦祖堯也正好走出樓門。兩人碰了面，胡正很生氣的樣子，數落焦祖堯。關於派車的問題，不能只顧自己坐了轎車上會，大家的麵包車也不安排。諸如此類。

焦祖堯反唇相譏，厲聲反擊胡正。「我就是這個樣子，你能怎麼著！拿出沒毛大蟲牛二的派頭來了。」

成一當然不好看著胡正老師和焦祖堯爭論，在一旁插言：「焦祖堯，你是作協主席，你就應該管事。」

焦祖堯聽了之後竟然這樣講話：「我焦祖堯作協主席當得不好，我當不了，成一你來當啊！你當啊！」用這樣的言語來刺激成一，把你噎死！

胡正老師自然要幫成一了，從旁接招：「你當不了，你辭職！這點活兒，不夠一隻手幹的！保證不是你幹的這個樣兒！」

我們不說是非，只說現象：作家協會怎麼成了這個樣子？都是大家不對，大家覺悟不高、品德不好？焦祖堯作為一把手，沒有任何責任？

往下，我離開了現場。

聽說大家到了車上，還有下文。

老焦的秘書長陳為人不再和老焦合作，離開崗位之後，《黃河》副主編秦溱接任秘書長。新任秘書長當然要維護焦祖堯，但也只是拉架勸說的口氣。看見胡正、成一，再加上周宗奇隨後到來，一致數說焦祖堯，秦溱從旁說道：「大家不要說啦！開會時間到啦！趕緊開車吧！」

周宗奇就朝秦溱發了火，帶出了晉南粗口，「日你媽的」什麼的。

秦溱臉上無光，忿忿回擊：「周宗奇，開口罵人，你太失身份了！你太失身份了！」

據說陳為人離開崗位，說動秦溱出任秘書長，鍾道新其中有份。所以秦溱挨了罵，一肚子埋怨，轉向鍾道新，在南華門的巷子裏一個勁兒地自言自語：「鍾道新把我害了！是鍾道新把我害了！」於是，就有鍾道新出面來找周宗奇的事兒。

鍾道新講話向來文雅，這樣說：「周老師，咱們是一副主席，身份不一樣。」

周宗奇還是晉南粗口：「毬哩！有人連人格都不要啦，身份還算個啥？」

依照正常情況判斷，作協秘書長離任，需要一個新的秘書長，有人推薦一下，算個什麼事兒呢？鍾道新協助領導工作，有什麼不可以？秦溱或者其他人，出任什麼職務，又算得了什麼？

在焦祖堯當政的時代，竟然就成了一個話題。

幾位作家受到積年壓抑，情緒都有些失控了。

在焦祖堯當政之前，省作協一派和諧，絕對不曾有過這等情況；在焦祖堯下臺之後，省作協漸漸回復一派和諧，也不再出現這等情況。恰恰只有焦祖堯當政的時代，機關不和諧、不祥和。矛盾潛藏、情緒激動；一人為所欲為，大家不得安寧。

一個機關，情況不理想、氣氛不和諧，大權獨攬、書記、主席一肩挑的焦祖堯難辭其咎。

八、鼎鼐難調

焦祖堯登臺伊始確立的戰略方針，取得了他個人預想的成果。他看到了他樂意看到的情景；而大家看到了大家不樂意看到的情景。

焦祖堯封鎖作家們和上級領導接觸，使得胡富國在我們山西全省只知道一個作家；這個作家，名叫焦祖堯。胡富國做出了解山西文學界的樣子，說起馬烽，在公開場合出言不恭：「有個什麼什麼的馬烽」。然後，說起焦祖堯就是：「焦祖堯，大作家呀！」

趙瑜如果是一匹「白馬」，焦祖堯就是一匹「黑馬」，在省委領導眼裏成了山西獨一無二的大作家。躊躇滿志、顧盼自雄；全省第一，唯我獨尊。

作家協會，屬正廳級單位，黨組書記和作協主席一肩挑的焦祖堯、大權獨攬的焦祖堯，掌權十年。十年間，順我者昌、逆我者亡。他在排斥異己，打擊、壓制他所認為可能的潛在競爭對手的同時，也提拔了相當一批他所認為的可靠青年。

前者，好在大家趕上了改革開放的相對寬鬆時代；沒有被打成右派什麼的。大家心情不好，但也不至於活不下去。

後者，我一直表示了相當的理解。要求進步、希望長進，太應該了。副處級想要進步到正處級，兩居室希望更換為三居室，太能理解了。焦祖堯手握重權，管著你的飯碗兒，你想吃飯、不想挨餓，能怎麼辦呢？

當焦祖堯認為自己的統治地位絕對穩固，打造成一個銅幫鐵底的一統江山了，也曾經想要表現出一點寬宏大量。好比拔掉了猛獸的牙齒、剪去它的利爪之後，然後要注意人與動物之間的和諧了，要講究費厄潑賴了。小型的兒童遊戲：打你一頓，再給你一塊水果糖。

某年某月某日，理研室主任閻晶明出面，擺了兩桌酒席。一邊有焦祖堯出場，一邊請到成一、周宗奇、韓石山以及張石山。閻晶明希望能夠調和鼎鼐。

我不懷疑閻晶明等年輕人的一片好意。生活工作在同一條巷子裏，領導一把手和幾位成名作家關係緊張，終歸不好。大家和和氣氣，團結友愛、安定祥和，該有多好哇！

成一和其他作家，和閻晶明和其他機關的中層幹部，關係向來正常。成一明白，別人也明白：成一和焦祖堯的恩怨，只是兩人之間的恩怨；別人和焦祖堯的恩怨，是別人和焦祖堯的恩怨。這不應該波及他人、不應該影響其他的人際關係。

閻晶明發出邀請，成一到場，沒有駁小閻的面子，但對本次宴會的主題策劃，不予認同。所以，焦祖堯去到成一那一桌，閻晶明在一旁殷殷陪伴著，然後小閻熱情提議，希望兩人能夠碰杯，相逢一笑泯恩仇；成一拒絕和焦祖堯碰杯。

焦祖堯的酒杯舉在半空。小閻苦口婆心，勸了又勸，說了再說。成一就是不肯接招。

我這邊的桌子上，有個段崇軒，是老焦提拔的《山西文學》主編。看著老焦下不了臺，很是不安。常情常理，總是希望老焦不要太過尷尬，舉杯站起，朗聲說道：「我提議，讓我們大家共同敬祝焦老師身體健康！」

段崇軒用心良好，但我覺得語言選擇方面有欠缺。你覺得老焦下不了臺，願意替焦老師解除尷尬，無可厚非，甚至值得稱道。忠心保主，挺身而出，誰都應該理解。你願意敬祝你的焦老師身體健康乃至萬壽無疆，你盡可以敬祝。但「讓我們大家」五個字，說得不好。有點強人所難。至少，在「我們大家」裏面，在座的張石山就不樂意敬祝。

老焦是我的鄰居。從鄰居的意義上，他不把我當鄰居，認為我不配什麼的，那是他的事兒。我不能不把他當鄰居。

老焦比我年長，從長幼而不是從尊卑的意義上，我可以主動向老焦低個頭。但我和焦祖堯的關係，絕對不到我舉杯「敬祝」他的份兒上。

我拒絕舉杯。

這兒，就又有一只杯子舉在半空中……

第二十六章　房子話題

閻氏故居的平房大院沒有拆掉之前，我曾經住在正房，也就是閻錫山的夫人居住的上房。外部雕樑畫棟，裏頭地板護壁，寬綽富貴、豪華舒適。

當時，我不過是個普通編輯，怎麼能夠住上那樣規格的房子？說來有趣。

原來，文革當中，文聯、作協被取締，平房大院的房子裏住的都是外單位住戶。好不容易騰出當中的一處房子，可以安排我們機關的一位職工入住，大家都有些怵頭，鄰居都是外單位的，住進去像是要在敵佔區開闢根據地似的。

領導考慮過後，因為張石山天不怕、地不怕，就把這條「肥羊腿」賞賜給他吃。和鄰居起過若干的小衝突，女人之間吵嘴罵架的。只要我出現在院子裏，鄰居的女人和男人就趕緊收兵。所以，也沒有鬧過什麼大的紛爭。

後來，外單位住戶逐步搬走，閻氏故居才算全面收復。

我的左手耳房，住過楊潞生，住過趙瑜；右手耳房，一直住著陰志和。陰志和的右手裏，住過張銳鋒。

張銳鋒與陰志和，曾經一度關係緊張。不知是否因為這樣的緣故，當機關通了管道煤氣的時候，家家戶戶有了煤氣灶；只有張銳鋒一戶沒有通煤氣。張銳鋒很委屈。

我和秘書長陳為人說了說。陳為人很快協調好各方關係，給張銳鋒那兒也安裝了煤氣。

住房問題，是一個問題。有時，就變成了一個話題。就連秘書長陳為人的住房問題，後來也竟然成了作協機關的話題之一。一度鬧得不可開交。

一、鄭義的空房

鄭義因為參與動亂，結果流亡美國。要是編成戲文，叫做有家難歸、有國難投。後來，他的繼任妻子趙小明也去了美國。聽說兩口子生了一個女兒。女兒在美國出生，就成了美國公民。

於是，省作協的六號樓，號稱作家樓的，鄭義的房子就空了出來。鄭義的房子，因而就成了一個話題：鄭義流亡美國，他的房子還算不算他的房子？有沒有一條政策，要剝奪鄭義這樣人物的家產？假如鄭義去了美國，他的妻子沒有出國，她是否有權居住這所房子？是否可以將她趕出家門？鄭義和妻子都去了美國，鄭義會不會回來？他的妻子會不會回來？假如鄭義年邁的寡母無人照料，也沒有住房，老太太住在鄭義的房子裏，可以不可以將老太太攆到馬路上去？

不知道焦祖堯到底是怎麼想的。他很快就將鄭義的房子分配出去。有些迫不及待，有些倉促慌忙。

鄭義曾經是焦祖堯最得力的謀臣和急先鋒，當初換屆可以說幾乎是鄭義一手將老焦策劃成了作協主席。關於焦祖堯上臺後的執政方略，其中包括將成一盡快踢出黨組，都有人懷疑是鄭義的建議。

焦祖堯將成一踢出黨組，究竟是誰的主意？這完全可以是一個話題。機關人多嘴雜，說什麼的都有。誰能用封條貼住所有人的嘴？但我始終認為，問題的關鍵不在這些。

假如焦祖堯主意端正、器度恢弘、胸懷寬廣，存心立志要團結眾多著名作家、打造和諧的機關氛圍，他根本就不會動那樣的心思，將曾經並肩靠膀的作家成一斷然踢出黨組；即便那有些邪惡的主意就是鄭義出的吧，就算那是什麼讒言，焦祖堯也不會聽從。像樣的領導者，親君子而遠小人，納諍言而拒讒言。正派的領導者，乃至會嚴厲批評這般的主張、嚴厲拒斥這樣的人物靠攏身邊。

鄭義是否給老焦出過別的主意，存而不論；鄭義為老焦上臺，幾乎赤膊上陣、全力以赴，卻是人所共見的事實。

鄭義參加了動亂，隨後流亡美國。倉促分配掉鄭義的住房，給人的感覺是：焦祖堯要急於抹去和鄭義之間存在的親密關係，甚至要在政治上撈一把：和動亂份子劃清界限，打擊絕不留情！

有了好處，趕快撈取。上面首次給了省作協唯一的特殊貢獻專家名額，焦祖堯會腆然人面、面無慚色地立即搶先佔有這個榮譽。凡有少許不利，絕無任何擔當。急於洗清、撇脫，不擇手段、不顧輿論。

分配掉鄭義的房子，輿論立時大嘩。即便是出語謹慎、極少議論他人是非的馬烽老師都說了話：「57年打右派，也沒有被掃地出門嘛！」

掃地出門，然後決定分掉。鄭義曾經的住房，決定分給誰呢？大家都知道，那所房子，最終分配給了鍾道新。

據說，鍾道新的住房已經有所安排。焦祖堯當政、陳為人當秘書長的年代，蓋起了機關七號樓。一級作家和廳局級幹部這個規格等級的房子裏，有鍾道新的。鍾道新和趙瑜兩人，或許他上六樓，或許他住一樓。

焦祖堯急於分掉鄭義的房子，鄭義的房子對其他一般人又有顧慮，不敢貿然居住。焦祖堯希望鍾道新來幫忙。這是比我的那條「肥羊腿」還要豐腴的一份大餐。

鍾道新剛剛調進作協，具體的調動手續是由老焦一手辦理的。從某種意義上說，韓石山、張石山對西戎老師一直心存感恩，鍾道新或許對老焦也有同樣的感恩心情。老焦現在遇到一點小小的難處，給鍾道新講在當面，若換作別人，又當如何處置呢？

人生活得真是太具體了；人面臨的問題有時也是太具體了。

鍾道新恐怕也是權衡再三，到底逆不得老焦的面子，於是住進了曾經屬於鄭義的房子。

院子裏於是又有了輿論說法。

鄭義的房子，是一個問題。但這個問題，其實分解開來是兩個問題。

首先，是焦祖堯分掉或不分掉鄭義房子的問題。鄭義的房子，就那麼空著，貼上封條，也是一個處置辦法。焦祖堯決定即刻分掉鄭義的房子，於是才有了下一個問題：分給誰、誰來住的問題。後一個問題，最多屬於次級的問題。

我曾經設想、假想，如果馬烽、西戎當政，面臨鄭義的房子問題，他們會怎樣處理？院子裏又會如何評論？我認為，他們會找到一個較好的方案，並且會有較好的工作方法。

鄭義的房子不能分，會講出一番道理；鄭義的房子應該分，也會講出另外的道理。首先給大家通氣，人人知曉；其次，既然領導決策，就敢於負責。分掉鄭義的房子，是我決定的，與住房的同志無干。這樣處置，大家還輿論什麼？即便小有輿論，很快就會銷聲匿跡。

焦祖堯則不然。好處自己撈取，有了問題趕緊推給別人。自己決定分掉鄭義的房子，卻縮在後頭，讓鍾道新出來扛棒子。

當然，焦祖堯也不是孬種，絕對不怕什麼輿論之類。古來昏官早有名言：「罵由汝罵，好官我自為之。」有茂林書記、富國書記支持，輿論頂個屁。

二、鄭運通的新房

焦祖堯要將鄭義的房子分掉，除了在政治上要表現正確性，還有實際上的必要性。因為，他剛剛將一個鄭運通提拔起來。這個人，有了副廳級的位子，當然接下來就要有房子。「五子登科」，有多少官員不如此？級別放在那兒，就是遵紀守法的好幹部，「五子」也找上門來，你不肯登科也得登科。

文革結束，批判王洪文。批判內容裏，說是他有幾部轎車、幾桿獵槍什麼的。這不鬧著玩兒嗎？王洪文是工人出身，他說要騎著自行車上班，制度允許嗎？

鄭運通，原先在歌舞團還是音樂舞蹈家協會工作。什麼級別，不清楚。聽說是科級。秘書長陳為人工作繁重，將鄭運通推薦給老焦；老焦即刻著手調來，擔任副秘書長。

副秘書長便是正處級了。鄭運通是否跳級提拔？大家也不得而知。就算知道也是白搭。焦祖堯一手遮天、乾綱獨斷，早已學成畢業。

這兒的黨組一直七零八落，湊不齊班子，副秘書長身份的鄭運通隨即又進了黨組。

焦祖堯將成一、周山湖踢出黨組，自己清了「君側」，高枕無憂好睡眠。空出黨組裏的幾個位置，職位級別也好提拔外單位調來的人，也好統統安插屁股絕對坐在我焦祖堯這邊的自己人。

寧贈友邦，不予家奴。我就是慈禧老佛爺的辦法，誰奈我何。朕即國家，作家協會的官職位置，就是我焦祖堯手頭任意支配的資源。

黨組書記以下，陳為人是秘書長，鄭運通是副秘書長，建立起這樣一個等級序列。是這樣一個權力構成班底，這樣一個結構緊湊、並非鬆散的利益集團。

過了不久，聽說焦祖堯先行提拔鄭運通當了黨組副書記。局外人聽得都彆扭。

陳為人和張維慶以及王茂林關係也是相當鐵的，要是提拔陳為人擔任黨組副書記，上面絕對沒有阻力。鞍前馬後為焦祖堯服務賣勁，鄭運通還是自家推薦得來，陳為人絕對想不到會出現這樣一個局面。伺候焦祖堯，陳為人或許此時才覺出些苦澀味道來。然而焦祖堯早已提前下手，生米早已煮成了熟飯，煮成了焦糊的、苦澀的乾飯。

作家們不去管人家焦祖堯的事。作家協會提拔、重用什麼人等等事情，全然成了焦祖堯的家事。大家各人自掃門前雪罷啦。但機關裏的中層行政幹部和司機們，要工作、要開飯，日後除了要看書記焦祖堯的臉色，還得瞧副書記鄭運通的眼神。當然議論紛紛。

鄭運通乘坐了直升飛機，簡直就是提前登上了神州號火箭。鄭運通到底有什麼超人手段，能夠如此快捷地「拿下」焦祖堯？不曾親見，不好妄斷。

機關裏一度有著「搓澡書記」的說法。鄭運通是否給老焦搓澡？不可當真。那只是一種說法，那只是一種比喻。或者鄭運通就是因為工作能力太強、素質太高，不跳級提拔便是埋沒了人才，也未可知。

焦祖堯肯定有他的一套說法。況且，試看今日之域中，早已是焦家之天下。焦祖堯即便是上街買一條寵物狗來，將其提拔為副廳級，那也是某家的自由。

最不好接受現實的，恐怕要數陳為人吧。

一個江蘇人，算計了另一個江蘇人；另一個江蘇人，還不好埋怨那前一個江蘇人。你要有什麼埋怨甚至腹誹，不提拔你是給你面子，把你踢出黨組都有可能。把人踢出黨組，焦祖堯又不是沒有幹過。玩得好著哩！

按下陳為人窩火尷尬不表，先說鄭運通。

鄭運通當上了副書記，當然就是副廳級。副廳級幹部，當然要住相應級別的房子。

焦祖堯拍板、陳為人奔忙，開始搞基建、蓋樓房的時候，鄭運通還沒有當上副書記。新樓，七號樓，原本沒有鄭運通的份兒。這一夜之間成長起來的副廳級幹部，要如何安排住房？

這才有了前面所說的房子話題、有了鄭義的房子問題。

鄭運通如今級別比陳為人高，智商也不低。他要住副廳級的房子，但是絕不肯住鄭義的房子。結果，這才有了鍾道新住進鄭義房子的話題。

鍾道新勉為其難，給足焦老師面子，來住鄭義的房子；鄭運通如願以償，去住原本要分給鍾道新的房子。老焦的一盤棋於是走活了。

這也就罷了。人人有了相對寬敞的房子，大家安居樂業，小康面貌於是就看見了一斑。

人們議論紛紛，那是吃飽了撐著。費過若干唾沫和時間，紛紛議論也就停止。

現實就等於存在，存在即是合理。說什麼說。

然而往下的事情好生怪異，吃飽了沒事幹的老百姓，又有了新的議論話題。

誇張些說，鄭運通被提拔成了副廳級，有那麼十來天；住上了夠級別的大房子，有那麼三、五天；此人突然調走了！

聽說，鄭運通突然調走，也是因為房子的問題。說得具體些，事情是這樣的：

有個女士池秀清，省作協創聯部幹事。丈夫開辦律師事務所發了財，女士便東渡日本去發展，但沒有辭職，編制還留在省作協。

新樓七號樓蓋好後，作協也成立起了分房小組。分房小組討論多次，打分啦什麼的。大家一致認定：池秀清莫說不在職，即便是在職上班，也論不到她來住新房。但焦祖堯安排給鄭運通一個任務，要他為池秀清解決房子的問題。並要鄭運通到分房小組去，務必給那位女士分到新房，而且樓層要好、面積要大。

誰說焦祖堯不講情義？一位女士去了日本，這兒黨組書記安排黨組副書記出馬，給她解決房子的問題。這是什麼級別的待遇？這是什麼檔次的情懷？

但鄭運通完成不了上級交給的光榮任務。任務儘管光榮，然而也過份艱鉅。好比你非要讓焦祖堯全國獲獎，那是舉拳頭宣誓就能頂用的嗎？

焦祖堯自己不想想，不合理的事情，在作協院子裏也只有你能做出來、你能完成，別人多半完成不了。或許，你要為池秀清安排房子，你何不提拔那位女士當創聯部主任或者黨組副書記？

鄭運通此刻好比鎮守荊州的關羽，諸葛亮留下了戰略八字方針：「東和孫吳，北拒曹操。」佔據荊州，耍賴不還，你竟讓關羽去和東吳？

鄭運通無法完成任務，回營交令。焦祖堯劈頭蓋臉地一頓臭罵，總歸是廢物無用、白提拔你云云。這頓臭罵，成了鄭運通調走的托辭。鄭運通自己叫苦說：「我也五十的人啦，不能總是孫子似的挨罵。」

旁人替鄭運通想想也是。就說提拔我擔任副書記，是你焦祖堯提拔不假；但這副廳級幹部，總是國家的資源，不是你焦祖堯個人的私產。我是人民公僕，不是你家的家奴！

書記和副書記的蜜月旅行，走到了盡頭。焦祖堯臨時搭掛起來的黨組班子，很快就塌臺了，比簡易房、防震棚倒塌得還要迅速。老百姓搭掛一個看瓜的窩棚，至少也要支撐一個季度吧。

三、陳為人的超標房

陳為人調來省作協，擔任焦祖堯的秘書長，按說也是在其位、謀其政。

全機關住戶都通了管道煤氣，蓋起了一座宿舍樓。秘書長做了等等若干工作，公允評價或者中庸評價，陳為人工作賣力、關係廣泛、能力強勁，無可懷疑。

等等若干工作，換一個人當秘書長就完成不了嗎？也不是。具體負責這些工作的，恰恰就是陳為人。陳為人為焦祖堯分擔了許多工作，大大的減輕了老焦的負擔；給老焦充當臺柱子，支撐住了門面。

蓋起七號樓，六層高度。廳局級幹部和一級作家的宿舍六戶。每戶一百二十平米的面積。

分房的時節，陳為人分得一套廳局級住房。秘書長陳為人分到二樓，黨組副書記分在一樓。是這樣一種怪異格局。

一樓和二樓，曾經鬧得不可開交。一樓關閉了上下的水管來對付二樓，連帶影響了三樓以上各家住戶。焦祖堯曾經的副秘書長和秘書長，兩家鬧架，關別人何事，大家不過是在一旁看熱鬧罷了。

但陳為人當時只是一個正處級，按照條文、條例什麼的，是不夠資格居住廳局級的房子的。這樣的例子，相當普遍。

比如本作協，修建作家樓的時候，機關辦公室幹事王寧負責基建監工。王寧後來擔任了文學院的辦公室主任，也還沒有達到正處級。但在當時，作家樓的一樓，樓道門廳佔了面積，出現了一戶小一號的房子，別的一律四居室，這個三居室的住房，就分給了王寧。

大家沒有說法，機關很少議論。制度歸制度，情理歸情理。分房給王寧的人，敢於負責。房子是我們分給王寧的，與王寧個人無關。

胡正即將下臺，將當時處級幹部樓一套新房的鑰匙給了司機小吳。這關小吳什麼事？領導給我，我就敢住。領導胡正，敢做敢為。「房子鑰匙是我給的！」

人們是有議論。但各種議論裏還有這樣說法：「胡正，敢負責、夠情分！」

同樣的道理，陳為人功勞、苦勞，正處級與副廳級是差那麼一格，但房子超標也就超標了。焦祖堯不反對，任何人反對或者有意見，等於白費。假如焦祖堯勇於承擔責任，大家說不定會誇讚胡正似的誇讚焦祖堯。

就我個人的感覺，陳為人工作賣勁，焦祖堯至少應該給他一套寬敞的房子住。講在明處、公開拍板、勇於負責。

當然，還有並不同樣的、另外的道理。

作為黨組成員，作為省作協權力中心的人物，陳為人是作協秘書長，不是開車的司機。應該帶頭遵紀守法。應該打仗在前、飲酒在後；應該吃苦在前、享受在後。至少共產黨這樣提倡、老百姓這樣希望。

因為是黨組成員，因為蓋房子出了力氣，就要超標住房，桌面上講不過去。

再者，還有一重道理，陳為人他想住釣魚臺，他就住得了嗎？只是因為他是焦祖堯的秘書長，所以才能住上超標房。

焦祖堯想給誰官職，就要給誰；想給誰超標待遇，就敢給誰。所以，陳為人超標住房，已經不止是陳為人個人的問題。它成了焦祖堯的一個問題，成了焦祖堯利益集團的一個問題。

陳為人和我個人之間私交很好，多年交往，友情友誼，不同尋常。不說別的，張某住在看守所時，陳為人從南亞參觀遊覽歸來，即刻投入「營救」、「撈取」張石山的行動。這點情誼，張石山不敢少忘。

大約在1990年，記得他剛剛調進作協，我和他有過一次深談。是在我的家裏，兩個好朋友面對面，差不多是促膝交談。

作為南華門巷子裏的作家，比陳為人先調進來十多年，我自量知道一點這個巷子的水深水淺。願意幫他分析一番作協的形勢，並提出一點建議，供朋友參考，希望他最終能在作協實現自己的真正存在。

我的分析連同建議，大意是這樣：

作協主要有三股力量。

馬烽、西戎等老作家為一股。千萬不要小覷老作家，虎死不倒威。他們是元老，是我們省作協的締造者。你們認識王茂林，他們認識薄一波。他們在文壇的影響、他們在政界的關係，不可低估。

你們黨組，掌權人物，連同機關各處室，主持工作、執掌天下，當然是一股。管人的飯碗兒，厲害厲害。

第三股，是青年作家。周宗奇、成一以下，一幫青年作家，不可忽視、不要輕視。眼下他們處於劣勢、弱勢，但真正支撐山西文壇的，山西省作家協會之所以叫做「作家協會」，不是因為有一個焦祖堯，而是因為有這樣一批年富力強、創作旺盛的青年作家。焦祖堯將這批作家就盡數壓制死了？永無出頭之日了？我還不相信。來日方長，不要看上午的戲，不要看夏天的地。

你陳為人是老焦調來的，按常情常理，固然要服務於老焦。但我建議你最好漸漸調整，調整為服務於大家、服務於大道理。你在黨組，假如能夠代表大道理，而不是僅僅注意「屁股坐在哪裏」，你陳為人將漸漸顯現獨立人格，你才能最終成為你自己。

權力是什麼？可能是最堅實的靠山，也可能是一座冰山。焦祖堯是什麼人？你慢慢去感覺。

當時，在十六年前，我講的那些話，大意如此。因為朋友交情，說幾句大實話。那些話是否有幾分道理？自己不便評價。

那麼在當時，陳為人聽進去沒有？當下我就知道，他沒有聽進去。

上頭有老鄉王茂林，此地有老鄉焦祖堯，春風得意、馬蹄正疾。陳為人進入了一種狀態：彷彿焦祖堯的天下，他感覺基本也就是「我們的」天下。

關於三股力量的說法，他沒有否認；關於前兩股力量，陳為人也沒有發表意見；但是關於青年作家群體這一股力量，陳為人說出了一番話語。

對於這股力量、對於這些人的情緒，陳為人有些不以為然。他用非常隨意、相當自信的一種口氣說：「你們情緒不高，不寫東西，你們不要出名、不要得稿費嘛！你們寫東西，大量發表作品，那是我們的工作成績嘛！」

——我講述青年作家「這股力量」的時候，當然是包括我個人在其中的；陳為人面對我，說「你們」的時候，其中沒有包括張石山。當時的語氣、語境，肯定是這樣的。

陳為人的話語裏，儘管沒有包括我，我當時卻聽得有些刺耳了。也許說者無心，我卻已經隱隱約約感覺到一絲什麼。

這是焦祖堯已經定下的一個方略呀！大權獨攬、生殺予奪呀！就是要踢出你們、冷落你們、你們能怎麼樣呢？焦祖堯連採取這種方略帶來的可能後果都想過了。將你們扔在乾岸上，不給水、不給氧氣，焦渴而死，活該！焦渴而不死，竟然還是「我們的」工作成績！

我的天！絲絲涼意直透脊樑！

人都難免被眼前景象所遮蔽、被身處其中的局面所左右，難以跳出來，審視自我、監控自我。

立場不同，屁股坐的方位不同，感受可能截然相反。

陳為人早已沉溺其中，樂此不疲。他早已進入焦祖堯的權力班底、利益集團。他是焦祖堯的秘書長啊！那時，他說出「你們」的時候，他確信和焦祖堯是「我們」啊！我還要給他分析什麼形勢，講說什麼三股力量。我還自以為二孔明似的，要給陳為人上課。倒是陳為人給我好好上了一課。

希望陳為人如何如何，這才真成了「王婆子想屁吃」！作為絕對的局外人，我不好再說什麼。

也許是我神經過敏，沒有泰山崩於側而目不瞬的器度。我已經立即綳緊了神經，準備適應不得不在「乾岸上」苟延殘喘的局面。

平心而論，焦祖堯的方略也沒有什麼。不就是不讓大家出頭露面嗎？不就是阻斷大家和上面主管部門、顯赫政要的往來嗎？只要你不敢打右派、沒有能力打右派，體制外的作家照樣能生存！農民作家就不寫東西了嗎？何況我們，有寬敞的房子住、有豐厚的工資花；還有醫療體檢等等待遇，有焦祖堯等公僕辛勞服務。

你有連環馬，我有鉤連槍；你有金兀朮，我有岳少保；你有刀，我有頭；你有狼牙棒，我有天靈蓋。先生魯迅的語錄在耳邊響起。

與朋友陳為人的談話，當即緘口，轉換別的輕鬆話題。

從那以後，我和陳為人交往，僅限於朋友的交往。對於作協事宜，再也絕口不提。

一席話，難以改變一個人。一切，有賴於時間。要知道梨子的滋味，非親口嚐嚐不可。吃一顆梨子，有時需要幾年的生命體驗。

陳為人單單靠傍一個焦祖堯，無形中陷入了古話所說「一損俱損、一榮俱榮」的格局。他進入了一個某種意義上的利益集團，已經很難從中自拔。更何況，戲文裏唱道：「老牛力盡刀尖死，伺候君王不到頭。」

說書、唱戲，給人比喻。我們有時就生活在戲文之中。

鄭運通的破格提拔，對於陳為人是一個不祥的信號；具體到陳為人的提拔，已經出現了極大的問題。在焦祖堯的權力格局內，陳為人是否已經有些「功高震主」？他是否已經不那麼聽話，焦祖堯準備要卸磨殺驢？

在省作協的整個格局內，陳為人最終沒有成為他自己。在眾人眼中，他是焦祖堯體系的人。即使焦祖堯先行提拔鄭運通，即使陳為人在焦祖堯利益集團裏的地位岌岌可危，大家已然認定、依然認定：陳為人是焦祖堯的人。

陳為人的住房超標，連帶成了一個問題。焦祖堯讓誰住房超標、誰住房超標，成了亦此亦彼的同一個問題。

四、油漆風波

陳為人住房超標的問題，大家吵了幾天，也可能就過去了。

強權即是公理。焦祖堯的強權更是公理。而且，鄭運通先行提拔的事情，張維慶知道了，王茂林也知道了。或許是領導干預的結果，或許是焦祖堯原本就有一個通盤考慮，聽說在省作協要設置一個紀檢書記，讓陳為人擔任這個職務，他立馬就能變成副廳級。我還另外聽說，作協準備召開理事會，要提出將陳為人增補為作協副主席的議題。

不管是哪個辦法，不管出自什麼原因，焦祖堯正在計畫提拔一下陳為人了。

王茂林干預、焦祖堯辦理，提拔陳為人將是一路綠燈，手拿把攥。只要提拔變成事實，副廳級幹部走馬上任，房子問題將立刻不是問題。然而，陰差陽錯，或許是運數使然，雨點落在香頭上，這時偏偏就發生了一個油漆風波。

作家搞創作，常常有評論家出來批評、批判，訓導乃至教導。你們要寫人民群眾的火熱鬥爭，不要寫什麼杯水風波。如此這般，喋喋不休。

南華門巷子裏發生的「油漆風波」，初看怎麼也像是個杯水風波。殊不知這杯水，幾兩油漆，最終掀起了滔天巨浪。

事情說來不大，起因也極其簡單。

作家韓石山，先是在機關院子裏那個四處透風的自行車車棚底下，請匠人打了兩件家具。據說就已經有了說法，說是用了機關的電什麼的。

到底有沒有過這種說法？我沒有親耳聽到，但我相信有。

焦祖堯的思維，是這號路數。司機安力明住在機關院子後樓的時候，點燈不用花電費，點的燈泡瓦數大了，老焦都睡不著覺。他要親自過問，親自來警告安力明。

韓石山個人打家具，動用電鋸，憑什麼要使用機關的電？機關是誰的機關、電是誰的電？那是屬於人民的、屬於公共的，也等同屬於我焦祖堯的。

臥榻之側，豈容他人酣睡！

韓石山你太不自量力，你簡直膽大包天！你這是目無黨紀國法，你這是成心挑釁，你簡直就是捋虎鬚！

而老韓打好家具，接著還要油漆。油漆家具，多半不肯在家裏施工，免得污染了空氣、塗抹了地板。他想利用機關裏的空房，油漆兩天。（聽說老焦去了大同，近日不會開會講話什麼的，油漆地點就選用了機關的會議室。）

韓石山油漆家具，使用會議室，有沒有和有關人員打過招呼？我不知道。也許打過招呼吧。依照常情，韓石山再不講理，他也不敢打砸搶似的砸開鎖頭，衝進去施工。

但即便打過招呼，韓石山你也大有過錯。好傢伙，機關是誰的機關？作協是誰的作協？你韓石山屁股坐在哪頭？你竟敢使用本焦祖堯的機關會議室來油漆家具，你簡直是腦袋進水、灌滿了大糞！

而且韓石山得寸進尺，登鼻子上臉，你是「月亮進家——你越來啦」！在我的會議室裏油漆家具？過兩天，你還要到我的辦公室來辦公哩！

韓石山，韓石山！你滿口黃牙，陰陽怪氣；說話怪笑，比夜貓子難聽幾倍；在巷子裏唱歌，聽著不是眉戶也不是蒲劇，走到近前，原來是《年輕的朋友來相會》。你和誰是朋友？誰和你是朋友？你要和誰相會？

你唱歌難聽，我管不著你；你要在我的會議室裏油漆家具，正好管你一個合適。

假如，僅僅是這麼一件事，就事論事，簡直不算什麼事。以陳為人的智商和處理任何複雜關係的能力，完全可以和平解決。即便焦祖堯痛恨韓石山，想透過油漆事件敲打韓石山，你陳為人處理油漆事件，完全可以是別的樣子。

你是秘書長，他是作家；你現任正處級，他被聘任為文學創作員正高一級；你陳為人伺候老焦，他曾經擁戴老西；大家半斤八兩。說到底，省作協並不真正就是焦祖堯一個人的省作協。你們的利益集團當官、分房子，老百姓至少也得活著。

你陳為人不是焦祖堯的人嗎？焦祖堯不是口口聲聲說要為作家服務嗎？況且，咱們還比老韓年輕幾歲。不管老焦對韓石山有什麼對付的方略，何不正經地拉開架勢，和他幹一仗。一個油漆的問題，和顏悅色地說兩句，處理不了嗎？我還不信韓石山那樣不通情理。你陳為人微笑服務，韓石山就一定是生騾子猛踢。

不知陳為人是秉承了什麼人的旨意，還是自己就看不慣韓石山？也不知陳為人是要樹立個人權威，還是存心要在油漆問題上打打韓石山的氣焰？別人對付不了你，我陳為人還就是不信這個牛爬樹！不信羊不吃麥子、雞不吃蠍子。

平心而論，韓石山又有什麼氣焰？因為擁戴老西，那就是老焦公開的反對派。老焦曾經要綏靖韓石山一回，那個河東驢子還不服懷柔。焦祖堯方面，那是絕對要擠兌他的。

另一方面，還是因為擁戴老西，韓石山和院子裏的其他作家關係也相當彆扭。成一、周宗奇等人，至少是曾經步調一致的戰友，不能說群威群膽，即便是敗兵，也是那麼一幫一伙。韓石山全然成了一個光桿。孤獨得很、孤立得很。

他為什麼要唱《年輕的朋友來相會》？他沒有什麼朋友。只有老朋友，沒有什麼年輕的朋友。

他哪裏還敢有什麼氣焰？

根據我事後的了解、側面的問訊，陳為人不是去找韓石山，而是將韓石山叫到了辦公室，為的就不是簡單處置油漆的問題而已，而是要正經地說事兒。

叫來韓石山，在形式上就已經是一個「領導找誰談話」的格局。韓石山進門，不是請老韓坐下，然後慢慢講話；而是自己坐了，讓韓石山站著。不是和顏悅色、不帶成見，輕描淡寫地說著油漆問題，而是面色嚴肅，帶著批評的口氣。

結果，韓石山當場拍了桌子！

打獵的老手，都說是寧打群虎，不打孤豬。孤獨的野獸，最容易發怒、暴跳，近於瘋狂。

你陳為人說什麼、持什麼態度，在韓石山的眼裏，那就是焦祖堯在說什麼，那就是焦祖堯的態度。好哇！焦祖堯想整我韓石山，你跳出來打頭陣啊？《打漁殺家》，教師爺上陣啊？

也許，韓石山並沒有想得那麼深。在談話的當場，他只是受不了那種態度。居高臨下，你要訓斥誰？

韓石山也許只是需要一點尊重，希圖保持一點作家的顏面。客氣一些，油漆問題，是什麼了不起的問題？哈哈一笑。說話間，油漆其實差不多就乾了。叫兩個鍋爐工，幫老韓將家具抬回去。以後油漆家具，提前打個招呼。不敢用會議室啦！實在沒有地方，我陳為人幫你找。這樣，韓石山還會拍桌子嗎？

然而，韓石山當場拍了桌子。這麼一拍桌子，事情的嚴重程度不同了。不論對錯，不論拍桌子是否拍得合適，韓石山和陳為人就算撕破了面皮。

面皮，國人最看重的面皮。維護個人尊嚴，維護的是面皮；維護朋友關係，維護的也是面皮；維護一般同事關係，維護的還是面皮。撕破面皮，事情具備了足夠的嚴重性。

往下，韓石山準備開始戰鬥。孤獨的韓石山，要和焦祖堯的整個權力班底拉開架勢幹仗了。

油漆風波，到底演變成了一場不小的官司。最終，鬧出了轟動一時的告狀事件。

五、告狀事件

韓石山拍了陳為人的桌子。兩人撕開了面皮。

自換屆以來，焦祖堯上臺，張石山尚且感到呼吸困難，韓石山則覺得，簡直就是回到了文革期間。所以，拍桌子的時候，韓石山脫口吼叫道：「陳為人，你想幹什麼？」

是啊，陳為人你想幹什麼？焦祖堯，你想幹什麼？為所欲為，想提拔誰就提拔誰，想賞賜誰就賞賜誰，你還不滿意；你要打倒韓石山，再踏上一隻腳啊？

韓石山忍無可忍，拍了桌子；既已拍了桌子，退無可退，決定起而戰鬥。說是戰鬥，一個作家、一介文人，手無縛雞之力，腰間沒有任何兵刃，能夠耍出什麼武大套？

韓石山決定給上級寫信，反映情況、反映問題。簡單地說，可說是告狀。

寫信、寫文章，本都是一個道理。對作家來說，寫封信，簡直就是玩兒似的。寫得簡捷、得力，表達清晰、情感適度，動人心弦、擊中要害，都不成問題。更何況，韓石山給上級有關部門寫信，已經不是「初犯」。他已經積累了經驗，有過體驗，嘗到過甜頭。

韓石山和成一，辭去了《黃河》編輯部的職務之後，成為院裏最早的專業作家。兩人曾經下去掛職，可稱之為體驗生活。韓石山掛職太原郊縣，具體職務是清徐縣委副書記。

那一年機關新年聯歡時，我擬的謎語中曾經有過這樣一條：謎面，「韓石山赴清徐」。射什麼呢？射孫謙老師早年的一部電影。謎底便是《葡萄熟了的時候》。

清徐盛產葡萄。縣委副書記吃點葡萄，那是張飛吃豆牙。

韓石山在清徐掛職期間，《太原晚報》為他開了一個專欄，寫一點系列小散文，談談太原的街頭小吃灌腸、街痞子小後生愛繫紅褲帶什麼的。他對太原的了解，遠遠不及我的一半。他膽敢寫，讀者竟然喜歡看。這也就罷了，但太原有個市委副書記名叫孫英，竟在公開場合講話，批評韓石山。說在報紙上寫什麼褲帶之類的文章，低級、庸俗，不夠高級、高雅。

主管書記講話，那叫做指示。晚報哪敢麻木遲緩，當即停辦專欄，斷了韓石山操作文章的文氣，也絕了賣文為生者的財路。

那孫英也是山大畢業，比韓石山高兩屆，說來還是校友。這是一重故舊之交。如今，孫英是市里副書記，老韓是下屬縣里副書記，屬於上下級關係。韓石山越想越惱火，當下便寫了兩封信。一封，特別用明信片寫，等於是公開信，寫給孫英本人；另一封，則寫給市委組織部門。

寫給孫英的明信片，韓石山這樣說道：「稱你一聲學長，不為褻瀆。同是山大學生，即便對韓某文章有看法，完全可以署名著文，批評爭論，而不應利用職權，行政干預，予以封殺」云云。末了，還規勸孫英書記買一點文學入門的小冊子來看看，新華書店某某門市有售。

另一封信，寫給有關幹部組織部門，嚴肅批評孫英的粗暴武斷。我韓石山是省裏來的掛職幹部，懂得我黨的工作方法。市委書記在公開場合批評縣委書記，不事先打招呼、組織部門沒有談話透風，這樣搞突襲。或許，太原市另有一套工作方法？就是要這樣對待省裏來的幹部？

我猜想，孫英此人智商出了問題。同是山大學生，有了一點嫉妒；既已當官，不能再當作家。而低年級的什麼韓石山，當了作家，如今又來當官，好事都讓韓石山佔全了。你在報紙上出面揚名，比我孫英還要風光嘛！

其次，還要表現一點「大義滅親」的風度、風範，韓石山是我的學弟，我偏偏就要嚴厲批評、公開批評。

這是焦祖堯水平，哪裏是一個市委副書記的水平？

自以為一箭雙雕，發洩了惱火，還充當了廉潔幹部、正人君子。不料，你碰上的不是別人，而是韓石山，後來的酷評家韓石山。你想拿捏的不是什麼軟柿子，而是一隻文壇刺蝟，甚至是一頭豪豬、箭豬。

韓石山發出信件，正好比箭豬射出了箭矢。孫英發現惹惱了一隻刺蝟；狗咬刺蝟，還沒處下口。

事情關係到市委副書記，有關部門將韓石山的信件又呈遞到省裏。最後，信到了那個王茂林的手裏。哈，王茂林和山西作協算是有緣啊！

一封信，彷彿把整個官場都給擾動了。末了，上級派出相當級別的幹部，來找韓石山談話。代表組織，希望韓石山得饒人處且饒人。就此打住。

韓石山哈哈一笑。說出了心裏的實話：「我小小一個韓石山，能把市委書記怎麼樣？他讓我不愉快，我的目的也不過就是讓他也有點不愉快！我的目的達到了。哈哈，哈哈！」夜貓子叫一般的笑聲，要多難聽有多難聽。

「你孫英那麼個幹法，我韓石山就是這樣的笑法。哈哈，哈哈！」

積累了寫信經驗的韓石山，今番故技重演。

信件寫給誰？王茂林。內容是什麼？陳為人惹了我，我就說說陳為人。

此前，韓石山已經到省委宣傳部的幹部處打問過了，作協黨組成員，算不算副廳級待遇？打問確實，不算。那麼，陳為人的住房果然就是超標分配。

韓石山直闖作協黨組會，首先正面、當面，提出了陳為人住房超標的問題。

接下來，既然張石山已經聽說、那麼韓石山也一定聽說了，陳為人有可能擔任作協紀檢書記的事。省作協一向不曾設立過紀檢書記一職，王茂林為了老鄉小陳，特批一份文件也是可能的。如果陳為人真的當上作協紀檢書記，成為正經八百的副廳局級別幹部，住房哪裏還會超標？簡直就是大大地不夠面積。現在勉強住進一處一百二十平米的房子，分明是委屈了大幹部。

所以，韓石山今番給王茂林寫信，就直奔主題，或曰直擊要害。

信件首先直接點出了王茂林與陳為人的老鄉關係。往下給王茂林指出一條明路，你要照顧老鄉，提拔陳為人，完全可以，誰都管不著，但你不該將他安插到省作協這樣一個高素質的文化部門來。如是云云。

韓石山在一次機關全體大會上，公開告知了作協所有的在職人員，他寫信的行動和他的書信內容，我在此不多作重複。

韓石山要給省委書記王茂林去信，不敢草率。日思夜想，字斟句酌。此一行動，非同小可。不是擺家家酒，不是開玩笑。這是告狀！

寫狀，當年叫做捉刀。在封建時代，這是訟師的業務，也是涉及刑律、可能會掉腦袋的買賣。究竟要告狀還是不告？這是一個問題。

莎士比亞塑造的哈姆雷特，是一個千古典型的形象；哈姆雷特提出的問題，是一個具有人類普遍性的問題——

活著，還是死去？任人欺壓，苟活性命，還是奮起抗爭、不惜一戰？是一個問題。

最後，韓石山還是決定告狀。對上述問題做出了回答。

韓石山寫好信件，老婆說要替他投遞。但韓石山不能放心，生怕女人軟弱，耍了花樣，會偷偷將信件撕掉。他自己上街，彷彿要步上戰場似的；將書信投入信筒，彷彿發出戰表。

回頭再說陳為人。

焦祖堯率先提拔了鄭運通，而壓下了陳為人，親疏有別。但這是焦祖堯的家事，或者說是一個利益集團內部的小小紛爭。面對韓石山的倡狂進攻，焦祖堯、陳為人和鄭運通，可就完全是同一個戰壕的戰友、穿同一條褲子的弟兄了。彷彿是排了座次，論秤分金銀、大碗吃酒肉的龍頭老大周圍的聚義好漢。

時遷偷雞，祝家莊上壯丁打了時遷，不成！偷雞有什麼？我們幹的就是打家劫舍的買賣！大兵發去，殺一個雞犬不留。單單留下美女扈三娘，賞給小個子矮腳虎王英做老婆。你能把我怎麼樣？陳為人住房超標，算什麼？我馬上就要提拔他當副廳級別的紀檢書記。紀律檢查委員會！檢查誰？當然不會檢查我焦祖堯，也不會檢查陳為人自個兒。就是要檢查你，檢查韓石山之流！你以為你是誰？

韓石山直奔黨組會，提出陳為人的住房超標問題；說是要給茂林書記寫信，還當眾念了信件內容。

韓石山太猖狂！茂林書記是誰的書記？「茂林書記」是你叫得的嗎？

不知焦祖堯的整個班底如何計議、怎樣佈置，往下韓石山很快地領教到了兩種戰略、兩套把戲。

與最早懷柔韓石山的綏靖政策相類似：先是事主或曰「被告」陳為人，給老韓打來電話，表示歉意、希望和解。有什麼問題在本機關不好解決，何必一定要上告到王茂林那兒呢？

韓石山明確地表示，沒有和解的可能，信件已經發出。接著黨組副書記鄭運通發來二路兵馬，居間調停。你是大作家，做事有風度，得饒人處且饒人，讓人一步自己寬。種種說教，善誘循循。

韓石山沒有接受調停。不僅拍了桌子，而且發出了信件，已是開弓沒有回頭箭。

懷柔調停，軟化不成，焦祖堯方面即刻拿出另一手。以攻為守，轉而要來揪韓石山的小辮子。居間調停的不止一人，調停人的身份變成了下達戰書的使臣，拿出一個重磅炸彈，準備一舉轟垮韓石山。

什麼重磅炸彈呢？原來，韓石山曾經自行策劃出版過一套報告文學冊集，自任主編。動用一點智慧，請王茂林出面寫了序言，請動院內大腕兒作家撰稿，為山西省著名的企業家多人，分頭寫過報告文學。

分頭撰稿完成的報告文學，由天津百花文藝出版社正式出版。除去稿費、書號費、紙張印刷費之外，有人替老韓計算過了，個人淨賺人民幣十六萬圓整。那麼，這十六萬塊錢，是不是非法收入？是不是一個問題？

誰家鍋底都有黑，人人腦後都長著一根小辮子。我們不抓你，放你一馬；你也識相一點，不要再糾纏陳為人的住房問題啦！

兩手策略，兩手都要硬。一手抓什麼，一手抓另外的什麼，老百姓太熟悉這一套啦！農民思維，一手糞叉子、一手糞筐子罷了。但這兩手厲害不厲害？一手拉、一手打，招招不離要害，反正就是要逼你繳械。不然，有你的好果子吃！

韓石山是晉南臨猗人，號稱萬榮郊區人。萬榮七十二怔，乃是愣怔之怔。認死理、一根筋；撞破南牆不回頭，跳進黃河心不死。簡而言之，韓石山就是一匹河東強驢。

韓石山對下書使臣言道：「好！我編書賺得十六萬，可以統統不要，上繳國庫！但是，他陳為人房子住不成，什麼副廳級的紀檢書記也當不成！」

油漆風波最終引發了告狀事件；告狀事件最終的結果大家都看到了。陳為人繼續住超標房，韓石山自個兒依然擁有那十六萬，雙方彷彿是打了個平手。但陳為人終究沒有當成紀檢書記，沒有升任副廳級幹部。

我曾揣測，省委書記王茂林，接到韓石山的信件之後，究竟是什麼心態？

他計畫提拔老鄉陳為人，如果不是韓石山的告狀信，那就是十個老鄉都提拔了。一個韓石山、一封告狀信，他就不敢提拔陳為人了嗎？那麼，在提拔陳為人這個問題上，王茂林就是心裏有鬼。不然，整天寫告狀信的人多的是！共產黨還要從此不提拔幹部了哩！

事實證明，或許可以得出這樣的推理：不是陳為人，而是王茂林被擊中了要害。曾經操控作協換屆選舉的王茂林，看到韓石山這樣硬氣，或許就懷疑在小小韓石山的小小動作背後，有著強大的背景。這恐怕是馬烽、西戎等老作家精心佈置策劃的一個行動。而且那段時間，機關裏人們都在吵，說陳為人被調來作協之前，在文化宮工作的時候，有過什麼與人合作鋼材生意、賺取差價的經濟問題。

做生意，賺取差價，算不算一個經濟問題？反正有人告狀。告狀信竟然直接呈遞到了省委書記李立功那兒。李立功說：「有個什麼陳為人，查他一下！」語氣、口氣，彷彿最高指示一般。

兩個省委常委，王茂林和張維慶，不說話也不表態。陳為人的經濟問題，暫時被擱置在那兒，不了了之。

經濟問題，多大數額、什麼性質，局外人不得而知。

不了了之，也許本來就不算問題？或者，那終歸是個問題，好比一顆定時炸彈。

小道消息，有時比大道消息還要準確。弄不清人們是怎樣聽說省委常委會上的情況的。

有一個經濟問題一時不得釐清，那麼，包括老焦提拔鄭運通而暫時擱置陳為人，也就有了最為合乎情理的解釋。當關於陳為人經濟問題的告狀信驚動了省委書記時，王茂林和張維慶不表態，已經勉為其難保護了這個小陳。現在又來了什麼告狀信，寫狀子的人是韓石山。韓石山的背後可就是西戎和馬烽啊！

如果說，陳為人的不知是否確切的經濟問題可能是一顆定時炸彈，那麼韓石山的告狀信就可能是一根導火索。

韓石山的信件，是一個信號、一個警告，也許隨後還有更大的動作。不能玩火，不能點燃定時炸彈。

韓石山的一封信，起了這樣一個作用：在提拔陳為人的問題上，王茂林本來猶疑不決、首鼠兩端，這封信促使王茂林下了決心，決定不提拔陳為人。

韓石山的信件，成了壓斷駱駝脊樑的那根稻草。這個時候，在這根當做長矛揮舞的稻草面前，王茂林退縮了。

王茂林面臨升遷，等待李立功退休；也可能會被調動，據說要調到國務院某部擔任京官。不敢因小失大，為一個小老鄉壞了自己的前程。

如果在操控換屆的問題上，王茂林擊敗了老馬，佔據了上風；那麼在提拔陳為人的問題上，王茂林吃了敗仗。恐怕到現在，王茂林也不能相信，他其實是敗給了韓石山的單兵獨馬。

韓石山真正是孤軍奮戰、單槍匹馬，面對焦祖堯的利益集團，甚至面對的是封疆大吏王茂林。不言勝敗，韓石山、孤獨的韓石山經歷了一場人生的重大歷練，挺住了一場非同尋常的巨大考驗。

——我的離婚磨難，前後歷時八年。你是生鐵猴，那是太上老君的八卦爐。第八爐烈火鍛鍊。住到看守所裏，完成了我當前人格的最後錘煉。九轉丹成。

換屆之後，韓石山陷入極度的孤單之中。那是他的第八爐火。文火烤炙，慢慢燒煉。奮起告狀，孤軍奮戰，這是後來的酷評家韓石山，必須經歷的最後一爐烈火。

〈磨盤莊〉挨批的時代，戰戰兢兢、見了南華門裏頭和外面的狗都要鞠躬的韓石山，成為了馳騁文壇、呼風喚雨、縱橫捭闔、指點江山的韓石山。而我的老朋友陳為人則遭受重大挫折，這是他的人生磨難之一。儘管我不願意看到這樣的景象：一邊是朋友摯交陳為人，一邊是戰友同仁韓石山，他們兩人血戰一場。但我還是要這樣評價：這對於陳為人，對於一個過份聰明，因而總是能夠逢凶化吉、躲過災難的幸運兒來說，是一件好事。

如果你是一粒雲杉的種子，你有可能長成參天大樹。風雨磨練、雷電燒鍛，是題中應有之義。

不妨說，這是陳為人必須經歷的洪爐烈火。他終將找到自我，完成屬於他的鳳凰涅槃。

前一段時間離開作協、生意場上也不如意的陳為人，潛心寫作，完成了五十萬字數的一部大著——《唐達成，文壇風雨五十年》。那至少已經是一點證明。

第二十七章　秀才造反

由於改編《呂梁英雄傳》的因緣，在馬烽老師生命的最後一年裏，我和他有過比較多的接觸。除了劇本的話題，我們也偶然說些其他的話題，比如，焦祖堯究竟是怎麼被調進南華門的院子的？那次換屆，關於西戎仍然當作協主席、焦祖堯只是「陪選」，張維慶究竟是怎麼講的？等等。

當時，我還沒有寫作這部著作的完整概念，和馬老師聊天，純屬閒聊。但事後回想，在那些閒聊中，我獲得許多訊息：無意中聽說許多掌故，也進一步從中體會到馬烽老師的若干思維方式。

馬老師思維嚴謹，講話注意分寸。有些話，絕不講透，言有盡而意無窮。關於鄭義的房子被焦祖堯火速分給他人一事，馬烽只是說：「57年打右派，我們也沒有掃地出門嘛！」而關於作協不斷從外面調進非文學方面的幹部，進入黨組當官享受相應級別，馬烽也只是說：「本來是由作家、藝術家當中的黨員，形成一個黨組，以對上級黨組織負責。專職黨務幹部享受級別待遇，以前可是沒有過的。」

動亂過後，山西作協成批處分作家，王茂林曾經前來講話，說他是如何愛護作家云云。馬烽當時已經到了北京，在中國作協擔任黨組書記。王茂林前來講話的那次會議，馬烽從北京歸來，參加了會議，並有一個發言。馬老師首先說：「中國作協，是一個正部級單位。」這樣說話、說這樣的話，那是說給王茂林聽的。

馬烽任期滿了之後，有個翟泰豐到中國作協繼任黨組書記。上任伊始，去看望艾青。此人謙虛地說：「我不懂文學。」艾老年屆九旬，完全不留情面，這樣接話說：「不懂文學，那你來作協幹什麼？」

一、兩任院長

山西省作協，成了焦祖堯一人的天下。七人黨組，被他踢散，變成二人小組；周宗奇憤而辭職，二人黨小組只剩焦祖堯光桿書記一人。

光桿書記急忙調來田東照，可以對面下圍棋；接著調來陳為人，能夠敲三家；然後是調進鄭運通，好不容易湊成一桌麻將。副秘書長鄭運通被提拔為黨組副書記後，很快地和老焦翻臉調走；秘書長陳為人隨即也離任，去開歌廳。四人黨組眨眼間又變成二人黨組。撤了麻將，換上了圍棋。

院裏的作家們被焦祖堯圍追堵截、卡壓封殺，完全喪失了關於本協會事務的話語權。幸虧作協還有個文學院，前輩作家給「白眼狼」們留下這麼一塊責任田、保命田。大家在這方寸之地苟延殘喘，猶如涸澤之魚。

大家還能留在作協，還能喘氣呼吸，絕不是焦祖堯慈悲，而是有些客觀因素，他沒法將作家們盡數處理掉。

一則，作協沒有下屬單位，缺少「下水道」。比方林業廳，下屬有林場什麼的。若是那樣，焦祖堯早就把大家打發到深山老林去了。

再則，是時代因素。共產黨不再搞政治運動，不再打右派。焦祖堯再能幹，和省委書記關係再鐵，到底不方便自個搞兒起什麼運動來。但這個心思，他是有的。比如，對於作家張石山、對於他的鄰居張石山，焦祖堯就不止一次說過：「我要是有一點點辦法，早就把他搞出去啦！」

正是「敵中有我、我中有敵」，沒有不透風的牆。焦祖堯殺氣騰騰的言語就這麼傳到了我的耳朵裏。

「搞出去」，你要把我搞到哪兒去？你計畫怎麼搞？搞運動，還是搞革命？

焦祖堯終究沒有將我搞出去。我很幸運，我很幸福。作家們有個文學院勉強存身，大家也很幸運，也應該感到幸福。對於焦祖堯在作協大權獨攬、為所欲為，大家無權干預，只能龜縮於文學院一隅，勉強活著啦！

來點阿Q精神，自我安慰一回，簡稱「自慰」。

老家突然來了八個窮親戚，好在來的不是公安局；住了半個月的看守所，好在不是無期徒刑；張石山和韓石山，不是什麼享受國務院津貼的特殊貢獻專家，好在一級作家的工資沒有被扣發。等等如何。阿Q精神，有時可以治病救人。

但話說回來，文學院是誰的文學院？「普天之下，莫非王土」；文學院，是焦祖堯的文學院。

張銳鋒離開《黃河》，隨便地被扔到文學院；潞潞不是焦祖堯調來的，被胡亂地扔到文學院；燕治國從《山西文學》被撤掉副主編後，即刻被扔到了文學院。文學院好像成了焦祖堯發配作家的去處；彷彿成了焦祖堯安頓右派的「北大荒」。

林教頭發配滄州道，牢營有營官；武都頭發配孟州道，牢營也有營官。文學院有院長的職位，專業作家們於是必須接受院長的管理領導。

焦祖堯派誰來當院長，大家唯有服從一途。大家只是巴望院長多少開通一點，讓大家喘氣能稍微勻稱一些。

焦祖堯自己不想兼任院長嗎？我估計他也想，很想，但是他不敢。

在山西作協，還有焦祖堯不敢幹的事兒嗎？

作協最初沒有機關黨總支，黨組以下，本機關只有一個支部，支部下分了幾個黨小組。焦祖堯一開始在文學院這個黨小組裏過組織生活。記得有好幾次，作家們不約而同給老焦提意見，意見相當尖銳，口徑也非常一致。焦祖堯受不了。

記得在機關小會議室裏，我也給焦祖堯提出過一條尖銳意見。我說：「焦祖堯在換屆閉幕詞中有個新潮提法、時髦話語，聲稱堅決克服作協機關衙門化；當時，我聽得相當悅耳、相當新穎。然而，恰恰是在換屆之後、焦祖堯登臺之後，我們省作協大大開始衙門化。這是諷刺還是幽默？」

焦祖堯臉上不成顏色。

受不了之餘，他懷疑作家們一定是提前碰頭開會了，所以才會那樣同仇敵愾，一致批評他焦祖堯。其實，身為文學院的專業作家，我深有體會。作家們個性都很強，人人都是大爺脾氣。平常都是君子之交淡如水，誰都不愛搭理誰。開會時口徑一致不假，但那只能證明：焦祖堯的缺點毛病，是禿子頭上的蝨子，人人都看得見。

看見和尚，就要異口同聲地罵禿驢嗎？作家們多數都給焦祖堯提出尖銳的意見，那是大家的認識水平接近、黨員覺悟都比較高。

後來，焦祖堯就不再參加文學院黨小組的生活會議。文學院的院長，他也就沒有兼任。

文學院院長，級別正處，沒有多大的油水，但文學院有一臺轎車。轎車說是為全體作家服務的，但院長使用畢竟方便。作家們偶爾用車，也得院長點頭才行。所以，文學院的院長也是有些權力的。

焦祖堯當政十來年，文學院來過兩任院長。一任是田東照；一任是張不代。

田東照當院長的時候，王寧擔任文學院辦公室主任。好像到了後半期才有轎車。不多的經費，主要就是養那一臺車。作家們一年每人有差旅費兩千元、文具辦公費六百元，到了年末，還會發一本掛曆和一本桌曆。

田東照當院長，其實是兼任的。他的正職是省作協常務副主席，相當於副廳的職位，是一個「軟副廳」。當調來三天半的鄭運通被焦祖堯提拔為副書記，成為正牌副廳級的時候，田東照還是個軟副廳。

老田願意從呂梁山下來，輔佐老焦，周瑜打黃蓋，願打願挨。旁人不好評說，也懶於評說。至於老田兼任文學院的院長，差旅費和文具費堅持發放，沒有克扣之類，我就覺得相當滿意了。

具體有一件事兒。有一年，上頭撥下來享受專家津貼的名額比較多。好幾個作家都享受到了，我到莫斯科探望老婆，誤了這樁好事。從莫斯科回來，老田對我說：「嘿嘿，特殊津貼，沒有給你評，你張石山也不在乎這個吧！」

我當時回答：「每月一百塊，每年是一千二百塊，我怎麼不在乎？就是點著了烤火，也暖和半天！」

這只是玩笑話。人民幣是國幣，哪敢點火玩呢？又哪捨得點火玩呢？不過我可以說：「至少是十年時光，老田嘿嘿一笑，我張石山就少收入了一萬多塊錢。」我也可以「畫餅充饑」地說：「我已經把一萬塊錢點了火玩啦！」

張石山兩次獲取全國獎，那是我的榮譽，也是給山西省作協爭得的榮譽。相比而言，焦祖堯和田東照都是特殊貢獻專家，我張石山怎麼不該是？國家給的，是特殊貢獻專家津貼，尚不須廳局級幹部補助。你們可以享受津貼，而我也可以說話；你們吃肉，張石山罵娘。但我和老田、王寧，相處得都不錯，堪稱愉快。

老田之後，由張不代繼任文學院院長。

張不代也是兼任的。這個張不代是詩人，原來在山西青年社當領導，社長兼主編。社長兼主編，聽起來唬人，其實只是正處級。不知經過怎樣的運作手段，被調來作協擔任黨組副書記。那就是正經八百的副廳級啦！

張不代是詩人，潞潞也是詩人。張不代要是調來文學院，佔一個專業作家的編制，當專職詩人，大致也夠格。但他來作協，是以黨組副書記的身份前來，大家就多少覺得有些怪怪的。

焦祖堯當政期間，出現這樣的情況，大家就有了說法。鄭運通來作協，當上副廳級，即刻調走；馬上又來一個副書記，享受副廳級的待遇。共產黨的官職，成了焦祖堯隨便使用的私產。假如賣官，也賣了好幾回。當然，沒有人說焦祖堯賣官，這只是「假如」罷了。

張不代兼任文學院的院長，有一個顯然的、現成的好處，就是能有轎車坐。我說過，只要官職達到一定的級別，你不想五子登科都不行。但是，據說副廳級是沒有資格擁有工作車輛的。這個級別的公僕，還達不到乘坐轎車為人民服務的檔次。但是——繼續但是，便是轉折——縣官不如現管。張不代在作協裏還沒有房子，所以就要擁有車子。乘車上下班，成了定例。作家們也不說什麼。

張不代接替田東照當了院長，也有顯見的變化，那就是取消了大家的辦公費和文具費。不多，一年六百元。不是增加，而是取消。作家們還是不說什麼。

張不代離開文學院後，有人翻看移交帳目，聽說他給自己買過一副眼鏡，價格恰恰也是六百塊。在文學院的帳面上報了銷。

只是聽說，不能作數。即便果真如此，那也不算什麼。在幹部考核的時候，那簡直就是一個過硬的優點。區區六百塊呀！值當說嗎？所以，作家們依然不說什麼。

而且，我張石山使用文學院車輛的次數也不少。因為老爹上了年歲，我實在不忍他老人家往返盂縣老家，乘坐長途汽車。雖然機關發放了公里票，我基本使用的都是個人份內的用車權利；但只要我用車，張不代沒有過任何刁難。在此，我還要真誠地感謝張不代老兄。

假如他除了上下班要轎車接送，那輛車子讓老婆、孩子坐著玩，我又有什麼奈何？

張不代，名字讓人有所聯想。我是農村出來的，斷然認為張不代小時候在農村的小名，一定是什麼「不待見」。

鄉下習俗，為了孩子長命，閻王小鬼不要重視或注意，往往要取一個輕賤的名號。有「不稀罕」、「醜毛驢」、「鱉小子」、「老王八」乃至「屎鍋」、「尿壺」之類。

晉東南曾經有個市委書記，名叫李栓紂。我敢斷定，他的小名不過是「栓住」。山西方言，栓住或者栓柱，讀成「栓紂」罷了。

關於張不代的名字，我那麼猜測、疑問，老兄竟坦然承認：「我的小名，就是叫『不待見』。」足見誠實。

二、兩句好聽話

張不代來文學院當院長，大家別無話說，但院長有話說。

張不代就任院長，和文學院全體作家見面，下車伊始，講過兩句話。兩句好聽話、悅耳話。

一句，送給晉東南老鄉王東滿。

張不代帶著幾分誠懇，甚至是幾分討好地看著王東滿說：「東滿，是我的哥哥呀！」他自己介紹，從部隊復員歸來，是老鄉王東滿幫忙介紹工作什麼的。東滿年歲大，當然是他哥。

第一句話，說得沒錯，但膽子也夠大的。你和王東滿是老鄉，東滿還是「我的哥」，你的屁股坐到哪裏去了？文學院變成你們晉東南家的天下，不是我焦祖堯的天下了嗎？

張不代的另一句好聽話，則送給張石山和韓石山。

他帶著幾分稱許、幾分親切地看看我們倆，學著胡富國誇讚焦祖堯的口吻說：「兩座石山，大作家呀！」

這後一句好聽話，我和韓石山分享。一人享受到了半句。

張不代相當廉潔，還有兩句好聽話無償奉送，這位院長也不賴。但他的兩句話講得有問題，尤其是後一句，問題嚴重。

在我們中國，曾經出席全國涿縣左派會議的，不過三個作家。其中著名的作家，除了劉紹棠，就是焦祖堯。在我們山西，省委書記一再肯定：「焦祖堯，大作家呀！」除了焦祖堯，在山西誰還敢稱作「大作家」、誰又配稱作「大作家」？張不代這麼講話，你不是犯渾嗎？

依照焦祖堯的執政方略，那是要將所有作家統統泯滅。不能打成右派，發配勞改，也要堅決予以壓制、打擊、封鎖、隔離。在作家協會的工作報告中，在任何能夠控制的宣傳媒體上，讓他們消失，讓他們蒸發。壓他們一屆不行，就壓他們兩屆；封鎖他們五年不夠，就封鎖他們十年！

張不代你竟敢為張石山、韓石山張目，竟敢承認他們是大作家，你要幹什麼？你想幹什麼？你的屁股坐到哪裏去了？你的副書記職位，是省裏領導給的，但你來我們山西作協、你來我的地盤，是我焦祖堯點頭的！

當然，平心而論，張不代的話說得不錯。除了不夠全面，說的應該是實情。不夠全面，是說在山西文學院，除了張石山、韓石山，還有其他作家，照樣是大作家。

說的是實情，是說符合實際。

「六四」動亂，對山西作協的作家們造成了相當的衝擊。焦祖堯的壓制、封鎖，也破壞著大家的創作情緒。但作家們沒有消沉，沒有氣餒，沒有自暴自棄，沒有自甘沉淪。養家糊口，唯賴筆耕；生活的壓力，迫使大家奮力寫作，以獲取稿費。自己掙了錢，孝敬父母、養孩子，掙得辛苦、花得踏實。

焦祖堯的壓制、封鎖，乃至成為一件好事，應該給他頒發「伯樂獎」。他希望大家盡快消失、蒸發，大家偏偏更加努力創作，更加成名、成家。最重要的是，作家們以從事文學為天職、以文學追求為生命，只要不被剝奪寫作權利，絕不繳械、絕不放下手中之筆。

就在大家被焦祖堯扔在「乾岸上」的處境裏、就在大家呼吸困難的歲月裏，山西文學院的作家艱難竭蹶、篳路藍縷，創作成果依然累累。

成一潛心晉商文學創作，正在寫作他的大部頭長篇《白銀谷》；周宗奇殫精竭慮，即將完成他的歷史文獻、鉤沉巨製《中國文字獄》；韓石山徜徉現代文學史領域，繼完成《李健吾傳》之後，正在打造《徐志摩傳》；李銳精心創作高品味的長篇小說，《無風之樹》贏得馬悅然先生極度欣賞之餘，正在構思《銀城故事》；鍾道新有小說《超導》改編為電影上映，正準備殺入影視圈玩一把編劇；趙瑜《內陸九三》獲取全國兩項大獎，《馬家軍調查》早又引發轟動；張銳鋒的大散文引發中國散文的寫作革命，「大散文」的概念被引入評論界的話語體系；燕治國不畏艱險，親自越長城、入草地，行走當年晉人先祖走西口的漫漫征途；潞潞有新詩集《無題》出版，至少在詩歌界引起重視；即便是吊兒郎當的張石山，經商下海，嗆得兩眼翻白，寫出了自傳體長篇紀實《商海煉獄》，並且寫出二十集電視劇《水滸後傳》劇本，在行內大獲好評……

所以，張不代說得不錯。「兩座石山，大作家呀！」張石山安然領受，不皺眉頭。只是老兄說得不全面。

被焦祖堯扔在文學院、晾在「乾岸上」的作家們，臥薪嚐膽，寫作不輟，寫出了無愧「大作家」名聲的好作品；十年生聚，他們還將繼續寫出更多更好的作品來。

晉軍，沒有被打散，沒有消失，也沒有蒸發。

不是依賴焦祖堯、而是依賴包括這些山西文學院專業作家在內的眾多優秀作家，支撐著山西「文學大省」的響亮名堂。

三、一則小短文

張不代兼任文學院院長期間，有個胡經倫擔任辦公室主任。

胡經倫是個老同志，曾經是我省曲藝家協會副主席，比文學院裏所有的作家年齡都大。他來擔任辦公室主任這樣一個小小的職務，那是真正要為作家們服務的。作家們都有些過意不去，老胡卻更加兢兢業業地為大伙兒服務。大家和老胡相處得不錯，別無說詞。

胡經倫怎麼就來到文學院任職？有這麼一點背景。

胡經倫是不是焦祖堯的人馬？我不知道，反正沒見受到什麼重用。他先是負責一個圖書編輯部，後來又在作協創聯部負責編輯本會內部發行的《作家通訊》。官職小小，權力小小。

這一年，胡經倫找我約稿。他當然想辦好《作家通訊》，希望作家寫稿支持。寫點什麼都可以，說說作家，談談小說創作什麼的。

我提筆就寫了一篇〈老兵小說大晉軍〉，短短的，一千多字。文章分說題目中的三個辭彙。

老兵，是說我個人。文壇老兵，不敢稱作老將。小說，不是談文學樣式「小說」，而是小小的說一說。說什麼呢？說說我們大晉軍。

晉軍怎麼樣了？曾經相當活躍、創作旺盛的作家們怎麼樣了？為大家、為會員們介紹幾句。

我只是一個作家，並不負擔什麼具體的工作，哪裏能夠說得透徹、全面？所以只是小小地說一說罷了。

成一幹什麼？正在潛心打造長篇；李銳幹什麼？長篇一部接一部；韓石山幹什麼？長篇傳記文學即將問世。張石山幹什麼？經商下海一回，賠了數十萬，但已經完成親身經歷之紀實長篇《商海煉獄》等等。

我說得沒有上述那麼具體，但透露了一個訊息：作家們並沒有死絕，也沒有消沉；活得頑強、寫得艱苦；才華依舊橫溢，意趣更加潛沉。山西文壇沒有塌臺，晉軍再次崛起，指日可待！

為山西文壇張目，替作家協會宣揚，有何不好？有何不可？胡經倫卻為此挨了批評、吃了紅牌。

焦祖堯大發雷霆！訓兒子似的訓斥胡經倫。誰讓你組織張石山的文章的？誰給你這個權力的？你的屁股坐哪裏去了？等等云云。於是，胡經倫被罷免了創聯部副主任的職務，被剝奪了編輯《作家通訊》的權力。這才一大把年紀，還淪落到前來文學院當辦公室主任的地步。

胡經倫說起那件事，言辭忿忿而神色戚然。

「我聞琵琶已歎息，又聞此語重唧唧」。

焦祖堯，你太過份了！你堵絕了作家們和省裏領導接觸的機會，你封鎖了外省作家前來接觸作家們的機會，你將曾經的黨組成員踢出黨組，你不許作家們參加任何省作協的文學活動，你還不滿意、你還不解恨，你還要封鎖關於他們的任何一點消息報導。焦祖堯，你太毒狠了！你要趕盡殺絕呀！

在文學院，除了張石山，還有韓石山也不是享受特殊貢獻津貼的作家。

「山西兩座山」，名聲響亮；張不代說：「張石山、韓石山，大作家呀！」還有某些業餘作者曾經驚呼：「不推翻兩座大山，沒有我們的出頭之日。」種種說法，都證明著兩座石山的存在。創作成就、文學建樹，果然不落人後。

張石山不是特殊貢獻專家，有個客觀因素。我去莫斯科了嘛，誤了評比嘛，如同老田所說，我不在乎嘛！莫斯科郊外的晚上，春宵一刻值千金嘛！那麼，韓石山他也不在乎？他沒有去莫斯科，他上紐約啦？原來，老韓是受到了暗算。被一個陰謀或曰陽謀，公然被剝奪了機會。

這一次，享受專家待遇的名額共有四個。大家集體評選，韓石山得票排名第四。已經光榮當選，就等著每月領取那一百塊錢啦！但焦祖堯和秘書長陳為人嘀咕兩句，突然提出一個動議，活生生將老韓到口的肥肉從牙齒縫裏奪走。

焦祖堯提出什麼動議呢？原來，西戎老師早幾年已在享受一種津貼，每月五十元。焦祖堯提議道：「西戎同志不僅年高德邵，文學建樹也令人高山仰止。難道他老人家不該享受特殊津貼嗎？不該由每月五十元變成每月一百元嗎？」所以，建議大家專門為老西投票一次。

老焦尚且有這般美意，在場都是西老學生，自無不從，大家都只投老西一人。

老西得了全票，當然就能享受每月百元津貼了。但這樣的話，四個名額，老西必然要佔用一個。已經透過投票選舉，獲得通過的四人，必須撤下一人。撤下誰呢？不用旁人再來多說，韓石山自個兒就得主動表態。

事情明擺著，要是換了我，也得立即表態。學生面對恩師，應該有一點這樣的起碼表現。

這是陽謀。把話說在當面，把事情辦在明處。然而，焦祖堯這一把戲，本身又是一個陰謀。

「陰謀」，夠刺激的辭彙。作家，大作家呀！你就敢於隨便用詞呀！

大家稍安毋躁，聽我分說。

西戎老師享受每月五十元的津貼，和青年作家不是一個指標系列。上級已經發下文件，像西戎這樣級別的老幹部、老作家，已經明文規定，五十元津貼即將變成一百元津貼。而且事實上，不到一個月的時間，文件就正式傳達到機關的全體人員。

那麼，西戎本來就能名正言順地享受百元津貼，而不必佔用青年作家們的指標。作家協會的做法、焦祖堯的做法，就是要既在表面上討好了西戎、又在實質上打擊、剝奪了韓石山。彷彿西戎搶了韓石山的飯碗，韓石山還有苦說不得。

翻手為雲、覆手為雨，高明不高明？

區區一百元津貼，只要能剝奪，一定要剝奪。

張石山、韓石山，大作家呀！

作家是不小。都快六十歲了嘛！可以不在乎一百元津貼，但不能不在乎焦祖堯等人的做法。老百姓說，那叫「摁住葫蘆摳籽兒」，欺負你卻叫你沒可說。

然而，張石山、韓石山，不是沒嘴的葫蘆。

大狗要叫，小狗也要叫。大作家、小作家，都可以寫文章。我可以用幾行字、一頁書，說出上面幾句話。

四、兩個副書記

省作協黨組副書記，原來就是副廳級！原先我的腦子裏沒有這概念，焦祖堯提拔了副秘書長鄭運通當副書記，陳為人秘書長的住房發生了超標問題時，我才增長了見識。活到老、學到老，老話全然沒有過時。

省作協的副廳級，可以乘坐轎車上下班。而這樣的概念，原先我也不知曉。鄭運通之後，焦祖堯又前後調來兩個黨組副書記，我才開了眼界。

鄭運通剛剛調走，張不代還沒有進來，焦祖堯先調來一個毋小紅擔任黨組副書記。

毋小紅，是省委宣傳部文藝處的老處長了，處長工作表現好，工作年限也夠了，當然希望進步到副廳級，然後再繼續進步。這太正常、太應該了。不要求進步，固步自封，一個副主任科員當到六十多，那不是好幹部。

至於毋小紅來省作協擔任副書記，省委宣傳部批准、焦祖堯接收，是符合調動程序的。

馬烽到了退休年齡，翟泰豐到中國作協擔任黨組書記，成為正部級幹部，誰有什麼話說。馬烽所說：「作協黨組，應該是作家中的黨員構成的。」那是老皇曆，那只是反映了馬烽的若干看法。我相信，馬烽退休之前，組織上一定徵求過他的意見，推薦什麼繼任人選，但那多半是一種形式，走一個過場罷了。

山西作協，既然設立黨組，黨組副書記既然相當於副廳級，上級組織提拔什麼人來擔任副廳級別的副書記，當然都是可以的。焦祖堯個人可以提拔一個並非作家的鄭運通當副書記，難道組織上反而不可以？沒有這樣的道理。至於毋小紅是否適合、是否勝任副書記工作，那是另一碼子事。

況且，焦祖堯已經做出了樣子，鄭運通能夠勝任副書記，什麼人不能勝任？鄭運通不能勝任、或者不願意勝任，「嘩啦」一下調走。這也是一個樣子。

毋小紅來到作協，首先表態：「我是來給大家服務的，是來為作家們服務的」。大家聽得是否順耳，不知道，反正是聽見了。心裏或者暖洋洋，或者不以為然。

記得作家韓石山當場來了一句什麼話，大家哈哈大笑。作家的話嘛，隨便說說。說得隨便，聽得隨意就是。

毋小紅來到之後，才是張不代接著來到。

幸好作協黨組只有兩個副書記的職數，不然，作家協會不知道會有多少副廳級幹部。作家協會該購置多少轎車供副書記們乘坐，以便副廳級公僕為大家服務、為作家們服務。

不過，我的擔心是多餘的。我所考慮到的問題，人民考慮到了，國家有關部門更考慮到了。

為了解決某些單位部門，「一個局長、十三個副局長、一個秘書」的問題，組織部門和人事部門下發佈文件，有了硬性的具體規定。比方，交通廳，職數規定一正三副，也就是說，可以有一個廳長、三個副廳長。

我們作家協會，也接到了同樣的文件，紅頭文件，規定具體職數也是一正三副。比照交通廳或者衛生廳，那麼在我們作家協會，應該是一個作協主席、三個副廳級別的副主席。也就是說，作家協會，為了照顧群團組織的群眾性、特殊性，可以有十來個副主席的職數。但多數副主席並不能享受副廳級的待遇，只有常務副主席才可以是副廳級別。

那麼，黨組呢？黨組書記和副書記們呢？他們的級別待遇怎麼辦？

在衛生廳或者林業廳，當然也有黨組。廳長兼任書記，黨員副廳長兼任副書記。所謂一正三副，是對於廳長、副廳長而言的。但在山西省作家協會，除了焦祖堯是書記、主席一肩挑，享受正廳待遇，上級已經派來兩個副書記，早已明確了是副廳待遇。所以在作家協會，紅頭文件沒有被傳達，封鎖消息，「貪污」了上級的指示。至少是根本沒有傳達到文學院一級，作家們未曾預聞其事，起碼我從來沒有聽到過正式傳達。

當然，文件傳達與否，意義已經不大。田東照不是作協常務副主席嗎？一個副廳。毋小紅、張不代不是兩個副書記嗎？兩個副廳。三個副廳的職數已被全部佔用。或者說，那文件簡直就是專門給作家協會特製、訂做的一般。三個副廳職數，正好佔滿。至於是副主席享受副廳，還是副書記享受副廳，和一般幹部、老百姓沒有關係，和作家們就更沒有關係。

焦祖堯提拔鄭運通，早已開了先例：我想把副廳級別待遇給誰，就要給誰。作家協會的作家們、駐會一級作家們，無權知曉、無權過問。

作家協會群團組織，其領導機關、核心權力機構，早已不是主席團，而是黨組。就廳級和副廳級幹部的實際任免情況來看，這兒好像已經基本上變成了一個黨務機關，而不是群團組織。

五、一個書記的年齡問題

1988年年底，省作協換屆，焦祖堯上臺。按照群團組織的章程，正常組織法或者選舉法規定，應該是四年或者最多五年換屆。那麼我們山西省作協，最遲也應該在1993年年底，召開代表會，實施換屆。但我們山西作協就是不換屆。

掌權的焦祖堯，黨組書記和作協主席兩個正廳級別一肩挑的焦祖堯，並不張羅換屆；上級主管部門也不督促焦祖堯換屆。省委宣傳部部長張維慶，換成了崔光祖；崔光祖無奈地表示，管不了焦祖堯。焦祖堯不願意換屆，省委宣傳部就沒有辦法。

誰能管得住焦祖堯呢？只有省委書記而已。省委書記王茂林操控選舉，扶植起了焦祖堯；焦祖堯和老鄉王茂林，是這樣一種過硬的關係。後來王茂林被調走，胡富國上臺擔任省委書記。胡富國從來不到作協，在全省，他只認識一個作家。這位書記，關於文學界，只會說這樣一句話：「焦祖堯，大作家呀！」據說，焦祖堯和胡富國，兩人在大同煤礦時代，曾經在一個黨支部工作。這，又是焦祖堯的一個過硬關係。

於是，在山西就出現了這樣一個奇特的現象：現任作協主席說不換屆，就可以不換屆。幾乎能夠這樣認為：焦祖堯的作協主席，願意當到什麼時候，就要當到什麼時候。所以，焦祖堯才能有恃無恐地刺激成一：「作協主席你來當啊！」

既然焦祖堯有恃無恐，呼吸困難的青年作家們就無所仗恃而有所恐懼。他們恐懼什麼？

儘管時代進步，大家不用恐懼被打成右派；儘管焦祖堯的用心，是要將大家扔在乾岸上，讓他們焦渴而死，大家在事實上並沒有焦渴而死；儘管「壓他們十年、八年」的計畫堅定實施著，假如是一般行政幹部、黨務幹部，早就被壓得找不著了；而作家們的特殊身份、特殊生存技能，沒有被剝奪，作家們雖被壓制，然而卻依然找得著；儘管焦祖堯說是要把張石山「搞出去」，也僅止是說說而已，焦祖堯並沒有將張石山「搞出去」。然而大家還是有些擔心，甚至有些莫名恐懼。

大家恐懼的是：這樣的日月，什麼時候是個頭啊！

聽說南方某省，作家協會已經十三年不換屆。作協主席得意地宣稱：「你們對我有意見？早就想讓我下臺？哈，我不換屆。就是不換屆！你們能把我怎麼樣？」

從1988年到1993年，是五年。山西省作協不換屆。從1993年到1998年，又是五年。焦祖堯擔任省作協主席已經十年，山西作協依然不換屆。南方某省，十三年不換屆的記錄，即將被焦祖堯打破。

紅軍長征，1934年離開江西瑞金。老百姓「緊緊拉住紅軍的手」，詢問「親人何時返故鄉」。紅軍說，「三、五年」就回來。「三、五年」是多久呢？一年又一年，三年又五年，紅軍沒有回來。三五十五年。整整經過了十五年，到了1949年，當年的紅軍終於回到了故鄉。

莫非，山西省的青年作家們，「三、五年」一次換屆，等也等不來，也要經過十五年，青年熬成老年，這裏才會換屆嗎？

是啊，熬。苦熬、煎熬。不是過日子，不是度日子，而是熬日子。熬到老，熬到死，也就罷了。一時不老，一時不死，怎麼辦呢？還得熬。

大家在苦熬中，看到了一線希望。彷彿在無盡的暗夜，看到了東方地平線上的一絲曙光。

為了杜絕幹部終身制，鄧小平先生帶頭退休，國家終於建立起了一套嚴格的幹部任職年齡限定的制度。正廳級幹部，六十歲退休。

如果說，作協主席這樣群團主席的職務，還沒有硬性的退休年齡規定；那麼，作協黨組書記，正廳級別幹部，必須六十歲退休。

焦祖堯，書記、主席一肩挑，到了年齡，至少他的書記一職必須退休卸任。一副挑子，兩頭沉。將要摘去扁擔一頭的筐子，一肩挑將要變成一頭沉。所以，文學院的作家們，開會碰頭的時候，說罷正事，就開始關注焦祖堯的年齡問題。

焦祖堯曾經異常關心過李國濤的年齡。當李國濤老師剛滿了六十歲，連一天都沒有寬限，焦祖堯即刻將老李辦了退休，像是退一篇稿子那麼方便、那樣簡捷。

如今，好幾個作家也開始異常關心焦祖堯的年齡和生日，好像是要給他過生日或者祝壽似的。

大家希望他到了六十歲，立即退休。像辦理李國濤一樣，將他自己立即辦了。如果他不願意換屆、堅絕不換屆，上面也不督促換屆，那麼他還會繼續擔任作協主席。這誰都沒有辦法。但黨組書記一職，他只能幹到六十歲。到六十歲，他必然退休、他必須退休。作協黨組書記退休後，這個地方，著名的南華門裏，將會由什麼人接替焦祖堯擔任黨組書記呢？大家已經不那麼關心。

中國作協在黨組書記馬烽退休之後，上面派來了翟泰豐。這是一個信號，這是上頭給下面做出的榜樣。

榜樣的力量是無窮的。下面的各省各市，必將起而效仿。

在焦祖堯退休之後，誰來擔任作協黨組書記，已經不是我們可以預測得到的事。雖然一切無法預測，作家們還是開始分析形勢，關注我們作協的未來。

關注作協未來，也就是關注大家自己。關注自己今後的處境、關注我們必將面臨的環境。是繼續被扔在乾岸上，呼吸困難？還是有可能回到水中？回不到水中，是否有可能多少向河溝靠近一些？哪怕是滾在污泥裏，也比在乾岸上焦渴而死好得多啊！

就山西省作協的狀況而言，如果現任兩個黨組副書記毋小紅和張不代，沒有可能升任黨組書記，那麼上面必然會另外派人來當書記。

不知別人是如何，我的真實心情是：只要焦祖堯到點下崗就好，只要另外有人來掌權就好。不管他是什麼人，不管他高低、胖瘦、黑白，也不管他優劣、善惡、好壞。哪怕他是美國人，只要他不是日本人。

身為作家，在藝術追求的層面、在思想拷問的層面，我們討厭「清官戲」；我們不希望人民將生活幸福與否，建立在對父母官的企盼上面。然而，我們生活在南華門，生活在一個具體的機關裏，生活在體制內。我們無權決定誰來領導我們、誰來管理我們，誰來給我們當「公僕」。我們只能企盼、只能希望，來的人不要是另一個焦祖堯。

那麼，眼前的一個焦祖堯，山西文壇命中註定必須攤上的這個焦祖堯，他到了六十歲，他不退休，我們怎麼辦？有人，真的有人，將出生年份從40年改為48年。焦祖堯萬一也來了這一手，我們又怎麼辦？

據焦祖堯自己說，他生於西元1936年。那麼，他的黨組書記一職，應該在1996年時到期。

終於到了1996年。作家們等待上級有關部門，嚴肅組織紀律，過問焦祖堯退休一事。

結果是沒人過問，焦祖堯沒有退休。到了1997年，依然沒有動靜。焦祖堯還是沒有退休。到了1998年。竟然還是沒有動靜！

秀才造反，三年不成。滿了三年，形勢逼得秀才也要造反啦！

不知別處是如何，在省作協、在南華門、在山西文壇，焦祖堯說不換屆就不換屆；到齡不退休就可以不退休。

世界不成世界，世道不叫世道啦，作家們忍無可忍，終於反他娘的啦！

第二十八章　捨生取義

中國古來有「以卵擊石」、「螳臂擋車」之類的成語。螳臂擋車，這一成語的本意，是誇讚那隻勇敢的螳螂。

阿拉伯世界的恐怖組織，幾乎人人痛恨；但是，穆斯林孩子們用石塊投擲裝甲車呢？生活在安全環境、和平時期的人們，應該怎樣理解那些奮不顧身的孩子？

秦始皇是中國歷史上千古一帝，但太史公如椽巨筆所記述的「荊軻刺秦」，千古而復千古，感奮後人。

評價歷史可以有許多角度。事實上，評價歷史也存在著許多角度。

修築萬里長城的本意，是抵禦北方遊牧部族對中原農耕文明的侵擾；到後來，長城卻又成了中華民族的整體精神象徵；長城偉大，偉大長城，「孟姜女哭倒長城八百里」的民間故事，偏偏是中國四大著名古典民間傳說之一。那是千百萬農民、苦役犯和苦役犯的妻子、母親們的苦難記憶。

當南華門省作協的院子裏，有那麼六、七個作家向省委等有關部門上報材料，目標直指焦祖堯；有人說這簡直是「胡鬧」，作家們根本就「不懂政治」。

這樣評價也許是對的吧。作家們，不懂政治的作家們，就是那麼做了。如同螳臂擋車，甚至好比飛蛾撲火，義無反顧。作為積極參與者之一，現在回想，那簡直就是一種捨身戰法。捨生取義。

一、兩份材料

省作協不換屆，焦祖堯到了六十歲不退休，把作家們給逼急了。作家們受壓抑的苦日子沒有盡頭、沒有希望，甚至可以說大家是「急了眼」啦。

一開始是五個人，是在文學院開會經常見面的幾位，平常往來不多，但總算走得比較近，處境也相當接近。這五個人是：周宗奇、成一、韓石山、李銳、張石山。

周宗奇、張石山和李銳，曾經是《山西文學》序列；成一和韓石山，曾經是《黃河》序列。

周宗奇和成一對門；成一和李銳相對談論小說創作比較多；我和韓石山這所謂的「兩座石山」，當過鄰居。大家沒有利害衝突，特別是對焦祖堯的看法相當一致。但凡有給焦祖堯提意見的機會，大家口徑相同，真好像提前碰過頭一樣。

1998年的時候，五個人就走到了一起、坐到了一起。

幾天之後，增加了一個趙瑜。

趙瑜和我，同屬「晉陽酒徒」，喝酒聊天當中，我向他透露了一些資訊；告訴他要給省裏寫材料，準備向上反映焦祖堯的情況。趙瑜表示樂意參與。我徵求了大伙的意見，沒有多少異議。

過了兩天，又增加了一個王東滿。是周宗奇透露情況給他的。事前沒有徵求大伙的意見，就說是已經通知了王東滿一塊碰頭。

王東滿也是文學院裏的專業作家，但他一直又是文聯那邊的影視家協會主席。年齡也略大一點，感覺上和大家有些距離。但周宗奇既然已經那麼做了，別人也沒有提出反對意見。周宗奇笑笑地說：「打仗還嫌人多啦？」是那麼一個道理。

於是，五人班底最後擴大為七人。後來，竟然有了「七君子」的名號。

「君子」云云，好生高雅的名堂。至少我覺得我個人有些不配這樣稱呼。當然，我也不承認自己就是「小人」。

為了敘述的方便，我就借用「七君子」的名堂一回，就好比焦祖堯是特殊貢獻專家一樣。夠不夠格，另當別論，先當上再說。

七君子準備向上面反映情況。七個人裏，沒有任何一個人和省裏的任何一位領導有什麼關係，更不消說什麼「熱線」了。王東滿含含糊糊地說，他和胡富國是老鄉，好像能有機會接觸似的。對此，大家也沒有在意。

大家決定，就把省作協的情況、大家認為屬於焦祖堯的問題，寫成書面材料，然後寄給省裏的有關部門和有關領導。老百姓有了冤屈，哭告無門，連寫個狀子都得求人。至少作家們書寫材料，不用求人。

材料前後寫過兩份。

一份，主要是講焦祖堯到齡不退休的問題，和省作協到了選舉期限不換屆的問題。

材料寄出後，沒有任何反應，彷彿石沉大海，泥牛入水。組織部沒有反應，宣傳部也沒有反應。於是，七君子認為材料分量不夠；再次碰頭，決定向上反映焦祖堯在「作家企業家聯誼會」時代的問題。

聯誼會既是聯誼性質，管理方面不完善、相當混亂，肯定是事實。大家同時懷疑聯誼會可能有經濟方面的問題，聽說成立過公司、搞過房地產什麼的。焦祖堯不給作協方面報告情況，許多聯誼會的具體情形，大家不得而知。但聯誼會為什麼突然解散？是否因為矛盾出現、問題苗頭暴露？

七君子並不清楚聯誼會多少具體問題，卻寫了一份材料，是「確認聯誼會有問題」那樣的口氣。這份材料，再次寄出，並連同第一份材料，寄給了包括中紀委在內的中央機關。

前後兩份材料，所謂的七君子都莊嚴地簽署了個人姓名。

二、幾次接見

或許是中央機關將材料轉回了山西？或許是胡富國有了具體指示？反正，第二份材料寄出後大約一周，總算有了反應。

先是省委宣傳部副部長溫幸召見了作家們一次。

溫幸簡單地聽取了大家扼要敘說的若干意見。記得溫幸還講過這樣一句話：「老焦嘛，還是比較廉潔的。」

接著，當時的省委副書記王雲龍接見了大家一次。

王雲龍首先肯定了大家向上級反映情況的權利。作家們並不是公安局、也不是檢察院，情況掌握可能不一定那麼確切，但只要有所懷疑，只要提供出若干線索乃至懷疑方向，能夠反映出來就是好的。這首先是一種負責任的態度。

我想，王雲龍的話裏，或許實際上多少有些婉轉批評作家們的意思。至少大家反映焦祖堯的問題，沒有什麼很確切的過硬材料。

不久，聽說有審計方面的工作人員，下來審計聯誼會的帳目。這可以說明，七君子的告狀行動，上級有了某種程度的重視與回應。

省委組織部部長支樹平，也接見了大家一次。

在所有的省委常委裏，支樹平最年輕，常委的平均年齡，因而顯得年輕化似的。支樹平沒有聽取大家的意見，倒是有一番話語，回想起來，說得比較中肯。

這位年輕的省委組織部部長說：「你們是作家，而且是全國著名的作家；將來能夠留下一些東西，值得一輩子驕傲。像我們這些幹部，此時好像有權、有地位，過後幾乎算不了什麼。以後，誰能記住一個什麼支樹平呢？」

我想，支樹平這樣講話，倒不一定是「得了便宜賣乖」，而是有幾分客觀、幾分中肯。

另一位省委副書記劉澤民，也抽空和作家們見了面。

這位書記，臉上皺紋密佈，初看像個呂梁山裏的農民。他好像和周宗奇是省黨校的校友，兩人說話就相當隨便，稱兄道弟的。

劉澤民還把他的「三五」牌香煙，遞給吸煙的作家一人一盒。但他沒有和大家談什麼實質性的話題。

最後，當時的省委宣傳部部長侯伍傑，正式接見了作家們一次。

抽出整整三個小時的時間，侯伍傑親自記錄大家的發言要點；有副部長溫幸陪同，還有幹部處處長等有關人員在場。

七名作家彷彿被打散的、脫離了關係的地下工作者終於找到了組織，可以一吐胸中的委屈和鬱悶了。人人敞開胸襟，個個打開話匣子，紛紛訴說。如此如此，這般這般。作家協會自從焦祖堯當政以來，大家受到的委屈、壓制，大家認為存在於作協機關裏的問題，焦祖堯大權獨攬、為所欲為的種種行徑，應該說得到了一次全面的傾吐。

三個小時就快過去，所剩時間不多，我抓緊機會，最後說了幾句。我的發言或曰講話，內容不多，所以基本能夠記得。

一條是，焦祖堯已經過了六十，還是黨組書記。但我相信，共產黨不會為焦祖堯特別設立一個永不退休的制度。他的不再擔任黨組書記，只是時間的問題。

一條是，作協不換屆，但我相信作家協會不會永遠不換屆。我擔心或曰恐懼的是，焦祖堯將繼續擔任作協主席。那麼，他對山西作協的禍害還將繼續。

以下，我沒有再重複大家對焦祖堯的意見，而只是言簡意賅地總結了兩條。當然，這是我的看法和說法。

一條是，我個人認為，焦祖堯不是「好人或壞人」的問題。他做事絕對不近人情。他是「是人」還是「不是人」的問題。

一條是，作協日後換屆，在主席的位子上擺一條狗，我保證舉手同意；如果是焦祖堯，我堅決反對！

沒有注意侯伍傑臉上是什麼表情；只注意到溫幸忍不住了，捂著嘴笑。

——事後反省，我的話說得不好。魯迅先生教導得對，「辱罵和恐嚇絕不是戰鬥」。我那樣講話，實際上沒有任何力量、沒有任何作用，只是一種簡單的發洩，只為一時的快意，像是街頭罵架，遠遠不是一個「君子」的風度。

——後來改編《呂梁英雄傳》，馬烽老師坦率地承認自已年輕時候在寫作上的不足。原著當中，武斷地認定地主康錫雪一定是漢奸，老地主和兒媳有染「扒灰」什麼的，就是簡單地潑髒水罷了。

三、一場大亂

已經從風言風語中聽說，上面要給省作協和省文聯派黨組書記來了。這就表示，早已超齡的焦祖堯終將不再是黨組書記。

新來的書記，其首要任務就是主持換屆。

我們省作協終於要換屆了。焦祖堯當主席而不換屆，畢竟不可能超過十三年的某省記錄了。

日子好像有了一點希望。有希望的日子，呼吸也好像不那麼困難了。

這一天，在家裏閒坐，看書、喝茶、抽煙。突然聽見院子裏有人吵架，聲音很大，相當雜亂。沒有聽出是誰和誰吵，也沒有聽出吵些什麼。不過當天就知道了，原來是我們作協影視中心的趙建平和李銳起了爭執。

爭執什麼呢？原來所謂七君子的上告材料，不知趙建平等人怎麼就知道了，而且看到了。趙建平是原先作家、企業家聯誼會的副秘書長，主持過那邊的工作，認為上告材料涉及到了自身，所以要問個清楚。當先碰到了李銳，結果言語不合，就吵了起來。

然後，七君子隨後也就明白，上告材料是怎麼流散到作協機關的。原來，事情出在王東滿身上。

《山西文學》的老詩歌編輯張承信，一向消息靈通；不知怎麼聽說了作家們上告焦祖堯的事情，找王東滿來打聽。王東滿就將手頭的一份材料給了張承信。據王東滿懷疑，是張承信將那份材料透露給了本機關的其他人。

上告材料，畢竟不是什麼「公開信」，也不是「告機關全體工作人員書」。是否應該隨便拿給別人去看？作家們沒有就此批評王東滿。

王東滿在給張承信材料的時候，又是否同時和他有個約定：僅供你張承信一人閱讀，此件不得外傳。否則，引發一切後果由你張承信負責。大家也沒有追問王東滿。

上告材料已經在機關公開，幾個作家只能面對這一現實，看要如何應對。

「七君子」寫材料上告焦祖堯，事情已經過去了八年。

當時，上告材料流散機關，在我們省作協引發的一場大亂，或許對於許多人而言，都是一個並不愉快的回憶。但本著尊重歷史的態度，我還是準備憑據我的記憶，給予若干追述。

幾個作家上告焦祖堯，目標明確、態度堅定，公開聲稱、莊嚴署名，無須隱諱、無須藏掖。回想那兩份材料，針對的也絕對是焦祖堯一人，絕沒有傷害其他人的初衷。但上告材料，特別是涉及聯誼會的第二份材料中，為了說明焦祖堯在聯誼會的問題，材料上有「聯誼會搞得烏煙瘴氣」的話語，還有說聯誼會「有人換老婆」的話語。

我們作協機關，曾經在聯誼會工作過的人員和家屬，人數不少。上述材料中的措辭，一定在某種程度上傷害了一些人。儘管不是幾個作家的初衷，但這種傷害恐怕已經造成。

兩份材料，我都是莊嚴地簽署了姓名的，因措辭不當而傷害了本意不願傷害的人，當然有我張石山一份不可推卸的責任。

且說當時，趙建平和李銳大大吵了一架。緊接著，曾經在聯誼會工作的司機陰志和，在機關傳達室見到幾個作家就開罵，口不擇言。還有個別工作人員的家屬，也在院子裏發話，聲稱要「叫幾個人，點火燒了他們的房子」之類，情緒激動。

聽王東滿自己說，他給作協黨組副書記毋小紅打了電話。電話中說：「你們最好制止院裏的事態進一步擴大。張石山當過偵察兵，脾氣火爆；張石山很生氣，張石山可是準備要打人啦！」

我或許真的很生氣。我不希望看到作家們和一般工作人員鬧起來，那不是我的本意，我相信也不是幾個作家同仁的本意。但我並沒有準備打人。如果有人親娘老祖罵到我的頭上，我也許要回罵；有人要是動手打我，我或許會還手。但我在當時，不會主動去打人。

王東滿這樣講話，或許是要虛張一點聲勢的意思吧。他已經給毋小紅打去電話那麼說了，關於「張石山要打人」，我沒有在機關公開更正，也沒有責怪王東滿。

在傳達室碰到陰志和時，我曾經向他解釋，材料不是衝著他去的，勸他不要那麼罵人。事實證明，勸導也沒有產生什麼效果。後來我還到過陰師傅家裏，繼續進行一點解釋和勸導。

趙建平來家裏找我。不是興師問罪的口氣，而是和顏悅色地問我：「聽說你老兄準備打我？」

我也是予以解釋和勸導。關於「換老婆」三個字，我當場承攬責任，承認說得不好。「要說換老婆，我張石山換了兩個老婆啦」！

當然，我有一個底線。有事說事，有理講理。有人覺得受了傷害，吵幾句、甚至罵幾句，可以理解。陰志和，為胡正開車的時候，還曾衝進會議室，當眾開口罵過胡正哩！但要是真的出現動手打人什麼的，我不會袖手旁觀。

我是「七君子」的成員之一。即便這只是一個極其臨時的「告狀團體」，我是這個團體的一員。不管是成一還是李銳挨打，我會動手。當時，在我家，我把話給趙建平講在了當面。

就在那幾天，李銳家中經常接到恐嚇的電話。李銳夫婦本來神經有些衰弱，哪裏受得了這種情況？

我找了電信局的朋友，討到了「設置接聽信號」、爾後可以「查出對方號碼」的方法。我還找了公安局的朋友，叫朋友做好應急準備。萬一事態有所失控，咱們該來什麼辦法、來什麼辦法。

不久後，作協亂糟糟的事態有所控制。聽說黨組書記焦祖堯召集會議，做了講話，對控制事態起了作用。

焦祖堯憑什麼要控制事態？說來話兒不長，倒是有趣。

罵人呀，聲稱點房子呀，作家們找焦祖堯說話，要他予以制止，免得事態擴大，釀成更大的不良後果。現任的超齡黨組書記，畢竟還是掌權的一把手；作家協會的事兒，焦祖堯你當然得管。

一開始，焦祖堯聽說作家挨罵的事兒，滿快意的。他像個小孩子似的，這樣回答作家們：「挨罵啦？誰讓你們寫材料先罵人的？你們挨罵我不管！我不管！」

沒有證據，不能說焦祖堯鼓動別人罵人。但焦祖堯看到幾個作家挨罵，是相當滿意的。不是非常滿意，而是相當滿意！

焦祖堯樂得有人來罵七君子，樂得把火燒到七君子的頭上，好轉嫁矛盾、好轉移視線。作家們於是採取了一個行動。沒有到機關辦公室，也不去焦祖堯個人的住宅，而是在焦祖堯下班回家的途中，「攔轎告狀」似的，攔住焦祖堯說事兒。

作家協會當前的事態，焦祖堯你究竟管不管？焦祖堯依然回答：「我不管！」這時，周宗奇掏出一個答錄機，將答錄機伸到焦祖堯的嘴邊，厲聲問道：「老焦，你說！你究竟管不管？」焦祖堯便不再嘴硬，迅速回家。

六、七個作家追著焦祖堯繼續問：「你說，你究竟管不管？」作家樓的樓道裏，眾人追問的聲音，引發了回聲，「嗡嗡嗡」的。焦祖堯一向溫柔和善的妻子都急了，跳出屋子來喊叫：「你們要幹什麼？現在不是文化大革命時候啦！」

周宗奇不理老焦的老婆，只是說：「我們找焦祖堯說話，沒你的事兒！」然後，繼續將答錄機像是炸藥包似的塞到焦祖堯面前：「焦祖堯，你說！你要真的不管了，有種你就說！」

焦祖堯再也沒有嘴硬，回家，關門。

作家協會變成了什麼樣子，作家們又變成了什麼樣子。

據說，作家協會還出現了「八大金剛」的說法。說是有那麼七、八個焦祖堯提拔起來的中層幹部，是要堅決擁戴老焦的。

南華門裏彷彿隱隱然出現了兩個陣營，好像要兩軍對壘似的。

幾個多年來受到焦祖堯壓制、冷落的作家，和黨組書記焦祖堯一人之間的矛盾，極有被渲染擴大、引領到另外層面的可能。

南華門巷子裏，火藥味濃烈。曾經貌似平靜的作家協會，一時徹底亂了套。

這樣也好。儘管出現了大家不願意看到的混亂局面，然而混亂局面已經出現了，也好。

作家們，七君子，上告焦祖堯，這一行動已經被賦予了另外的意義。

大家所上告的焦祖堯的問題，也許並不全然準確無誤；七君子的上告行為本身，也許就是「不懂政治」，也許並不能夠認為就絕對有理；上級有關部門和旁觀者，卻無疑能夠得出一個顯在的結論：山西省作家協會，亂套啦！焦祖堯一個人大權獨攬的省作協，亂套啦！

七君子以卵擊石也罷，螳臂擋車也罷，像是小孩子朝裝甲車投擲石塊也罷，他們不得不採取了一個「捨身戰法」。彷彿是「人體炸彈」，七君子義無反顧；

即便是自我毀滅，也要奮起反抗。如同抱定必死信念的戰士，扛著炸藥包、腰間纏滿手榴彈，撲向碉堡、撲向裝甲車履帶。

人們可以有別樣的評價，歷史可以有許多的敘述角度。至少在當時，幾個作家認為自己的反抗天經地義。

不在沉默中爆發，就在沉默中滅亡。即便失敗，也要爆發。

捨生取義。生與義，皆我所欲也；捨生而取義者也。

四、一個契機

幾個作家上告焦祖堯。作家協會亂了套。這兒是否就一定會開始換屆？省委是否就會做出決定，啟動程序，著手準備省作協的換屆工作？那還真不一定。

換屆是件大事。省委不下決心，不可能換屆；特別是省委書記胡富國不拍板，不會換屆。

道理那麼明擺著，實際情況那麼明擺著。南方某省十三年不換屆的例子，在那兒明擺著。

但聽說，省作協以及省文聯，要準備換屆了。省委已經決定，要向這兩個群團組織派來新任黨組書記。而派來新任黨組書記的首要任務，就是換屆。

省委之所以終於決定兩個群團組織換屆，聽說有一個小小的背景。

省委宣傳部部長侯伍傑以下，有一位老資歷的副部長溫幸。溫幸到六十歲，也必須退休。這位資深的副部長，有了一個自身設計，希望能夠到省文聯擔任文聯主席。

文聯和作協一樣，上面要派人來當黨組書記，組織下令就是。一位宣傳部的副部長，想要當文聯主席，可能嗎？文聯主席，不是一般都應該是著名作家、藝術家來出任的嗎？然而，溫幸就是要知難而進，就是要將不可能變為可能。

省委大樓裏的一個老幹事、一個資深的副部長，其活動能量或曰運作能力，事實證明是驚人的。事情果然就朝著溫幸個人設計的圖案流程進展著。

溫幸要當文聯主席，文聯方面的藝術家們有何反應，不在作家協會南華門這邊的關注範疇之內。「莫管他人瓦上霜」罷了。但溫幸要當文聯主席，文聯必須經過換屆的程序。上面到底也不好下達文件，直接任命。

文聯要換屆，那麼作協也就要連帶換屆。溫幸個人要當文聯主席的願望，啟動了文聯的換屆程序；最終連帶變成了省作協換屆的一個契機。

換屆，終於要啟動程序了。

方針、政策決定之後，幹部就是決定因素。我們又用上了毛主席的這一段著名語錄啦！

文聯和作協的黨組書記，人選確定。文聯的新任黨組書記是周振義；作協的新任黨組書記是劉鞏。

周振義，原任山西呂梁地委宣傳部長；劉鞏，原任山西晉中地委宣傳部長。

劉鞏說來就來。

大約是在1998年的春天，劉鞏正式到任。

焦祖堯不再擔任黨組書記。焦祖堯一人大權獨攬的情況，一去不復返。

劉鞏執政，著手籌備換屆。

作家協會歷史的舊的一頁，即將被掀過；新的一頁，即將翻開。

第二十九章　世紀曙光

除了制度保障、權力制衡，執政者個人的執政經驗和政治素質以及道德修養重要不重要？事實證明，不僅重要，而且很重要。

劉鞏到山西作協來擔任黨組書記，按說同樣是「大權獨攬」。而且，劉鞏儘管喜歡文學，大學時代學的是歷史；畢竟沒有在省作協這樣相對特殊的部門工作的經驗，而他遠遠不是一個作家。但比之於作家身份的焦祖堯，他沒有濫用權力，沒有搞唯我獨尊，沒有搞「非劉姓封王者死」那樣的家天下。他使用權力，使用得可以說恰到好處。號稱為作家服務，多少有些服務的意思。

劉鞏到任，既尊重了現任作協主席焦祖堯，又盡量調動了作協中層在職幹部們的工作積極性，特別是給予了一批多年受到壓制和冷遇的作家們「參政議政」的機會。既往的矛盾在無形中得到某種程度的化解，機關裏，人心比較舒展、氣氛相對和諧。

作家們並不鼓吹「清官救世」，但碰到一個相對清廉而又聰明清醒的單位一把手，不能不額手稱慶。

在幾位作家和焦祖堯的關係已經無法調和的時候，劉鞏的到來、換屆的實施，讓大家在新世紀來臨之際，看到了東方的曙光。

一、作家參政

劉鞏當政，在作家協會當然是黨組決策制。然而，在作家協會，凡是與創作有關的活動、有關的話題，劉鞏總要延請作家們前來參加討論，歡迎大家發表意見，允許暢所欲言。彷彿是允許民主黨派、黨外人士參政議政似的。

作家們不再像焦祖堯時代一般，總是被壓制和冷落、漠視與拋棄。大家受到某種程度的尊重，心情開朗。凡是與文學創作有關的話題，凡是關乎山西作協的有益話題，作家們都樂得發言，獻計獻策。

焦祖堯主政十年以來的沉悶、壓抑的氣氛，有所掃除、有所轉振。即便是省直機關歌詠比賽這樣的活動，作家們也願意參與。

作家趙瑜，在合唱《太行頌歌》中出任領唱；作家張石山，在民歌合唱《小親圪蛋》中出任領唱。特別是後者，那首左權民歌，被稱為是山西作協的「會歌」，在比賽中獲得了最熱烈的掌聲。作家協會因此獲得比賽一等獎。獎旗至今掛在省作協小會議室裏，據稱是山西省作家協會有史以來所得的最高集體榮譽云云。

焦祖堯當政，兩個機關刊物《山西文學》與《黃河》，發行份數都跌至兩千冊以下，瀕臨死亡。劉鞏到任之後，多次組織討論，要大家集思廣益，或許能給刊物復興提出好的可行方案。

當時，《山西文學》主編段崇軒休息，刊物由執行副主編祝大同全權負責。負責辦刊半年有餘，刊物未見起色。

既然是開會討論，作家們就提了一些意見和建議。莫說周宗奇、李銳和張石山，《山西文學》的老編輯、老主編，即便是成一和韓石山，《黃河》的老主編們，也積極發言。

這時，出現了一點不和諧的音調。刊物的執行副主編祝大同，好像是諱疾忌醫似的，急忙出來攔住別人的話題。他說了這樣兩句不很得體的語言：

一句是：「我的刊物，就不是辦給你們看的！」另一句則是：「《山西文學》，今年這麼辦，明年還是這麼辦！」

成一、韓石山立即啞然。

記得當時，我說了祝大同幾句，也可說是做批評。

成一、韓石山是《黃河》的老主編，編刊經驗到底有那麼一點；肯於提出意見或者建議，不是好事情嗎？為什麼要封堵別人的嘴？不許人家講話？「刊物不是辦給你們看的」，可以；辦給釘鞋的、彈棉花的也可以。你要是有了十萬讀者，你說了算。刊物接近死亡，只剩千餘訂戶，還不許大家發表意見，這不好吧？

祝大同和我合作多年，關係不壞。對我的批評，當場也沒有表示什麼。

有一次，劉鞏提出刊物撥款和發行份數掛鉤的一個動議。比如《黃河》，上級撥款五萬；以年度或半年為限，發行沒有增加，是否就扣除撥款若干？

《黃河》執行副主編張發不同意。張發有張發的道理。《黃河》眼下已然欠債，全部款額撥下，尚且不足維持，再要扣除撥款，肯定不行。

劉鞏堅持意見，沒有獎懲，不行；張發也堅持意見，不考慮現實，不行。劉鞏一再說，張發一再答。結果，劉鞏拍了桌子，說張發太發狂、太固執；張發也不鬑，當即摔了杯子，說：「你能摔打，我就不能摔打啊？」氣氛火爆。但大家都是為了工作，不懷私怨。火爆爭執過後，沒有什麼後遺症。

這樣的局面，在焦祖堯當政的時代是不可想像的。他要的是唯我獨尊，下級絕對服從。他不要作家參政，除他以外，別的作家最好永遠消失。

二、蒙行花絮

不知不覺到了1999年的夏天。劉鞏來省作協當政，已是一年出頭。

大家喘氣基本均勻，日子就那麼過，也行。只要是「過日子」，而不是「熬日子」，有什麼不可以。

這一天，突然接到辦公室的電話，問我是否有興趣到內蒙作協訪問，兼而遊覽草原勝景？內蒙與山西接壤，簡直邁腿就能過去，但我還真的沒有去過。敖包勒勒車，賽馬那達慕，只限於在電視裏邊欣賞。當下一口答應了。有興趣！

及至出發，才知道此行隊伍之構成人員。黨組書記劉鞏帶隊，成員有秘書長秦溱，一併出訪的作家有成一、韓石山、燕治國。

原先通知出訪的作家裏有李銳。但李銳敏感，已經感覺到了什麼似的，表示不願意參加本次活動。我是在李銳不來的情況下，被臨時添加進來的。

李銳敏感什麼呢？作協換屆在即，劉鞏帶領成一、韓石山外加李銳出動，至少這是一個信號。或者，這是劉鞏的一個姿態。用這個辦法來曉諭各界：換屆時分，這幾位將是副主席的首選對象。是不是這樣？任你們想去。

出訪行動開初並沒有考慮張石山。張石山聽見電話通知，就興沖沖地表示願意參加行動，容易讓人產生懷疑：人家盤子裏沒有估算你，你卻要自己跳上秤盤。這是不是有點滑稽？是不是有些自作多情？不長眼色，拿棒槌紉針（認真）？或者說，上次換屆整整過了十年，張石山是不是永遠長不大？哈哈，千萬不敢再次弄玄。人家一篩鑼，這兒就上桿，成了永遠的一隻猴子。但既然已經應承參加活動，也不好中途退出。那樣，就更成了小孩子啦！

東吳招親，吃虧一回。自己長些記性。不奢望、不摻和，裝糊塗、當傻瓜。就是來內蒙看一看。自無不可，並無不可。

劉鞏和成一、韓石山一臺車；張石山、燕治國還有秦溱一臺車。後一臺車上三個抽煙的，三桿煙槍，倒也配套。

到了呼和浩特，與內蒙作協方面簡單會談、隆重宴會。有內蒙作協副主席鄧九崗等陪同，參觀了昭君青塚、三娘子廟、毛烏素沙漠在黃河邊上的「響沙灣」等等名勝和旅遊點，特別是翻過包頭大青山，還抵達了戰國時代我們趙國在極北邊地修築的古長城遺址。

觀山河之壯麗，發思古之幽情，因而樂甚。

末了，雖然臨近初秋，草原上已是蕭索，內蒙方面的朋友還是帶領大家深入草地，專程來到達茂後旗。要來住蒙古包、聽蒙古歌，要大碗喝燒刀子、大塊吃烤羊肉。

草原廣袤，敖包蒼涼；晴日天空高遠，靜夜繁星入眼。什麼換屆、什麼主席，棄之如敝屣，忘在了九霄雲外。

或許是羊肉吃得太飽，也許是老酒喝得過猛，蒙古包裏、酒席宴前，溫文爾雅的燕治國突然發起了酒瘋。

因為鄧九崗不喝酒，內蒙作協秘書長已經喝得夠多；老燕好像是要給秘書長敬酒，成一在一旁說了一句什麼，燕治國突然開口就罵，不序不跋，開門見山：

「成一，我操你媽！」成一當時就傻了。

韓石山不識相，嘿嘿笑著勸老燕，燕治國扭頭衝著韓石山又罵：「韓石山，我操你媽！」

燕治國平常也鬧酒，沒有見他這麼樣過。

當時的情勢，已是誰都勸不下。罵一句成一，罵一句韓石山。哪一句都是「操你媽」。

成一臉都白了，而韓石山還在笑，笑得比哭還難看。

這幾位作家算是流年不利，在山西作協大院挨罵，跑到內蒙大草原來，依然挨罵。

韓石山在我旁邊，拿拳頭直戳我的腿，好像我是個能管住燕治國的人似的。

我是南華門院子裏的四大酒徒之首，知道酒徒、酒鬼的種種行狀。幾兩貓尿作怪，燒得厲害，一時哪裏勸得住呢？

耐不住大腿被老韓戳得生疼，也覺得老燕實在不像話了。成一、韓石山，向來和你有什麼過節？或許你罵我張石山還情有可原。張石山當過你的主編、當過你的班長，總是對不住你的地方多些。你罵那兩個老兄何來？

於是，我出言勸導燕治國。這下壞了，老燕衝著我來了。

「張石山，我操你媽！你們幾個，把副主席都分完了！你們這是吃人呀！」說著，掄起一隻啤酒瓶，赤紅了眼，撲到我的面前來。

燕治國不僅要罵人，還要打人啦！

蒙古包，進門就是炕，上炕就脫鞋；我彎腰便去穿鞋，一邊斷喝一聲：「燕治國，到外面去！」

燕治國掄起的瓶子，高揚在半空；然而也沒有砸向任何第二人，而是砸在了自己頭上。瓶子粉碎；玻璃碎片尖利。

燕治國真是完全失控了。揮舞著半截瓶子，繼續大罵：「我操你們的媽！你們開會、你們串聯，我在五樓上都看見啦！你，韓石山，你們剛開了會，你就去焦祖堯家向他彙報，我什麼不知道？你們吃人呀？」

兩個司機坐在門口，看見老燕這樣威風，這才連忙架了胳膊，把他拖到隔壁去了。

挨了一頓臭罵的成一韓石山，臉上不成顏色。內蒙方面兄弟協會的朋友，好像比我們還尷尬。

劉鞏打破僵局，盡量笑了笑說：「老燕心裏頭是有點什麼不如意？性格好剛烈呀！」

我被莫名操了一頓娘，能說什麼呢？只好加上一句解說詞：「治國呀，一會就該哭啦！要給大家承認錯誤啦！」

大家又喝了一杯悶酒的功夫，兩個司機進來說，老燕哭得像水母似的，要過來賠情道歉，被他倆勸住了。

這是從何說起呢？

據我所知，內蒙遊覽三、五天，劉鞏絕對沒有談及任何與換屆有關的話題。或許，那果然就是一個姿態，只是一個富於象徵意義的動作。

老燕表現得這麼激動，即將到來的換屆，真不知會是什麼情狀。

三、被侯伍傑戲耍一回

宣傳部的溫幸到了年齡，面臨退休。文聯再要不換屆，至少溫幸在年齡上就不方便銜接了。

文聯方面，派去的書記是周振義，主席已經內定了溫幸。作協這邊，大家看得分明，作協主席將還是焦祖堯。

「七君子」七狼八虎的鬧半天，沒有用。只要胡富國認定焦祖堯是唯一的「大作家」，省委書記沒有安排別的作協主席人選，事情不會有什麼變化。但七君子知難而進，知不可為而為之，旗幟鮮明、態度決絕。如要聲稱焦祖堯還是下屆主席，大家寧可不參加換屆。

七君子裏，到底絕大部分是在全國有影響力的知名作家。要是拒絕參加換屆，隨後而來的必將是全國媒體的炒作宣傳，恐怕就是一場軒然大波。主管兩會換屆的侯伍傑，當然不樂意看到這樣結果。於是，劉鞏和校友韓石山多次接觸；彷彿兩面談判，黨組書記變成了一個居間調停者，將七君子們的意見上達，又將侯部長的言語下達。

如實評價，劉鞏為了換屆圓滿順利，中間做了大量工作；省委宣傳部，包括部長侯伍傑，表現出了巨大耐心；七君子、作家們，意見充分表達，也得到了相當的尊重。

幾經反覆，我在其內漸漸理清了頭緒。侯伍傑攤開的底牌，主要是這些：

作協換屆，主席人選，是由省委書記拍板決定。常委們沒有辦法改變，宣傳部更沒有辦法改變。

作家成一，換屆後將出任省作協常務副主席。成一和另外一位黨員作家，將進入作協黨組，協同劉鞏一塊工作。劉鞏書記也表示：「換屆之後，老焦不在黨組，其實也就不管事了。咱們幾個好好合作，把咱們作協各方面的工作做好。」話講到這個份上，七君子們還要怎麼樣、還能怎麼樣呢？

至於副主席的候選名單，聽說一開初，其中沒有張石山。當副主席的職數增加到十人時，裏面有了張石山。這樣，七君子裏，王東滿要參加文聯選舉，其他幾位也都已經在候選副主席的名單裏，只剩下一個趙瑜。

七君子碰頭一回，意見獲得一致：一塊寫材料上告焦祖堯，有趙瑜；臨到換屆，卻少了趙瑜，不合適。於是，向劉鞏提出要求，要他上報宣傳部：如果副主席人選沒有趙瑜，七君子將整體退出換屆。

事後回想，這不是和組織上討價還價嗎？侯伍傑聽了，心裏會滿意、高興嗎？

然而，當時情勢，不得不然。

最終，省作協換屆，副主席人選名額達到十二個，其中有了趙瑜。

七君子準備上會，參加換屆選舉。

大家無法改變焦祖堯成為下屆主席候選人的事實，但已充分表達出自己的意見。七個人，一個不落地成為副主席候選人。

省委宣傳部，在劉鞏艱苦的工作努力之下，也基本消除了可能的隱患。換屆將平穩有序地進行。

在最後的關頭，只有王東滿表示出了一定的不滿：「大家曾經說過：『如果焦祖堯還是主席，就拒絕參加選舉』的話，怎麼就不算數啦？」

眾人都沒有言語。

張石山反問了王東滿一句：「你是在文聯那邊參加選舉吧？你不會退出選舉吧？」王東滿點頭承認，說他當然不會退出選舉。

往下，這個話題就算畫了句號。

——後來的事實證明，七君子是被省委宣傳部部長侯伍傑給耍了。只要完成換屆，換屆當中不要出事，侯伍傑什麼都敢許諾。成一擔任常務副主席啦，兩名黨員作家進入黨組啦，言之鑿鑿。但換屆完畢，侯伍傑一條都不兌現。

信口雌黃，前說後空；翻手為雲、覆手為雨。

四、直言批評胡富國

換屆日期已定。在太原市迎澤賓館，也就是省府賓館，省委書記胡富國接見了文聯作協的領導、部分中層幹部以及作家和藝術家。接見當場，胡富國表現出了一點民主風度，給出一定的時間，表示願意聽取大家的意見。

文聯方面或許沒有什麼意見吧，發言者寥寥無幾，發言也未見什麼鋒芒。省作協的作家，七君子爭相發言。胡正老師和西戎老師也作了相當有分量的發言。

胡富國從來不到作協，焦祖堯費盡心機地阻斷了作家們和省委書記的任何往來。七君子具名上書，狀告焦祖堯，胡富國都堅決拒絕和大家見面。大家對胡富國聚積了相當多的不滿，同時要向他反映對於焦祖堯的相當多的不滿，發言因而踴躍，火力因而猛烈。

作家成一率先發言，語氣凝重，重點列舉了焦祖堯當政十年來的問題，以下歸納為「一二三四」。

其一，一個光頭。文學大省，十年不曾拿回一個全國獎。而老西、老胡當政的時代，十年拿回十個全國獎。晉軍崛起，山西因之號稱文學大省。

其二，辦死了兩個刊物。

其三，攪散了三屆黨組。

其四，破壞了四代作家的團結。

作家韓石山繼而發言，還是笑罵皆成文章的風格。

首先勸導胡書記，要注意搞好換屆。什麼會議，人們議論，姓崔的搞「吹臺了」；姓劉的給「流產了」。胡書記注意不要落下話把兒，姓胡的把換屆給「烤糊了」。

接著，手臂直指主席臺，厲聲斥責：「你們省委，辦事真不仁義！上次換屆，你們要讓焦祖堯上臺，說老西年齡大了、老了。今天，要讓焦祖堯繼續擔任作協主席，你們又放寬了年齡限制，說焦祖堯還年輕。你們是想扶持誰，就要扶持誰；計畫磕打誰，就要磕打誰。你們辦事，真不仁義！」

作家周宗奇、李銳和趙瑜，也分頭積極發言，列舉了焦祖堯的許多問題，壓制作家、排斥異己，唯我獨尊、一手遮天等等。李銳還舉出中國作協為例，巴金可以擔任中國作協主席，有書記處具體主持日常工作；我們山西為什麼不能學習、效仿？馬烽老師威信高、號召力大，為什麼不能擔任山西作協主席？

作家張石山，筆者本人也發了言。

我首先說：「胡書記、孫省長，我認識你們！」

胡富國聽了半天意見，有些惱火了，臉上已經有些掛不住。聽見我的發言，開頭是個好聽話似的，便扭過頭來注意下文。

我接著說：「但我只是在電視上認識你們。前任省委書記王茂林，好賴不說，一年要上省作協給大家拜年一次，順便座談、聊天，了解一點情況。看看巷子裏的老作家活著沒有？看看青年作家正在寫什麼？文學和文化，是同一條戰線。山西號稱文學大省，創作實力雄厚，省委書記實在不應該只知道修公路，不關心這樣重要的一條戰線！」

往下，胡正老師和西戎老師發言。特別是西戎老師，慢條斯理、語重心長，推己及人、與人為善，說出了極好的意見。

老人家說：「作家協會，是群眾團體，當領導的要有一點犧牲精神，甘於為大家服務；更要有一點胸懷，千萬不能武大郎開店，見不得高人。」

——胡富國，那是在山西大權獨攬的封疆大吏。面對電視鏡頭，講話指手劃腳；最愛將「父老鄉親」掛在嘴上，一副愛民如子的樣子。在山西任上，是做了一些工作，但工作作風並不民主。大權獨攬的結果，耳邊從來都是歌贊的話語，根本聽不得什麼反對意見。

想不到山西作協有這樣幾個作家，有些民主精神，敢於犯顏直諫。於是，在迎澤賓館，出現了一個真正展現民主的場面。是這幾位作家，用實際行動為省委常委們上了一課。用實際行動，捍衛了民主精神；用實際行動，給共產黨爭得了光彩！

會後，省委出面設宴招待大家。

胡富國沒有來我們桌上，省長孫文盛和我們同桌吃飯。孫文盛喝得不少，一直說、一再說：「留得青山在，不怕沒柴燒！」

當時盛傳，胡富國即將調任中央，而孫文盛可能繼任省委書記。一直受到壓制的這位省長，或許和作家們產生了某種共鳴吧。他的話，是在勉勵作家們，也是在勉勵自己。

五、事實上的成功

七君子和老作家們的發言，震動了迎澤賓館，也震動了省委、震動了胡富國。如同七君子上告行動、如同作協院內大亂，是非評價已在其次；幾個作家眾口一詞反對焦祖堯這一事實，證明了焦祖堯領導不力，證明了在焦祖堯當政的省作協問題很大。

焦祖堯負責的一個地方，出了問題。作家們對焦祖堯的意見，波及到了胡富國。聽慣了下面逢迎話語的省委書記，挨了作家們一頓嚴厲批評。

胡富國惱火了。據說嚴厲批評了焦祖堯，並且下了撤換焦祖堯的決心。所以，省委宣傳部和組織部，臨機啟動了一個程序，派出臨時工作組到省作協來考察馬烽。

胡富國接受了作家們的意見和建議：既然在山西文學界，大家像全國作家擁戴巴金一樣地擁戴馬老，馬老為什麼不能出任作協主席呢？

胡富國這樣說：「看來大家比較擁護馬烽啊！」

七君子的上告起了作用，特別是大家在終於能夠面見胡富國的時候，直言不諱、毫不畏縮，不僅給焦祖堯提出了類似「彈劾」那樣的意見，也給胡富國提出了嚴正批評。這個批評，起了作用。

當時，我已經認定；今天，我依然這樣認定：

在事實上，七君子的訴求，達到了目的；大家的行動，取得了成功。在事實上，焦祖堯已經倒臺。焦祖堯之所以後來仍然作為唯一候選人，參加了作協主席選舉，只是因為別的原因。

當工作組緊急進駐省作協，在作協會議室進行「民意測評」的時候，省委宣傳部部長等領導人正在拜訪馬老。就作家們的意見、就胡書記的意思，徵求馬老意見。

馬烽何等樣人，如此重大問題豈可草率。馬烽分析了省委主持兩會換屆的實際情況，也如實講述了自己的處境和主張。

馬烽說：「我是現任省文聯主席。文聯那邊，你們要讓溫幸擔任文聯主席，讓我下來，我服從組織。現在，作協這邊，主席候選人焦祖堯出了問題，你們要他下來，讓我出任作協主席。你們想想，這樣辦，合適嗎？要馬烽我這樣接受組織的意見，我做不出來；組織上這樣安排，也不合適，組織上就能做得出來？」

馬烽老師曾經滄海，在中國文壇成名多年，見識過、經歷過太多的風風雨雨。他有他的處世風度，他有他的做人準則。

馬烽拒絕了胡富國的意見。

作協會議室全體人員的考察結果也出來了。這樣的民意考察，從來都不公開實際無記名投票的準確票數。人們無案可查、無跡可尋。工作組隨便交代了大家一句：「考察結果，還是焦祖堯同志票數比馬烽高一點！」然後匆匆回省委交令去也。

給馬老惹出一點小麻煩，老人家浪費了若干時間和侯伍傑們周旋。而焦祖堯嚇出一身冷汗，相當於假死一回。

作家們曾經希望馬烽出山，這希望其實有些強人所難。馬老謝絕出山，七君子當時小有失望吧。然而，我還是要堅持認定：七君子螳臂擋車、飛蛾撲火，捨生取義、奮起一擊，終究取得了勝利，曾經獲得了成功。

六、選舉兩大疑點

1999年年底，兩會召開。省作協換屆大會在山西飯店進行。

時間過去不久，換屆大會的許多事情，人們該是記憶猶新。

大會代表推舉出了選票的計票員和監票員，還確定了總監票人。但省委組織部和宣傳部派來的工作人員，並非與會代表，也不是省作協機關的工作人員，卻要實際負責票數統計。他們統計票數的時候，將大會推舉的有關工作人員盡數排除在外，鎖起門來計票。

這樣的做法，不知依據了什麼政策條例？凌駕於作協全體會員代表大會之上，至少會讓人起疑。他們要是在選票上做什麼手腳，誰知道？他們也許沒有做手腳。但是，與會代表可以這樣懷疑。所謂的群團組織，早已在王茂林時代就淪落到被隨意操控選舉的地步。如今，更是「進步」到上級部門公然介入選舉，替代監票、計票的境界。

代表們對此無可奈何，但大家敢怒而敢言，至少可以「莊稼地裏罵朝廷」，發牢騷、洩怨氣。有的代表說：「群團組織的換屆選舉，比正式的黨代會還要缺少民主。」多數代表則保持沉默。消耗時間，前來開會，見見朋友罷啦！大家已經看透、已經煩透。換屆是大家的事，但早已不是大家的事。

在我的心中，對於那次換屆選舉，始終存有兩個疑點。現在提出來，寫在這篇作品裏。換屆早已過去，或許這是毫無意義的，但對於追述曾經的歷史，這也許是有意義的；對於中國大聲疾呼的民主化進程，也許是有意義的。

疑點之一：

選舉程序，從與會代表中先行選出作協理事，而文聯方面則先行選出文聯委員。省文聯那邊，選舉文聯委員的票數統計，結果已經出來，確定為文聯主席候選人的溫幸和黨組書記周振義，票數過半當選，但依照得票多寡排列順序，名次並不靠前。

當前省委主要工作之一，就是兩會換屆。聽說，時刻關注兩會情況的胡富國，知道文聯委員的選舉結果後，很不高興。

作協換屆大會的理事選舉，在下午四點左右投票完畢。宣傳部和組織部的人，在沒有監票員和總監票人在場的情況下，鎖起門來統計票數。兩百多張選票，工作量是可以計算出來的。作協先前的歷次選舉，皆有先例可查。

本次票數統計，直到夜間三點之後，方才得出結果：一百名當選理事中，黨組書記劉鞏得票第一；作協主席焦祖堯得票第二。結果報上省委常委會，胡富國很滿意。

我懷疑這樣的票數結果，與「鎖門計票十一個小時」有必然的關聯。

疑點之二：

理事選舉過後，開始主席、副主席選舉。主席一人，焦祖堯；副主席十二人。等額選舉。

作協方面不在候選人之列的蔡潤田，得票超過半數，當選。列為候選人的十二人，只有趙瑜一位得票沒有過半，落選。但在宣佈選舉結果的時候，蔡潤田名下出了問題。

大家都知道，老蔡因為在報紙上發表過一篇關於「空碗」的散文，曾經引發了胡富國的不滿，認為這篇散文有影射「胡書記修公路、到處化緣讓老百姓捐款」的嫌疑。

八十餘名理事選舉主席、副主席，一共三個票箱，數字統計應該比較簡單。即便是當場唱票，也不費事。三個票箱的監票員已經碰過頭，早已口算出來。趙瑜稍差幾票，而蔡潤田票數過半。

據稱，但凡某些人不在預定候選人之列，有選票選舉了某些人，另外進行登記。這也有道理。但在組織部和宣傳部的人員統計票數完畢，公佈選舉結果的時候，宣佈老蔡得票二十九票。沒有過半，不在當選之列。老蔡既然已經分頭知道了三個票箱的票數，認為宣佈結果不符事實，這只是兩個票箱的數字，而落下了一個票箱。堅決要求查票，捍衛個人權益。

組織部和宣傳部的工作人員，勃然大怒，要求分箱計票人之一的楊佔平要用「黨紀」保證什麼什麼。而楊佔平果然就用黨紀保證：計票時候看見了老蔡的名字，自己是老蔡當年的部下和學生，自己也肯定投了老蔡一票。這個票箱，老蔡的名下，絕不是空箱。

總監票人楊士忠也同意查票。

於是，組織部和宣傳部的有關人員承認了「工作失誤」。楊士忠公告大家：原來是在統計老蔡票數的時候，由於另外登記云云，落下了其中一個票箱的數字。

不在候選人之列而獲得選票者，不只老蔡一人。為什麼會單單在老蔡名下，落下一個票箱的數字？這也過份巧合了吧？

在電梯間，我碰上了組織部的朱錦平先生。我和他開玩笑說：「你們要幹掉蔡潤田，太露骨。二十九票？你們要是宣佈成三十九票，老蔡可就慘啦！」

朱錦平淡然一笑。笑容頗有內涵，深不可測。

——除了主席副主席是等額選舉，作協理事採取差額選舉。大約是一百一十名候選人，選出一百名的樣子。

副主席選舉，蔡潤田「飛出」票箱；理事選舉，有個陳建祖「飛出」票箱。

這個陳建祖，就是那個「陳精英」啦。他並不是候選人，而能被選為作協理事，證明著他果然有些「精英」的樣子。

「陳精英，趙白馬」，是我曾經戲擬的一副對聯。

換屆完畢之後，我們作協院子裏的理研室主任閻晶明先生，擔任了作協秘書長。據說，這位秘書長不是黨組書記劉鞏親自選定的，而是宣傳部直接下令任命的。所以，秘書長閻晶明，只是有了一個位子，在作協既不管車子，也不管票子，而且不管房子。黨組會，有時通知他列席而已。

於是，我又湊得一副對聯：上聯「陳增補」，下聯「閻列席」。不僅內容貼切有趣，也還基本對仗。

七、焦祖堯謝幕

作協換屆，主席和副主席選舉同時進行。兩張選票，都是無差額選舉。

主席選舉結果，焦祖堯得票七十六票。而副主席選舉，除黨組書記劉鞏幾乎全票當選外，以下張石山得票七十八票，韓石山得票七十二票。

副主席選舉，在老蔡「飛出」票箱、票數有所分散的情況下，七君子裏唯有趙瑜遺憾落選，其他各位作家都得到了半數以上理事的認同。

焦祖堯獲得多數理事的選舉認同，繼續擔任山西作協主席一職。不過，聽說胡富國有過具體指示：讓老焦還當主席，給老焦一臺車子，但是，「作協的事兒，你就不要管啦！」

換屆大會臨近結束。最後還有一個程序，新任亦即繼任連任作協主席的焦祖堯致閉幕詞。

在大會召開期間的最高權力機構「大會主席團」的最後一次會議上，劉鞏當眾指示焦祖堯：「老焦，你寫一個閉幕詞。不要超過五分鐘；寫完我看一下！」

焦祖堯還是作協主席，然而焦祖堯統治山西作協的時代結束了。

1999年年底開始的換屆大會，跨越了年度。選舉完畢，全人類進入2000年。

2000年，西方叫做千禧年。也有一派觀點認為，這一年就是新世紀的開端年。

又一頁書掀了過去。

十年苦熬的日月，熬出了頭。

在山西飯店的院子裏，冬日的寒意依然陣陣侵人肌膚；但我的心裏有些暖洋洋的。

太原市的天空，陰霾污染，看不到幾粒星星；但我覺得神清氣爽。城市的燈火，映照天空；天幕散發著暗紅的反光。我幾乎要相信：那就是新世紀到來的曙光。

第三十章　鍍金時代

懷舊，或許是人類的通病。懷舊，也許只是老年人的毛病。

行將步入老年，我已經在懷舊。我懷念自己的童年、懷念自己的青年，也懷念自己的中年。

我三十歲步入文壇，開始從事文學。自從與文學相伴，文學成了我的愛好、成了我的職業，乃至成了我生命的一部分。

為文為人，漸漸密不可分；對於「文學即人學」，有了自認入骨的體會。

山陰道上，觸目皆是風景。人生途程，原來寸土寸金。進入了時間，此刻正是永遠；融入了空間，腳下即是天堂。而夕陽無限，無奈黃昏；滿目青山夕照裏，大地山川鍍上了一層落日餘暉的金黃。

2007年，我將退休。在崗受聘，也就一年出頭的時光了。我進入了即將退休、離崗的倒計時。

我的創作生涯，大概還不會戛然而止。退休，我將恰恰能夠在某種意義上真正成為一個自由職業者。

在崗、離崗，對於作家來說，沒有多少實質性的區別。然而，看似漸變的歲月，慢條斯理地刻蝕著生命。

對於作家、藝術家而言，年老在某種程度上也許不是壞事。老成、老到、老辣、老練，都離不開一個老字。但年老畢竟更加靠攏了死亡。

向死而生，是每個人的宿命。

比起我的童年、青年與中年，眼下，充其量是我的一個鍍金時代。

一、劉鞏時代

1999年的換屆，儘管焦祖堯依然被胡富國設定為作協主席，但山西作協恰恰在這時，進入了劉鞏時代。

在此之前，劉鞏前來擔任黨組書記，先前書記、主席一肩挑的焦祖堯只剩作協主席一個頭銜。但曾經大權獨攬的焦祖堯，他對權力的迷戀、因重權在握所形成的慣性，不會一夜之間化於無形。他很難有那樣的自覺。

劉鞏在換屆前夕和老焦的合作中，對其人的思維方式、工作方法，應該是有了刻骨的體驗。劉鞏對之曾經有過極其痛烈的評說。換言之，焦祖堯從唯我獨尊到大權旁落，也必須有一個痛苦適應的過程。

換屆完畢，繼續被胡富國放在作協主席位子上的焦祖堯，才真正退出了執掌權力的舞臺，不管他是否甘願。

自從上面派來一個翟泰豐接替馬烽擔任黨組書記之後，中國作協率先打破了群團組織曾有的傳統，即由作家、藝術家中的黨員形成黨組，以對上級負責的傳統；各省市自治區立即起而效尤。上面派人到群團組織來擔任黨組書記和副書記，一時成風。省級以下，各地市文聯包括縣級文聯，莫不如此。縣級文聯，乾脆就是上級直接任命文聯主席。

作家、藝術家，對此無可如何。大家頗有微詞，微詞而已。

中國的群團組織，本來不是嚴格意義上的群團組織；如今更加不是而已。上級派人到任何地方當官，那豈是老百姓能夠干預得了的。

在山西省作家協會，由於作家焦祖堯當權，對多數駐會作家的壓迫過份殘酷，反而顯得上級派來的書記，不那麼讓人抵觸、反感。至少我有這樣的真實感受：作家掌權又如何？非作家掌權，再壞都壞不到焦祖堯那種份兒上。

且說換屆完畢，不再有人掣肘，劉鞏著手調整院子裏的格局，調和、均衡各種勢力。

冷眼旁觀，看見劉鞏大致搞了這樣幾個動作。

一個是，提拔張發就任《黃河》主編。

張發在副主編的位子上，幹了十五、六年。主編周山湖放權直至卸任，張發獨力負責編刊也有三、五年。對於張發的情況，專業作家們有時也議論兩句。但在焦祖堯時代，別人的家事，不便插言。劉鞏當政，周宗奇在某次會議上就放了一炮，提出了張發的問題。

聽說，劉鞏還多少有些不愉快。新官上任，手頭有什麼資源？檢點一回，寥寥無幾。周宗奇這不是要借花獻佛嗎？但作家說話，就是這個樣子。不比官場油子，進退得當。劉鞏就予以諒解。從諫如流，愉快地將張發提拔扶正。

提拔張發，給多年在崗辛勞的編輯們認可與撫慰。

張發走路八字橫斜，更加橫斜八字。自然，辦刊也更加用心。審閱稿件花了眼神，應酬喝酒傷了脾胃。

一個是，搬請韓石山就任《山西文學》主編。

初初聽說這一消息，我的第一反應是以為老韓不會爽快答應。刊物辦成了那般模樣，這是要老韓充任森林滅火的英雄、抗震救災的勇士。況且，《黃河》副主編張發既已扶正；《山西文學》有好幾個副主編，巴望扶正者，正不知凡幾。韓石山如果就任，這不是奪別人飯碗嗎？

精明如韓石山，不會那兒一篩鑼、這裏就上桿吧？但轉而替老韓考慮，這一輩子還沒當過一回主編呢！況且聽說老韓只是掛名。在祝大同之後，《山西文學》將由王艾琴和畢星星兩位副主編來執行編刊。韓石山又何樂而不為呢？

於是，韓石山即刻上任。「主編韓石山」，大名印上刊物的顯要位置。殊不知老傢伙今番算是騎上了老虎一匹。驅趕向前，談何容易；跳將下來，而不可得。

執行副主編負責辦刊，按說也還盡力；無奈水平有限，刊物越辦越糟。院內議論紛紛，院外媒體大嘩。韓石山的名片，明晃晃地掛在那兒。好像幹部公示，初看業績平平，細看還不如平平。

於是，原本只是掛名的主編韓石山不得不披掛出征。「期期都有韓石山，篇篇都是好文章」，甚至近於赤膊上陣。

曾經巴望升任主編者，難免情緒惡劣，誰肯替韓石山賣力、操心。刊物的份數指針，焊死在鐵板上一般；只在兩千份左右的死亡臨界點徘徊。老韓前有堵截，後有追兵，疲於招架，無異掙命。

而韓石山到底是韓石山。著名作家辦刊，有著獨特優勢，而老韓辦刊，更有著他的獨特招術。

殺豬捅屁股，只要殺得利索，他就是金牌屠戶。

劉鞏搬請韓石山出任主編，原意或許有平衡機關院裏局勢的初衷。這個動作的預期效果，竟然相當不壞。無心插柳，不期然間救活了一個刊物。

《山西文學》發行份數大幅上揚，刊物在全國的影響力直追當年輝煌，乃至大有超越之勢。

劉鞏提拔了兩個主編，不過是在他許可權的範圍內幹了點事情。但是，任人唯賢也好，獎掖積年辛勞也罷，符合人心、順應民意，看不出什麼培植親信，說不出什麼唯我獨尊。

劉鞏大大得分。

作家協會過去固然有作家自己管理自己的傳統，劉鞏被派到省作協來，到底不是他個人的原因。大家或許覺得彆扭，劉鞏自己也許還更彆扭。但胡富國說了：「劉鞏不願意去作協嗎？那把他退回寧武縣委書記的位子上去！」

結果是劉鞏服從組織，大家接受現實。

劉鞏為官一任，在其位而謀其政。執政公平，處事在理，理應得分。

還有些事情，則不在劉鞏許可權之內。

換屆之前，七君子鬧事，劉鞏居間調停，曾經親口傳達省委宣傳部部長侯伍傑的許諾：要提拔成一擔任省作協常務副主席，要安插兩名作家進黨組。兩項許諾，統統沒有兌現。侯伍傑要了手腕，前說後空，沒有誠信。或許，現在時興跑官，侯伍傑許了官職，等待作家們給他也送上十萬、八萬美金不成？

聽說，劉鞏做過相當努力，但就是掰不開侯伍傑的指頭。侯伍傑掌握宣傳口數不清的烏紗帽，對於省作協一個小小常務副主席的職位，就是不鬆手。

提拔幹部、調動幹部，行規已經成了雁過拔毛。作家怎麼樣？你不肯送禮，白白提拔你嗎？不能破了規矩。沒有規矩，不成方圓。我不賣官，叫我拿什麼去買官？

侯伍傑曾經言之鑿鑿，到如今不給兌現，這叫劉鞏如何措置？好在黨組副書記張不代，換屆選舉當選了副主席。劉鞏便要他將文學院院長一職騰出，提拔了成一。這樣一來，在劉鞏許可權的範圍內，總算盡量給了成一交代。

突然，上頭下令，雷厲風行。調任劉鞏到省直機關工委擔任黨委書記，以正廳身份回到正式幹部的序列。文聯黨組書記周振義，將要來省作協接任書記。劉鞏時代，戛然而止。

二、周振義執政

周振義原係呂梁地委宣傳部長，比我年長一歲。老周調任省文聯黨組書記的時候，已經五十出頭，升格為正廳級別，又懸掛了省委宣傳部副部長的頭銜。為官一生，看來快要到頭，但也堪稱滿足。若不是情況變化，也就在省文聯當書記當到六十歲，退休了事。

情況有所變化，說來簡單，卻也有趣。

劉鞏負責省作協順利換屆的同時，周振義的任務是負責省文聯完成換屆。

劉鞏這頭，任務是將焦祖堯選成主席、繼續連任；但焦祖堯在換屆後卻是什麼事情都不管了。不是焦祖堯不想管，也不是劉鞏不讓焦祖堯管，而是胡富國有那麼一句話。劉鞏大權獨攬，作協黨組書記當得也還有職有權。

周振義那頭，任務是把溫幸選成主席；而溫幸自省委宣傳部的領導崗位下來，初初品嘗這群團組織主席的味道，癮頭正大。不僅如此，溫幸是省委宣傳部的老牌副部長，算是周振義的老上級，行業資歷就壓了一頭。況且還有新鮮而老套的理論：群團組織嘛，當然是主席團說了算！不過文聯的實際情勢，並不是主席團說了算，而是溫幸說了算。

與劉鞏相比，文聯黨組書記周振義，一把手的權力就大打折扣。

文聯、作協分家多年，兩個團體往來甚少。大家互不相擾，對於對方的情況，霧裏看花、隔岸觀火，是那樣一個狀況。

作協這裏，人們也只是說：「周振義碰上溫幸，不大好辦呀！」閒話說著、議論著，就聽說劉鞏要上調、周振義要來省作協的消息。

原來，省政府辦公廳還是省委辦公廳有個廳長李才旺，要到省文聯去當黨組書記；那麼，周振義就得挪動地方。周振義挪動到作協這兒，這兒的劉翬就也得挪動。劉翬尚還年輕，總得挪動一個更加合適的去處；於是就到了省直工委。但不知原先的省直工委書記做了怎樣的挪動……

如今的幹部，謀算上了什麼職位，那是要自己運作的。就說以上所言，李才旺要當文聯黨組書記，那是多麼麻煩的運作過程，作家們聽得頭都大了。成一老兄，組織上答應讓其擔任作協常務副主席，自個兒不去運作，能成嗎？而即便成一放下架子，不當作家了，一心要謀求一個副廳級幹部當當，他又能運作得了嗎？

那位李才旺當辦公廳主任不好嗎？當然好。只是廳局級的幹部，退休有年齡限制。所以，他也謀劃上了文聯主席這個位子。這個位子，正廳待遇，年齡卻可以寬限到六十多歲乃至七十多歲。到齡不退休，繼續為黨為國家為人民工作，該是怎樣的覺悟？

況且，李才旺的書法和繪畫還有相當水準，說來比溫幸更適合擔任文聯主席哩！溫幸當得，豈有李才旺當不得的？

不言李才旺經過一番大力運作，如願到了文聯任上；周振義被挪動開位子，接替劉翬來到作協。

焦祖堯書記換成劉翬書記，劉翬書記換成周振義書記，作協的院子裏一派平靜。大家早已習慣，或曰已經不再關心。這兒叫做群團組織也罷，不叫群團組織也好，隨便。辦公室大章不用更換，財務處注意一把手的印鑒不要弄錯，支票免得作廢就是了。

周振義接替劉翬來到作協，暫時未見有什麼大動作。開了一個見面會。說了幾句話，基本是大實話。說自己喜歡文學，雖然不會寫書，看書還是看得了的。希望和作家們相處好，估計自己也就在這個地方退休了。

在某一場合，文聯的一位女舞蹈家曾經對我說起過周振義。她說：「老周是個好人。張石山你們作家威風八面的，可不要欺負老周！」

作家原來威風八面，連我自己都不知道。書記不欺負作家，作家就該偷笑、竊喜，哪裏可能反轉來欺負人家書記呢？

不過，周振義調離文聯，文聯方面有人，起碼我聽到有人說「老周是個好人」，我的心裏便有所動靜。

好人、壞人云云，兒童語言。秦檜都有三個好朋友；董卓被誅殺，大文豪蔡邕還要去祭吊；好人、壞人，蓋棺尚且難以論定。

特級貧困縣，縣裏借貸搞形象工程；假如我們和那個縣委書記坐在同一個酒桌上喝酒，其人酒後真言，豪爽仗義，稱兄道弟，年輕化而思考型，說不定我們也會認為他是一個好人。即便代替老百姓詢問形象工程的根由，其人自有一番道理，說得頭頭是道，說不定感人肺腑。

胡富國出省晉京，山西公安廳車隊護送、河北公安廳車隊在省界迎接，何等威勢氣派！鹵簿儀仗，肅靜迴避。但這個省委書記也是一口一句「我是農民的兒子」之類，說起老百姓的窮苦，甚至掉下眼淚來。

周振義其人究竟如何，我且看看。

官員們不很樂意到作協來當官，原因多多。清水衙門，沒多大油水；作家們不僅不巴結，反而還要挑刺。作家們自有吃飯本領，可以不看官員臉色而處世做人；而且還要自行肩負監督官員的職責，為清潔社會空氣大聲疾呼、為國家民族無私效力。

冷眼旁觀一段，和劉鞏相比，周振義果然是另一個樣子。前者張揚，後者沉穩；前者大刀闊斧，後者步步為營。前者鋒芒略有外露，後者英華基本內斂；前者行政經驗豐富，慣於平衡各種勢力；後者更具平民色彩，不免顯得幾分江湖。

周振義來到作協，沒有多大的動作，巷子裏因而大致平靜。作家協會還不能說達到一派和諧，但日子平安。

周振義好像未見多大能力，卻又彷彿無為而治。或許，他行將退休，不肯沒事找事；也許，他希望平靜過渡到退休時光，免生事端。這在無形中成了作家們的福音。

周振義幼時，被養父、養母撫育成人。說起生父、生母，恐怕自己欠缺了孝道；提及養父、養母，同樣厚地高天。

百善孝為先。古話總是有古話的道理。

三、第三次高潮

以張平的〈抉擇〉獲取第五屆茅盾文學獎為首要標識，評論界和研究界認為我們山西這個文學大省，迎來了它的第三次創作高潮。

依照慣常的說法，第一次高潮，是上個世紀五十年代到文革前，中國文壇著名的山藥蛋派的得名與興盛。山藥蛋派的祖師爺趙樹理和山西文壇五老「西、李、馬、胡、孫」，稱雄中國小說界。

第二次高潮，是上個世紀文革結束之後，到八十年代後期，中國文壇「晉軍崛起」。馬烽、西戎、孫謙和胡正幾位老作家當政時期，老作家和青年作家，一共為我省拿回十個全國獎。

十個全國獎計有：

1978年，成一獲首屆全國短篇小說獎；1980年，馬烽、柯雲路、張石山三人分獲三個全國短篇小說獎；1980年，馬烽、孫謙編劇的電影《淚痕》獲取全國電影大獎；1984年，鄭義獲全國中篇小說獎，張平獲全國短篇小說獎；1986至1987年度，張石山和李銳分獲兩個全國短篇小說獎；《山西文學》刊登的短篇小說〈五月〉同時獲取全國獎，而且位列第一。

說來可嘆，從1988年焦祖堯上臺當政，到1999年底黨組書記到齡卸任，頭尾十二年，山西作協的整個文學創作陷入低潮。沒有拿回一個全國獎。

當然，在焦祖堯執政時期，山西作協的作家們儘管受到強力壓制和一再冷落，但大家依然堅持文學創作，臥薪嚐膽、筆耕不輟。作家們潛沉心智、積蓄力量，期待爆發。

第三次高潮，以張平長篇小說〈抉擇〉榮獲茅盾獎為典型標識。但我個人認為，單單有張平獲獎，那充其量只能說是張平自己的一次創作高潮；作為山西文壇的第三次創作高潮，必須有群體創作的實績作為依憑。

事實上，新的世紀到來之際，在張平榮獲矛盾獎的同時，南華門巷子裏的其他作家同樣創作成果累累：

成一深入生活多年，寫出了上、下兩卷八十萬字數的、描寫晉商生活的《白銀谷》；周宗奇十載努力、艱辛備嚐，寫出上、中、下三卷本的《中國歷代文字獄》；李銳繼長篇小說《無風之樹》之後，又寫出長篇力作《銀城故事》，並依然翻譯成瑞典文、英文和法文；韓石山在長篇傳記文學《李健吾傳》出版後，又有《徐志摩傳》一版再版，《尋訪林徽音》熱賣、《文壇劍戟錄》脫銷；鍾道新的長篇小說《超導》改編為電影，爾後一腳踏入影視界，充任《黑冰》、《黑洞》等電視劇的編劇，大獲成功；趙瑜的《馬家軍調查》轟動文壇，繼而有《革命百里洲》長篇報告文學出版，並獲得中國作協頒發的魯迅文學獎；張銳鋒的大散文在全國自成一家，好評如潮；燕治國繼完成關於走西口的長篇散文後，描寫晉西北先民走口外的電視劇本也已殺青；評論家蔡潤田有散文集和文學研究專著出版；即便是已經退休的田東照也有《跑官》、《賣官》系列小說連連熱銷；即便是脫離了焦祖堯體系、經商失敗的陳為人，也潛心寫作，完成了五十餘萬字數的《唐達成文壇風雨五十年》。

筆者張石山不甘後人，寫出長篇紀實自傳《商海煉獄》，參與「走馬黃河」，完成長篇文化專著《洪荒的太息》，涉獵影視創作，編劇《後水滸英雄傳》、《呂梁英雄傳》、《兄弟如手足》各二十集。

愚以為，新世紀以來我省的文學創作勢頭，固然張平的〈抉擇〉獲取茅盾獎最為打眼，但同時有眾多作家的眾多作品，交相輝映，這才形成了我們這個文學大省的第三次創作高潮。

以上所舉作家的創作例子，僅限部分駐會作家，信筆寫來。院內作家或有遺漏，請勿見怪。至於全省作家的創作情況，非我所知、知之不詳，所以未曾列舉。

文學創作和閱讀的整體低落，媒體炒作和文學評論鼓吹方面的缺失，對我們山西文壇的第三次創作高潮，宣傳不夠，或宣傳力度不大。

這一高潮的認定，或許還需要假以時日。

四、棄裱褙書

山西作協1999年底換屆，我被大家選舉為省作協副主席。年過半百，終於得以參加作協主席團，不僅在心理上有所安慰，這甚至使我產生了一些想法。希望自己能夠在其位而謀其政，能夠為我們協會工作貢獻自己的一點力量。

事實證明，我的想法是過於天真了。我沒有任何參與領導決策、負責任一方面工作的權力與資格。而是成為地地道道的一塊裱褙。

猶豫再三，我終於在2003年的夏天做出決斷：辭去徒有虛名的副主席職務。這是純粹的個人行為。繼續擔任作協副主席，沒有什麼用；對山西作協的工作無補。辭去作協副主席，也沒有什麼用；對改變作家所處的環境無補。也許，它只是一種態度，表達著我對眼下群團組織體制的看法。又或許，它只是一個聲音，發出某種拒絕參與合唱的別調。

當時，我寫了一篇〈棄裱褙書〉，曾在有關報刊公開發表。現將原文照錄於下，立此存照。

棄裱褙書

一、幾年前，有過一點聲音，議論到類如「作家協會」這樣的機構有無保留必要的話題。聲音微弱，議論也未見熱鬧，不了了之。在體制外生存的作家，或依賴稿費生活的自由撰稿人、或另有職業的業餘作家，覺得作家協會可有可無。既然作用不大，不如解散了事。在作家協會上班領取工資的作家、編輯和工作人員，卻多半要考慮飯碗問題。沒了如此一個單位，誰來發工資、誰給解決住房呢？沒有人來解散協會，且由它那麼苟延殘喘著。當然，依賴作家協會這樣的單位，能夠當官坐車的人，他們怎麼想，另當別論。「子非魚，安知魚之樂」，不好妄加猜測的。按常情推想，有官可當、有車可坐，他們大約也不樂意協會解散的吧。陶淵明不為五斗米折腰時，正不知有多少人為了官俸祿米奔波仕途、夤緣當路。何況，五柳先生有那樣一片屬於個人的田園，可以種豆採菊、能夠輕鬆吟唱歸去來辭。當代中國的文人和官吏們，誰個玩兒得起那般瀟灑。

幾年過去，全國並沒有哪一省作家協會解散。「精簡機構」的決策，又向來是雷聲大、雨點小。我省作家協會當然照樣存在著，內部機構依照上級要求有一點換湯換藥的改變，整體格局大致依然故我。我當然也和大家一樣，按規定住一套房子、月月領取工資。在作家協會領工資這樣一個事實，多年來始終有一種說法是「養活著作家」。作家們被養活著，他們該覺得多麼幸福、或者會感到多麼汗顏。然而，麻木如我，並沒有上述兩種感覺。既不感恩，也不慚愧。操「養活作家」腔調的人，被納稅人養活了多少年而不自知。腆然人面口口聲聲自稱「公僕」音猶在耳，同時又以「救世主」自居，作「主子」扮相、講「皇上」話語。作家再向他們感恩，那真變成整部滑稽劇了。人類馴化野生雞羊，為了吃雞蛋、喝羊湯更加方便，說法卻是我們「養雞」、「養羊」。這時的人類居高臨下，顯得很霸道、很無恥。雞們羊們十分無奈，但我以為他們不會感恩。

作家協會一時不解散，大家日子便那麼過。但關於「作家協會要不要解散」這不了了之未見熱鬧的議論，竟給我留下相當的印象。間或會沒來由地想一想：假如這一命題關乎切身，我將怎麼辦？對於自己所棲身的作家協會，我能有些什麼言說？

二、1999年底，我省文聯和作家協會同時換屆。這時，距1988年上次換屆，已經過去了整整十年。協會章程不是規定好了五年換屆的嗎？提前換屆或者推遲換屆，卻並不是由會員代表會或者理事會來決定。聽說有的兄弟省份作家協會，不乏十多年不換屆的。不換屆，至少在客觀上成為身居作家協會領導崗位者保持權力乃至排斥異己的一種手段、一個謀略。最低，也是一種「不作為」。

比較一回，我省作協十年一換屆，堪稱有所作為，我們還算幸運多多。

就在1999年底這次換居會上，我被理事們選舉為一名副主席。

首先，這是大家的抬愛，我內心始終由衷感謝。自己缺點毛病比常人多，編輯業績、創作成就卻不那麼突出。確實是大家十分賞光。

其次，個人的真實心情，有些愜意、不免竊喜，虛榮心獲得相當的滿足。在作家協會工作二十多年，操這一行當為職業、端這樣飯碗來謀生，「老三屆」奮鬥到年過半百，到了混成一名副主席，彷彿得到承認、修成什麼正果似的。「副主席」這一名堂，當即印上了名片，想要讓許多熟人朋友知曉。衣錦還鄉一般。

當然，能夠進入作家協會新一屆主席團，我無疑也想到了自己的職責，想到了今後的工作。坦率地說，我認為換屆前十年蹉跎，我省作協工作確實未能盡如人意。我真誠地希望新一屆主席團，能夠除舊佈新，別開生面。然而，幾乎還在換屆會的進行中，我就感到自己想得太天真了。

作協換屆，而且是熬磨十年時光後的換屆，非同小可。選舉過程當中，有許多深刻印象；換屆完成後，也有許多實際體驗。

歸納起來講，或者可以說是「有所發現」。

發現之一：省級作家協會原來相當於一個廳局單位，黨組書記和作協主席一樣，相當於正廳局級別。那麼黨組副書記，則相當於副廳局級別。黨組書記、副書記的崗位，成為上級有關主管部門安插幹部的「實缺」。不妨說，作協這樣的群團組織已經某種程度地異化為一個官僚機構。

據老作家們介紹，先前作協黨組是在駐會作家的黨員中間產生，以對上級黨組織負責。客觀上，老作家們工資級別夠高，並不十分看重那個「廳局待遇」。但那是隔年皇曆了。上個世紀九十年代，是中國作協最先開了這樣一個頭，派行當外的人來做黨組書記，享受正省部級別。「上有所好，下必效之」。眼下在我省，不僅省文聯省作協，推而廣之各級地市文聯乃至縣級文聯無不仿效。至於被安插來享受級別待遇的官員，是否適宜文聯作協工作，找誰問去？

發現之二：文聯作協主席的位子，另有妙用。有人謀求到諸如書記、副書記的位置，並不滿足。因為書記這樣正廳局級別的幹部，到六十歲是要退休離任的。而文聯及作協主席，作為群眾團體領導，任職年齡可以放寬到六十五歲，退休年齡自然就到了七十歲。假如不能按期換屆，享受正廳局級別待遇的年頭正不知伊於胡底。文聯作協主席的位置，一時變的炙手可熱。謀求這一位置，成為所謂「退休工程」的一個專案。

大家或者有說法，他們會用巴金來舉例：巴金一百歲還擔任中國作協主席不退休呢！在操作程式上，被派來當書記的人，首先會被上級黨組織發文建議擔任「常務副主席」。至於他原本還不是文聯作協的一般會員，先任命了再說。常務副主席當得，主席便也當得。至於他是否有巴金那樣的文學建樹和人望，這時偏不再舉巴金做例子。

其他發現還有一些。選舉前，各地市的會員代表組團來省城，各地市黨的宣傳部長擔任團長。團長做動員工作，說選舉怎麼畫圈，大家必須保證怎麼畫圈。這就叫「民主」。選舉當場，各個投票箱投票完畢，要由省委宣傳部和組織部的工作人員來總計票數。這當然就叫「集中」了。

經過一系列民主集中的過程，我省作協換屆完成。

群眾團體的換屆選舉，不見了我們曾經熟悉的活躍、自由的氣氛。有人大驚小怪，竊竊議論說，這比黨政部門選舉還不民主。有人見慣不驚，什麼都不說，覺得沒用。

三、我省不少駐會作家，在文學圈內比較知名的成一、韓石山、李銳、鍾道新等，本次換屆都新當選為作協的副主席。大家不僅堅持創作，而且多數擔任過刊物主編、副主編，熟悉刊物情況、與地市作家聯繫密切，對作協機關本身內部人事關係熟知、利於協調。新一屆主席團能夠發揮更多更好的作用才是。我省作家協會的工作，也許能夠開一點新生面、有一些新舉措。

但我省作協的工作，自本次換屆之後，從方針政策指導到業務工作安排、從人事調動到財務監管，一概由黨組負責，主席團基本上形同虛設。

黨組絕對負責制之下的主席團幹什麼呢？一件：每年發展會員，大家被通知到會，和黨組成員共同聽聽各地市文聯、文協報來的申請入會者名單，通過一下。再一件，每年召開一次理事會，副主席們被安排到主席臺上坐場一番。有的，被佈置念一段什麼列印好的話；有的，始終人樁子似的泥雕木塑坐場。熟人朋友見面，或者發聲哈哈一笑，意味深長；或者無聲點頭打個招呼，盡在不言。理事會也就結束散會。

主席團只是作為擺設，一切權力歸黨組。在這樣的既成事實面前，我還不曾歇心、死心。我想，除了享受級別待遇的書記副書記之外，主席團的成員、黨員副主席，是否可以有那麼一兩人進入黨組呢？比如成一、韓石山，是入黨多年的黨員作家，他們進入黨組，不享受任何級別待遇，只是參與一些黨組工作，行不行？如此，熟悉刊物、了解創作的人可以部分介入作家協會的「權力中心」，主席團的作用可以得到部分體現。我以為，對副主席們而言，個人可以找到一點存在，不至於總是「尸位素餐」；對作協整體工作，也一定有好處。內行參與領導，比全然外行執政，要好一些；有限度的「分權」，比「集權」，也要好一些。

這是不是「向黨要權」？是不是心懷不軌要削弱黨的領導？是不是屬於什麼狼子野心？時髦一點說，是不是反對「三個代表」？文化革命畢竟已經過去。這樣的「帽子」、「棍子」，已經沒有多少威懾力。儘管有些擔心，擔心被誤解、擔心遭非議、擔心被評價為「不識時務」，我還是明確表達了我的意見。

本人向有關領導明確表達意見，直率提出要求，希望能夠考慮接納成一與韓石山進入黨組參與領導工作，前後共有兩次。

第一次表達意見，在換屆過後不久。

有關領導說：「你提的問題太直率了」，算是給我的回答。

第二次提出要求，是在我於2000年參與「走馬黄河」之後。走馬黄河，途經好幾個省份，據我的諮詢調查，每個省的作家協會，都有知名作家擔任常務副主席，並且進入黨組參與領導。為什麼只有我們山西省作家協會，不設常務副主席、作家不能進入黨組參與領導工作？再次表達意見，希望舉一反三，能夠說服領導。

有關領導回答：「黨組書記不就是常務副主席嗎？怎麼能說我們不設常務副主席、沒有副主席進入黨組呢？」

事實上，我的意見沒有被理睬，我的要求沒有得到答覆。我的自作多情的意見或曰建議，好比秋風過驢耳。主席團作為一個擺設的狀況絲毫沒有改變。

大約在2002年，透過非正式渠道，我讀到了一份上級文件，是關於作家協會主席、副主席職數設置的文件。檔上明確指示：作家協會主席一人，享受正廳局待遇；副主席三人，享受副廳局待遇。不知出於什麼考慮，作協黨組沒有向主席團公示這一檔。其實，上級發下的這一文件早已成了「馬後炮」。上級提前任命的作協黨組兩位副書記，早已享受著副廳局待遇，已經超前使用掉了上級給予的副主席職數。應該說，這不是副書記們的錯；錯在上級有關部門，任命副書記與文件規定副主席職數相衝突，有「一女許兩家」之嫌。兩個副書記佔用了兩個職數，黨組書記兼任作協常務副主席，又用掉一個職數。所謂三個副主席享受副廳局待遇，成為一張空頭支票。

四、早在換屆完畢之初，我就有一種預感。作家協會，「會將不會」。不幸被我言中，後來的實際情況，完全驗證了我的預感，絲毫不差。作家協會主席團，著實成為了一個不折不扣的擺設。

這個擺設，也不能說完全沒有功用。通過換居，作家們貼一個副主席的標籤，大家面上生光；同時，知名作家好像燈籠對聯、旗牌執事似的，則給作家協會裱糊了門面。一石二鳥，公私兩便。當官的當官、掌權的掌權，充擺設的充擺設，皆大歡喜。你還要怎麼樣呢？

我的希望、我的建議，本來就是多餘、不識時務。我自己找上門去碰了釘子，怨得了誰？

不過，碰了釘子，我無怨無悔。我說了自己想說的話，表達了我的意見；我得到了屬於自己的教訓，產生了個人的思考。

身為山西省作家協會一名副主席，這個「副主席」的名堂，到底有什麼用？對我個人，它只是一個標籤，滿足一些虛榮；那麼，我那樣巴結這麼一個標籤嗎？對協會，則是參與裱糊門面；設問，協會特別稀罕我這麼一塊裱褙嗎？

所以，猶豫多時，隱忍多時，一個念頭浮沉隱現，不能消失。我的這個念頭必欲得到表白，彷彿不吐不快。

最近，聽說我省文聯作協又在醞釀換居。今天，我希望透過這段文字，正式告白於世人，至少希望圈內同行聽到我的聲音。

我宣佈辭去山西省作家協會副主席職務；同時辭去作家協會理事身份，以自動退出下一次換居選舉。

需要說明幾點。

一居副主席任期將到，才聲明辭職，是否有些太晚？認識客觀環境，需要時間；個人心理發展，也有一個過程。借用〈歸去來辭〉的原話說，我的決斷屬於「悟以往之不諫，知來者之可追。實迷途其未遠，覺今是而昨非。」我有屬於自己的「心理田園」，不如歸去。

作家協會將要換居，必然還會有人當副主席、進主席團。我希望他們面對的環境將會有所變化，他們的作用能夠得以發揮，大家能夠勝任愉快，心情會開朗一些。

至於我個人的山西省作家協會會員身份，暫時保留。

一者，對於棲身其中多年的作家協會，我充滿感情，也還存有希望。我將繼續關注作協的工作，希冀看到哪怕極其微小的一點改良。

再者，當副主席是充擺設，做理事而不理事，我的作用事實上頂多也就是一名普通會員的作用。我願意繼續努力，力爭當好一個名副其實的合格會員。

最後，眼下我還是本會的駐會專業作家，我總得有所單位歸屬，以便領取工資。過兩年，我將到退休年齡。那時，若有另外的渠道領工資，我的會員身份自動解除就是。

2003年8月1日

五、兩部史書

在我的這部著作的自序前言中，開宗明義，我講述了之所以寫作本書的主要意圖。依據經驗，我料定官版歷史會是別種樣子：會在言之鑿鑿、言必有據的記錄中，突出一些什麼或忽略一些什麼。我希望能夠從個人的角度，寫出一部自己認為的信史。至少，它應該顯得真切，有血有肉；而不是那麼冷著面孔，乾巴僵板。

彷彿是為著呼應我的這部著作，前不久我們山西作協出版了一部名曰《山西省作家協會五十五年》的書冊。那本書發到手中，我隨便翻看一回，果然發現若干紕漏。

其一，對於晉軍崛起時代，即西戎、胡正主政時代的工作實績，多有疏漏。我所統計的、人所共知的，當時大家拿回的十項全國獎，沒有全面記載。只記錄了1978年成一的一項，1984年張平和鄭義的兩項。其他七項，其中包括筆者拿回兩項全國獎，沒有任何記載。

其二，從1988年到2000年焦祖堯當政時代，作協多數駐會作家被排斥在各項工作、各種活動以外，記載各項活動，當然可以沒有這些作家們的影子。但對於大家在這十年中的艱苦創作和取得的創作實績，也沒有記載。

《山西省作家協會五十五年》由作協黨組書記周振義和作協主席張平擔任主編。我相信，他兩位大概不會親自編寫具體章節，甚至不會嚴格通讀、審看全文。西戎、胡正當政的時代、焦祖堯當政的時代，他們也都沒有來到作協工作。紕漏、疏漏，都是有原因的吧。

彷彿是為了呼應那部官方史書，我的這部著作幾乎在同時完稿。我不禁有些欣慰：敘述歷史可以有多種角度；民間史官照樣可以記錄歷史。

在歷史的深處，會有一絲別的聲音，個性化的吶喊，穿透厚厚的被覆岩層，傳達到地表。

國家圖書館出版品預行編目

穿越——文壇行走三十年 / 張石山著. -- 一版.
-- 臺北市：秀威資訊科技, 2009.02
面； 公分. -- （史地傳記類；PC0071）
BOD版
ISBN 978-986-221-168-7（平裝）

1.張石山 2.傳記 3.作家

783.3886 98001634

史地傳記類 PC0071

穿越——文壇行走三十年

作　　者 / 張石山
主　　編 / 蔡登山
發 行 人 / 宋政坤
執行編輯 / 詹靚秋
圖文排版 / 郭雅雯
封面設計 / 莊芯媚
數位轉譯 / 徐真玉　沈裕閔
圖書銷售 / 林怡君
法律顧問 / 毛國樑　律師
出版印製 / 秀威資訊科技股份有限公司
台北市內湖區瑞光路583巷25號1樓
電話：02-2657-9211　傳真：02-2657-9106
E-mail：service@showwe.com.tw
經 銷 商 / 紅螞蟻圖書有限公司
台北市內湖區舊宗路二段121巷28、32號4樓
電話：02-2795-3656　傳真：02-2795-4100
http://www.e-redant.com

2009 年 2 月 BOD 一版
定價：500 元

讀　者　回　函　卡

感謝您購買本書，為提升服務品質，煩請填寫以下問卷，收到您的寶貴意見後，我們會仔細收藏記錄並回贈紀念品，謝謝！

1.您購買的書名：________________________

2.您從何得知本書的消息？

☐網路書店　☐部落格　☐資料庫搜尋　☐書訊　☐電子報　☐書店

☐平面媒體　☐ 朋友推薦　☐網站推薦　☐其他__________

3.您對本書的評價：(請填代號　1.非常滿意 2.滿意 3.尚可 4.再改進)

封面設計____　版面編排____　內容____　文/譯筆____　價格____

4.讀完書後您覺得：

☐很有收獲　☐有收獲　☐收獲不多　☐沒收獲

5.您會推薦本書給朋友嗎？

☐會　☐不會，為什麼？______________________________

6.其他寶貴的意見：__________________________________

____

____

____

讀者基本資料

姓名：________________　年齡：_____　性別：☐女　☐男

聯絡電話：______________　E-mail：________________

地址：____

學歷：☐高中(含)以下　☐高中　☐專科學校　☐大學

☐研究所(含)以上　☐其他______________

職業：☐製造業　☐金融業　☐資訊業　☐軍警　☐傳播業　☐自由業

☐服務業　☐公務員　☐教職　☐學生　☐其他__________

請貼
郵票

To：114

台北市內湖區瑞光路 583 巷 25 號 1 樓

秀威資訊科技股份有限公司　　　收

寄件人姓名：

寄件人地址：□□□

(請沿線對摺寄回,謝謝!)